陈 星◎著

智慧灯——
弘一大师研究论稿

中国社会科学出版社

图书在版编目（CIP）数据

智慧灯——弘一大师研究论稿／陈星著．—北京：中国社会科学出版社，
2013.9

ISBN 978 – 7 – 5161 – 3195 – 4

Ⅰ.①智…　Ⅱ.①陈…　Ⅲ.①李叔同(1880—1942) – 人物研究 – 文集
Ⅳ.①B949.92 – 53

中国版本图书馆 CIP 数据核字（2013）第 205473 号

出　版　人	赵剑英
责任编辑	任　明
特约编辑	乔继堂
责任校对	韩海超
责任印制	李　建

出　　版	中国社会科学出版社
社　　址	北京鼓楼西大街甲 158 号 （邮编100720）
网　　址	http://www.csspw.cn
	中文域名：中国社科网　　010 – 64070619
发 行 部	010 – 84083685
门 市 部	010 – 84029450
经　　销	新华书店及其他书店

印　　刷	北京奥隆印刷厂
装　　订	北京市兴怀印刷厂
版　　次	2013 年 9 月第 1 版
印　　次	2013 年 9 月第 1 次印刷

开　　本	710 × 1000　1/16
印　　张	26
插　　页	2
字　　数	437 千字
定　　价	58.00 元

凡购买中国社会科学出版社图书，如有质量问题请与本社联系调换
电话：010 – 64009791

前　言

　　1997 年 10 月，杭州师范大学（时为杭州师范学院）成立弘一大师·丰子恺研究中心。由于工作之需，笔者主持该中心工作至今。近 16 年来，笔者在弘一大师（李叔同）学术研究方面做过一些整体性的策划和组织工作，如出版论文集、研究丛书，召开国际会议、开展相关纪念活动等，其中，笔者个人也陆续出版了几部专著。与此同时，笔者也陆续撰写过一些论文及文章、笔记等。收集在本书中的各篇论稿均是应各地期刊或学术会议之嘱而撰写的。这些论稿中，有个别篇章的内容曾出现在笔者已出版的著作中，但由于写作体例的关系，或发现新的史料等原因，此次经整理和增补资料后也一并收入本书。至于其他大多数论稿，基本保持了原发表时的样貌（在不同的篇目中，为论述所需，文献资料不免出现若干重复），只是鉴于历年来论述对象在学界或有新的表述，或有版本的变化，在部分文字和史料上有些许必要的调整而已。

　　对于弘一大师，人们常用"高山仰止"来形容对他的文化行持的崇敬。对于这样的一位业绩辉煌、人生道路丰富多彩的大师级人物，他的生平和事业自然成为了各时期人们议论和评说的对象。笔者个人以为，对于弘一大师的研究，仍有许多待于发掘的内容，许多陈说也须修正，书市上有关弘一大师的书籍看似琳琅满目，尤其是传记类、编纂类书籍，但其内容未必没有可商榷之处，包括笔者本人的一些旧著。

　　弘一大师研究是一项浩繁而复杂的系统工程。数十年来，各地研究者孜孜不倦，不时有新的研究成果问世。笔者作为其中一员，自知才疏学浅，不过算是这项研究事业上的一位过客。所著若有不当，愿求教于方家。

作　者

2013 年 4 月于杭州

目 录

李叔同与上海综述

一

李叔同，1880 年 10 月 23 日生于天津，自述浙江平湖人。其父李世珍是清朝进士，做过吏部主事，后经营盐业。李世珍前后有妻妾数人，其原配姜氏生有文锦；续弦张氏生有文熙，字桐冈。其后李世珍又纳姜王氏。李世珍 68 岁时，王氏生下了李叔同，幼名成蹊，学名文涛，字叔同，又号漱筒。李叔同虽然生在一个富足的大家族里，但由于家庭成员复杂，母子俩的生活显得有些尴尬。1884 年 9 月 23 日，李叔同的父亲病故，卒年 72 岁。父亲病故后，家境日趋衰落，但母亲对李叔同的蒙学教育却要求很严，对儿子的前途也很关心，而二哥文熙则担当起了他的启蒙教育责任。据文献记载，李叔同从小读过的古书很多，同时还习词学篆刻品戏练书画，涉猎广泛，而且在读四书五经的同时，还学过新学。他曾学过算术和洋文，可谓紧跟了时代的潮流。1897 年，他曾以童生的资格应天津县儒学考试；1898 年又入天津县学应考。这一切，奠定了他后来成为一位多才多艺的大艺术家的厚实基础。

李叔同于 1897 年 18 岁时遵从母意，与在天津经营茶叶的俞氏家族中的俞姑娘结婚。1898 年 10 月，李叔同离开了天津的大家族，奉母携眷迁居上海。李叔同离开天津的原因说法很多。其子李端在《家事琐记》一文中的解释是："据说，因当时先父曾刻'南海康君是吾师'的闲章，此行有避嫌避祸的意图。而实际上，据我家的老保姆王妈说，我父亲当时的南下，是想从此脱离开天津这个大家庭，去南方扎根立业。因当时我们家资富有，上海也有我家钱铺的柜房，可以照顾我们一家的生活。"[1] 李叔

---

① 李端：《家事琐记》，收《李叔同——弘一法师》，天津古籍出版社 1988 年版，第 108 页。

同的离津赴沪，或许会有社会大环境的因素，但李端这番解释应该更符合李叔同母子俩在处境方面的实际状况。

李叔同初至上海时留影

李叔同等初到上海时，先是赁居于法租界的卜邻里。由于他年少才盛，旧学新知又一应俱全，所以在他到上海后不久就加入了"城南文社"。"城南文社"是一个切磋诗词文章的团体。他加入文社后立即显露出了出众的才华，几次评诗，均获好评。"城南文社"的活动地点就在"城南草堂"，草堂的主人名叫许幻园，松江人，家中富有，为人也慷慨，被认为是上海新学界的一位领袖人物。

许幻园也经常进行悬赏征文活动。自从李叔同到上海后，只要他参加投稿，每次皆得佳绩无疑。许幻园慕其才华，就特地让出"城南草堂"的一部分请李叔同一家搬来同住，从此他俩便成了一对挚交。来"城南草堂"聚会的人中还有袁希濂、蔡小香、张小楼三位。他们也都是当时沪上的知名人士。这五位才子年岁相差无几，情投意合，这就决定结成金兰之谊，号称"天涯五友"，并摄有合影。

关于这次合影，《幻园笔记》有记载，曰：1900 年 3 月 15 日，蔡小香、袁希濂、张小楼、李叔同、许幻园假徐园小宴，余兴未阑，在园内悦来照相馆合影，各有诗纪事。许幻园仿其师王韬在徐园摄有"海天五友图"之例，名之曰"天涯五友图"。① 许幻园的夫人宋贞曾为五位友人题诗，其中咏李叔同的诗曰：

李也文名大似斗，等身著作脍人口。

---

① 参见王震《20 世纪上海美术年表》，上海书画出版社 2005 年版，第 1 页。

酒酣诗思涌如泉，直把杜陵呼小友。①

　　此诗写得十分生动，多少反映了李叔同当年沉浸在诗文唱和之中的乐趣和潇洒不羁的生活。李叔同曾填有《清平乐·赠许幻园》一词，也透露出他与才子名士们一起交游中的情趣：

　　　　城南小住，情适闲居赋。文采风流合倾慕，闭户著书自足。
　　　　阳春常住山家，金樽酒进胡麻。篱畔菊花未老，岭头又放梅花。②

　　他除了写诗文外，也参加美术活动。1900年3月，他会同友人在上海福州路杨柳楼台旧址组织"海上书画公会"，每周出书画报一纸，由中外日报社随报发行。李叔同是书画报的编者，也曾在报上刊登过自己的书印润例。他自编了《李庐印谱》、《李庐诗钟》，其影响正如同他自己所言的那样是"二十文章惊海内"。

天涯五友图

　　①　见朱经畬《李叔同（弘一法师）年谱》，收入《李叔同——弘一法师》，天津古籍出版社1988年版，第5页。
　　②　李叔同：《清平乐·赠许幻园》，原刊《城南草堂笔记》（作于1900年），见郭长海、郭君兮编《李叔同集》，天津人民出版社2006年版，第150页。

李叔同与当时许多名士一样，也有过一段寄身声色情场的公子哥生活。同样是"天涯五友"之一的蔡小香就得到过李叔同为他所写的《戏赠蔡小香四绝》，其中两段是这样写的："眉间愁语烛边情，素手掺掺一握盈。艳福者般真羡煞，佳人个个唤先生……轻减腰围比柳姿，刘桢平视故迟迟。佯羞半吐丁香舌，一段浓芳是口脂。"① 这实在是十分具体形象的公子哥生活的写照了，可见李叔同对这样的生活情形是很熟悉的。也有学者以为此诗并非反映其公子哥的生活，而是因为蔡小香为中医身份，所谓"丁香舌"、"素手"、"唤先生"等均系其行医时之写照。此为一说。

"天涯五友"中的袁希濂在后来也与出家后的弘一大师有过一段往事。李叔同出家不久，即1919年，袁希濂赴杭州看望弘一大师。关于这次访问，袁希濂在《余与大师之关系》一文中说："民国七年戊午，余再调杭州，而师已出家。余因公务大繁，不克寻访。翌年己未，余调任武昌，知师在玉泉寺，乃往走别，师谓余前生亦系和尚，劝令朝夕念佛；并谓有《安士全书》，必须阅读，不可忘却等语，郑重而别。"② 《安士全书》为清人周梦颜所著。周梦颜，又名思仁，字安士，江苏昆山人。他博通经藏，虔信净土法门。弘一大师看重此书是有道理的。但当时的袁希濂尚未建立对佛教的信念，况且一时也未能购得《安士全书》，所以在很长一段时期里，也未能读得此书。1926年，袁希濂终于得到了一本《安士全书》，读了之后，方知弘一大师所言不虚，开始体会到学佛之不可缓。于是他开始设立佛堂，每晨念佛，并跪诵大悲忏，顶礼诸佛菩萨。1927年，袁希濂拜印光大师皈依了佛教。袁希濂把自己学佛的因缘归之于弘一大师的启迪。

李叔同虽然是"二十文章惊海内"，但他很快明白这只不过是一纸空文。满腔忧愤无处发泄，他玩起了寄情声色的人生游戏来也就是十分自然的事。这又是像他自己所写的那样："残山剩水可怜宵，慢把琴樽慰寂寥。顿老琵琶妥娘曲，红楼暮雨梦南朝。"这就应该看到，他那醉翁之意毕竟不在于酒，这即是他所谓的："愁万斛，来收起……休怒骂，且游戏。"③

---

① 李叔同：《戏赠蔡小香四绝》，原刊《城南草堂笔记》（作于1900年），见郭长海、郭君兮编《李叔同集》，第150页。

② 袁希濂：《余与大师之关系》，载《弘一大师永怀录》，大雄书局1943年版。

③ 李叔同：《金缕曲·赠歌郎金娃娃》，见郭长海、郭君兮编《李叔同集》，第144页。

李叔同的这一段生活插曲，时间应该不长，到了 1901 年秋入南洋公学后，他已经自觉到脱离这种生活的必要性。而从可查证的文献分析，他至少应该在 1903 年秋即已对公子哥的生活有了担心。1903 年秋，李叔同有一封写给许幻园的信，其中写道："别来将半载矣，比维起居万福，餐卫佳胜为颂。弟于前日由汴返沪，侧闻足下有返里之意，未识是否？秋风菁鲈，故乡之感，乌能已已；料理归装，计甚得也。小楼兄在南京甚得意，应三江师范学堂日文教习之选，束金颇丰，今秋亦应南闱乡试，闻二场甚佳，当可高攀巍科也。××兄已不在方言馆，终日花丛征逐，致迷不返，将来结局，正自可虑。专此，祗颂行安！不尽欲言。"① 这封信里写到了在南京颇为得意的"小楼兄"（即"天涯五友"之一的张小楼），但更值得注意的是"××兄已不在方言馆，终日花丛征逐，致迷不返，将来结局，正自可虑"这段话。所谓"终日花丛征逐，致迷不返，将来结局，正自可虑"，说明李叔同已决心放弃"花丛征逐"的生活。

当然，放弃声色情场的生活，并不意味李叔同对阁楼女子们缺乏个人之间的情感，况且李叔同交往的应该多是艺妓。放弃声色情场的生活，也不意味李叔同对情场生活的抵触。比如，1904 年的时候，李叔同曾为铄镂十一郎著的人物传记《李苹香》写了序言。② 李苹香是当时上海的名妓，有才女之称。李叔同为《李苹香》一书作序，多少是在感怀当初与她的交往，而他在序中也肯定了艺妓在社会生活中的意义。此外，李叔同还有数首书赠李苹香的诗，而李苹香也有诗作赠予李叔同。

二

1901 年秋，李叔同进入了南洋公学特班。南洋公学创立于 1897 年，为重点培养人才，学校于 1901 年增设特班，并由蔡元培担任总教习。所以这一回，李叔同成了蔡元培门下的高足。

---

① 李叔同致许幻园函，见郭长海、郭君兮编《李叔同集》，天津人民出版社 2006 年版，第 190 页。关于此信的年代，笔者曾在过往的著述中判定为 1902 年。近见欧七斤《李叔同两次参加乡试史实新考》（载《历史档案》2012 年第 2 期）一文，言之有理且有证据。故可认定此信写于 1903 年，而李叔同参加河南乡试的时间亦可定为 1903 年。

② 李叔同：《〈李苹香〉序》，上海蒙化编译社 1904 年版。

李叔同在南洋公学读书时的情形，他的同学黄炎培有过回忆。黄炎培说："我和叔同是 1901 年、1902 年上海南洋公学——后来被先后改名南洋大学、交通大学——特班的同学……同学时他刚二十一二岁。书、画、篆刻、诗歌、音乐都有过人的天资和素养。南洋公学特班宿舍有一人一室的、有二人一室的。他独居一室，四壁都是书画，同学们很乐意和他亲近。特班同学很多不能说普通话，大家喜爱叔同，因他生长北方，成立小组请他教普通话，我是其中的一人。他的风度一贯地很温和，很静穆。"①这当然只是日常生活方面的李叔同。在学业上，李叔同的成绩也十分出色。他写起论文来思路清晰，一篇《论强国对弱国不守公法之关系》，强调了弱国的生存唯有自强自立之一途。他写道："世界有公法，所以励人自强。断无弱小之国，可以赖公法以图存者。即有之，虽图存于一时，而终不能自立。其不为强有力之侵灭者，未之有也。故世界有公法，惟强有力者，得享其权利。于是强国对弱国，往往有不守公法之事出焉。论者惑之。莫不咎公法之不足恃而与强弱平等之理相背戾。"南洋公学重视外语学习，而李叔同在这里也打下了良好的外语基础。为宣传民权思想，李叔同此后还翻译了《法学门径书》和《国际私法》。②

南洋公学所设学科，除了传统意义上的经世之学外，还授外国语，以备后续更为实用的经济特科之选。实际上，该校选拔人才，是一种经过改良的科考途径。李叔同入南洋公学，多少说明了他当时对取得功名的期望。这种期望，于他在读期间又参加了杭州的乡试也能看得出来。1902年乡试前一个月，李叔同来到杭州。这是他第一次到杭州，也算是与西湖的初面。这一次乡试，李叔同是以浙江嘉兴府平湖县监生的资格参加的。

---

① 黄炎培：《我也来谈谈李叔同先生》，《文汇报》1957 年 3 月 7 日。

② 关于李叔同在南洋公学时的学习情况，欧七斤、盛懿根据史料撰写了《出旧纳新：南洋公学经济特班对李叔同的影响》（载《嘉兴学院学报》2013 年第 2 期）一文，言："李叔同在校期间曾选择了外交学、法律学、政治学等门类，其月考成绩，1901 年农历八月 95 分，九月 75 分，十月 75 分，十二月 60 分，学期总平均分 76.2分，名列全班第 13 名，属中等偏上位置。""1902 年 10 月，公学向盛宣怀呈交第二学期《特班生成绩表》，开列全班 35 名学生各门功课评语与成绩，李叔同名列第 10 位。各门功课评语与成绩分别是：外交学：'研究公法甚有条理，辑有使事录'；文词'和雅'；行仪'雍容'；英文甲等；日文乙等。英文甲等即'口齿清楚，文法娴熟，又勤敏好学，进步最速'。"

他来杭州的时间是农历七月。根据当年乡试的时间安排，农历八月八日为第一场，十二日为第二场，十八日为第三场。地点即杭州贡院（今杭州高级中学址）。他的这一次乡试并不顺利，最终仍然回到了南洋公学。

南洋公学虽有像蔡元培这样的大师，但在学校里，新旧思想的交锋仍很激烈。比如，有教师严令学生不得阅读《新民丛报》等进步刊物，激起了学生的反感。1902年年底，学校终因部分学生与保守派教师关系紧张、校方又责令有关学生退学而爆发学潮。蔡元培站在进步学生一边，并为之据理力争，终因愤慨而与其他进步教师一起率各自学生出走。这其实是一次集体退学事件。李叔同虽期望自己在乡试不第的情况下能在该校学习，但他仍毅然地离开了这所学校。

退学后的李叔同曾在上海圣约翰书院任教国文。1904年，他又参与提倡尚武精神的沪学会。沪学会发起人之一的穆藕初在回忆李叔同时这样说："……性聪颖而耿介，书、画、琴、歌、地理、金石靡不精通；富有辩才，尤工国语；雅度高致，轶类超群，律己谨严，待人谦和。当抵制美货时，慷慨激昂，于激发国民爱国天良，非常殷切。"[1] 他也粉墨登场，开始了他早期的戏剧活动。在上海期间，他至少票演过两出戏，即京剧《蚯蜡庙》和《白水滩》。

李叔同在上海票演京剧留影

李叔同曾说："我从二十岁到二十六岁之间的五六年，是平生最幸福的时候。此后就是不断地悲哀与忧愁，一直到出家。"[2] 1905年春，李叔

---

① 穆藕初：《藕初五十自述》（1925年秋撰），商务印书馆1926年版。
② 丰子恺：《法味》，载《一般》1926年第1卷10月号。

同的母亲因病在上海逝世。母亲的离世，标志着李叔同自谓的幸福生活的结束。他将母亲的灵柩送抵天津，又以新派且庄严的丧仪料理了母亲的后世。母亲的离世，李叔同仿佛觉得再无有何可以牵挂之事。他决定要到日本去，去找寻自己新的人生旅程。

三

1905 年秋，李叔同赴日留学，1911 年 3 月，李叔同在东京美术学校毕业。回国后，他先后在天津老家任图画教师，1912 年初转赴上海，在城东女学做了短期的教师后即被聘为"南社"人士主持的《太平洋报》主笔，并负责画报副刊。在《太平洋报》，李叔同结识了许多文化界人士，又开创了中国报纸艺术广告画的新局面。

李叔同于 1912 年春参加了柳亚子等创办的"南社"。"南社"是由高天梅、陈去病和柳亚子三位好友于 1909 年创立的进步作家团体，也是中国近代文学史上第一个革命的团体。它的命名和清朝的"北廷"相对立，其宗旨是通过文学传播民族主义思想，主张推翻清政府。所以，也有人认为"南社"实际上是孙中山先生领导的中国同盟会的一支文学部队。李叔同加入"南社"的时间应该是 1912 年 3 月 13 日，5 月，又为"南社"设计题写了《南社社友通讯录》等封面。

在《太平洋报》任编辑期间，他与柳亚子、苏曼殊、高天梅、叶楚伦等交往密切。就在这个时期，他以崭新的漫画式的表现手法开创报纸艺术广告画的新局面。在此之前，中国的报纸也有广告画，但均为固定的设计图案。而李叔同首先在《太平洋报》上自己绘作，并以漫画式的表现手法艺术性地发布广告，在中国报纸广告形式的创新方面走出了令人赞叹的一步。

李叔同这回在上海的时间不长，前后也只有半年多一点的时间。然而，这却是他艺术活动相对较为活跃的一段时间。附设在太平洋报社内的"文美会"实际上是李叔同牵头发起创办的。李叔同在日本留学时曾与陈师曾、曾孝谷等一起参加过"淡白会"的文艺活动。他似乎以为这种联谊性质的艺文团体很值得提倡，所以他也想借太平洋报同人（其实也都是"南社"同人）之间的亲情和友谊，也成立类似日本"淡白会"这样的文艺组织。1912 年 3 月，李叔同与柳亚子、叶楚伦、曾存吴、朱少屏

李叔同题《南社社友通讯录》及设计

等人提出了成立"文美会"的设想，并拟定以研究文学、美术为目的，以相互交流文艺作品的宗旨。① 这一年的 5 月 14 日，举行了一次规模很大的艺术交流活动。王震《20 世纪上海美术年表》综合《太平洋报》消息记曰："1912 年 5 月 14 日，文美会第一次雅集。在三马路大新街天兴楼酒馆举行。到会成员 20 余人，李梅庵（即玉梅花庵道士）、吴昌硕，亦以来宾资格出席，并当场挥毫。其中 13 人出交换品 20 余件。蒋卓如、朽道人、范彦珠、诸贞长、费公直、柳亚子、余天遂、严诗盦、黄宾虹、叶楚伧、夏笑盦、李叔同、曾存吴皆有出品。出卖品 20 余件，其中有李梅庵、朽道人、李叔同、曾存吴、沈筱庄等作品。参考品另陈列一室，有

----

① 胡怀琛在《上海学艺团体·文美会》一文中说："文美会为李叔同等所发起……李氏曾编《文美杂志》一册，内容系会友所作书画及印章拓本，皆为手稿。纸张大小一律，极为精美。开会时会员彼此传观，并未印行。该会创办未及一年，即无形解散。"参见林子青《弘一法师年谱》，宗教文化出版社 1995 年 8 月第 1 版，第 64 页。李叔同在 1912 年 4 月 1 日《太平洋报》上也发表消息："叶楚伧、柳亚庐、朱少屏、曾孝谷、李叔同诸氏同发起文美会，以研究文学美术为目的。凡品学两优、得会员介绍者，即可入会。每月雅集一次，展览会员自作诗文美术作品，传观《文美》杂志，联句，各家演讲，当筵挥毫，展览品拈阄交换等。事务所设在太平洋报社楼上编辑部内。"

曾存吴所藏日本文部省美术展览会之选品及日本西洋画家之画集多种，朱少屏所藏古画多种。""1912 年 5 月 15 日，日本赤瓯会第一回美术展览在上海三会堂举行，该会为东京美术学校洋画科卒业生所组织，至 21 日止。我国曾延年、李叔同亦在此会。""1912 年 5 月 23 日，国学商兑会章程刊行。该会由高吹万、高天梅、姚石子、蔡哲夫、叶楚伧、姚鹓雏、柳亚子、胡朴庵、李叔同、余天遂、杜百举、陈蜕盦、周人菊、文雪吟等人发行。该会以扶持国故交换旧闻为宗旨。美术学附之。文美会并入。"① 在当时，柳亚子不仅是"南社"的领导人物，同时也是太平洋报的首脑之一，所以，李叔同无论是办报思想，还是发起成立"文美会"，都得到了他的积极支持和参与。

《太平洋报》虽在社会上具有广泛的影响，但好景不长，1912 年秋，报社终因负债过重而停刊。不久，李叔同应邀到杭州的浙江省立两级师范学校任教。1918 年，李叔同在杭州出家为僧。

四

李叔同出家后，成了弘一大师。出家后前十年，他仍频繁往来于浙沪之间。其间，他也曾作书画支持学生在上海创办学校，他的书画作品也曾在上海参加展出。然而最值得一书的是，弘一大师是在上海与丰子恺一起创意编绘《护生画集》的。

丰子恺于 1927 年秋拜弘一大师为师皈依佛教。此后，弘一大师和丰子恺就酝酿了一个弘扬佛法、鼓吹仁爱，劝人从善戒杀的编绘《护生画集》计划。他俩商定，二人共同觅得题材，然后由丰子恺作画，再然后由弘一大师配诗文。终于，《护生画集》第一册于 1929 年 2 月由开明书店出版。《护生画集》出版以后，社会反响很大，还有外文版出版。弘一大师是有意用艺术手段来达到提倡戒杀护生的目的。他不仅在画、诗、编辑宗旨等方面一丝不苟，而且在具体的版式装帧方面亦考虑甚多。弘一大师为推广《护生画集》，可谓颇费心思。他认为只要这样做，读者一见到表纸，就可以知道这是新式的艺术品，不同于陈旧式的劝善图画，可以引起普通人的兴味。这便是大师所说的："以艺术作方便，人道主义为

① 　王震：《20 世纪上海美术年表》，上海书画出版社 2005 年版，第 38 页。

宗取。"

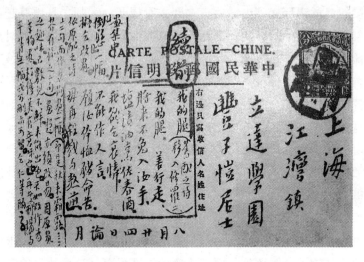

弘一大师为编绘《护生画集》与丰子恺的通信一例

此后，丰子恺遵大师之嘱，又先后完成了护生画的后五集。尤其是在"文革"期间，丰子恺在一无资料、二无自由的情况下通过"地下活动"于1973年完成了第六集（1979年10月在香港出版。丰氏于1975年去世）。这种不为环境的挫折而停顿，不为病魔的侵扰而退馁的精神在"文革"期间是不可思议的。《护生画集》堪称艺术文化之精品。为其作序、跋、题字、写文的就有弘一大师、马一浮、夏丏尊、李圆净、章锡琛、叶恭绰、虞愚、朱幼兰等知名大家。它的意义已超出佛学范围，在诗、文、书、画等方面也有其特殊的艺术地位。

此外，弘一大师也十分关心丰子恺等在上海创办立达学园。有资料表明，弘一大师还为立达学园作过校歌。①

五

弘一大师与上海的因缘众多，其中人们最熟悉的一张大师的慈祥微笑之照片就是1937年在上海拍摄的。这一年，弘一大师赴青岛讲律，返回福建路经上海时，正是大场陷落的前几天。这天，开明书店接到了弘一大

① 参见毕克鲁《奇特的历史名校：上海立达学园》，载《世纪》2001年第5期。

师从新北门旅社打来的电话。当时夏丏尊没有在书店里，电话是经理章锡琛先生接的。章锡琛接到电话后，立即去看望弘一大师。夏丏尊赶到的时候已是夜间，由于大师已向章锡琛问过有关他的情况，所以见面时大师并没有问什么。几年不见了，彼此都已觉得老了。大师见夏丏尊的脸上有愁苦的神情，就笑着对他说："世间一切，本来都是假的，不可认真。前回我不是替你写过一幅金刚经的四偈了吗？'一切有为法，如梦幻泡影，如露亦如电，应作如是观。'你现在正可觉悟这真理了。"① 弘一大师计划在上海停留三天，然后再回厦门去。第三天，夏丏尊又去看望他。

大师住的旅馆，正靠近外滩，日本人的飞机就在附近狂轰滥炸。一般人住在里面，似乎每隔几分钟就要受惊一次。可弘一大师镇定自若，只是微动着嘴唇端坐念佛。此等风光，夏丏尊简直是佩服得五体投地。这天中午，夏丏尊与几位朋友请弘一大师到觉林蔬食馆午餐，然后又要求他到附近的照相馆去拍了一张照片。第二年春天，夏丏尊把这照片寄给丰子恺一张，附信则言："弘一师过沪时，曾留一影，检寄一张，藉资供养……"② 夏丏尊这里所介绍的这张照片，就是后来人们所常见的被用作大师标准像的那张。拍完照片的次日，弘一大师动身返厦门，并于 10 月 30 日抵达。

弘一大师在上海留有许多遗物，其中有的有线索可知其下落，有的则须作进一步的寻访。在这些遗物中，较为重要的有《断食日志》原稿、绝笔"悲欣交集"、寺院原藏弘一大师写经及佛像作品、上海博物馆藏书及某些民间收藏等。③ 此亦足证上海与弘一大师因缘之丰富。

---

① 夏丏尊：《怀晚晴老人》，载《弘一大师永怀录》，大雄书局 1943 年版。
② 参见夏弘宁《夏丏尊传》，中国青年出版社 2002 年版，第 215 页。
③ 《断食日志》原稿现存杭州李叔同纪念馆。

《书画公会报》钩沉

19岁的李叔同奉母携妻迁居上海。他年少才盛，旧学新知一应俱全，并在与海上艺文界同人交游的同时，也参与报纸的编辑工作。1900年4月，他会同友人组织"海上书画公会"，并每周出刊《书画公会报》，由《中外日报》社随报发行。李叔同作为书画报的主编，也曾在报上刊登过自己的书印润例，很有点一闯天下的意味。

据李叔同的好友袁希濂《余与大师之关系》一文中透露："翌年己亥……吾等五人遂结金兰之谊，誓同甘苦。翌年庚子三月，在上海福州路杨柳楼台旧址组织海上书画公会，为同人品茶读书之所，每星期出书画报一纸，常熟乌目山僧宗仰上人，及德清汤伯迟、上海名画家任伯年、朱梦庐、书家高邕之等俱来入会。"① 庚子年即1900年。袁希濂文中提到的"任伯年"当有误。因为任伯年于1896年即已去世。但是，他却又提到了朱梦庐。朱梦庐就是杨白民的外祖父，著名画家，生于1826年，初名琛，字梦庐，号觉未，别号怨湖散人，晚号胥山樵叟，浙江嘉兴人。朱梦庐擅长花鸟，笔墨简洁，生动传神。朱梦庐于1900年逝世。也就是说，在朱梦庐生命的最后一年，李叔同与他是有过交往的。又据林子青《弘一法师年谱》1900年条目注三的按语中言："书画公会报创刊于光绪二十六年（一九〇〇）四月，每星期（三、日）二纸。第一、二期交《中外日报》附送。第三期起自行发售。第二期四月二十五日礼拜三发行。第

---

① 袁希濂《余与大师之关系》，载《弘一大师永怀录》，大雄书局1943年版。另据王震《20世纪上海美术年表》："主要会员另有黄宗仰（乌目山僧）、汤伯达、朱梦庐、蔡小香、高邕之、袁希濂、汪益寿、王春云、杨伯润、任鸿年、汪洵、钱吉生、黄社安、任预、何砚北、胡郯卿、宋贞、陈漱芳、张绛珠、潘飞声、吴藕农、宋石年等。"又曰："1900年8月初，海上书画公会迁于福州路聚丰园东间壁《采风》报馆对面。"上海书画出版社2005年版，第2页。

三期四月二十九日礼拜日发行。每张大钱一文。第三期第六幅（每张上下共分六幅）载有'醵纨阁李漱筒润例'（书例，篆刻例）。"①

李叔同办《书画公会报》，可说是为上海的艺术界注入了新的活力。1900 年 4 月 27 日，《中外日报》刊出《创设书画公会报启》，明确阐述了办报的意图：

> 本会以提倡风雅、振兴文艺为宗旨，专登书画、篆刻等件。他项新闻概不登载，以杜流弊。愿入会者，本会即酬以各款利益。各行欲登告白，另有章程载于本报。
>
> 会设上海四马路西大街口杨柳楼台旧址。俟房屋装修完美，四月初旬出报。详细章程，请至本会取阅。
>
> 外埠邮资自理。
>
> 主会　　蓉江小楼主人张楠
>
> 总经理　西湖天涯芳草馆主吴涛
>
> 副经理　当湖惜霜仙史李成蹊
>
> 　　　　云间城南草堂主人许镆
>
> 本会附设阅报处一所，四月初五日起，购具本埠及南北洋各埠新报不下三十种。另备清茶，每位一角。详细章程，可至本会阅看。②

此说明，担任副经理的李叔同算得上是该报的中坚人物了。此外，从这则启事中还能看出，《书画公会报》执着于书画艺术，且物质条件甚好。在报上发表作品的书画家皆一时之选，诸如翁相国、吴清卿、黄宗仰、俞曲园等。当然，李叔同作为办报者之一，他也有书画作品在报上刊出。《书画公会报》共刊行 39 期，内刊作品当是研究近代书画艺术的珍贵资料。

---

① 林子青：《弘一法师年谱》，宗教文化出版社 1995 年版。

② 该资料取自郭长海《李叔同和上海〈书画公会报〉》，收《中国近代文学史证——郭长海学术文集》（下册），吉林人民出版社 2005 年版。另据王震《20 世纪上海美术年表》第 2 页："1900 年 5 月 8 日，海上书画公会刊出'创设书画公会报启事'，称：本会以提倡风雅、振兴文艺为宗旨，专印书画篆刻等件，他项新闻，概不登载，以杜流弊。愿入会者，本会即酬以各类利益。公会拟于 4 月上旬出创刊号。"上海书画出版社 2005 年版，第 2 页。

　　由于实物资料缺乏，对于《书画公会报》的创刊日期，林子青《弘一法师年谱》说："第二期四月二十五日礼拜三发行。"林子青此处用的是农历，1900 年农历四月二十五日，即公历 5 月 23 日。第二期于此日发行，那么第一期应该更早。而郭长海在《李叔同和上海〈书画公会报〉》一文中则言："经过一个多月的筹备，五月二十日，上海《书画公会报》第一期终于问世。"① 此外，关于报纸的发行，林、郭二位说法不一，林子青曰："第一、二期交《中外日报》附送。第三期起自行发售。"而郭长海则言："最初随《中外日报》附送，至第 5 期以后，独立发行，而以《中外日报》为代办处。"另一说是王震《20 世纪上海美术年表》，曰："1900 年 5 月 20 日（四月二十二日），《书画公会报》第 1 期创刊，每期一纸，逢星期三、日出版。第 1、2 期随《中外日报》附送，第 3 期起由书画公会发售，后改为不定期刊，仅存见至第 39 期目录。"

　　至于《书画公会报》所载书画，据郭长海统计，可谓名家荟萃。其中有李叔同的行书（第 14 期）。然而，在这些统计中，却未见朱梦庐有作品刊登。按郭长海的说法："可惜的是，《书画公会报》竟无一传世，只好靠流传下来的这一份目录进行研究了。"可知，目前要寻找《书画公会报》，确是一件困难的事。

　　至于该报的停刊，1900 年 11 月 13 日的《中外日报》有这样一则消息："本馆自创办至今已六阅月，久为海内艺林称许。奈本馆主人志在游历，有扶桑之行，无暇及此。拟将公会及所有生财器用，一概招人盘顶。海内有主持风雅，愿承其后者，请向本馆账房面商可也。此布。书画公会报启。"消息中所说的报馆主人志在游历，不会是指李叔同，因为李叔同于次年考上了上海的南洋公学，他赴日留学则是 1905 年的事情。然另有记载，言海上书画公会的停止活动则与李叔同有直接的关系，王震《20 世纪上海美术年表》曰："1901 年，海上书画公会因李叔同考入南洋公学，张小楼迁居扬州，终止活动。"②

　　至此，可在现有史料的基础上为李叔同与朱梦庐的关系作一个初步的结论。鉴于现有关于《书画公会报》的文献，朱梦庐在其生命的最后一

---

① 　郭长海：《李叔同和上海〈书画公会报〉》，收《中国近代文学史证——郭长海学术文集》，吉林人民出版社 2005 年版，第 765—776 页。

② 　王震：《20 世纪上海美术年表》，上海书画出版社 2005 年版，第 5 页。

年，或许也只是像袁希濂《余与大师之关系》一文中所透露的："常熟乌目山僧宗仰上人，及德清汤伯迟、上海名画家任伯年、朱梦庐、书家高邕之等俱来入会。"只是入会而已，并没有参与实质性的活动，自然也不会与李叔同有更深入的交往。

然而，需要特别指出的是，目前没有发现李叔同与朱梦庐交往的资料，并不能说他俩一定没有进一步的交往。此正如郭长海在《李叔同和上海〈书画公会报〉》一文中说："可惜的是，《书画公会报》竟无一传世，只好靠流传下来的这一份目录进行研究了。"没有"传世"，并不等于世间没有《书画公会报》。事实上是有的。

1965 年春，天津徐广中先生两次致函丰子恺，其一寄上李叔同印谱一册，请予甄别后妥处；其二寄上五件散杂的相关墨迹（其中三件为李叔同真迹），请丰子恺收藏。丰子恺收到后不久即回信曰："二信及纪念物，皆收到。纪念物我都看过，今全部另封挂号寄回（存局待领），请去局领取可也。我私人不欲收藏，自己所有文物皆捐赠博物馆。况此物乃令祖遗念，应由你家保存或由你送公家保存，最妥。书画公会报乃六十年前物，今日难得，我已替你补好，请收藏。"可知，丰子恺不仅见到了《书画公会报》，而且还替徐广中修补报纸。丰子恺后来将这些真迹"全部另封挂号寄回"。① 学术研究是无止境的，期待丰子恺修补过的《书画公会报》仍在世间，更期待日后能在这份具有历史意义的书画报原件上找到更多有价值的记载。

---

① 此信见《丰子恺文集·文学卷三》，浙江文艺出版社、浙江教育出版社 1992 年版，第 703 页。

涵养冲灵便是身世学问

——李叔同（弘一法师）的艺术、宗教胸怀

李叔同曾在其《国学唱歌集》（初编）的序言里写下了这样的一段话："乐经云亡，诗教式微，道德沦丧，精力霾摧。三稔以还，沈子心工，曾子志忞，绍介西乐于我学界，识者称道毋少衰。顾歌集甄录，佥出近人撰著，古义微言，匪所加意，余心恫焉。商量旧学，缀集兹册，上沂古毛诗，下逮昆山曲，靡不鳃理而荟粹之。或谱以新声，或仍其古调，颜曰《国学唱歌集》……"① 可以看出，李叔同对沈心工、曾志忞编选歌曲的取向并不赞同，因感其对"古义微言，匪所加意"而"余心恫焉"，故编选了弘扬国学的《国学唱歌集》。沈心工（叔逵）、曾志忞于 1904 年分别编选并出版了《学校唱歌集》和《教育唱歌集》，李叔同也因此与其二位一并被誉为开创近代中国学堂乐歌事业的"三驾马车"。其实，李叔同在音乐方面受到沈心工的很大影响与启发，甚至可以说，沈心工还是李叔同的音乐老师。李叔同之所以在序言里还写了这样的文字，实是他对艺术文化理念上的坚持。然而，理念上的分歧，却不影响李叔同对沈心工的尊敬。比如，李叔同于 1906 年 2 月在日本创办的中国第一份音乐杂志《音乐小杂志》，他居然刊出一则《征求沈叔逵肖像》。文中曰："沈氏为吾国乐界开幕第一人，久为海内所钦仰。今拟将沈氏肖像登入杂志。如诸君有收藏此肖像者，请付邮寄下。他日登出者，赠水彩画一张，第二期杂志一册，日本唱歌一册。其他未登出者，亦各赠第二期杂志一册，日本唱歌一册。其肖像无论用否，他日必一律寄还。（期限至五月底为止）"（可惜《音乐小杂志》只出版了一期，此事未能如愿）。

记述以上史实，只为说明一个问题：在艺术文化问题上，李叔同的心

---

① 李叔同：《国学唱歌集》（初编），中新书局国学会 1905 年 6 月发行。

李叔同编《国学唱歌集》封面

胸是很宽广的，并不以观念或喜好上的不同而有失为人为事的仁厚之道。本文试就此话题略述管见。

　　李叔同是近代中国引进西方艺术的先驱者之一，尽管他本人对书法篆刻有特别的喜好，但就其赴日留学后的正式的求学经历言，无论音乐、美术，他走的却是一条西化的道路。1906 年秋，他考入东京美术学校，攻西洋画科，同时又师从日本宫内厅乐师兼东京音乐学校教授上真行学习音乐和声学。目前能见的李叔同早期艺术著述，大多是谈论西洋音乐或西画的，如《美术界杂俎》、《图画修得法》、《水彩画法说略》、《石膏模型用法》、《〈音乐小杂志〉序》、《乐圣比独芬 Beethoven 传》、《艺术谈》（一、二、三)、《近世欧洲文学之概览》、《西洋器乐种类概说》和《西洋画特别教授法》等，可谓不遗余力宣传西方艺术思想和学习方法；他演出西洋话剧，甚至男扮女装饰演茶花女；他的音乐、美术传世之作，像歌曲《送别》选的是美国乡村音乐的旋律，《春游》也是采用西洋创作方法所作的中国第一首合唱曲，而他的油画更是技法娴熟，紧跟时代的潮流；他的绘画教学更是大胆引进西画方法，诸如首用人体模特儿进行美术教学、在西泠印社隆重举办浙江省首次现代音乐会（演奏了贝多芬的作品）、倡导野外写生等，无一不是西化的路子。但是，正如李叔同不赞同沈心工的编选标准，却仍对其抱有极大的尊敬一样，他也并不以一己之好而排斥中国艺术。

　　1910 年 4 月，正在日本以极大的热情学习西洋画的李叔同曾在上海城东女学刊物《女学生》创刊号上发表了《艺术谈》（一）。在这篇文章中，李叔同除了谈西洋美术的基本知识外，还特别列出一节，曰"中西画法之比较"，表达了他对中国美术的意见：

中西画法之比较

西人之画，以照相片为蓝本，专求形似。中国画以作字为先河，但取神似，而兼言笔法。尝见宋画真迹，无不精妙绝伦。置之西人美术馆，亦应居上乘之列。

中画入手既难，而成就更非易易。自元迄今，称大家者，元则黄、王、倪、吴，明则文、沈、唐、仇、董，国朝则四王及恽、吴，共十五人耳。使中国大家而改习西画，吾决其不三五年，必可比踪彼国之名手。西国名手倘改习中画，吾决其必不能遽臻绝诣。盖凡学中画而能佳者，皆善书之人。试观石田作画，笔笔皆山谷；瓯香作画，笔笔皆登善。以是类推，他可知矣。若不能书而求画似，夫岂易得哉！是以日本习汉画者极多，不但无一大家，即求一大名家而亦不可得，职此之故，中国画亦分远近。惟当其作画之点，必删除目前一段境界，专写远景耳；西画则不同，但将目之所见者，无论远近，一齐画出，聊代一幅风景照片而已。故无作长卷者。余尝戏谓，看手卷画，犹之走马看山。此种画法，为吾国所独具之长，不得以不合画理斥之。

李叔同的这段文字很值得研究者重视。以往人们只知道他是学西洋画的，而在他回国后又长期从事西洋画教学，似乎不重视中国画。其实不然。李叔同对中国画也深有研究，并有许多中国画作品。作此文时，他仍在东京美术学校习西洋画，却能有如此见解。这充分表明了李叔同艺术思想的多元和其在美术创作方面的兼容并蓄，更体现了他宽广的艺术胸怀。

对待喜爱国画的学生，李叔同也善于在充分尊重学生的基础上，循循善诱给予科学的指导，强调中西结合，包容创新。比如沈本千在入浙江省立第一师范学校时，李叔同已出家。一次，沈本千去虎跑向弘一法师请教绘画问题，弘一法师先是对中西绘画作了分析："中国画注重写神，西画重在写形。由于文化传统的不同，写作材料的不同，技法、作风、思想意识上种种不同，形式内容也作出两种的表现。中画常在表现形象中，重主观的心理描写，即所谓'写意'，西画则从写实的基础上，求取形象的客观准确。中画描写以线条为主，西画描写以团块为主，这是大致的区别。"接着，他强调："在初习绘画，不论中西，都要经过写形的基本练习，你向来学国画，现在又经过了练习西画的写生，一定感觉到西画的写生方法，要比中国画写形的基本方法更精密而科学的。"他认为："中画虽不拘泥于形似，但必须从形似到不拘形似方好；从形似到形神一致，更到出神入化。中画讲笔墨，做到'使笔不可反为笔使，用墨不可反为墨用'，从而'寄兴寓情，当求诸笔墨之外'。宇宙事物既广博，时代又不断前进。将来新事物，更会层出不穷。观察事物与社会现象作描写技术的进修，还须与时俱进，多吸收新养料，多学些新技法，有机会不可放过。"① 由此可见，李叔同在艺术修养上完全具备了世界的眼光和人文的情怀。

李叔同在艺术上如此，在宗教方面亦如此。出家后的李叔同成了弘一法师，从新律到旧律（南山律），被誉为民国四大高僧之一，振兴南山律宗的第十一代祖师。弘一法师的声望，尤其是他在律学上的贡献，教内公认，即便是与他同时期的佛教大德，也给予至高的评价。1932 年 12 月 2日，弘一法师参加了由当时身份显著的太虚法师主持的常惺法师受请住持典礼欢迎会，会上，太虚法师致辞曰："弘一律师在中国僧伽中可说是持戒第一。其道德与品格为全国无论识者不识者一致钦仰，为现代中国僧伽之模范者，这是我们表示不胜欢迎的。"② 太虚法师此评价可谓高矣。然而，弘一法师同样没有因为他本人研究的是律宗而排斥其他佛教宗派。1938 年 11 月 28 日，弘一法师在福建安海金墩宗祠作了一次题为《佛法宗派大概》的讲演。这篇讲演，充分体现了他的宗教胸怀。他告诉大家："佛法在印度古代时，小乘有各种部执；大乘虽亦分'空'、'有'二派，但未别立许多门户。吾国自东汉以后，除将印度所传来之佛法精神完全承受外，宁加以融化广大于中华民族文化之伟大悠远基础上，更开展中国佛法之许多特色。至隋唐时，便渐成就大小乘各宗分立之势。"然后，他依次讲了"律宗"、"俱舍宗"、"成实宗"、"三沦宗"、"天台宗"、"华严

① 沈本千：《一代高僧弘一法师》，收《浙江文史资料选辑》第 26 辑，浙江人民出版社 1984 年版。

② 见《现代佛教》第 5 卷第 8 期，1933 年 4 月。

宗"、"禅宗"、"密宗"、"净土宗"等十大宗派。他在结束语中，针对某些人心中存在的某些偏见，语重心长地说："就此十宗中，有小乘大乘之别。而大乘之中，复有种种不同。吾人于此，万不可固执成见，而妄生分别。因佛法本来平等无二，无有可说。即佛法之名亦不可得。于不可得之中，而建立种种差别佛法者，乃是随顺世间众生以方便建立。因众生习染有浅深，觉悟有先后，而佛法亦依之有种种差别，以适应之。譬如世间患病者，其病症千差万别，须有多种药品以适应之，其价值低昂不等。不得仅尊其贵价者，而废其他廉价者。所谓药无贵贱，愈病者良。佛法亦尔。无论大小权实渐顿显密，能契机者，即是无上妙法也。故法门虽多，吾人宜各择其与自己根机相契者而研习之，斯为善矣!"①

在佛教内部，他的态度如此，而对于不信佛教的一般民众，他同样以方便之心做方便事。他与学生丰子恺合作《护生画集》就是一个绝好的例证。编绘《护生画集》，当然是为了弘扬佛教的基本教义，规劝世人培养善念，戒除杀生。但对待一般民众，他却提出了"盖以艺术作方便，人道主义为宗趣"的宗旨。② 这无疑是弘一法师考虑到了读者对象问题，他给丰子恺写信："今所编之《护生画集》，专为新派有高等小学以上毕业程度之人阅览为主。"又说："今此画集编辑之宗旨，前已与李居士陈说。第一，专为新派智识阶级之人（即高小毕业以上之程度）阅览。至他种人，只能分获其少益。第二，专为不信佛法，不喜阅佛书之人阅览。（现在戒杀放生之书出版者甚多，彼有善根者，久已能阅其书，而奉行惟谨。不必需此画集也。）近来戒杀之书虽多，但适于以上二种人之阅览者，则殊为希有。故此画集，不得不编印行世。能使阅者爱慕其画法崭新，研玩不释手，自然能于戒杀放生之事，种植善根也。"③ 丰子恺完全接受了弘一法师的理念，在后来的《〈护生画三集〉序》中解释说："在严肃的佛法理论来说，我们这种偏重人的思想，是不精深的，是浅薄的，太精深，使未劫众生难于接受之故。应该多开方便之门，多多通融，由浅

---

① 弘一法师：《佛法宗派大概》，收《弘一大师全集》第 7 册，福建人民出版社 2010 年版。

② 弘一法师：《〈护生画集〉回向偈》，《护生画集》，开明书店 1929 年版。

③ 弘一法师致丰子恺函，收《弘一大师全集》第 8 册，福建人民出版社 2010 年版。

入深，则宏法的效果一定可以广大起来。"①

如果说，以上事例还是针对佛教而言的话，那么，可以再看看弘一法师是怎样对待其他宗教的。1935 年，弘一法师在《惠安弘法日记》中记下了这样一段文字："八月五日为亡父讳日，开讲《普贤行愿品偈颂》，七日讲竟。听者甚众，大半为耶教徒也。"② 一位佛教高僧的演讲，听者居然多为基督徒。原来，净峰山下有一所钱山小学，校长庄连福是一位基督徒。他仰慕弘一法师，听说山上有法师的讲演，就与传道师陈连枝一起上山，希望一睹弘一法师的风采。他俩到了山上，未及进山门，正碰上弘一法师的侍者传贯法师。传贯法师知道他们是基督徒后，以为异教不相容，不让他们上山。弘一法师知道此事后，责令他下山向庄连福校长赔罪，还嘱咐以手书的单条四幅及一本《华严经》相赠。此后，深受感动的这位基督徒，不仅与传贯法师有了来往，更约同其他基督徒经常上山听法。

弘一法师的宽广胸怀、海涵山容的气度委实就是他人格精神的体现。他曾在联语中有"涵养冲灵便是身世学问"一句，恰可比作他的文化站位和人格追求。他以"平等观诸法，慈光照十方"的价值取向为后人树立了为人为事的楷模。

---

① 丰子恺：《〈护生画三集〉序》，上海大法轮书局 1950 年版。
② 弘一法师：《惠安弘法日记》，收《弘一大师全集》第 8 册。

《音乐小杂志》絮论

1905 年秋，李叔同登上了东渡的轮船赴日本留学。出国前夕，他写了一首《金缕曲·留别祖国并呈同学诸子》：

> 披发佯狂走。莽中原，暮鸦啼彻，几枝衰柳。破碎河山谁收拾，零落西风依旧，便惹得离人消瘦。行矣临流重太息，说相思，刻骨双红豆。愁暗暗，浓于酒。漾情不断淞波溜。恨年来絮飘萍泊，遮难回首。二十文章惊海内，毕竟空谈何有？听匣底苍龙狂吼。长夜凄风眠不得，度群生哪惜心肝剖？是祖国，忍孤负！①

李叔同在考入东京美术学校前，于 1906 年初创办了中国最早的音乐杂志《音乐小杂志》。

《音乐小杂志》（仅出版一期）于 1906 年正月十五日在日本东京印刷，二十日运回上海发行。这本杂志有 26 页，栏目众多，计有：表纸、图画、插图、社说、乐史、乐曲、乐歌、杂纂、词府等，分类甚详。《音乐小杂志》有李叔同自撰的序言，文字优美，含义深刻，体现了他当时的音乐思想，且至今未有过时之感。其中有一段是这样写的："繄夫音乐，肇自古初，史家所闻，实祖印度，埃及传之，稍事制作；逮及希腊，乃有定名，道以著矣。自是而降，代有作者，流派灼彰，新理泉达，瑰伟卓绝，突轶前贤。迄于今兹，发达益烈。云瀚水涌，一泻千里。欧美风靡，亚东景从。盖琢磨道德，促社会之健全；陶冶性情，感精神之粹美。效用之力，宁有极矣"，所谓"盖琢磨道德，促社会之健全；陶冶性情，

---

① 见《弘一大师全集七·佛学卷（七）、传记卷、序跋卷、文艺卷》，福建人民出版社 1991 年版，第 455 页。

李叔同编《音乐小杂志》封面

感精神之粹美。效用之力，宁有极矣"①，即可看成是李叔同对音乐社会功能的见解。

在这份杂志的扉页上，有李叔同作的木炭画《乐圣比独芬像》（即贝多芬），署名"息霜"，为现见中国人最早发表的贝多芬画像。杂志里也有他作的文写的歌。很可惜，《音乐小杂志》只出版了这么一期。但它作为中国人创办的首份音乐刊物，已被载入艺术史册。

《音乐小杂志》中共收录《我的国》、《春郊赛跑》和《隋堤柳》3首乐歌。作者署名"息霜"。

李叔同自己把这3首歌分作两类，《我的国》和《春郊赛跑》为"教育唱歌"；《隋堤柳》为"别体唱歌"，并注明是"仿词体"。3首歌的歌词都是李叔同所撰，其曲并非他自己所作。此三歌在《音乐小杂志》上刊登之时，没有注明曲作者，后钱仁康先生对此作了考释。②

《我的国》歌词是：

> 东海东，波涛万丈红。朝日丽天，云霞齐捧。五洲惟我中央中。二十世纪谁称雄，请看赫赫神明种。我的国，我的国，我的国万岁，万岁万万岁！
>
> 昆仑峰，缥缈千寻耸。明月天心，众星环拱。五洲惟我中央中。二十世纪谁称雄，请看赫赫神明种。我的国，我的国，我的国万岁，万岁万万岁！

---

① 《音乐小杂志》中的文字大都出自李叔同之手，而内页插图除了李叔同外，还有他的日本友人。从版权页上可知，该刊定价为大洋两角八分，印刷所为日本东京神田区美士代町二丁目一番地的"三光堂"。

② 钱仁康：《李叔同——弘一法师歌曲考》，载《李叔同——弘一法师歌曲全集》，上海音乐出版社1990年版。

虽然现实与豪情的反差极大，就像李叔同在离开祖国前写的《金缕曲》中已经说过："破碎山河谁收拾，零落西风依旧"，但他同时也写道："长夜凄风眠不得，度群生那惜心肝剖？是祖国，忍辜负。"他的主观愿望仍是祖国强大。所以，作为一首"教育唱歌"，李叔同仍是在讴歌"东海东，波涛万丈红"，高唱"二十世纪谁称雄，请看赫赫神明种"。一番苦心，可歌又可泣。

《我的国》一经刊布便广泛传唱，许多歌集都选录此歌，就连日本音乐教育家铃木米次郎（1868—1940）也在"亚雅音乐会"的"唱歌讲习会"课堂上将此歌用作教材。至于这首歌的曲子，目前尚难考证。是否就是李叔同自己所作，同样没有证据。

相对而言，另一首"教育唱歌"《春郊赛跑》就明朗多了。这首歌的曲采自德国赫林（Karl Gottlieb Hering，1765—1853）为哈恩（Karl Hahn）的《木马》歌所制之曲，而歌亦是从《木马》歌仿制所得。我们可从对照中清楚地看出这一点：

《木马》歌词是：

> 跳，跳，跳！小马跳舞了。骑着木马，骑着石马，马儿不要乱蹦乱跳！小马跳得好！跳，跳，跳，跳，跳！
>
> 跑，跑，跑！别把我摔倒！如果你要把我摔倒，一阵鞭子，只多不少。别把我摔倒！跑，跑，跑，跑，跑！
>
> 停，停，停！别再向前跑！如果还要跑得更远，我就必须把你喂饱。小马，停一停！别再向前跑！

《春郊赛跑》的歌词是：

> 跑！跑！跑！看是谁先到。杨柳青青，桃花带笑。万物皆春，男儿年少。跑！跑！跑！跑！跑！锦标夺得了。

李叔同只作了这么一段，歌词紧扣《春郊赛跑》的主题，可谓仿也仿得很妙。

作为"别体唱歌"的《隋堤柳》，李叔同在歌词后面有一小注，曰："此歌仿词体，实非正轨。作者别有怅触，走笔成之。吭声发响，其音苍凉，如闻山阳之笛。《乐记》曰：'其哀心感者，声噍以杀'，殆其类欤!？"李叔同还在曲谱上注了"哀艳"二字。那么这究竟是怎样的一首"别有怅触"的歌呢？且看：

> 甚西风吹醒隋堤衰柳，江山非旧，只风景依稀凄凉时候。零星旧梦半沉浮，说阅尽兴亡，遮难回首。昔日珠帘锦幕，有淡烟一抹，纤月盈钩。剩水残山故国秋。知否，知否，眼底离离麦秀。说甚无情，情丝蓦 到心头。杜鹃啼血哭神州，海棠有泪伤秋瘦，深愁浅愁难消受，谁家庭院笙歌又。

这样的哀情在李叔同早期的诗词里是可以找到许多的。此处他将如此"哀艳"的歌曲跟《我的国》、《春郊赛跑》并录，多少反映了李叔同本人的双重性格。

丰子恺在 1958 年出版的《李叔同歌曲集》的序言中曾说："我记得……李先生作曲作词的，还有一首叫做《隋堤柳》。"[①] 然而据钱仁康先生在《〈隋堤柳〉李叔同的第一首"仿词体"歌曲》[②] 一文中考证，此歌并非李叔同作曲，原曲是美国流行歌曲女作者达克雷（Harry Dacre）所作的《黛茜·贝尔》（Daisy Bell），又名《双座脚踏车》（Bicycle Build For Two）。《黛茜·贝尔》原本是一首活泼的圆舞曲，至今仍被人传唱。李叔同用这样轻快的圆舞曲配上了哀愁的歌词，也真是一个大胆的举动了。

《音乐小杂志》一度在中国消失，直到 1984 年才经日本学者实藤惠秀先生的帮助，在日本觅得原本，重新传回中国。关于《音乐小杂志》重新传回中国的情况，孙继南先生曾有文字记录，录存如下：

> 1984 年 4—12 月有关李叔同《音乐小杂志》的寻访及相关情况：
> 4 月 9 日，刘雪阳致函孙继南，告知上海音乐学院陈聆群向他推荐日本实藤惠秀《中国人留学日本史》（谭汝谦、林启彦译）一书，

---

① 丰子恺：《李叔同歌曲集》，（北京）音乐出版社 1958 年 1 月第 1 版。

② 钱仁康：《〈隋堤柳〉李叔同的第一首"仿词体"歌曲》，载钱亦平编《钱仁康音乐文选》（上册），上海音乐出版社 1997 年版，第 197 页。

从中发现可寻觅《音乐小杂志》线索。建议设法联系并提示："实藤已届高龄，此事宜争朝夕。"

4月16日，孙继南致函香港中文大学谭、林二位，请协助与实藤先生联系以便寻访《音乐小杂志》下落。

4月26日，谭热情函复：1. 已转请实藤惠秀先生作答，并附其通信地址；2. 实藤教授是中日友好的学者，虽年事已高（88岁），相信会乐意帮助；3. 最近上海丰一吟亦给他去信查询此事，因悉这份期刊的历史价值……

5月3日，孙直接给实藤先生第一封信，询问《音乐小杂志》有关情况，并希望能得到这份期刊的复印件。

5月17日，实藤先生回信：1.《音乐小杂志》在京都大学图书馆收藏；2. 如需复印，那里有他的朋友可以帮忙，费用多少待查询后再告。

6月1日，孙致实藤先生第二封信：1. 深表由衷感激之情；2. 烦请代询复印费用，以便汇款。

7月26日，实藤先生将所需费用回信相告。

8月6日，孙接信后，立即去函日本一位朋友，请从速将款汇往实藤先生处，同时给实藤第三封信，告知汇款情况。

8月25日，实藤先生委托京都大学清水茂教授复印的《音乐小杂志》由冬京寄出（与此同时，实藤撰写《〈音乐小杂志〉和我》短文寄给他的老友，时任中国中日关系史研究会会长的汪向荣先生。该文将孙继南、丰一吟几乎同时给他去信寻访该刊以及他当年收集这份杂志的原委加以介绍和回顾。后此文刊于《中日文化与交流》第三辑，1987年9月）。

9月上旬，孙继南、丰一吟分别在济南、上海收到《音乐小杂志》复印件。

9月20日，孙继南完成《漂泊异乡，重归故土——〈音乐小杂志〉寻访始末及初探》一文初稿，并寄实藤先生听取意见。后以该文参加10月中旬在上海举办的全国高等音乐艺术院校中国近现代音乐史教学经验交流会；同年，《山东歌声》第12期正式发表。翌年，《人民音乐》第3期摘要刊出。

10月，山东师大图书馆应全国高师音乐史学会（筹）之需，承办《音乐小杂志》复印事宜。

12月，上海音乐学院学报《音乐艺术》第4期刊载有关《音乐小杂志》文章三篇：丰一吟、刘雪阳《我国最早音乐杂志在日找到》；陈聆群《关于〈音乐小杂志〉》；钱仁康《息霜三歌小考》。①

《音乐小杂志》第一期出刊后，本拟继续出刊，比如在第一期的末页就刊出了编辑部的征稿启事"文坛公鉴"，曰："本社创办伊始，资本微弱，撰述乏人。故第一期材料简单，趣味阙乏，至为负疚。自第二期起，当竭力扩充，并广征文艺，匡我不逮。凡论说、杂著与新撰唱歌、诗词、谣曲等，倘蒙赐教，至为欣幸（惟已登入报章或刊入书籍者，毋再寄来）。他日登出后，当以李叔同氏水彩画、油画或美术音乐书籍等奉酬（寄稿限五月底为止）。编辑部谨白。"

民国时期就曾有过对《音乐小杂志》的研究，笔者所见一篇由高齐贤撰写的《乐史零缣》，发表在1941年1月《同声月刊》第1卷第2号。对《音乐小杂志》的介绍颇详。不足之处是文中若干记述与史实有误。附录于下，供研究者参考。

乐史零缣

高齐贤

　　吾国昔乐，导源极古，风格独具，规律自全。隋唐以还，西域天竺等乐，传入国中，影响颇巨；词曲遞变，泯渐无痕。欧化东来，宗教诗歌，首开襟褛，军队教育，继被其风，乐律歌声，载同新诞，故家丝竹，遂逊西音，豆来米发，几于户诵。利厥成就，别起异军，黎氏锦晖，俨执牛耳，一曲晨布，万口夕腾，弱国柔音，识者交病；有声影片，推波助澜，不徒家弦，且播学府，迄于今日，不特国乐不具，贻笑瀛寰；而且庆吊婚丧，雅音咸缺；乐教之乱，诚无逾于此时矣。然西乐规律之精，允非国乐能比，用之不广，岂其罪耶？识往知来，传必有故，详稽博考，未必无关。谨辟是栏，用收沉泯，以言集腋，请俟方来。脱有以五十年来乐界琐闻，供为乐史编辑资料者，只

求价值珍贵，不计系统何如，爱撰是篇，以明其例。

（纪念李息霜先生）

音乐小杂志　西乐东来，首由宗教，普通流布，则科举废后，学校唱歌，实导先河。学校唱歌之最初执教者，除一般师范传习所之简易师资外，其资格较深者，类皆留日学生。考前清光绪三十、三十一两年，我国留学生，人数在两万以上，三十二年虽略少，亦有一万四千余人，遂发生日本取缔留学生之事；此一万余人中，研究师范者，实甚众也。彼时各种学科，咸有译述，杂志刊物，亦皆应时而兴。有浙人李息字息霜，一字叔同，别署息翁者，留日习美术，对于音乐，尤有专精。于光绪三十二年正月始，在东京神田区今川小路二丁目三番地集贤馆内，编行音乐小杂志一种，专言音乐，间载诗词。其第一期于光绪三十二年三月初一日发行，息霜自为序言，典雅流利。当时所尚，于此可觇。息霜后返国，与歙人黄宾虹等从事文化事业，一日，在沪过一家春番菜馆，闻楼上有妓歌曰："你既无情我便休"，忽然大悟，遂投甬之某寺，削发为僧，即时人称美之弘一法师也。近年卓锡福建鼓山，战事发生以来，久不闻其消息矣！兹将音乐小杂志息霜所为之序文，附录于下，以飨读者。

闲庭春浅，疏梅半开，朝曦上衣，软风入媚，流莺三五，隔树乱啼，乳燕一双，依人学语，上下宛转，有若互答，其音清脆，悦魄荡心。若夫萧辰告悴，百草不芳，寒蛩泣霜，杜鹃啼血，疏砧落叶，夜雨鸣鸡，闻者为之不欢，离人于焉陨涕。又若登高山，临巨流，海鸟长啼，天风振袖，奔涛怒吼，更相逐搏，砰磅訇磕，谷震山鸣，懦夫丧魄而不前，壮士奋袂以兴起。呜呼！声音之道，感人深矣。唯彼声音，佥出天然，若夫人为，厥有音乐，天人异趣，效用靡殊。繄夫音乐，肇自古初，史家所闻，实祖印度，埃及传之，稍事制作，逮及希腊，乃有定名，希腊人谓音乐为上古女神 Muses 之遗故定名曰 Musical 道以著矣。自是而降，代有作者，流派灼彰，新理蘖达，瑰伟卓绝，突溢前贤；迄于今兹，发达益烈。云瀚水涌，一泻千里，欧美风靡，亚东景从；盖琢磨道德，促社会之健全，陶冶性情，感精神之粹美，效用之力，宁有极钦。乙巳十月，同人议创美术杂志，音乐隶焉。乃规模粗具，风潮突起，同人星散，瓦解势成。不佞留滞东京，索居寡侣，重食前说，负疚何如！爱以个人绵力，先刊音乐小杂志，饷我学界，期年二册，春秋刊行，蠡测莛撞，矢口惭讷，大雅宏达，不弃窾陋，有以启之，所深幸也。呜呼！沉沉乐界，眷予情其信芳，寂寂家山，独抑郁而谁语？矧夫湘灵瑟渺，凄凉帝子之魂，故国天寒，呜咽山阳之笛；春灯燕子，可怜几道斜阳，玉树后庭，愁对一钩新月；望凉风于天末，吹参差其谁思，瞑想前尘，辄为怅惘；旅楼一角，长夜如年，援笔未终，灯昏欲泣。时丙午正月三日，息霜。

音乐小杂志既为一人之力所经营，故未及一年，即归结束。每念狂澜，辄思砥柱，使息霜能始终其"重食前说负疚何如"之意而力践之，至于今日，其所成就，不既多乎。

息霜于音乐文章以外，兼擅绘事，音乐小杂志封面之三色版水彩画，即其自作。又尝作乐圣贝多芬炭画像，神识意趣，尽现笔端，并系小传，译笔亦甚简雅，兹觅得附印于次。息霜制谱，旋律宛静，俗气尽退，并选一曲，以纪念此三十年前之作曲家，兼望今之作家，能自反也。夫曲律文章，功用相等，美善固不可缺，真意尤所难能，脱缺其一，其效自减；此中差异，容更论之。

乐圣贝多芬 Beethoven 炭画造像　李息霜绘

乐圣贝多芬 Beethoven 小传　贝多芬，德意志人，一千七百七十年十二月六日，生于莱茵河上流巴府。幼颖悟，年十三，任巴府乐职；旅离任去，专事著述。一千七百九十二年，迁来多脑，终身不复去，距时称乐圣毛萨脱 Mozart 之死，仅逾稔也。氏性深沉，寡言笑，居恒郁郁，不喜与俗人接，视毛氏滑稽意趣，绝不相垺。然天性诚笃，思想精邃，每一著作，再四审正，兢兢以遗误为惧。旧著之书，时加厘纂，脱有错误，必力诋之，其不揜己短有如此。终身不娶，壮岁后，忽病聋，迄一千八百年，聋益剧，耳不能审音律。晚年，养女姪于家，女有丑行，抑郁加甚；劳易致疾，忧能伤人，一千八百廿七年，殁于多脑，春秋五十有六年也。氏于音乐，不喜创作，刊行之稿，泰半规模前哲，稍事损益；然心力真挚，结构完美，人以是多之。民之著述，与时代之比例如左：

第一期　至一千八百年止，其所著作，自一至二十。

第二期　至一千八百十五年止，其所著作，自廿一至一百。

第三期　所谓末叶之贝多芬，其所著作，自一百一至一百三十五。

著作中以洋琴曲"朔拿大"为首选，换手曲亦为杰构，足称绝技。"西麻福尼"，曲凡九阕，亦为世所传诵。其他合奏曲，司伴乐，及室内乐尤伙，不缕数也。李息霜译自日本石原小三郎西洋音乐史，删窜成之。

息霜所为歌曲，词旨扬厉，音节宛静，情真意美，当之无愧。录作曲大病，在宛而流于俗靡，雄而涉于浅躁，高欲声嘶，低欲喑哑，作者自己得意处，即乐曲诡异劣处。又一阕之中，漫无规律，忽急忽缓，乍抑乍扬，极力求奇，遂成恶道。又或一两句稍有可取，其他则拉杂成之；均不足道也。总之，学力思维，固须有相当程度，而天然聪颖所产生之意识，则非人力所能及。息霜所作，不能不谓为得天独厚，而时代所限，今昔不同，观息霜曲者，或亦未能与我有同感也。

昨非小录　息霜文学造诣，可于音乐小杂志之序文及贝多芬译传见之；息霜音乐个性，可于其所作《我的国》一谱见之。使其终始于此，必有大成。兹再就其所作"昨非录"，选集数言，不废詹詹，聊资棒喝。

息霜释昨非录曰："此予忏悔作也，吾国乐界方黑闇，与予同病者，当犹有人，拉杂录入，愿商榷焉。"嗟嗟！息霜作昨非录，去今三十年矣。彼时乐界黑闇，无可责言；但三十年后之今日，吾又何从而觅光明之路耶？

"宁可生，不可滑，生可以练，滑最难医。"息霜此语，尤中今日乐家之病。

"唱歌发音宜平，忌倾斜"，凡事平正为难，平中见好者尤难。倾斜取巧，堕入鬼道，殆永无翻身之日矣。

"十年前日本之唱歌集，或有用1234之简谱者，今则自幼稚园唱歌起，皆用五线谱。"息霜此言，非究心音乐者，不能知其关系之重；非了解音乐者，不能知其影响之深。今人方力行简谱译正谱工作，其为害直不可言。

"学唱歌者，音阶半通，即高唱'男儿第一志气高'之歌；学风琴者，手法未谙，即手挥'5566553'之曲；此为吾乐界最恶劣之事……"息霜此语，诚音乐进程上最大之障碍，然当时尚能逢人即唱"男儿第一志气高"也，今乃如何？"妹妹我爱你"、"好花不常开……何日君再来"之声，洋洋乎男女青年之口矣。姑舍乐艺而论艺风，其亦日每况愈下而已。

"吾国学琴者，大半皆娱乐思想，无音乐思想……故每日练习无定时，或偶一为之，聊以解闷……美人学琴者，每周仅一小时，余则在家练习，每日在十小时以上。"凡事重视则大成，小视则无成，国人除孜孜为利外，对于文化事业，类皆儿戏视之，岂止学琴而已哉，予欲无言。

附带声明：笔者现拟重价征求清末民初各种音乐书籍杂志及唱歌教科书等，又李息霜先生所编国学唱歌集，亦并征求。凡欲出让者，请说明一切并代价，函示本京汉口路三十二号之一，然后面洽。

留 日 岁 月

李叔同来到日本，他的目的主要是攻读美术，同时兼习音乐。所以，他在创办了《音乐小杂志》后不久，即投入精力准备应考东京美术学校。这时期，他也研究西画理论并撰写美术文论。比如，李叔同在《醒狮》杂志上就发表了《图画修得法》和《水彩画法说略》。此乃中国人较早介绍西洋绘画知识的文章。凭着他的才智，李叔同于1906年9月29日顺利地进入了东京美术学校，入西洋画科的撰科。

李叔同留学日本时的东京美术学校校舍

所谓撰科，据已故学者刘晓路的解释是："按照东京美术学校的规定，本科生的资格可以通过两种途径获得：一、每年3月通过预科考试而成为预科生，4—7月学习后通过第二次考试在9月成为本科生；二、撰科即不经历预科而在9月通过一次考试直接成为本科生。"① 据《东京美术学校校友会月报》第5卷，② 李叔同和曾延年报考东京美术学校那一

---

① 参见刘晓路《青春的上野：李叔同与东京美术学校的中国同窗》。另吉田千鹤子《上野的面影——李叔同在东京美术学校史料综述》亦曰：李叔同、曾延年等入撰科，"这是因为在制定《外国人特别入学规则》的1924年以前，外国人全部作为撰科生入学"。二文均载《弘一大师艺术论》，西泠印社出版社2000年版。

② 参见刘晓路：《青春的上野：李叔同与东京美术学校的中国同窗》。

年，报考西洋画科预科的有 67 人，合格 30 人，以后成为本科生的为 23
人；报考西洋画撰科者共有 30 人，合格并在此后成为本科生的仅 5 人。
以上数据至少说明两个问题，一是撰科之竞争比预科之竞争激烈一倍；二
是由撰科生而成为本科生的 5 个人中就有李叔同和此后一起创办"春柳
社"的曾延年；这反映了他俩在美术方面的才智和实力。

　　东京美术学校成立于 1887 年。1901 年正木直彦任校长后确立了西洋
美术与东方传统美术并举的办学方针。李叔同、曾延年所在的西洋画科设
立于 1896 年，留法美术家黑田清辉、久米桂一郎等为首批教师。该科很
快就成了东京美术学校中规模最大的学科，报考的学生人数也最为集中。
曾延年入学时，已超过撰科生年龄限制。他之所以得以入学，是因为根据
当时仍适用的《文部省直辖学校外国人特别入学规定》。① 根据这个规定，
考生只要通过日本外务省或本国公使馆的介绍，或校长认为其具有相当的
学历即可报考。因此，对于外国人而言，条件相对比较宽松。曾延年入学
时已 33 岁，但仍可入学。以往，研究者在介绍李叔同、曾延年就读期间
的指导教师时，大多认定为黑田清辉。对此，刘晓路曾提出过不同的意
见。他在《档案中的青春像：李叔同与东京美术学校（1906—1918）》一
文中指出："1906—1911 年李叔同在东京美术学校留学期间，黑田正担任
东京美术学校西洋画科主任教授。假如李叔同真的师从过黑田清辉，也许
是中日美术交流史上的趣事。当然，如果从宽泛的意义上说，当时东京美
术学校的每一个教师都是他的老师，因而称黑田是李叔同的老师，也许勉
强说得通。但是，在严格的意义上，指导教师和广义的教师，有着明显区
别。"② 在李叔同、曾延年在读期间，东京美术学校还没有实行专门的指
导教师制度。故他俩的学习，应该是接受各位授课教师的轮流指导。③ 但
吉田千鹤子教授则以为，至少是李叔同，在其留学的最后一个学年中

---

① 参见吉田千鹤子《上野的面影——李叔同在东京美术学校史料综述》，载
《弘一大师艺术论》。

② 刘晓路：《档案中的青春像：李叔同与东京美术学校（1906—1918）》，载
《弘一大师新论》，西泠印社出版社 2000 年版。

③ 据与李叔同同一年入学的日本学生小寺健吉回忆，他们在一年级时的教授为
原孝太郎，二年级时为小林万吾、和田英作，从三年级到毕业一直由黑田清辉担任。
参见《小寺健吉画集》，日动出版部 1977 年 5 月版，转引自西槇伟《关于李叔同的油
画创作》，载《弘一大师艺术论》。

"应该受过刚刚回国的藤岛的新鲜指导"。① 吉田千鹤子在这里用了"新鲜"二字很耐人寻味，其意思或许是指藤岛武二（1905—1910 年留学巴黎）带回的西洋美术的最新理念。

李叔同在东京美术学校的学习成绩十分突出。这有案可查。《东京美术学校校友会月报》1910 年 10 月卷中有"精勤者"一栏，上面记载道："前学年中，精勤学业者，由本校授予精勤证书。"当时获得该证书的留学生中，只有李叔同一人。而如今的东京艺术大学中，仍保存着李叔同的毕业成绩单，明确记录着李叔同是当时一同考入撰科的同学中成绩最好的一位，②而李叔同研习西洋画的行迹亦在中国美术界得到了定位。

李叔同在日本攻读西洋画，一时引起了日本媒体的关注。1906 年 10 月 4 日，日本的《国民新闻》发表了一篇题为《清国人志于洋画》的采访文章，并刊出李叔同西装照片及画稿一幅。文章描述道："最近因为听说有一位叫李岸的清国人考入美术学校，所以赶快冒打着老蓼的秋雨，走上谷中小道访问了下谷三琦北町三十一番地……他是个圆肩膀儿的青年，在久留米的绀绗的和服外衣上，系上一条黑绉纱的黑腰带，头上留着漂亮的三七分的发型，用泰然的声音说：'请里边坐！'把我引了进去，是他的书斋……看了我的名片后才莞然地点头说：'是槐南诗人的新闻社吗？''是的，槐南先生的诗也常刊登，您认识他吗？''是的，槐南、石埭、鸣鹤、种竹诸诗人，都是我的朋友，我喜欢诗，一定投稿，请赐批评。''乐器怎么样？''正学拉小提琴，以外大概都搞一下，其中最喜欢的是油画'……"（文中提到了当时李叔同在东京的居住地：下谷三琦北町三十一番地）文章又写道："墙壁上贴着黑田画伯的裸体画、美人画和山水画，还有中村等人的画，李叔同一边讲解一边拉我到里面六叠的房间，桌上摆着没有画完的一张苹果的写生，很得意地指给我看。我夸奖说：很洒脱。女佣从旁说道：这是他早上一口气画下来的。"黑田清辉曾于 1896 年创立绘画社团白马会。中村不折亦是太平洋画会的主要画家。李叔同将其作品贴在墙壁上欣赏学习，当是十分自然之事。需要注意的是，《清国人

---

① 参见吉田千鹤子《上野的面影——李叔同在东京美术学校史料综述》。

② 参见刘晓路《青春的上野：李叔同与东京美术学校的中国同窗》。又据 1997 年 3 月 10 日《天津日报》刘欣子《李叔同与东京美术学校》一文，东京美术学校保存的李叔同当年的成绩单上的成绩为实技平均点 76，总平均点 76，列当年西洋画撰科四名毕业生之首。

志于洋画》是一篇采访稿，而这篇采访稿中的部分记录却不是事实。比如，在文章中记者问："您的双亲都在吗?"李叔同则答："都在。"又问："太太呢?"答："没有，是一人，26岁还是独身。"李叔同为何如此作答？原委不得而知。事实如此，过于追究或猜测，未必有太大的意义。

日本《国民新闻》刊载的采访李叔同的文章

正像李叔同自己所说的那样，他自己最喜欢的还是油画，或者说，最热衷的还是美术。在李叔同刚到日本之时，他认识了高天梅，并曾为他筹备出版的杂志《醒狮》设计封面，并在上面发表诗作和美术文章。在《音乐小杂志》的序言中，李叔同就说道："乙巳十月，同人议创《美术杂志》，音乐隶焉。乃规模粗具，风潮突起。同人星散，瓦解势成。不佞留滞东京，索居寡侣。重食前说，负疚何如？爰以个人绵力，先刊《音乐小杂志》，饷我学界。"李叔同在这里所指的即是高天梅等同人因反对日本政府公布《取缔留学生规则》而罢学归国之事。由于这一变故，当时设想中的创办《美术杂志》便没有实现，这才由他独自一人先行刊行《音乐小杂志》。

李叔同也参加白马会的美术展览。在1909年4—5月举行的白马会第十二次展览上，李叔同有参展作品《停琴》，而在1910年的第十三次展览中，他则有《朝》、《静物》和《昼》三件作品入选，其中《朝》被收录在《庚戌白马会画集》里。对于学生阶段李叔同的作品，外界评论从他学业的长进而由贬到褒。在参加了白马会第十二次展览后，1909年5

日本发行的春柳社演出《茶花女》的纪念明信片

月 20 日日本的《美术新报》第 8 期第 5 号如此评说："李岸氏的《停琴》看似没有紧凑感，作品色调浊暗、朦胧，另外其画法缺乏根据是看得出的又一缺点。"5 月 3 日日本《中央新闻》则曰："李岸氏的《停琴》还算过得去。"到了第二年，李叔同参加完白马会十三次展览，1910 年 6 月 15 日日本《都新闻》记者三角子则评论说："47 号李岸的《朝》，用笔用色都很大胆，原非清国人所擅长的笔法，好像是刚刚学来的，然而作为新时代的一个清国人，如此新奇独特的画法倒是很有意思的。"①

————————

① 所引日本报刊的评语均见西槙伟《关于李叔同的油画创作》，载《弘一大师艺术论》。

春柳社演出《黑奴吁天录》广告

　　李叔同在日本攻西洋画，但他也画中国画。2006 年 10 月，天津人民美术出版社出版了章用秀等编《一代宗师李叔同》一书。书中有一图，图下注释为："李叔同在日本留学期间所作山水画钤印'李息'，上题'企林先生一笑　弟哀　时同留学日本东京。"由于此图被用作该书的装饰，编辑擅自截去题款和印章。不久，章用秀著《追寻李叔同足迹》一书出版，书中附录三《新发现的一幅李叔同山水画》① 详细介绍了这幅李叔同绘作并赠送给唐肯的山水画。文中写道："2005 年初冬一个偶然的机会，我得到一套天津蓝天国际拍卖公司的拍卖图录。当翻到中国书画部分时，发现第 37 号拍品是一幅署名'哀'的山水画。此画为竖长形，长一米有余。其下方为坡石、岗峦、树丛，湍湍的溪流上架一长桥，一老者在桥上行走。其上方，烟雨朦胧中掩映着几间草舍，从高山上奔腾而泻的瀑布如一条白练悬挂于山崖。整个画幅，清秀韵雅，用笔简括，令人耳目一新。画的右上方题款一行：'企林先生一笑，弟哀，时同留学日本东京。'款下钤'李息'白文印一枚。图录的文字说明上标示，该作品为'立轴，设色纸本'，作者'李息'，但未注明作者生卒和简历。"关于此画的鉴定，章用秀用他的笔墨已作了十分肯定的结论。就综合评判的原则而论，

①　章用秀：《追寻李叔同足迹》，百花文艺出版社 2007 年版，第 131 页。

笔者对此画持肯定的意见，章用秀已注意到此画的赠送对象"企林"其人。他在文章中说："再分析一下画的上款，'企林'不仅确有其人，而且所谓'时同留学日本东京'亦确有其事。企林名唐肯，号沧谙，江苏武进（今常州）人。他出身书香门第，为唐顺之的后裔。企林是唐肯的字。将对方以字相称，并尊为先生，是旧时的习惯，表示对友人的尊重。""……光绪年间在日本中央大学法律系毕业（一说毕业于日本士官学校）。此人生于 1876 年，卒于 1950 年，比李叔同年长四岁……工书、擅画、能文、善诗、精鉴别、富收藏……唐肯在日本留学与李叔同在日本留学是同一时期，两人同在日本东京，又有共同爱好，其间以书画互赠，乃在情理之中。"① 章用秀先生的介绍，自然是有事实依据的，但他将更重要的史实遗漏了。这事实就是唐肯跟李叔同还是春柳社的社友，并一同演出了《茶花女》。事实上，春柳社上演《茶花女》，如今经常被人们提起的演员自然是李叔同和曾延年，但《茶花女》的演出，几个重要的角色是：李叔同饰玛格丽特（茶花女）；曾延年饰阿芒（亚猛）的父亲；唐肯饰阿芒；孙宗文饰普鲁唐司。了解了这一事实，那么李叔同赠唐肯国画作品，并有"企林先生一笑"的题款就更能被人理解。他们原本就是同道，两人之间的友情不言而喻。

　　除上述绘赠唐肯的山水画外，李叔同出家前倡导中国书画艺术和创作国画作品也有文献记载。1900 年，他参与创办了上海《书画公会报》，并任副经理。② 孤芳在《忆弘一法师》中则说到了李叔同在《太平洋报》任职时的国画作品：太平洋"画报的内容既不是点石斋的新闻画，也不是沈伯尘的百美图，更不是钱病鹤、马星驰一流的讽刺画，它是一幅立轴，或一方册页，或一副对联，大半是法师的手笔——书法和花鸟。法师那时候的书法，近似郑文公碑而更雄健，花鸟亦如他的书法，雄健遒劲，寥寥数笔，别有风致。"③ 学术研究需要以事实说话，这是一个基本态度。在此基础上，历史的真实总是会愈辨愈明。

　　李叔同与曾延年是东京美术学校里的同学，他们两人在事业上互为同

---

　　① 章用秀：《追寻李叔同足迹》。

　　② 见《创设书画公会报启》，原载 1900 年 4 月 27 日《中外日报》，参见郭长海《中国近代文学史证——郭长海学术文集》（吉林人民出版社 2005 年版）下册，第766 页。

　　③ 孤芳：《忆弘一法师》，载《弘一大师永怀录》，大雄书局 1943 年版。

道，而个人之间的友情亦较深厚，并且还曾共同创办了中国第一个话剧团体"春柳社"。在以上这些方面，研究者从来未曾存疑。然而，至今研究界对他俩关系上的研究，似还未深入。

有关曾延年的生平资料，研究者在有关论著中有过若干择要的表述。这些表述，一般均择其要者加以说明，尚缺乏梳理和辨正。《辞海》中的曾延年条目是这样写的："曾孝谷（1873—1937），中国早期话剧（新剧）活动家、剧作家、演员。名延年，号存吴，四川成都人。清末赴日本学习美术，1906 年与李叔同等在东京创办综合性艺术团体春柳社，并参与演出。曾在《茶花女》中饰演阿芒等。1907 年根据美国作家斯陀夫人小说《汤姆叔叔的小屋》的林纾、魏易译本改编剧本《黑奴吁天录》，由春柳社上演。被认为是中国早期话剧的第一个剧本。回国后离开舞台，在四川执教。"① 作为辞条，如此简洁地表述可以理解，但就是在这简洁的文字中，史实上也有值得商榷之处。比如曾延年逝世的时间、曾延年演剧时的角色等。就笔者所知，在介绍、归纳曾延年生平时，欧阳予倩在《回忆春柳》②、陈丁沙《春柳社史记》③ 等文章里都有许多详细的文字介绍。这些文字有时还写得十分形象生动。为此，笔者以为，若要对曾延年的生平作一较为详细的确认，有必要先择一成型的"文本"，继而根据其他学者提供的有记载的资料加以补充。同时也提出应该存疑的部分。笔者采用的"文本"即陈丁沙《春柳社史记》一文中关于曾延年的介绍文字。这段文字大约有一千字。笔者将其归纳整理，在排除主观评价的文字后，得出的基本情况如下：

> 曾延年，字孝谷，号存吴，成都人，除爱好戏剧外，兼善诗文字画。
>
> 他身量较矮，双目无神，谈起话来，滑稽幽默，诙谐自如……他居住北京多年，能唱二黄，旧剧看得也很多。
>
> ……他在明治四十四年（1911）由美术学校毕业，和李叔同是

---

① 《辞海》，上海辞书出版社 1999 年 9 月第 1 版。

② 欧阳予倩：《回忆春柳》，载《欧阳予倩戏剧论文集》，上海文艺出版社 1984 年 1 月第 1 版。

③ 陈丁沙：《春柳社史记》，载《中国话剧史料集》第 1 辑，文化艺术出版社 1987 年 12 月第 1 版。

同班同学。照此推算，他在校期间应是明治三十九年九月到四十四年三月。当时油画科的班长，直到毕业都是山口亮一先生……曾孝谷也许是由于比日本学生年长，言行老诚朴实，有"好好先生"之称。他善于和日本学生交往，有时到甲州去，有时也参加去修善寺的写生旅行，下起雨来就闷在旅馆里唱中国歌曲……在《黑奴吁天录》的演出里，戏单上写着曾孝谷扮演汤姆和韩德根以及一个男仆，他前后演了三个角色……第一次演出《茶花女》时，曾孝谷以饰阿芒的父亲而获得好评。从他扮演的不同角色，我们可以看出他的戏路是很宽的。

春柳社是他和李息霜共同发起的。……他和日本新派戏接触最早，和藤泽浅二郎是朋友……明治四十一年五月（1908），日本新派剧合作公演《月魄》，报上曾宣传要由中日两国演员共同演出，曾孝谷、陆镜若都参加了的……这次曾孝谷只不过扮演了陆军演习时的士兵，而并不是什么重要角色。

欧阳予倩说："他（曾孝谷）在日本的时候，始终和我们演戏，回国后很想组织剧团，没有成功；在上海新新舞台（即天蟾舞台）和任天知混过几天，当然不会合适。那时候所谓文明新戏，完全不用剧本，他如何跟得上？他一气就回四川去了。回到四川以后，仍然不能忘情，办了一个旬刊，并常常和我通信，可是没有机会再干舞台生活了。"

据东京美术学校的同学录记载，曾孝谷逝世于大正十年。

陈丁沙以上介绍，明显错误有：（1）曾延年离校时间是 1912 年 3 月 8 日而不是 1911 年 3 月（根据东京艺术大学档案）；（2）曾延年逝世的时间，目前有记载的有二说，一为 1937 年，一为 1936 年，但不是"大正十年"即 1921 年。根据陈丁沙的这段介绍，笔者现根据其他学者的相关文字，姑且就其生平概括如下：

曾延年（1873—1936），字孝谷，号存吴，成都人，毕业于浙江省两级师范学校。① 他居住北京多年。1906 年考取官费留学日本，同年 9 月

---

① 参见刘晓路《青春的上野：李叔同与东京美术学校的中国同窗》。

进入东京美术学校西洋画撰科，与李叔同是同班同学。① 1906 年与李叔同共同发起成立"春柳社"，此后参与"春柳社"的话剧演出。1911 年由东京美术学校毕业，同年 4 月 12 日进入西洋画科研究科学习。② 1912 年 3 月 8 日被除名。③ 1912 年回国后，曾到上海，担任过《太平洋报》的编辑事务，④ 又与黄辅周、任天知等在上海新新舞台（即天蟾舞台）有短暂的合作。此后不再参与戏剧活动。⑤ 1913 年曾赴天津，不久即回故乡成都。曾在当地行政官署任工科技师。不久辞职，任陶瓷讲习所图案教官。⑥ 回到四川以后，曾办刊物。1936 年在成都逝世。

笔者以为，在以上文字中，需要存疑的是曾延年曾毕业于浙江省两级师范学校。此说见刘晓路《青春的上野：李叔同与东京美术学校的中国同窗》（载《弘一大师艺术论》，西泠印社出版社 2000 年版，又见吉田千鹤子《东京美术学校的外国学生》，《东京艺术大学美术学部纪要》第 33—34 期连载，1998 年 3 月、1999 年 5 月）。浙江省两级师范学校的前身是 1908 年创办的浙江官立两级师范学堂，1912 年改名为浙江省立两级师范学校，1913 年改名为浙江省立第一师范学校（今为杭州师范大学）。曾延年于 1906 年 9 月考入东京美术学校，那么他此前在国内的学校毕业，其时间最晚是 1906 年。然而，1906 年时，还不存在浙江省两级师范学校。另有三处需要继续研究。一是他曾在北京居住的时间；二是曾延年在成都办的刊物名称和性质；三是他逝世的时间。笔者以为，曾延年曾毕业于浙江省两级师范学校一条，在没有确凿的证据之前应暂时剔除，另三者姑且还可以列入曾延年的生平资料，但还需进一步研究。比如，曾延年的逝世时间是一个重要的问题。陈丁沙所谓"大正十年"，即 1921 年，似有误。他所述系

---

① 参见吉田千鹤子《上野的面影——李叔同在东京美术学校史料综述》。

② 参见刘晓路《青春的上野：李叔同与东京美术学校的中国同窗》。

③ 同上。

④ 参见郭长海《关于李叔同若干史料的补充》，载《弘一大师新论》，西泠印社出版社 2000 年版。

⑤ 欧阳予倩：《回忆春柳》，载《欧阳予倩戏剧论文集》，上海文艺出版社 1984 年版。

⑥ 曾延年致东京美术学校信，转引自刘晓路《青春的上野：李叔同与东京美术学校的中国同窗》。

根据东京美术学校同学录资料，但至今没有相关资料作为证据。同时也未见有其他史料支持此说。"1936 年说"主要有刘晓路发表于《美术研究》1997 年第 3 期上的《肖像后的历史，档案中的青春：东京艺大收藏的中国留学生自画像（1905—1949）》，而"1937 年说"，目前仅见《辞海》。

笔者以为，在确定曾延年的生平后，亦需要对他的性格特征和某些事迹作一归纳。根据上述资料，以下整理归纳后的文字对全面了解曾延年会有所帮助：

> 曾延年除爱好戏剧外，兼善诗文字画。他身量较矮，双目无神，谈起话来，滑稽幽默，诙谐自如。他能唱二黄，旧剧看得也很多。也许是由于比日本学生年长，他言行老诚朴实，有"好好先生"之称。他善于和日本学生交往，有时到甲州去，有时也参加去修善寺的写生旅行，下起雨来就闷在旅馆里唱中国歌曲。在《黑奴吁天录》的演出里，他前后演了三个角色。第一次演出《茶花女》时，曾孝谷以饰阿芒的父亲而获得好评。从他扮演的不同角色，可以看出他的戏路较宽。他和日本新派戏接触较早，和藤泽浅二郎是朋友。明治四十一年五月（1908 年），日本新派剧合作公演《月魄》，报上曾宣传要由中日两国演员共同演出，曾孝谷、陆镜若都参加了的。这次曾孝谷只不过扮演了陆军演习时的士兵，而并不是什么重要角色。他回国后很想组织剧团，没有成功。那时候所谓文明新戏，完全不用剧本，他已不适应。他一气就回四川去了。

1906 年 9 月，李叔同和曾延年均考取了东京美术学校西洋画科的撰科（10 月入学）。先于他俩一年考入该校的黄辅周也喜欢戏剧，因为兴趣相近、志趣相投，三人于 1906 年底发起组织了"春柳社文艺研究会"。[1] 这个团体的成立，其初衷并非专门从事戏剧活动。这可从《春柳社文艺研究会简章》[2] 中获得了解：

---

[1] 柯文辉在《旷世凡夫——弘一大传》（湖北人民出版社 2007 年版）第 42 页中称："叔同在名册上注为'私费'，比 1908 年入校的黄辅周晚一年，辅周即黄二难或黄南南，难难。"此处所谓"1908 年"当为"1905 年"之误。

[2] 《春柳社文艺研究会简章》，天津《大公报》1907 年 5 月 10 日。

本社以研究文艺为目的，凡词章、书画、音乐、剧曲等皆隶属焉。

本社每岁春秋开大会二次。或展览书画，或演奏乐剧。又定期刊行杂志，随时刊行小说、脚本、绘叶书之类（办法另有专章）。凡同志愿入会研究文艺者为社员（应任之事务及按月应缴之会费，另有专章）。

其有赞成本社宗旨者，公推为名誉成员（无会员）。

无论社员与名誉成员，凡本社所出之印刷物，皆于发行时各赠一份，不取价资。

也许他们觉得先从戏剧活动入手较为容易，故又起草了《春柳社演艺部专章》。① 这份专章分细则十二条，有云："创办伊始，骤难完备，兹先立演艺部，改良戏曲，为转移风气之一助。""春柳社"设有"事务所"，地点在东京下谷区池之端七轩町廿八番地钟声馆。1906 年秋天，中国国内遭受大水灾。留学生们便发起赈灾公演活动。1907 年 2 月 11 日，"春柳社"在新落成的中华基督教青年会礼堂演出了《茶花女》选幕。这是该社首次公演。如果说"春柳社"是中国第一个话剧团体的话，那么这次演出就是中国话剧的第一次正式演出了。李叔同和曾延年是这次演出的主要人物。李叔同扮演的是玛格丽特，曾延年饰阿芒的父亲。演出获得了成功，观众约 2000 人，各方面的评价甚高。对于这次演出，1907 年 3 月 20 日的《时报》有《记东京留学生演剧助赈事》一文，文章说："阳历 2 月 11 日，日本东京留学界因祖国江北水灾，特开救济慈善音乐会，醵资助赈。其中有春柳社社员数人，节取《茶花女》事，仿西法，组织新剧，登台扮演，戏名《匏止坪诀别之场》。"文中又引述日本人的评价："当日座客中新闻记者约六七人，其中亦一二人曾于上海观过中国演剧者，觉与此大异。此次诸君新派演剧，能（若）非多年研究，素有心得，断不能如此动人。装饰画亦皆合宜，所歉然者，吾辈仅能领略意趣，而以不通言语，致多隔膜。但闻贵国人时时拍掌，其言语之佳妙，可想而知。"日本专家松居松叶亦曾著文写道："中国的俳优，使我最佩服的，

————————

① 阿英：《晚清文学丛钞·小说戏曲研究卷》，中华书局 1960 年版，转引自林子青《弘一法师年谱》，宗教文化出版社 1995 年版。

便是李叔同君……与其说这个剧团好，不如说这位饰椿姬的李君演得非常好……尤其是李君的优美婉丽，绝非日本的俳优所能比拟。"①

以往人们只能见到李叔同扮演茶花女时的造型特写，而舞台全景剧照则未能领略。此一缺憾终于在 2007 年 9 月得以弥补。其时，第二届弘一大师研究国际学术会议在杭州、平湖两地召开，张伟先生提交了一篇题为《春柳社首演〈茶花女〉纪念品的发现与考释》的论文，文中详细介绍了他发现的春柳社演出《茶花女》选幕的两张纪念明信片且李叔同、唐肯、曾延年和孙宗文四位主演者俱全，舞台画面清晰。②

如果说《茶花女》选幕的演出，其成功主要得益于李叔同的表演，那么 1907 年 6 月 1 日正式演出《黑奴吁天录》，并同样获得成功，曾延年的功绩不可磨灭。这个剧本在李叔同的协助下由曾延年改编，欧阳予倩认为这应该是中国的第一个话剧剧本。③ 在内容上，曾延年主要截取原小说的开头部分；在形式上，他采用了西方近代戏剧的分幕方法。在这次演出中，李叔同扮演爱米柳夫人并客串跛醉客。曾延年扮演汤姆、韩德根、意里赛三个角色，均体现了他俩较为宽广的戏路。尤其值得一提的是，李叔同和曾延年都擅长美术，所以，"春柳社"的这两次演出，舞台美术工作

① 孟忆菊：《东洋人士对李叔同的印象》，1927 年 1 月《小说世界》第 212 期，转引自林子青《弘一法师年谱》，宗教文化出版社 1995 年版。引文中所述"椿姬"为茶花女的日本译名。

② 张伟：《春柳社首演〈茶花女〉纪念品的发现与考释》，载《永恒的风景——第二届弘一大师研究国际学术会议论文集》，（香港）中国文化艺术出版社2008 年版，第 1 页。又据郭长海、金菊贞《李叔同的戏剧活动与文献资料》一文："此外，现在还留存一张这一场演出时的剧照，内容是茶花女在床上，与一男人在对谈。原刊《春柳》杂志 1919 年第 3 号，题为'春柳社第一次在日本演茶花女'。"遗憾作者并未公布这张照片，《春柳》杂志亦不易见。

③ 欧阳予倩：《回忆春柳》，载《欧阳予倩戏剧论文集》，上海文艺出版社 1984年版。从《黑奴吁天录》的演出广告可知，该剧的"脚本著作主任"为"存吴"（曾延年），"布景意匠主任"为"息霜"（李叔同）。2007 年为中国话剧诞生 100 周年，戏剧界均因《黑奴吁天录》的剧本为中国人所编而将其作为中国话剧的诞生标志。其实也有资料证明这个剧本是在李叔同的参与下完成的，如 1919 年 1 月《春柳》第一年第一期上有李涛痕《春柳社之过去谈》一文，曰："自 3 月，由曾、李二君编出《黑奴吁天录》五幕脚本，集合社员以分任角色……"或许曾延年是该剧本的主要编写者，他俩这才在演出广告中作了责任上的分工。

都做得十分到位，受到各方的一致赞扬。演出《黑奴吁天录》后，李叔同、曾延年还演出过《生相怜》，李叔同扮演西洋少女，曾延年饰父亲。再后来，李叔同就对演出失去兴趣，不再参与"春柳社"的其他演出，而曾延年虽未彻底淡出，但也较少参与其活动。他俩似乎先后将精力用到美术方面去了。①

曾延年（孝谷）在东京美术
学校毕业时的自画像

李叔同和曾延年在"春柳社"的演出及活动，目前有几幅照片留存下来。鲜活地表现了他们当时的青春面影。

有关曾延年的绘画水平和学习成绩，目前未见有资料披露。但陈丁沙在《春柳社史记》一文中却有这样的话："然而，不知为何，他的绘画却不大高明。"如今在各种美术史料或美术辞典中确实很难见到对曾延年的介绍，似乎证明他的美术地位并不重要。这也印证了陈丁沙的说词。但是，一个基本的事实是，就在李叔同等同级学生毕业后，恰恰是曾延年于1911年4月12日进入研究科，成了中国留学生中第一个研究生。如果曾延年的成绩不好，或说他绘画上没有天赋，他又怎么能成为研究生呢？笔者以为，研究者应该就曾延年在绘画方面的成绩再作进一步的研究。比如，为何有"他的绘画却不大高明"一说；为何他成了该校中国留学生中的第一个研究生。同时，有必要强调一个事实：曾延年在读了不到一年的研究生后，居然被学校除名（也有说他是退学）。他是什么原因被除名的？这里面是否可以说明某些问题的实质等，当是日后应该注意研究的课题。笔者曾试图研究曾延年为何被学校除名问题，并为此向东京艺术大学美术资料编纂室的吉田千鹤子教授请教。2003年3月14日，笔者收到吉田千鹤子教授回信。她在信中说："关于曾延年当研究生后被除名的事

---

① 欧阳予倩：《回忆春柳》。

情，其原因已无记录。"她认为："即使有文献记录了除名一事，也不表示有何不好的事情发生。研究生的年限是 3 年，但当时中途退学的学生中，由于未交学费而退学的人较多。我以为曾延年的退学是由于发生了某种事情。"这应该是到目前为止的解释了。希望日后能有新的发现。

李叔同（中）在东京美术学校的毕业照（局部）

此外，在研究曾延年的行迹时，还应注意一则资料，即 1912 年 4 月 7 日《太平洋报》上的一条消息："吾国人留学日本入官立东京美术学校者……曾延年、李岸二氏于去年 4 月毕业返国……"这条消息被认为是当时任职《太平洋报》的李叔同所写。[1] 李叔同、曾延年本科毕业的时间是 1911 年 3 月 29 日。"4 月毕业返国"说明返国后的时间为"4 月"。这不难理解。但曾延年于 4 月 12 日进入研究科学习，如何又说与李氏一并返国了呢？是曾延年本科毕业后曾短期回国，还是李叔同有意避讳曾延年被学校除名而作的文字安排呢？因为当时曾延年也曾被李叔同拉进《太平洋报》，成了同事，他这样表述，是否照顾了曾延年的面子？而且既然在今天的东京艺术大学里已没有关于曾延年的学籍资料，人们或可假设：曾延年在被录取为研究生后，由于某种原因（比如交不起学费），基本上就没有在日本读过几天书，以致最后被除名。当然，这只是一种假设，但似可说明，曾延年为何被学校除名，还是可以继续研究的问题。

---

① 参见郭长海《关于李叔同若干史料的补充》，载《弘一大师新论》。

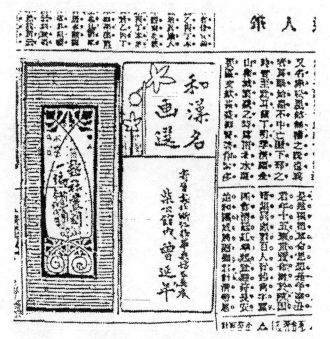

李叔同在《太平洋报》为曾延年编
《和汉名画选》所作的广告

　　李叔同与曾延年的个人感情应该很好。一幅李叔同画赠曾延年的漫画颇能说明一些问题。根据郭长海《漫谈李叔同传世的绘画作品》，[①] 此画见于 1912 年 4 月 7 日《太平洋报》。该画画在一张明信片上，画上有 12 个表情不同的头像。每个头像都由两部分组成：眉和眼，是"曾"字的上半部分；嘴则是"曾"字的下半部分"日"字。12 个不同表情分别表现曾延年的喜怒哀乐，可谓幽默诙谐。画作发表时，李叔同有一段文字说明："原画为明信片。己酉夏日，存吴氏暂归蜀中，息霜氏自日本东京寄归者也。"可知此画作于 1909 年夏。从表面上看，这幅画是曾延年各种表情的"大聚会"，实则反映了李叔同对他这位同学的深切了解。李叔同、曾延年等在东京美术学校毕业时，曾有毕业照。关于这张毕业照，刘晓路解释说："以后，我又从北京外国语大学研究生张彦丽君的硕士论文中发现了另一张照片。这是一张拥有近 100 人的照片，地址在当年东京美术学校的校园，背景为大树，大树后为一座砖构教学楼。人分为 6 排：第一排

---

　　① 　郭长海：《漫谈李叔同传世的绘画作品》，载《弘一大师新论》。

坐着的大约为资深教授，其中能辨认出秃顶的黑田清辉；第二排为较年轻的教师；第三排起为各系的毕业生。照片的原题为'东京美术学校第十一回毕业纪念摄影，明治四十四年'。"① 2000 年杭州师范学院（今杭州师范大学）纪念弘一大师诞辰 120 周年国际学术研讨会时，吉田千鹤子教授提供了《上野的面影——李叔同在东京美术学校史料综述》一文，文中附图 3 幅，其中就有这张他们毕业时的局部放大照片，上有李叔同和曾延年二人的影像。

李叔同题封面的《梦香先生墨迹》

　　根据东京美术学校的惯例，李叔同和曾延年在毕业前都为母校留下了自画像。李叔同的自画像近几年在各种媒体上披露较多。而曾延年的自画像，就笔者所知，较早在中国发表的有《美术研究》（1997 年第 3 期）和《荣宝斋》杂志（总第 8 期，2001 年 1 月），都是已故学者刘晓路所作论文的配图，且很少有人知晓。

　　《太平洋报》同仁曾组织过文美会的艺术活动。1912 年 4 月 1 日，《太平洋报》副刊《太平洋文艺》上刊出一则消息："叶楚伧、柳亚卢、朱少屏、曾孝谷、李叔同诸氏，同发起文美会，以研究文学、美术为目的。凡品学兼优、得会员介绍者，即可入会。每月雅集一次，展览会员自作之文学、美术品；传观《文美》杂志；联句；名家演说；当筵挥毫；展览品拈阄交换等。事务所设在太平洋报社楼上编辑部内。"② 该年的 5 月 14 日下

---

① 刘晓路：《档案中的青春像：李叔同与东京美术学校（1906—1918）》。

② 郭长海、金菊贞：《李叔同在太平洋报时期的美术活动》，载《弘一大师艺术论》，西泠印社出版社 2000 年版。

午，文美会组织了第一次雅集。当时，李叔同有书法作品展示，而曾延年则有花卉团扇，并出其所藏日本文部省美术展览会作品及日本西洋画家的作品集。在传观的《文美》杂志中，有李叔同《李氏印谱序》和曾延年的《与某记者论西洋画书》二文及李叔同美术作品《盼》、曾延年美术作品《马》等。本次活动还有一个内容，即艺术品交换。曾延年所得，竟是李叔同的书法。这段史料，颇可视为李曾二位交游中的轶事。此外，据资料，曾延年曾经编过《和汉名画选》，李叔同为之作过封面设计。①

再说李叔同为何淡出话剧舞台，放弃他曾热衷过的话剧演出？以往研究者没有明确地说明。为此，可以从三则资料来作分析。一是欧阳予倩的文字："春柳社自从演过《黑奴吁天录》以后，许多社员有的毕业，有的归国，有的恐妨学业不来了。只有孝谷、息霜、涛痕、我尊、抗白，我们这几个人，始终还是干着。在演《吁天录》那年的冬天，又借常磐馆演过一次，什么戏名我忘了，只记得息霜参考西洋古画，制了一个连蜷而长的头套，一套白缎子衣裙。他扮女儿，孝谷扮父亲，还有个会拉梵娥铃的广东同学扮情人。谁知台下看不懂——息霜本来瘦，就有人评量他的扮相，说了些应肥，应什么的话，他便很不高兴……他自从那回没有得到好评，而社中又有些人与他意见不能一致，他演戏的兴致便渐渐的淡下去……便专门弹琴画画，懒得登台了！"② 二是中村忠行《春柳社逸史稿》中的记载："因此……遂使他失去对演剧的热情。毕竟李叔同是春柳社的发起人，且为其中心人物，由于他的退出，因而引起近于解散的混乱。"③ 三是一则旁证材料，即苏曼殊对春柳社演剧的评价，似乎颇有微辞。苏曼殊在《燕影剧谈》一文有云：

　　……前数年东京留学者创春柳社，以提倡新剧自命，曾演《黑奴吁天录》、《茶花女遗事》、《新蝶梦》、《血蓑衣》、《生相怜》诸剧，都属幼稚，无甚可观，兼时作粗劣语句，盖多浮躁少年厕入耳。④

---

① 刘晓路：《青春的上野：李叔同与东京美术学校的中国同窗》。

② 欧阳予倩：《春柳社的开场》，载欧阳予倩《自我演戏以来》，神州国光社1933年版。

③ 中存忠行：《春柳社逸史稿》，日本《天理大学学报》1956年。

④ 同上。

从大量史料来看，春柳社当年在日本的活动及演出，无论中国文化界，还是日本戏剧界，大多叫好。而苏曼殊如此评说，除了反映了他直率的性格外，也能说是以他为代表的部分观众的看法，亦算一家之言。但从欧阳予倩和中存忠行的说词中，人们至少可知李叔同淡出话剧演出主要还是在于某些演出未能获得好评。这也可以看出李叔同追求完美的生活态度。

欧阳予倩称得上是中国现代话剧艺术的开山祖之一。但他参加李叔同等在日本创办的中国第一个话剧团体"春柳社"，却是在李叔同主演了《茶花女》之后。欧阳予倩在《春柳社的开场》一文中说：

> 这一回表演可说是中国人演话剧最初的一次，我当时所受到的刺激最深……我有一个四川同学和曾孝谷最接近，我便因他得识曾君，只见了一次面，我就入了春柳社。①

欧阳予倩加入春柳社后，很快就发现李叔同是剧团中最有才华的人。他讲过："老实说，那时候对艺术有见解的，只有息霜（李叔同的别名——引者注）。他于中国词章很有根底，会画、会弹钢琴，字也写得好……黑田清辉是他的先生，也很称赞他的画。他对于戏剧很热心……往往在画里找材料，很注重动作的姿势。他有好些头套和衣服，一个人在房间里打扮起来照镜子，自己当模特儿供自己研究，得了结果，就根据着这些结果设法到台上去演。自从他演过茶花女以后，有许多人以为他是很风流蕴藉有趣的人，谁知他的脾气，却是异常的孤僻。"② 欧阳予倩以为李叔同脾气异常，这不是信口开河，因为他自己就有过"异常"的遭遇。

有一次李叔同与欧阳予倩相约早上8点钟于李叔同在上野不忍池畔的住所见面。由于当时欧阳予倩住在与李叔同住所相距甚远的牛込区，加上路上不免被车子耽误，他匆忙赶到李叔同住所的时候，已比相约时间晚了5分钟。岂知就因为他迟到了这短短的5分钟，当欧阳予倩将名片递进去后，李叔同启开窗子对他说："我和你约的是8点钟，可是你已经过了五分钟，我现在没有工夫了，我们改天再约吧。"

---

① 欧阳予倩：《春柳社的开场》，载欧阳予倩《自我演戏以来》，神州国光社1933年版。

② 同上。

　　李叔同说完即向欧阳予倩点点头，关上窗子就再无音信了。欧阳予倩无奈，只得自认倒霉而打道回府。对于李叔同的这种脾性，欧阳予倩倒也能理解。他觉得李叔同"律人很严，责己也严，我倒和他交得来"。①

　　关于"迟到5分钟"一事曾有许多"版本"，有代表性的有徐半梅《李息霜》一文。徐半梅是这样介绍的："李叔同的逸事很多：有一次，他约吴我尊（常州人春柳社社员）在某日下午二时到他家里去。这一天，吴我尊如期而往；不料迟到了五分钟，李叔同便不肯开门，在楼上开了窗，对我尊说：'我约你的，是下午二时；现在时刻已过，恕不开门了，我们改约日期吧！'我尊只好怏怏而返。"② 徐半梅说此事是将此当成逸事来介绍的，况且他并不是当事人，应该认为是传闻而已。而欧阳予倩则是当事人，他的表述应该准确。当然，也不排除另一种可能，即同样的事也发生在吴我尊身上。只是情节十分相似，传闻的可能性更大罢了。

　　欧阳予倩在《回忆春柳》一文中回忆自己曾与李叔同同台演出《黑奴吁天录》。关于他的角色，他说："小海雷本来派的是我，莲笙是我临时取的艺名——偶然想起小连生（即潘月樵）就随便取的。当时认为我还太大，就另外演女黑奴丑，就是那跳舞的女孩子。此外我还在第三幕里扮演了解而培的儿子小乔治。"由于亲自参加了《黑奴吁天录》的演出，欧阳予倩对当时的演出效果会有切身的体会。他说："孝谷和息霜都是美术学校的学生，布景是由他们设计，服装也是由他们选定的……"③ 这条信息很有价值，如今人们对照留存下来的一些"春柳社"演出剧照，也能明显地看出舞台布景的绘制情况。

　　欧阳予倩1910年从日本回国后，从事戏剧事业多年。李叔同则在杭州、南京等地任教职。此后他俩的交往不算很多，但友情仍然很深。李叔同出家后，也曾与欧阳予倩在杭州的玉泉寺见过一面，而早在他出家时，也曾将一副对联送给欧阳予倩。如今，有关他俩交往的史料虽留存不多，但从欧阳予倩《回忆春柳》等文章来看，他对李叔同是极为尊敬的。

　　李叔同在日本东京美术学校学习期间，除攻读西洋画外，他还师从日

---

　　①　欧阳予倩：《春柳社的开场》。

　　②　徐半梅：《李息霜》，载徐半梅《话剧创始期回忆录》，中国戏剧出版社1957年版，第12页。

　　③　欧阳予倩：《回忆春柳》。

本宫内厅乐师兼东京音乐学校教授上真行学习和声学。上真行喜爱中国文化，工诗善书。李叔同回国前夕，上真行将书有自作诗词的册页（书有诗词 13 首）送给李叔同作为纪念。该册页封面有李叔同题写"梦香先生墨迹"六字（梦香是上真行之别号）。1912 年秋，李叔同任教于浙江省立两级师范学校。他的学生吴梦非回忆道：当时他们这班首届高师班的 20 多位学生所采用的和声学教材，就是李叔同从日本带回国的上真行所编之讲义，学习两年方完成。1918 年夏，李叔同在行将出家前，将此册页转赠给吴梦非。1929 年，吴梦非编译的《和声学大纲》一书（封面为丰子恺题）由开明书店于 1930 年出版发行。这是我国最早的和声学理论的书籍，先后曾再版 7 次，为专业及业余音乐教学普遍采用，影响深远。

1911 年 3 月，李叔同在东京美术学校毕业。毕业前，他为母校留下了一幅油画自画像。[①]

① 1998 年前，李叔同在东京美术学校毕业前的油画自画像的黑白版曾印在佛教界印行的某书信卡片上。1998 年 1 月，刘晓路《李叔同在东京美术学校——兼谈李叔同研究中的几个误区》一文在《杭州师范学院学报》1998 年第 1 期上发表，同时在该期学报的封二上刊登了这幅自画像的彩色版，此即首次在中国刊出的彩色版李叔同油画自画像。

东 瀛 情 侣

　　李叔同在日本留学期间与一位日本少女产生感情，并在回国时将其携归。关于这段情缘，许多文学、影视、戏剧作品均有重笔渲染。① 当然，这是一个事实。但他俩的相识、同居等具体情节，则是文艺作品根据故事的需要虚构的。

　　这位日本少女的身世，没有翔实实证资料可考，但她曾做过李叔同的美术模特则应属实。理由是李叔同后来在浙江省立第一师范学校的学生李鸿梁在文章中介绍过李叔同日本情侣的形象，他说：李叔同"指着一只已经打开的木箱说：'这是从上海新运来的，你给我整理一下。'并且关照我有几张画要捡出来的。我见里面都是去了木框的一卷一卷的油画，都是法师自己的作品，在这些画中间，发现多张是同一模特儿的——后来据夏丏尊先生说，这就是日籍的师母。"② 目前留存于世的李叔同所绘女人体仅一幅，此图作为卷首图刊登在 1920 年 4 月的《美育》杂志创刊号上，画题为《女》，标注"油画　上海专科师范学校藏　李叔同先生手笔"。夏丏尊所指的那些画是否就是目前所见的这幅，尚不能肯定，但亦可作为研究时的参考。此外，李叔同的儿子李端在《家事琐记》里也曾回忆道："我还见过先父画的一张油画，是一位日本女人的头像，梳的高髻的'大阪头'，画面署名'L'，四周有木框。这张油画在分家后由我保

---

　　① 　对于这段情缘的渲染、描写是许多传记作品中共同采用的手法，如徐星平《弘一大师》（中国青年出版社 1988 年版）、桑柔《李叔同的灵性》（台北精美出版社 1985 年版）、萧琴《弘一法师传奇》（台北新潮社文化事业有限公司 1992 年版）、武华《一轮明月》（作家出版社 1999 年版等）。

　　② 　李鸿梁：《我的老师弘一法师李叔同》，载《浙江文史资料选辑》第 26 辑，浙江人民出版社 1984 年版，第 98 页。

存，以后先后迁往粮店街吉家胡同和西沽当铺西街时都挂在我的住房中。
'七七事变'以后，西沽的北洋大学住了日本兵，西沽大街上常有日本兵
经过，我又住的邻街房子，害怕日本兵闯进来后这张画有可能会招惹是
非，就摘下来丢到厨房里，以后也损坏了。现在推断，L 的署名当是
'李'字的英文拼音字头；画中的日本女人，也可能就是我父亲从日本带
回上海的那位日籍夫人。"① 在同一篇文章里，李端还介绍了在李叔同回
国后，曾在天津家中的洋书房里挂过女性人体画。其实，同样都谈到了女
人像——无论是头像还是人体，只能说明是李叔同的绘画作品，而不能确
认画中人就是他的日本情侣。从情理上分析是有一定道理的，但终究不能
作为证据。此外，丰一吟在《我所了解的弘一法师》一文中也对这位日
本女子有过介绍，即李叔同出家后，该女要求李叔同的好友杨白民带她到
杭州与当时的弘一法师见面，"杨白民先生自去散步，留下了日本夫人与
弘一法师会面。据说法师给了她一只手表留念。这位夫人原是学医的。法
师安慰她说：'你有技术，回日本去不会失业。'"②

　　至于这位日本夫人的姓名，鲜有可信资料实证。在许多传记和影视剧
中都是作者自拟的名字，诸如"诚子"、"雪子"、"叶子"、"惠子"、"千
枝子"等。之所以这样做，是因为没有确凿的证据。文艺作品采用这样
的处理办法是允许的。值得提醒人们注意的是李叔同在《断食日志》中
曾提到"福基"这个人。该日志中有这样两句话："是晚感谢神恩，誓必
皈依。致福基书。""四时半醒，气体与昨同，足痛已愈，胃部已舒畅，
口干，因寒不敢起床。十一时福基遣人送棉衣来，乃披衣起。"③ 一般来
说，遣人为李叔同送来像棉衣这样的私用品，应该是一个与之亲近的人，
而"福基"亦是一个日本人的名字。当然，这也只是一个推论，虽然有
其合理性，但也只是一个孤证，尚须旁证作支持。李叔同出家时，曾与这
位日本情侣有过一段传奇式的别离故事。此为后话。关于其下落，日本学
者滨卫一在《关于春柳社的〈黑奴吁天录〉》中说，其妻后来返回日本，

　　① 李端：《家事琐记》（王慰曾记录整理），载《李叔同——弘一法师》，天津
古籍出版社 1988 年版，第 108 页。

　　② 丰一吟：《我所了解的弘一法师》，载《名僧录》，中国文史出版社 1988 年
版，第 119 页。

　　③ 李叔同：《断食日志》，见《弘一大师全集八·杂著卷、书信卷》，福建人民
出版社 1992 年版，第 13 页。

成了一位天理教徒。①

　　李叔同在赴日本留学前已有二子，其妻俞氏为天津人。有论者说："李叔同的结发妻子是俞氏，从李叔同独自留学日本多年来看，俞氏与李叔同的关系可能并非十分融洽。"② 可见，这也只是一种推测，况且李叔同在日本是为了留学，并非旅游，独自一人亦属正常。虽然没有资料证明他与原配妻子在感情上有何滞碍，但毕竟亦属"父母之命"。像李叔同这样一位极具进步思想和个性鲜明的时代青年，当他在日本留学时遇上情投意合的女子，并进而产生感情成为情侣，自当无可厚非。

　　李叔同回国时，将这位日妻带回上海。关于其住处，目前通常说是在海伦路。李叔同后来在浙江省立第一师范学校时的学生李鸿梁曾对老师在海伦路的寓所有所介绍："后来我到上海去看他，那时法师仍住在海伦路，这个地方我去过好几次，是一上一下的房子，除靠壁的书架以外，还有一架可以旋转的方形两层书架，摆在进门的右角，上面有一个圆盆，里面栽着松竹梅三友，半盆泥土低陷下去处铺上了些细粒的白石，法师说，这是代替水的。"③但是目前还能查到的文献有李叔同赴日留学前结识的好友袁希濂的《余与大师之关系》一文。袁希濂写道："民国元年，师应上海《太平洋报》之聘，主持笔政，赁一室于西门外之宁康里，安置眷属。"④ 虽此一笔，却有极高的史料价值。关于李叔同在上海的这处住所，杨白民的女儿杨雪瑶曾有回忆，曰记忆中，屋内的家具都是本色的（即不涂任何油漆）。

　　李叔同初回国时，曾有短期的天津任教经历，在这段时间里，他将日妻托给好友杨白民、许幻园等照料，而他后来赴杭州教书时，则每个周末回上海与情侣团聚。李叔同于 1918 年夏在杭州出家，出家前，他居然也将自己的一绺黄须赠日妻纪念。⑤ 这多少说明，即便李叔同因为信仰上的原因而出家，但他对日妻的感情仍然是很深的。李叔同出家后，日妻曾要

　　① 滨一卫：《关于春柳社的〈黑奴吁天录〉》，载 1953 年 3 月《日本中国学会报》第 5 集，第 109 页。

　　② 田涛：《李叔同》，河北教育出版社 2003 年版，第 143 页。

　　③ 李鸿梁：《我的老师弘一法师李叔同》，载《浙江文史资料选辑》第 26 辑，浙江人民出版社 1984 年版。

　　④ 袁希濂：《余与大师之关系》，载《弘一大师永怀录》，大雄书局 1943 年版。

　　⑤ 见姜丹书《弘一大师续传》，载《姜丹书艺术教育杂著》，浙江教育出版社1991 年版，第 265 页。

求会面。此事在黄炎培及丰一吟的文章里可知大概情形。

黄炎培是杨白民、李叔同的共同好友，还是李叔同在上海南洋公学时的同学。他曾有感于徐半梅于1957年1月7日在《文汇报》上发表的《李叔同先生的一个特点》一文，也于当年3月7日在《文汇报》上发表了一篇题为《我也来谈谈李叔同先生》的文章。黄炎培写此文，原本是为了纪念弘一大师，为人们留下一点李叔同在那个年代里的一些事迹，但正是这篇文章，直接或间接导致了人们对李叔同出家时与日妻告别问题的争议。

黄炎培在这篇文章中说：

> 叔同出家首先在杭州的西湖，经过了几年，叔同的夫人到上海，要求城东女学杨白民夫人詹练一和我当时的夫人王纠思伴她去杭州找叔同，走了几个庙，找到了，要求叔同到岳庙前临湖素食店共餐。三人有问，叔同才答，终席，叔同从不自动发一言，也从不抬头睁眼向三人注视。饭罢，叔同即告辞归庙，雇一小舟，三人送到船边，叔同一人上船了。船开行了，叔同从不一回头。但见一桨一桨荡向湖心，直到连人带船一齐埋没湖云深处，什么都不见，叔同最后依然不一顾，叔同夫人大哭而归。

从情理上讲，黄炎培先生的这段叙述也是可信的，因为当事人中就有黄炎培当时的夫人王纠思女士和杨白民夫人詹练一女士。然而，这一段史记却被李叔同的侄孙女李孟娟在《弘一法师的俗家》一文否定了，认为此事不确。李孟娟在文章中说：

> 有的书刊介绍，说我叔祖父李叔同出家后，我叔祖母（俞氏）曾携二子（我九叔李准和十叔李端）去杭州寻求相见而被拒的说法，不确。据我祖父桐冈公讲，当时家中确曾商量过请俞氏叔祖母去南方劝叔祖父还俗回家的打算，但叔祖母伤心已极，推说"您不用管了"而作罢。多年以后，我父亲又一次去杭州试着劝叔祖父还俗，没有结果。①

---

① 李孟娟：《弘一法师的俗家》，载天津市政协文史资料研究委员会、天津市宗教志编纂委员会编《李叔同——弘一法师》，天津古籍出版社1988年版。刘继汉先生在《评电视连续剧〈弘一大师〉》（载《杭州师范学院学报》2000年第2期）一文中亦持此观点。

其实，李孟娟文中所指乃李叔同原配夫人，而黄炎培乃指其日本情侣，实是两回事。黄炎培所述"情节"还与杨白民有关。李叔同出家以后，曾托友人将其日妻送回日本。可这位深爱他的日妻不能接受这一事实。她痛苦异常，并找到李叔同在上海的老朋友杨白民先生。她向杨白民表示：日本的和尚是允许有妻室的，为什么李叔同要送她回日本呢？杨白民只好以中国佛教界的情况向她解释。最后她提出，说什么也要到杭州去见一见李叔同，并要求杨白民立即带她到杭州去。杨白民无奈，只好带着李叔同的日妻来到杭州，安顿下来后，他只身先到虎跑寺去通报。李叔同见日妻已经来了，也就不好回避，于是同意会面。会面的地点在杭州西湖边上的某家旅馆里。杨白民自管去散步，留下了这一对平日相爱的夫妻。交谈过程中，李叔同送给日妻一块手表，以此作为离别的纪念，并安慰说："你有技术，回日本去不会失业。"会面结束后，李叔同就雇了一叶轻舟，离岸而去，连头也没有再回顾一下。日妻见丈夫决心坚定，知道再无挽回的可能，便望着渐渐远去的小船失声痛哭。此后她就回日本去了，从此再无任何消息。

以上这段往事的述说者恰是杨白民先生的女儿杨雪玖。丰子恺之女丰一吟在《我所了解的弘一法师》① 一文中转述了这则故事。黄炎培先生是李叔同在南洋公学时的同学，而杨白民先生则又是李叔同的挚友。源于他们二人的故事想必应该是有可信性的。此外，还有一个证据可以证明日籍夫人与出家后的李叔同是有过这样一次见面的。学生李鸿梁在《我的老师弘一法师李叔同》一文中又说：

　　　　在一般人看来，先生是一个富家子，又是艺术家，又是名教师。而且他与日本籍师母的爱情也很好。在我们毕业的那年先生还伴同她回娘家去洗温泉浴，先生出家不久，她还到杭州来探访过他。②

对于人物的生平事迹，在没有更充分确凿的证据发现之前，最好不要

---

① 丰一吟：《我所了解的弘一法师》，载全国政协文史资料委员会宗教组编《名僧录》，中国文史出版社 1988 年版，第 119 页。

② 李鸿梁：《我的老师弘一法师李叔同》，载《浙江文史资料选辑》第 26 辑，浙江人民出版社 1984 年版。

轻易否定，当然，存疑是可以的。究竟是黄炎培的夫人、杨白民的夫人陪同李叔同日妻到的杭州，还是由杨白民亲自陪同其到的杭州，这就难以定论了。但总与杨白民有关，这应该是事实。至于时间，黄炎培回忆是"经过了几年"；杨雪玖述说是"李叔同出家以后，曾托友人将其日妻送回日本。"故此事究竟发生在何时——李叔同出家之年，还是出家后的若干时日，也需要作进一步的考证。许多有关弘一大师的传记读物和影视剧等在这一情节的处理上有许多"艺术"加工。对此可作文艺欣赏，不可作正史看待。关于这次杭州会面之后的情况，有学者记曰：杨白民"曾陪同叔同日籍夫人来杭，未能挽回这对异国夫妇的家庭离散。他只得陪着叔同夫人回到上海，又按叔同之托，处理了他沪上的家产，将其夫人送上了东归路。"① 从情理上讲，这是有可能的。可惜作者未能注出此情节的出处。徐半梅先生在《话剧创始期回忆录》里也曾提到一事："他还娶过一位日本太太，有一天，他的岳母来探访女儿，谈了半天，忽然天下雨了，岳母要借一把雨伞回去；但李先生无论如何不答应，他并且对岳母说：'当初你女儿嫁给我的时候，并没有说过将来丈母娘要借雨伞的。'其脾气之怪，实在无出其右。"② 其实，这只是徐半梅听来的传说，并非确凿。理由是同样在这段描述之前，他也有对李叔同两件事的描述，一是李叔同在演出了《茶花女》选幕后还曾演出过《黑奴吁天录》等剧，但徐半梅则说："不料这话剧的发起人李叔同，演了这一出《茶花女》后，从此没有听到过他再演第二次……"接着他又把欧阳予倩去见李叔同时因迟到五分钟而不得见的事说成是吴我尊去见李叔同。这些都不是事实，徐半梅先生的说辞不足为信。

---

① 金梅：《悲欣交集——弘一法师传》，上海文艺出版社1997年版。
② 徐半梅：《话剧创始期回忆录》，中国戏剧出版社1957年版，第13页。

关于裸女油画像的真实性考论

一 缘起

2011 年底,中央美术学院美术馆在藏品整理中发现一幅半裸女油画像,画面与以往图像文献中的李叔同裸女作品极为相似。为此,该馆组织专家于 2012 年 3 月 27 日下午在中央美术学院美术馆多功能会议厅对此画进行鉴定并作研讨,参加鉴定和研讨的专家是:邵大箴、钟涵、郎绍君、李树声、陶咏白、刘曦林、商金林、尹吉男、殷双喜、朱青生、郑工、李伟铭、陈星、李超、刘新、赵力、曹庆晖、叶永和等。会议由中央美术学院美术馆馆长王璜生主持。经与会专家认真鉴定和深入研讨,基本确定该画为李叔同所作,并建议进一步作物理鉴定。笔者应邀参加了本次鉴定研讨会。本文谨就此画的真实性作一考论。

中央美术学院于 2011 年底发现的李叔同半裸体油画像

二　关于李叔同半裸女油画像的收藏

李叔同于 1918 年 8 月 19 日正式结束了浙江省立第一师范学校的教师生涯，在杭州虎跑大慈净慧寺出家为僧。出家前，他曾将平生的书画、书籍、用具等分赠友生和有关学校。此乃不争之事实。然而，看待此问题，却不能绝对，今人在解读有关史述时亦不能盲目地下结论。比如，夏丏尊曾说："暑假到了，他把一切书籍字画衣服等分赠朋友学生及校工们——我得到的是他历年所写的字，他所有折扇及金表等——自己带到虎跑寺去的只是些布衣及几件日常用品。"①姜丹书则曰："及入山时，将艺术书物举赠北京新办之国立美

2012 年 3 月 27 日，中央美术学院美术馆举办鉴定研讨会

术专门学校，印章举赠杭州西泠印社，后庋入石壁内，镌题其穴曰'印藏'，笔砚碑帖举赠杭州书家周承德，其余零缣残素，分归友好夏丏尊、堵申甫及贤弟子吴梦非、金咨甫、李鸿梁、丰子恺、刘质平、李增庸等为纪念品……"② 其实李叔同自己在出家后也说过："任杭州教职六年，兼任南京高师顾问者二年，及门数千，遍及江浙。英才蔚出，足以承绍家业者，指不胜屈，私心大慰……凡油画、美术、图籍，寄赠北京美术学校（尔欲阅者可往探询之），音乐书赠刘子质平，一切杂书零物赠丰子子恺

---

　　① 夏丏尊：《弘一法师之出家》，载《夏丏尊文集》（平屋之辑），浙江人民出版社 1983 年版，第 244 页。

　　② 姜丹书：《才子—艺术教育家—高僧——弘一大师（李叔同）传》，见《姜丹书艺术教育杂著》，浙江教育出版社 1991 年版，第 257 页。

（二子皆在上海专科师范，是校为吾门人辈创立）。"①

　　上述之说其实只是一个基本的情况。由于李叔同本人和他的同事有如此之说，故此后许多有关李叔同的传论中均采取类似笼统的说法，② 很容易给人以一种错觉，进而得出除此而再无他送的结论。其实，李叔同出家前，书物字画等实物（包括剪下的胡须）的赠送对象十分之多，他人转送的情况也有发生。现仅就李叔同本人和当时与李叔同亲近之人记述、受赠者自述及受赠者后人仍保存之物罗列如下：

受赠者	受赠物件	文献来源
夏丏尊	书法、折扇、金表、"零缣残素"、诗画扇页等	夏丏尊：《弘一法师之出家》，载《夏丏尊文集》（平屋之辑），浙江人民出版社1983年版，第244页；姜丹书：《才子—艺术教育家——高僧—弘一大师（李叔同）传》，见《姜丹书艺术教育杂著》，第257页；李叔同诸种手书题跋等。
日妻	黄须一绺	姜丹书：《弘一大师续传》，见《姜丹书艺术教育杂著》，浙江教育出版社1991年版，第265页。
堵申甫	《断食日志》、"零缣残素"	姜丹书：《追忆大师》，见《姜丹书艺术教育杂著》，浙江教育出版社1991年版，第271页；姜丹书：《才子—艺术教育家——高僧—弘一大师（李叔同）传》，见《姜丹书艺术教育杂著》，第257页。
李鸿梁	第15号油画、"零缣残素"	李鸿梁：《我的老师弘一法师李叔同》，载《浙江文史资料选辑》第26辑，浙江人民出版社1984年版，第98页（同文中另记：李鸿梁另藏有弘一大师的字画，但未记是否出家前所赠。又：李叔同断食后曾赠李鸿梁一本日本天理教经典，但此非李叔同出家前集中分送物件之行为）；姜丹书：《才子—艺术教育家——高僧—弘一大师（李叔同）传》，见《姜丹书艺术教育杂著》第257页。
经亨颐	画作	经亨颐：《弘一上人手书华严集联三百跋》，见《弘一大师全集十·附录卷》，福建人民出版社1993年版，第203页。

　　① 弘一大师：《弘一大师全集》第8册"杂著卷、书信卷"，福建人民出版社1992年版，第148页。

　　② 如金梅在《悲欣交集——弘一法师传》中说："他把各种收藏物，分别赠送出去：历年所作美术作品，送给了北京国立美术专门学校；所刻所藏印章，送给了西泠印社，后由该社封存于石壁之中，名曰'印藏'；笔砚碑帖，送给了金石书画家周承德；所作和所藏字幅，以及折扇、金表等，送给了夏丏尊，其中有已经裱成卷轴、题名《前尘影事》的朱慧百、李苹香二妓所赠的诗画扇页，有赠歌郎金娃娃的诗词横幅，上面都有'息霜旧藏，今将入山修行，以贻丏尊'的跋语。"（上海文艺出版社1997年版，第184页）类似说法，不一而足。

受赠者	受赠物件	文献来源
刘质平	书法、"零缣残素"	李叔同致杨白民信：《弘一大师全集八·杂著卷、书信卷》，福建人民出版社 1992 年版，第 86 页；姜丹书：《才子—艺术教育家—高僧——弘一大师（李叔同）传》，见《姜丹书艺术教育杂著》，浙江教育出版社 1991 年版，第 257 页。
杨白民	书籍、书法	李叔同致杨白民信：《弘一大师全集八·杂著卷、书信卷》，福建人民出版社 1992 年版，第 86 页。
崔旻飞	图书、珍玩	弘一大师：《阅大乘戒经十善业道经自跋》，见《弘一大师全集七》、佛学卷（七）、传记卷、序跋卷、文艺卷》，福建人民出版社 1991 年版，第 428 页。
丰子恺	在俗时照片一包、《莎士比亚全集》原本一部、诗词手卷、《人谱》、"零缣残素"	丰子恺《法味》，载 1926 年《一般》杂志 10 月号；丰子恺：《为青年说弘一法师》，载 1946 年《中学生》战时半月刊第 63 期；丰子恺：《李叔同先生的爱国精神》，1957 年 3 月 29 日《人民日报》；丰子恺：《先器识而后文艺——李叔同先生的文艺观》，载 1957 年 4 月 19 日《杭州日报》；姜丹书：《才子—艺术教育家——高僧—弘一大师（李叔同）传》，见《姜丹书艺术教育杂著》，浙江教育出版社 1991 年版，第 257 页。
周承德	笔砚碑帖	姜丹书：《才子—艺术教育家—高僧—弘一大师（李叔同）传》，见《姜丹书艺术教育杂著》第 257 页。
国立北京美术专门学校	画作（书籍）	姜丹书：《才子—艺术教育家——高僧—弘一大师（李叔同）传》，见《姜丹书艺术教育杂著》，第 257 页。另据吴梦非《弘一法师和浙江的艺术教育》（1936 年《浙江青年》第 3 卷第 1 期）一文，可知李叔同在向国立美术专门学校赠送的这批画中也有吴梦非的油画作品。
吴梦非	"零缣残素"	姜丹书：《才子—艺术教育家——高僧—弘一大师（李叔同）传》，见《姜丹书艺术教育杂著》，第 257 页。
金咨甫	"零缣残素"	姜丹书：《才子—艺术教育家——高僧—弘一大师（李叔同）传》，见《姜丹书艺术教育杂著》，第 257 页。
李赠庸	"零缣残素"	姜丹书：《才子—艺术教育家——高僧—弘一大师（李叔同）传》，见《姜丹书艺术教育杂著》，第 257 页。
姜丹书	《姜母强太夫人墓志铭》	姜丹书：《才子—艺术教育家——高僧—弘一大师（李叔同）传》，见《姜丹书艺术教育杂著》，第 257 页。
叶天瑞	物品若干	丰子恺：《为青年说弘一法师》，载 1946 年《中学生》战时半月刊第 63 期。

续表

受赠者	受赠物件	文献来源
王绍炎	西洋乐谱（日本版）、书法（落款李息）	王蔚长（王绍炎之子）：《沧桑记》，2003 年 10 月述作，自印本。王绍炎为李叔同在浙江省立第一师范学校时的学生。
欧阳予倩	书法	欧阳予倩：《春柳社的开场》，见《自我演戏以来》，神州国光社 1933 年版。
校工	物品若干	夏丏尊：《弘一法师之出家》，载《夏丏尊文集》（平屋之辑），浙江人民出版社 1983 年版，第 244 页。
西泠印社	藏印	姜丹书：《才子—艺术教育家——高僧讲弘一大师（李叔同）传》，见《姜丹书艺术教育杂著》，第 257 页；吴梦非：《弘一法师和浙江的艺术教育》，1936 年《浙江青年》第 3 卷第 1 期；等等。
上海专科师范学校	油画《女》	1920 年 4 月《美育》创刊号。
陈师曾	画作若干（包括一俯首裸女油画像）	李璧苑：《槐堂油画为李叔同所作考——从陈师曾与子封雄的合影（1919）谈起》，收《永恒的风景——第二届弘一大师研究国际学术会议论文集》，（香港）中国文化艺术出版社 2008 年版。

可见，李叔同的书画作品和其他物品直接或转赠的情况较为复杂。至于呈躺姿、静默状的半裸体油画像，根据文献和图片资料，其首先刊载在 1920 年 4 月《美育》创刊号上（《女》），标注为"油画上海专科师范学校藏"。上海专科师范学校是李叔同的学生吴梦非、刘质平和丰子恺三人于 1919 年创办的中国第一所私立的艺术专科师范学校，《美育》是其联合美育界人士于 1920 年 4 月在上海创办的中国第一份美育学术刊物。《美育》创刊号在发表此画时明确标注由上海专科师范学校所藏，说明此画不在李叔同赠北京国立美术专门学校（即今中央美术学院）画作之列，而赠与该校的画作实际上早已遗失。又，夏丏尊之孙夏弘宁在《从艺术家到高僧》一文中说："值得庆幸的是，在卅年代，李叔同曾赠送夏丏尊一大幅油画，画的是一安静、媚美、舒适地躺卧着的浴后裸体少女。夏先生生前十分喜爱此画，长年挂在白马湖平屋客堂墙上。夏先生逝世后，这幅油画带往北京叶圣陶先生家珍藏。近读叶老日记：1959 年 8 月 13 日，叶老致书中央美术学院院长吴作人，将此画送请中央美术学院永久保存。"[①] 关于此画送中央美术学院的情况，叶圣陶本人说："我国人对人体

---

① 夏弘宁：《从艺术家到高僧》，载《宁波佛教》1995 年第 1 期。

模特儿的写生，大概是李叔同先生最早。他在日本的时候画过一幅极大的裸女油画，后来他出家了，赠与夏丏尊先生。中华人民共和国建国之初，夏先生的家属问我这幅油画该保存在哪儿，我就代他们送交中央美术学院。可惜后来几次询问，都回答说这幅画找不到了。"① 然而，文献资料已证明，中央美术学院存有李叔同油画裸女像，就"流传有序"而言，完全合情合理。

女（油畫上海專科師範學校藏）　　　　李叔同先生筆

发表在 1920 年 4 月《美育》第 1 期上的李叔同半裸体油画像

三　中央美术学院现藏李叔同半裸女油画像的真实性研究

接下来的问题是，如今中央美术学院发现的李叔同半裸女油画像是否为李叔同的真迹。在中央美术学院美术馆举办的鉴定研讨会上，当学者们倾向于认同该画的真实性之时，意外发生了，与会的叶圣陶之孙叶永和先生表示，叶圣陶送给中央美术学院的那幅画他在 9 岁时见过，是一张全裸体像。为了慎重，笔者在会后又采访夏丏尊的后人夏弘琰、夏光等人。他们的答复是：记不清了，印象中好像是全裸体（他们见此画时均是 10 岁

---

① 叶圣陶：《〈刘海粟论艺术〉序》（1982 年 6 月 23 日作），收《海粟艺术集评》，福建人民出版社 1984 年版。

左右）。70—80多岁的老人回忆9—10岁孩子时代的事，记忆究竟准否？每位老人都可以体会。要确认此画的真实性，必须另觅途径。

查吴梦非发表在1959年《美术研究》（中央美术学院学报）第3期上的《"五四"运动前后的美术教育回忆片断》一文，发现此文有配图《裸女》，并说"李先生曾作油画'裸女'一幅，此画现尚存于叶圣陶先生处"。

吴梦非是《美育》主编，他当然知道李叔同的半裸女油画像的图像。他发表文章时采用此图，又曰此图当时在叶圣陶处。可知，叶圣陶所藏之画即吴梦非所述之画。又：中央美术学院美术馆研究人员访中央美术学院《美术研究》当时的编辑奚传绩教授，证实当时发表吴梦非文章时，图片是吴梦非自己提供的。只不过，吴梦非并不知道叶圣陶已将画送到了中央美术学院。由此，已可作出初步结论：第一，叶圣陶所藏之画应该是吴梦非所述之画；第二，叶永和等的回忆应有记忆上的失误；第三，目前中央美术学院所藏之画，有史料依据。至于是否为真迹，应再作物理鉴定；第四，夏丏尊为何收藏了上海专科师范学校藏画，可再行研究。

近从中央美术学院获悉，自2012年3月的鉴定研讨会后，该作品被移交至该校美术馆修复工作室，并针对这幅作品的保存状况和组成材质进行了全面的技术分析。通过X射线图像检测，可以看出画面表面与底层色层之间有较大改动，尤其是右半部花卉部分，可以确定作品非临摹之作。经X射线荧光检测、拉曼光谱分析，并将微小颜色层颗粒送往法国进行颜色层的形态、横切面、颜料中所含有机黏结剂的研究，其中检测出画面中有大量铅白、祖母绿、朱砂等在20世纪初期之前较普遍使用的颜料，且这些颜料在李叔同所写的介绍西洋画法的文章中都有提及，故可以断定此画的创作年代为20世纪初期。中央美术学院美术馆还根据1920年《美育》杂志所刊李叔同油画《女》的图像与该画2011年图像进行了深入细致的对比研究，从轮廓、肌理、折痕三个方面论证了两幅作品的同一性，证明此画确为李叔同所作。

综上所述，无论从史料层面，还是从物理鉴定层面，均可证明此幅画作的真实性，其为李叔同所作当无疑问。

2013年3月1日至4月25日，中央美术学院美术馆举办李叔同油画展。除该幅油画外，从日本东京艺术大学（原东京美术学校）借来了李叔同自画像、从天津李叔同故居纪念馆借来了其他资料一并展出。

1959 年《美术研究》第 3 期封面

1959 年《美术研究》第 3 期上发表的吴梦非
《"五四"运动前后的美术教育回忆片断》

畅游"太平洋"

李叔同作为文化艺术的全才，在出家之前，从事报纸的编辑事业也为人们留下了诸多值得记取的业绩，其中尤以他在《太平洋报》的经历为最。

1912年1月1日，中华民国临时政府在南京成立，刚从日本归国不久的李叔同兴奋不已。1912年春，他参加了柳亚子等创办的"南社"，并成为《太平洋报》的画报主编。在《太平洋报》任编辑期间，他与柳亚子、苏曼殊、高天梅、叶楚伧等交往密切，并以崭新的漫画式的表现手法开创了报纸艺术广告画的新局面。早在19世纪，中国的报纸也有广告画，但均为固定的，商业气息浓厚的图案，而李叔同首先在《太平洋报》上自己绘作，并以漫画式创作手法艺术性地发布广告，开创了中国报纸广告形式的新局面。

在《太平洋报》社供职时期，李叔同与文艺界人士广泛交往。这其中有两位特别值得一提。一是陈师曾（原名陈衡恪），号槐堂、朽道人，江西修水人，早年留学日本。他以园林小景、写意花鸟和风俗人物见长，著作有《中国绘画史》、《中国文人画之研究》、《染苍室印存》及《北京风俗图》等。李叔同与陈师曾在日本留学的时候就已相识。他们在日本一起参加过文艺团体"淡白会"。李叔同在1912年4月、5月两个月的时间里，在《太平洋报》上连续发表了陈师曾的十多幅作品，使陈师曾在全国造成了很大艺术影响。漫画家丰子恺在《我的漫画》一文中也说："我小时候，《太平洋报》上发表陈师曾的小幅简笔画《落日放船好》、《独树老夫家》等，寥寥数笔，余趣无穷，给我很深的印象。"① 陈师曾于1912年5月曾赴上海，李叔同在《太平洋报》上还特意作了报道，同

---

① 丰子恺：《我的漫画》，收《缘缘堂随笔》，人民文学出版社1957年版。

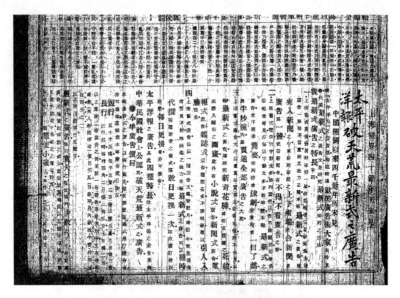

《太平洋报》上刊载的《太平洋报破天荒最新式之广告》

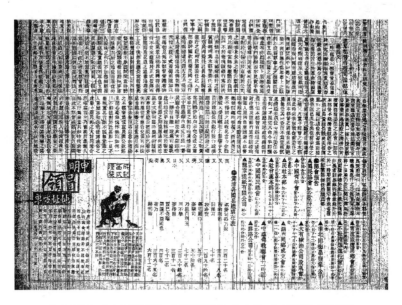

李叔同在《太平洋报》上刊载的艺术广告《成记西式理发》

时又在五月初八日刊出陈师曾大幅半身照片，曰"朽道人像"。现存有一首李叔同的《题陈师曾荷花小幅》，小序曰："师曾画荷花，昔藏余家。癸丑之秋，以贻听泉先生同学。今再展玩，为缀小词。时余将入山坐禅，慧业云云，以美荷花，亦以是自劝也。丙辰寒露。"词云："一花一叶，

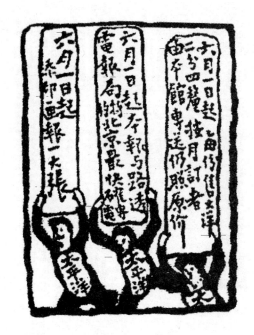

李叔同在《太平洋报》上刊载的艺术广告一例

孤芳致洁。昏波不染，成就慧业。"① 后来李叔同在杭州出家，出家前，他曾将一包篆刻作品交杭州的西泠印社封藏在社内的石壁之中。这些印章大多是友人的作品，其中也有一些是由陈师曾所作。

李叔同在《太平洋报》时期还与苏曼殊有过交往。他们二人被人誉为"南社二僧"。这两位出家人一直以来都是人们谈论中国近代人物时的热门话题。李叔同与苏曼殊都曾是南社人士在上海主办的《太平洋报》的主笔，又都擅长美术，他俩的交往应该是无可置疑的。然而非常奇怪的是，人们至今没有找到有关他俩直接往来的确切史料。在文学性的传记里，这种交往是有的，但不可作为信史来对待。当然，找不出直接往来的确切史料，不等于他俩无交往，我们仍可从其他资料或旁证材料中捕捉他俩交游过往的影子。

《太平洋报》同人孤芳在《忆弘一法师》一文中说："那时候《太平洋报》有两位画家，一位是当时的和尚——苏曼殊法师，一位是未来的和尚李叔同先生。苏曼殊法师，名玄瑛，广东人。母为日本籍，有人说她是一

---

① 李叔同：《题陈师曾荷花小幅》，收郭长海、郭君兮编《李叔同集》，天津人民出版社 2006 年版，第 158—159 页。

李叔同在《太平洋报》上刊载的《征求滑稽讽刺画稿》

个弃妇，所以曼殊幼小就出了家，并自己称做畸零人。也擅长山水画，取材多古寺闲僧，或荒江孤舟，一种潇洒孤僻的意味，和他的性情绝不相类。法师的花鸟，雄健遒劲，也和法师的性情绝不相同。"①《太平洋报》编辑多为南社同人，他们在编辑之余，经常出入于歌廊酒肆之间，"或使酒骂座，或题诗品伎，不脱东林复社公子哥儿的习气"。② 苏曼殊虽早已出家，却也酒肉其中，唯李叔同孤高自恃，绝不参与。从这段记述里，人们大概已可以了解到当时报社同人对李、苏二人的基本印象。我们还可以从柳亚子的文字中找到以下一则有意思的情节。柳亚子是这么写的：

---

① 孤芳：《忆弘一法师》，载《弘一大师永怀录》，大雄书局1943年版，第290页。

② 同上。

　　一九二七年上海大东书局出版的《紫罗兰杂志》第二号上，有顾悼秋的《雪蝶上人轶事》，记画《汾堤吊梦图》，及在盛泽郑氏著书两事，此两事均不甚密合。《汾堤吊梦图》的事情，大概是如此：太平洋报社的广告主任是李息霜，住报社三楼，有一房间，布置甚精，息霜善画，画具都完备；有一天楚伧不知如何趁息霜不在报社时，把曼殊骗到此房间内，关了门画成此画。但未必是完全硬骗，盖楚伧索曼殊画，曼殊恒以无静室及画具为辞，楚伧引彼至此房间内，一切都完备，且言，如嫌外人闯入，可以关门，于是曼殊无所藉口，不能不画了。①

　　这幅《汾堤吊梦图》很快就被李叔同铸版发表在《太平洋报》上，同时刊出的还有李叔同自己的一幅用隶书笔意写成的英文《莎士比亚墓志》，时人称这两件艺术作品为"双绝"。

　　苏曼殊也写小说，其中《断鸿零雁记》最享盛誉。这部自传体小说写一个孤儿漂泊流浪，并到海外寻母的故事。作品写得凄楚动人，心理描写亦极细腻。《断鸿零雁记》曾在南洋爪哇的一家华文报纸上发表过开头部分，李叔同此次又负责把这部小说连载在《太平洋报》上。而在《太平洋报》连载的过程中，又配有陈师曾为之而作的几幅插图。陈师曾作插图，是因为他此时正好南下恰恰碰上李叔同编排苏曼殊的连载稿，应李叔同之请，于是有了这段因缘（陈师曾来上海的时间是这一年的 5 月初，而《断鸿零雁记》的连载正好是从 5 月 12 日开始的）。

　　有人认为《断鸿零雁记》连载时曾由李叔同帮助润色加工。从情理上讲，这是有可能的，起码李叔同作为编辑，润色加工实在也算是一种正常的事情。但柳亚子否定了这一种说法。他在《怀弘一上人》一文中说："弘一主编画报，既刊曼殊《断鸿零雁记》，复乞陈师曾作插画，署朽道人。说者诮僧道合作，实际则曼殊早返初服，弗当复以僧名，顾亦未料识乃终属诸弘一也。有言曼殊此书，弘一为润饰之，此语谬甚。曼殊译拜伦诗，乞余杭师弟商榷，尚近事实。若《断鸿零雁记》，则何关弘一哉！"②柳亚子虽未说明具体理由，却是十分的肯定。作为《太平洋报》同仁，

---

① 柳亚子：《苏曼殊研究》，上海人民出版社 1987 年版。

② 柳亚子：《怀弘一上人》，载《弘一大师永怀录》，第 285 页。

又是李叔同、苏曼殊的共同好友，他的话应当值得重视。是不是可以这样说，对于苏曼殊的这部小说，李叔同并没有应苏曼殊之请或主动为之作过什么"润色加工"，充其量不过是一种见报前的编辑行为罢了。对于李叔同、苏曼殊，柳亚子有他自己的看法，他认为："以方外而列入南社籍者……逃释归儒之曼殊，与逃儒归释之弘一。"现在人们说李叔同、苏曼殊为"南社二僧"，其源头可能也就是来自于柳亚子的这段话。

李叔同的好友杨白民在上海办有城东女学。这所女学有着十分鲜明的办学理念，尤其重视艺术科的学习。李叔同在《太平洋报》创刊的第一天（1912 年 4 月 1 日）就在副刊"文艺消息"栏中发表了这样的新闻：

城东女学制作品

南市竹行弄城东女学，杨白民先生独力创办。其学科成绩卓然，占上海女学第一位置。即所作各种美术品，亦精妙古雅，冠绝侪辈。如刺绣之琴联、屏条等，尤为学界同人所称许。又，城东讲习会会员诸女士，工书法者极多。所书之对联匾额等，悬列四壁，每为专门家所叹赏云。

1912 年 4 月 16 日，李叔同在《太平洋报》上刊出《孟俊女士书法》：

孟俊女士书法

女子作字，大半柔媚稚弱，一览可辨。不第吾国然也，欧美印倭，靡不如是。此为记者十数年之经验，深信不疑者。前月过城东女学，获见孟书华女士所作篆隶楷各种书幅，为之惊叹，觉曩日所持之论乃大谬也。女士所作篆书，似吴仓石摹石鼓；隶书似杨岘山临张迁；楷书古拙苍茂，胎息汉魏，尤为记者叫绝。如今日本报所登之"空寂舍"三字，虽非女士得意之作，然古雅疏朗，足可与海上第一流老书家相拮抗，此非记者一人之私论，世有精于鉴赏者，必以鄙言为不谬也。女士齿犹稚，涉猎碑版较少，其书法精美，得诸天禀者为多。今后再多蒐求名石精拓，研究而参考之，不数年，必可享第一盛名于吾国，此固敢为预言者也。吾国近年以来，欧学发达，研究书法者殆无其人。老辈日渐凋零，后者无人继起，则吾国数千年以来冠绝世界、精妙绝伦之书法，将扫地尽矣。女士勉旃，兴减继绝，非异人任。记者不敏，亦将拭目俟之！

以上二文，一则将城东女学的学科成绩列上海女学的第一位；一则将孟女士的书法视为中国新生代的绝佳代表。实可谓推崇至极。

李叔同在城东女学任文学课，居然也把学生的作文选刊在《太平洋报》副刊上。1912 年 4 月 8 日至 5 月 17 日，他先后选刊了城东女学学生的作文，又加了他自己的评语。他说："南市城东女学讲习会员皆于国文深造有得，兹择录一二如下。"又说："城东女学讲习会开办仅数月，成效斐然可观。校长杨白民君，热心教育，于此可见一斑云。"

笔者在此选列数题，并录出李叔同的评语，以见一斑：

《论女子欲求平权须先求平等教育》，作者孟俊
评语："议论痛刻，足为吾国女界吐气。"

《女子参政小言》，作者陆坚毅
评语："气焰万丈，有旁若无人之概。"

《论女子欲求平权须先求平等教育》，作者程耀
评语："说理精细，自是通人之论。"

《说学校试验法之不可行》，作者胡萃新
评语："说理明快，结构整饬。所举三大端尤精当切实。名论不刊。"

李叔同又记曰："城东女学讲习会员诸作，于前日本报已略记一斑，昨又承白民君寄示数件，录之如下。"这回李叔同刊出的是《为秋瑾烈士建风雨亭捐募启》，作者署名树爱，以及七绝四首，署名惜穷。李叔同的评语是："振才媛之词笔，发潜德之幽光，启人雍容揖让，神似欧阳，诗亦爽利可诵。秋瑾烈士有知，当含笑于九泉矣！"

按：七绝四首的作者署名"惜穷"，疑是杨白民之女杨雪琼之笔名。

1912年4月25日，李叔同在报上发表《城东女学国文之一斑》，其按语说："城东女学国文屡介绍于本报，昨又以数篇见示。持论奇警，说理精激，是真能发挥城东特色者。"5月17日，《太平洋报》再次刊出《城东女学国文一斑》，并刊出长诗一首。这长诗的作者是杨白民的女儿雪子。李叔同在读了这首诗后，又发表了感兴："掷地作金石声，不作细响。人中虎耶！文中龙耶！谁谓巾帼中无英雄也！"

6月2日，李叔同在《太平洋报》上刊出以《平明会》为题的报道：

> 本埠城东女学于本星期三（即阴历五月十九日晨六时半）举行平明会，合高级学生于一场，为各种书法之练习。先预备钩摹各种字碑，届时随学生嗜好，领取摹写。书毕，各奖以书物。惟书物不能一律，用拈阄法分给之。闻此会之发起（会事不拘书法、图画、音乐、体操等），一为取新鲜空气；二为力矫女子之迟缓性。洵为会集特色。

6月8日，李叔同在《太平洋报》刊出题为《城东女学第十次游艺大会之先声》的报道：

> 本埠南市私立城东女学开办已届十年，游艺会开过九次，此次拟开第十次纪念游艺大会。除本校学生演艺外，更请热心教育诸同志共同奏艺，取券资以助校中经费。会所拟借教育总会。届时必有一番出色之光彩出现。详细内（容）俟容再访录。

1912年7月，城东女学举办书画研究会。李叔同又于8月22日、23日连载了《城东女学书画研究成绩展览会》：

> 本埠南市竹行弄城东女学于前月二十一日开第一期书画研究会。由汪吹六、沈墨仙两先生主任教授。会员约二十人，每日实习三小时，已纪前报。至本月二十日，第一期修了，特开成绩展览会。会员诸氏作品或悬挂壁间，或陈列几上，共计九十余种，以供来宾观览，并请名人品。兹录息霜评语，刊《文艺批评》

内，以见该会成绩之一斑云：

城东女学书画研究会成绩

书法部

丁乘时之大"佛"字，结构平稳，笔法圆和，洵为雅俗共赏之作。又，草书齐额"静观自得"四字，气息亦醇厚。

孟书华之孟姜敦古篆"寿"字，雄浑古穆，款字尤老健。又，"智水仁山"四字额，用笔结体均极似李若农。

曹维镕之"空寂舍"小额，秀雅修洁，款字亦极精美。

画法部

丁乘时之"华顶归云"四尺堂幅，为会场中第一大作。笔力色彩，均有可观。又，兰石屏条，亦有潇洒之趣。

画法部作品最多，佳作尤夥。如王玉林山水扇面之淡雅，孟书华墨石册页之高古，皆于会场中放一异彩。

杨雪琼梅花横幅，枝干整齐而生动，尤为观者所叹赏；朱贤英、席上珍、曹维镕诸氏所画之扇面，皆有天然之妙趣。沈葆德、陆坚毅、朱树爱、陈修、杨雪瑶、杨凤勤（原文"凤杨勤"疑误排——引者注）诸氏之作品，亦各有特色，使观者为之心旷神怡。

第一期书画研究会开办仅匝月，收此空前良好之效果，诚可为吾女学界庆。第二期书画研究会闻将于本年年假时依旧续办云。

从目前可见《太平洋报》的广告图也可知道，李叔同还在报上为城东女学刊登了招生广告和"城东女学制品出张部的广告"。

据统计，在李叔同任职《太平洋报》的四个多月里，他在报上刊载了有关城东女学的各种消息22篇，这恐怕是密度极高的报道了。从目前能见的李叔同早期书法作品中也可以知道，他曾为城东女学写过"寿佛"和"喜"字。至于他赠给杨白民的书法作品就更多了。十分遗憾，由于经济上的原因，《太平洋报》终于在1912年的秋天停刊了。是年秋，李叔同被聘往杭州的浙江省立两级师范学校（次年改校名为浙江省立第一师范学校），在他任教期间，李叔同只是在周末返回上海与日妻团聚，而其他时间均在杭州或南京从教，一直到他出家为僧。

游 艺 城 东

李叔同的好友杨白民在上海创办城东女学，并办有一份颇有社会影响的校刊《女学生》。《女学生》创办于1909年，此为辛亥革命与光绪三十三年（1907）、宣统元年（1909）陈以益创办《神州女报》和《女报》齐名的又一份重要女性刊物，所不同的是，《女学生》还大量刊登了艺术方面的内容。城东女学创办初期的《女学生》，由杨白民亲自任编辑。①

从1909年《女学生》的合订本可知，创刊第一、二年的《女学生》栏目丰富，主要有教育、教育格言、科学、艺术谈、文苑、演说、小说、杂俎、大事记、调查、附录等。《女学生》在社会上引起了良好的反响，也有许多有识之士或从道义上，或从物质上给予支持。杨白民的好友李叔同就十分关心这份刊物。1909年2月14日，还在东京美术学校留学的他给杨白民写信，对《女学生》的创刊表示极为赞成，并表示要将自己的论著在该刊上发表。② 果然，李叔同此后在《女学生》上发表了大量谈艺术的文章。

---

① 《女学生》本是报纸形式，后为方便传播、保存和满足更多读者的需要，也出版过合订本。笔者目前就觅得1909年、1910年《女学生》的合订本，分别于1910年、1911年出版。1909年合订本于1910年3月出版，由中国图书公司印刷并发行；1910年合订本于1911年出版，时中书局和中国图书公司代发行。出版这两册合订本的目的，杨白民有所说明。他在1910年3月出版的1909年合订本上有一篇序言，序言是这么写的："本杂志发行于己酉岁始，迄今一年。屡承海内外热心教育诸君子，向遣心得，提倡风气。此固非小小杂志所及料也。惟是本杂志每期消（销）数，不过数百，实非所以广布，而副（负）诸君子提倡之热诚。用特汇为成书，亟以付梓，以供教育家之採择，并望本杂志日以发达，女子教育之程度，亦渐增高，则固鄙人所馨香而祷祝者也。庚戌正月杨白民识。"

② 见1909年《女学生》杂志合订本。

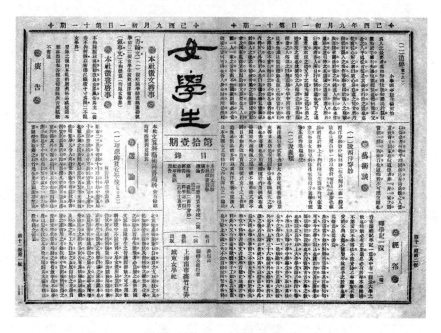

城东女学所办刊物《女学生》

《女学生》第 1 期合订本封面

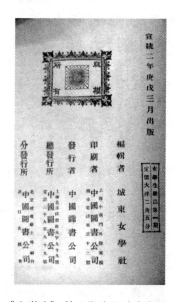

《女学生》第 1 期合订本版权页

　　李叔同表示要将自己的论著在该刊上发表，杨白民即在随后出版的校刊上透露了这则消息："二月十四日，留学东京美术学校李叔同先生来函，

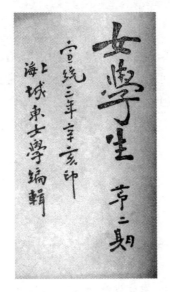

《女学生》第 2 期合订本封面　　　　　　《女学生》第 2 期合订本版权页

对于本报极为赞成，并允将著作寄登本报。"① 1909 年城东女学的第七次游艺会上，果然出现了李叔同的作品：五言绣联两幅。后校刊对此的评价是："气韵高古，有目共赏。"另据林子青《弘一法师年谱》，李叔同还在 1910 年大暑书范伯子诗一联赠杨白民："独念海之大，愿随天与行"。落款为："宣统二年大暑，写范伯子诗，上白民先生，哀公。"据林子青年谱中的注释："此联早年原藏杨白民女公子国画家杨雪玖女士处，今不知尚存否？范伯子，名当世，字肯堂，江苏通州人，清末著名诗人。1904 年卒于上海，年五十一，著有《伯子诗集》十九卷。"李叔同于 1911 年 3 月在东京美术学校毕业回国。据林子青《弘一法师年谱》，李叔同于该年还书联赠杨白民，内容是："白云停阴冈，丹葩耀阳林"，署"宣统三年，白民先生正，哀公"。按林子青的注，此联亦曾藏于杨雪玖处。②

李叔同回国后，先在天津任直隶模范工业学堂图画教员。在赴天津之前，"他把日籍夫人托付给好友杨白民，许幻园，然后驰书天津求职。"③

在 1909 年的城东女学校刊《女学生》上，有多则李叔同谈艺术的文

---

① 见 1909 年《女学生》杂志合订本。

② 林子青：《弘一法师年谱》，宗教文化出版社 1995 年版。

③ 见柯文辉《旷世凡夫——弘一大师传》，东方出版中心 1998 年版。

章，它们是《科学与艺术之关系》、《美术、工艺之界说》、《摘绵》、《堆绢》、《袋物》、《绵细工》、《厚纸细工》、《刺绣》、《穿纱》、《火画》、《木炭画》、《油画》、《关于图画之研究》、《图画之种种》、《手工与图案》和《中西画法之比较》。[①]李叔同谈的这些问题，有的属于介绍艺术常识，有的则表达了他的艺术思想。以下录存其中阐述艺术思想的两节：

科学与艺术之关系

英儒斯宾塞曰："文学美术者，文明之花。"又曰："理学者，手艺之侍女，美术之基础。"可见艺术发达之国，无不根据于科学之发达。科学不发达，艺术未有能发达者也。学科中如理科图画，最宜注重。发展新知识、新技能、新事业，罔不根据于是。是知艺术一部，乃表现人类性灵意识之活泼，照对科学而进行者也。

李叔同在《女学生》上发表的
《科学与艺术之关系》

美术、工艺之界说

美术、工艺，二者不可并为一谈。美术者，工艺智识所变幻，妙思所结构，而能令人起一种之美感者也。工艺则注意于实科而已。然究其起点，无不注重于画图。即以美术学校论，以预备画图入手，而雕刻图案、金工铸造各大科中，亦仍注重此木炭、毛笔、用器等画。惟图画之注意，一在应用，一在高尚。故工艺之目的，在实技；美术之志趣，在精神。

---

① 见 1909 年《女学生》杂志合订本。

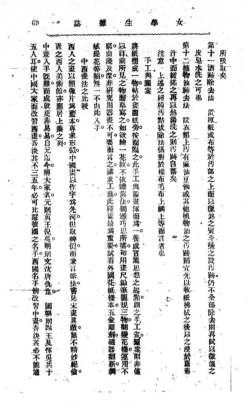

李叔同在《女学生》上发表的
《中西画法之比较》

　　李叔同还有《中西画法之比较》一节，也很值得研究者重视。以往人们只知道他是学西洋画的，而在他回国后又长期从事西洋画教学，似乎不重视中国画。其实不然。关于此，本著《涵养冲灵便是身世学问》一文已有阐述。

　　1910 年，李叔同又在《女学生》上发表了《焦画法》和《炭画法》。1910 年《女学生》的合订本封面字亦为李叔同题写。二文谈作画方法。文章不长，录存如下：

焦画法

　　焦画器械，为现在泰西最盛行之画具，又为最良之娱乐。故于绅士淑女间颇欢迎之。殊不让油绘、水彩画与写真术也。

（19）　　女學生雜誌．

藝術談

▲焦畫法　附載辭圖

李毅

此器械因藥品之作用，以火燒「グテチナ」之針，能在木、竹、象牙、角、革、厚和洋紙、天鵝絨等材料上，作人物、花鳥、風景、模樣（即圖案）等。不論中西畫法，皆能合式，可隨意為之。但在絨類上，須別用「镘」套於針筆上也。

器械有兩種：

第一種　挥法壇。象皮裝送氣器。象皮管。酒精燈。針柄。針筆。

李叔同在《女学生》上
发表的《焦画法》

此器械因药品之作用，以火烧"グテチナ"之针，能在木、竹、象牙、角、革、厚和洋纸、天鹅绒等材料上，作人物、花鸟、风景、模样（即图案）等。不论中西画法，皆能合式。可随意为之。但在绒类上，须别用"镘"套于针笔上。

器械有两种：

第一种：挥发坛，橡皮装送气器，橡皮管、酒精灯、针柄、针笔。

第二种：与第一种同，但不用酒精灯。仅于挥发坛塞子上装成灯头，可以点火，代酒精灯用。

注意：第一种使用法：

先将挥发油（原文为"挥法发油"，疑为误排——引者注）入于挥发坛中，将塞子塞好。再将酒精灯点起来，以右手握针柄（针须先冠好）在酒精灯上将针尖烧红为止。再以左手轻轻握送气（原文为"器气"，疑为误排——引者注）数回（但预先必须将橡皮管安在坛上），此时针尖火力加热放炎，酒精灯即可吹灭。但左手须握送空气不绝，则针尖之热炎必不致减少。又，握力之强弱，与热炎之强弱有关系，作画时，用笔有轻重，须以握力为之也。

炭画法

用品：炭笔，炭笔略分三号（又名画图铅），一号坚而淡，用画轻细线；二号乃通用者；三号软而黑，用画深浓处。

纸卷、皮卷：用灰色纸卷制成者谓之纸卷，用鹿皮制成者谓之皮卷，皆借以染炭笔之煤也。其深浓处，可用纸卷以加重，轻淡处则用皮卷以擦匀（纸卷、皮卷：图略——引者注）。

炭画放大法：放照欲求逼肖，须用九宫格。将干板浸入苏打水内，干板即成透明（软片及千层纸亦可），将有药一面划成方格，乃为放照之主要品。

炭画保存法：将画成之照，取直腊丁宜

李叔同在《女学生》上
发表的《炭画法》

（洋菜及石花菜亦可）溶化于水，再加酒精十分之三，取其易干，用喷水管吹入画面，庶炭不脱落，可保久存。

注意：喷水管之制法，将细玻管两版，一长一短，合成曲尺形，长者一端略尖，其式如图（图略——引者注）。

细心的读者可能会发现，李叔同写此文，其文笔甚通俗。这显然是他根据学生的接受需要而有意为之的。

李叔同在《女学生》上发表文章，似乎一发而不可收。这或许也是因为杨白民不断索稿，亦或许是此时的李叔同刚从东京美术学校毕业，有许多关于艺术的话题要说。紧接着，李叔同又在《女学生》上刊登了多则谈艺术的文章，主要有《普通图画教育》、《图画与教育之关系及其方法》、《图画之目的》、《西洋画法草稿（一）》、《西洋画法讲义》、《羽造花》、《丁香编物》、《通花剪花》、《木嵌画》、《冻石画》、《铁画》、《麦秆画》和《释美术》等。① 其中《图画与教育之关系及其方法》和《图画之目的》两则是艺术思想的阐述。录存如下：

图画与教育之关系及其方法

各科学非图画不明，故教育家宜通图画。学图画尤当知其种种之方法。如画人体，当知其筋骨构造之理，则解剖学不可不研究。如画房屋与器具，当知其远近距离之理，则远近法不可不研究。又，图画与太阳有最切之关系，太阳光线有七色，图画之用色即从此七色而生，故光学不可不研究。此外又有美术史、风俗史、考古学等，亦宜知其大略。

图画之目的

（甲）随意　凡所见之物，皆能确切绘诸纸上，故凡名山大川、珍奇宝物，人力所不能据为己有者，图画家则可随意掠夺其形色，绘入寸帧。长房缩地之术，愚公移山之能，图画家兼擅之矣。

（乙）美感　图画最能感动人之性情。于不识不知间，引导人之性格入于高尚优美之境。近世教育家所谓"美的教育"，即此方法也。

据李叔同自己在文章开头部分说，他是糅合了诸家思想，"行文力求浅显，便初学也"。可见，李叔同的这类文章，应该是专为城东女学的学生而写的。

《释美术》注为"来函"。文章再次以详尽的事例阐述了"美术"与"手工"的区别。

---

① 此组文章转引自郭长海、郭君兮编《李叔同集》，天津人民出版社 2006 年版。编者标注"原刊上海城东女学《女学生》第 3 期，1911 年 7 月，未署名"。编者又按："上海城东女学校刊《女学生》原小报，创刊于 1908 年，每月初一出版，每期 8 版。上有'艺术谈'一栏。1911 年改为杂志……"此注和按语似有误。2011 年即辛亥年，现有该年 7 月的原刊，该月出版的是第 36 期，而非第 3 期，其形式仍为小报。

《唱歌法大意》刍议

目前能见的李叔同艺术论著不多，部分著述亦系近十年来研究者的最新发现。比如《唱歌法大意》，福建人民出版社 1991 年 6 月出版的《弘一大师全集七·佛学卷（七）、传记卷、序跋卷、文艺卷》中未收入此文，后郭长海、郭君兮编《李叔同集》于 2006 年 6 月由天津人民出版社出版，集内收入该文的第二、三章，为当时新发现的佚文。《李叔同集》的编者在《唱歌法大意》第二章的正文前加注曰："上缺"；在第三章结尾处加注曰："未完，下缺"，而编者另有注文："原刊于杭州《教育周报》第 2 期，1913 年 4 月 8 日，以后未见续刊。第 1 期《教育周报》至今尚未搜集到，故缺。"2010 年 10 月，福建人民出版社出版《弘一大师全集》（修订版），其中第 8 册为"文艺卷、杂著卷、书信卷"，该卷第 13 页收入《唱歌法大意》第二、三章，第二章正文前亦标注"上缺"，第三章文后标注"未完，下缺"，对于文章的出处，《弘一大师全集》（修订版）编者则出现了失误：误注为"刊于杭州《教育周报》第 1 期，1913 年 4 月 8 日"，而真实的情况是：《唱歌法大意》第二、三章刊于《教育周报》第 2 期（1913 年 4 月 8 日出版）。

其实杭州师范大学弘一大师·丰子恺研究中心藏有《唱歌法大意》的第一章，刊于《教育周报》第 1 期（1913 年 4 月 1 日出版）第 15—16 页，列"学术"专栏，署名李叔同，作者时任浙江省立两级师范学校艺术教师。此文对于研究李叔同艺术教育思想具有重要意义，且对近代中国学校音乐教育发轫期的音乐教学实践具有认识价值。但《李叔同集》和《弘一大师全集》（修订版）编者在编书时均未作必要的征询交流，以致此佚篇未能入集，实为憾事。需要特别说明的是，《教育周报》第 1 期发表此文第一章时，其标题在目录页刊印为"唱歌法大意"，而内页则为"唱歌法大略"。查《教育周报》第 2 期，此文第二、三章发表时，目录

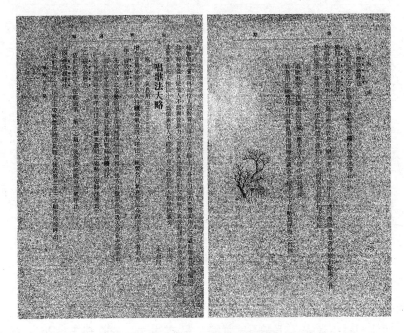

1913 年《教育周报》第 1 期上发表的李叔同《唱歌法大意》

1913 年《教育周报》第 1 期目录

页和内页标题均为"唱歌法大意",故可视为《教育周报》第 1 期内页标题文字系误排，今统一称《唱歌法大意》。今公布《唱歌法大意》第一章，以为补缺，此有益于弘一大师李叔同研究。《唱歌法大意》第一章全文如下：

第一章　气息用法 Gesuivation

增加音量，使声音水久持续，① 为气息吸入呼出之练习，名曰气息用法。今说明其主要者如左：

（甲）缓吸缓呼法

1. 先取直立之姿势，头须正直。胸部开张，两肩稍向后方。口微开，徐徐吸入空气，充满肺中；

2. 肺中既充满空气，须注意防其漏出，暂时持续前状；

3. 徐徐将肺中空气呼出，但不可变更最初之姿势，以安静沉着为主。

（乙）缓吸急呼法

依前记甲之方法，经过第一第二之顺序后，急速将肺中空气呼出。

（丙）急吸缓呼法

依前记甲之方法，定正姿势，急速将空气吸入，后依第二第三之顺序，徐徐呼出。

（丁）急吸急呼法

依前记丙之方法，吸入空气，暂时持续，然后急速呼出。

乐曲上吸息之用法。

于唱歌之初，及有休止符处，须充分吸息。又乐曲进行中，无休止符处，而应吸息者，当于乐句断处之音符。假俄顷之时间，迅速吸入，但此时须注意拍子，不可因吸息致使拍子延绥。

注意：

唱歌教室须清洁，否则污秽之尘芥，吸入肺中，或致病疾；

气息用法练习时，可由教员用指挥鞭，依适当之后缓速上下其势，为呼吸之指挥。

---

① "使声音水久持续"一句中的"水"字疑为"永"字之误。原文如此，照录。

《唱歌法大意》第二、三章在《李叔同集》和《弘一大师全集》（修订版）中已收录。此二章刊于《教育周报》第2期（1913年4月8日出版）第11页和第12页。为使读者观其全貌，现亦附录如下：

第二章　　声区 Comass of Voices①

人之声质，因其发声法之如何，而分为地声区、上声区、里声区三种。

凡唱歌时，或发高声，或发低声，不能用始终同一之发声法。即发低音时用地声；发高音时用上声；又发最高音时用里声。（但男子无里声），此名曰："声区适用法。"

男子地声区，由 G 至 B。男子上声区，由 C 至 G。

女子地声区，由 A 至 E。女子上声区，由 F 至 D。女子里声区，由 E 至 G。

今说明各声区之大要如左：

（甲）地声，即胸声 Chest voice

发声时，喉头气管扩张充大，发音机全体摇动，胸部及咽喉全体鸣响。发为刚强广阔之预。男子最要之声区，属于此种。

（乙）上声，即中声 Medium voice

上声较地声之音质稍细，呼气之压力及分量亦较少。仅由喉与口腔发响。女子最要之声区，属于此种。

（丙）　里声即头声

里声比上首之音质更细，呼气之压力及分量更少，仅由后头之内部发响。②

第三章　发音法 Articulation

取德国字母之母音 AGIOU 五字，练习基本音，为最简便适当之方法。其发声之差别，由于开口之度，舌之位置，及唇之形状而其结

---

① 英文 Comass of Voices 中的 Comass 在此处似应写为 Compass，为 Compass of Voices。原文如此，照录。

② 该文句中"……仅由后头之内部发响"中的"后"字疑为"喉"字之误，原文如此，照录。

果各不相似。

今说明其大要如左：

A 音 口形大开，齿间约能插入二指。舌宜平，装置于口腔之下部。

G 音 口形扁平，齿间约能插入拇指。舌之中部，装置于口腔之中。

I 音 口形较 G 音稍狭，齿间约能插入小指。舌之前部（非舌端），装置于口腔之上段。

O 音 口形微窄圆，齿间约能插入拇指，更有余隙。舌之后部，装置于口腔之中段。

U 音 口形较 O 音稍狭，齿间约能插入小指。两唇突出舌之后部，装置于口腔上段。

李叔同《唱歌法大意》一文在《教育周报》发表时无标点符号，为句读。故《李叔同集》和《弘一大师全集》（修订版）在收录时由编者标点，以上刊录的文章标点符号亦系由笔者标点，三者之间有标点符号使用方面的区别可以理解。然而对照原文，《李叔同集》和《弘一大师全集》（修订版）中均有一处文字差错，即第二章正文"（甲）地声，即胸声 Chest voice"部分中的"……发音机全体摇动，胸部及咽喉全体鸣响。"中的"摇"字，被误为"摆"字。特此更正。再一个须作说明的是，如果按《李叔同集》和《弘一大师全集》（修订版）注文中所述的那样，若《唱歌法大意》一文还有后续文字，《教育周报》应该在第 2 期后还将有续文刊出。然而笔者目前尚未在此后出版的《教育周报》上查得此文的后续篇章。一种可能是，所谓的后续篇章还未被发现；而另一种情况或许是本没有后续篇章。从李叔同《唱歌法大意》的行文看，无论是第一章开头、结尾，还是第二、三章的开头、结尾，文字表述均无人们习惯上的"引文"或"结语"，更无修饰。这或许就是李叔同写此文时的笔法。无论是哪一种可能，从严格意义上讲，在无法确定的情况下，不宜标注"未完，下缺"的主观评判式的文词。

有关李叔同《唱歌法大意》的刊出时间，以往也有一些误记，如《安徽师范大学学报》（人文社会科学版）1978 年第 1 期刊有熊融《关于〈生理实验术要略〉的说明》一文，文中曰："……《教育周报》……该刊辟有'学术栏',登载各类学科的学术论文,供教学和研究参考。影响显殊的有:徐特立的《国文教授之研究》(刊第 77 期),夏丏尊译卢骚的《爱弥尔》、李叔同的《唱歌法大意》(均刊第 125 期),等等。"《杭州师范大学学报》(社会科学版)2008 年第 4 期刊有张直心、王平《鲁迅在浙江两级师范学堂史实探微》一文,文中曰:"……《教育周报》……该刊由浙江教育会主办,于 1913 年 4 月创刊,1919 年 3 月停刊,计 235 期。两级师范学堂的同仁李叔同所著《唱歌法大意》、夏丏尊所译卢梭的《爱弥尔》即发表于该刊 125 期。"李叔同《唱歌法大意》第一章发表于《教育周报》第 1 期,第二、三章发表于《教育周报》第 2 期;夏丏尊译《爱弥尔》发表于《教育周报》第 1、2、5 期。以上二文显然误记。

1913 年《教育周报》第 1 期封面

《教育周报》由浙江省教育会编辑发行,自 1913 年 4 月 1 日至 1919 年 3 月 30 日,历时 6 年,共出刊 235 期。第 1 期的开篇之文为时任浙江省教育会会长、浙江省立两级师范学校校长经亨颐撰述的《发刊辞》。除李叔同《唱歌法大意》外,同期还发表了孙增大《教育独立议》、张世㧟《教育上数字计划之必要》(此二文与经亨颐的《发刊辞》同列"言论"栏目)、夏丏尊译文《爱弥尔》(此文与《唱歌法大意》同列"学术"栏目)以及何绍韩、骆憬甫、马心竹、蔡厱人分别撰写的 4 篇评论刊于"时评"栏目。同期另有"纪闻"、"法令"、"专件"和"附录"栏目,发表各种资讯。经亨颐在《发刊辞》中说:"自社会分业之说起,而教育界之流品愈杂;自普及教育之议创,而小学校之停闭屡闻。理想与事实殊无如是之矛盾。所以者何?社会上不知教育之真相,教育之所由难以取信于社会,亦教育界不明社会之心理,社会之所由不加注意于教育也。"他以为若要加强教育,必须研究教育,"以研究所得之真理,发为正确之言论"。

以此求得社会的认可、政府的重视，并决心以坚忍不拔之信念，誓让教育长流天地间。该期的征稿文字曰："本报为统一全浙教育，主张正论起见，特行发刊是报。"在该刊第 2 期上，有编辑人姓名，总编辑为孙增大，撰述 19 人，李息（李叔同）名列其中。该刊第 9 期中也附有"编辑部"人员名单，当时的 20 名编辑中，李息（李叔同）亦名列其中。根据李叔同早期的书法风格，并与其同时期书法作比较，该刊自第 1 期（1913年 4 月 1 日出版）至第 29 期（1913 年 12 月 23 日出版）的封面题字似为李叔同所写。因无署名，不作定论。

《白阳》：近代中国学校美育的先声

一 《白阳》概述

1913 年，浙江省立两级师范学校发行《白阳》杂志，李叔同编，浙江省立两级师范学校校友会发行，开本为 26 厘米×16 厘米。目前仅见诞生号。刊物封面标注："癸丑五月"，版权页标注"癸丑四月印刷发行"，发行所为："浙师校友会"。

《白阳》创刊号封面

《白阳》创刊号目录

《白阳》诞生号除有校长经亨颐的题字"美意延年"（署名"亨颐"）和李叔同撰写的《白阳诞生词》（署名"息霜"）外，设"文库"、"谭丛"、"印稿"、"画稿"等专栏。

"文库"专栏内有子栏目"文集"，发文 3 篇：《音乐序》（息霜）、《西湖夜游记》（息霜）、《写生日记之一》（梅白）；"说部集"，发文 1

篇：《写真帖》（丐尊）；"诗集"，刊诗 11 首，作者分别为：丐尊（2 首）、子庚（2 首）、微颖（2 首）、缠恨（1 首）、雨苹（2 首）、汝勋（1 首）、慎独（1 首）；"词集"，刊词 5 首：子庚（3 首）、微颖（1 首）、息霜（1 首）；"曲集"，刊李叔同《春游》歌（署名"息霜"）。

"谭丛"专栏内有子栏目"文学篇"，刊《近世欧洲文学之概观》（息霜）；"音乐篇"，刊文 1 篇：《西洋器乐种类概说》（息霜），画作：《音乐大家像一》（鸿梁）；"绘画篇"刊文 2 篇：《人体画法》（梦非）、《石膏模型用法》（息霜），画作：《绘画大家像一》（鸿梁）。

"印稿"专栏有石禅、梅白、丐尊三位作者的篆刻作品。

"画稿"专栏有梦非、鸿梁、梅白三位作者的绘画作品。

《白阳》诞生号以李叔同手书印刷，许多插图亦出自李叔同之手，颇具美感。《白阳》的主要作者，除李叔同（息霜）外，均系李叔同的挚友或学生。现将李叔同以外的《白阳》杂志的主要作者按目录顺序简介如下：

石禅：经亨颐，浙江上虞人，教育家、社会活动家。1900 年，因参与通电反对慈禧废光绪帝，被通缉避居澳门。1903 年赴日本留学，入东京高等师范学校数学物理科。浙江官立两级师范学堂首任教务长。曾先后任浙江官立两级师范学堂监督、浙江省立两级师范学校校长（浙江省立两级师范学校曾名浙江官立两级师范学堂）及浙江省教育会会长。1920 年离校赴上虞任春晖中学校长。历任中山大学代校长、国民政府执行委员、全国教育委员会委员长等职。在《白阳》杂志上刊出题字"美意延年"、篆刻二方。

梅白：邱志贞，浙江诸暨人，1912 年秋入浙江省立两级师范学校高师图画手工专修科。为该校"乐石社"发起人。《乐石社社友小传》中对其介绍说："性亢直，有奇癖。见书画篆刻等，尝恋不忍去，家中寄其用费，多以购古书画碑帖之类。初学刻石，孤陋无师，不足以言印。岁壬子，就学武林，始与西泠诸印人相往来，又得西泠印社所藏自周、秦以迄晚近诸名人印谱而卒读之，学乃益进。书画亦浑健不失古法，但所作极鲜。"① 1915 年毕业。在《白阳》杂志上刊出文章《写生日记之一》，篆

① 《乐石社社友小传》为李叔同策划、设计于 1915 年农历六月编印。内容为李叔同《乐石社记》、姚鹓雏《乐石社记》、《乐石社社友小传》、《乐石社简章》和《乐石社职员表》。研究界一般也将后三者视为出自李叔同之手。

刻作品两方，写生画一幅。时为浙江省立两级师范学校高师图画手工专修科学生。

丏尊：夏丏尊，浙江上虞人，教育家、文学家。1905年赴日本留学，入东京宏文学院。1907年跨考东京高等工业学院。一年后辍学回国，任浙江官立两级师范学堂教师，教国文，兼任舍监。致力于传播新文化。1919年离校，历任湖南第一师范学校、上虞春晖中学、暨南大学等教职。主持开明书店编务。1936年当选为中国文艺家协会理事、主席。在《白阳》杂志上刊出译文一篇，诗二首，篆刻两方。时任浙江省立两级师范学校国文教师，兼任舍监。

鸿梁：李鸿梁，浙江绍兴人，1912年秋入浙江省立两级师范学校高师图画手工专修科。1915年毕业。终身为美术教师，中西绘画及工艺、书法篆刻皆擅长。在《白阳》杂志上刊出画作《音乐大家像一》、《绘画大家像一》、《自画肖像》。时为浙江省立两级师范学校高师图画手工专修科学生。

梦非：吴梦非，浙江东阳人。1908年进入浙江省官立两级师范学堂，辛亥革命爆发，曾辍学，1912年秋又作为初级师范肄业生以第一名的成绩跳级进入浙江省立两级师范高师图画手工专修科，被推为班长。1915年毕业。1919年与刘质平、丰子恺一起创办了上海专科师范学校。主持中华美育会，主编《美育》杂志。1930年，吴梦非编译了中国第一部《和声学大纲》，同时还编写了许多音乐教育读物。1949年后，吴梦非先后任浙江省文化局秘书、浙江省文联组织部副部长、上海音乐学院教务处副主任等职。在《白阳》杂志上刊出译文《人体画法》（未刊毕），写生画《西爽亭》。时为浙江省立两级师范学校高师图画手工专修科学生。

二　张扬美育，促社会之健全

李叔同写的《白阳诞生词》曰："技进于道，文以立言。悟灵感物，含思倾妍。水流无影，华落如烟。掇拾群芳，商量一编。维癸丑之暮春，是为《白阳》诞生之年。"（《白阳》所刊之文均无标点，本文所引该刊文字中的标点为笔者所加。下同）"白阳"意为早晨的太阳，体现了编者对美育事业的信心和对年轻学子的期盼。

《白阳》创刊号上刊载经亨颐题写的"美意延年"

"文集"中的《音乐序》就是 1906 年李叔同为《音乐小杂志》① 写的序言。此为重新发表（有删节），表明他对文中所提观念的又一次肯定。这篇序言不长，但文字优美，含义深邃，充分肯定了音乐艺术在促进社会健全方面的功用。其中一段写曰："繁夫音乐，肇自古初，史家所闻，实祖印度，埃及传之，稍事制作；逮及希腊，乃有定名，道以著矣。自是而降，代有作者，流派灼彰，新理泉达，瑰伟卓绝，突轶前贤。迄于今兹，发达益烈。云瀚水涌，一泻千里。欧美风靡，亚东景从。盖琢磨道德，促社会之健全；陶冶性情，感精神之粹美。效用之力，宁有极软。"这里所谓的"盖琢磨道德，促社会之健全；陶冶性情，感精神之粹美。效用之力，宁有极软"可看作是李叔同对音乐社会功能的见解。

李叔同编《白阳》显然得到校长经亨颐的大力支持，而经亨颐发表在《白阳》上的题字"美意延年"更体现了他对美育的肯定和期待。同

---

① 《音乐小杂志》系中国第一份音乐杂志，为李叔同于 1906 年正月十五日在日本东京印刷，二十日运回上海发行。这本杂志虽然只有 26 页，但却有众多的栏目，如表纸、图画、插图、社说、乐史、乐曲、乐歌、杂纂、词府等，其分类甚详。

《白阳》创刊号上刊载的李叔同
手书《音乐序》

时他还在杂志上刊出印章两方（"石禅"、"贞吉"）。随着西学东渐的潮流，王国维首先把西方美学思想介绍到中国。此外，梁启超、严复等也对美学美育问题进行过探讨。随后，担任教育总长的蔡元培正式将美育与德智体并列而成为国家的教育方针。经亨颐认同蔡元培的教育思想，提出了学校德智体美群五育并重的方针。他在办学过程中重视艺术教育，如在1913年《全浙教育私议》一文中指出："非先去社会心理上腐烂之秽膜不可。其法为何？莫如提倡美育……倘能稍知美意，即可脱离恶俗之污秽，一如栽植草木，已除其蔓芜，去其污秽矣。"① 他又强调："今日之社会既成机械工业世界，倘蔑视艺术与人格，其弊不可胜言。为社会救济，对于机械工业，宜振起手工作业，使社会艺术化以调剂之。或自经济的见地主张艺术教育，即振兴艺术教育与经济问题至有关系。艺术品之制作，国家经济得以丰裕。法国国民以其有趣味性之练习，得制出精美之物品。故不可不陶冶公众之艺术精神，以养成艺术的国民。又或自艺术教育美的见地主张艺术教育。国民一般使养成有鉴赏之耳目，足以促艺术之进步。工业品之日渐精良，尤贵有赏识美术工艺之人。此艺术教育运动之所由起也。"② 经亨颐给艺术课程以足够的时间保证，将乐歌、手工与国文、数学同等看待。他表示："校长与诸教员研究之结果，对于此问题，已拟有办法，今日特为诸生言之，可籍作自修之标准。前言教授与自修时间为三与一之比，而各教科性质不同，且各学年支配不一。主科各国文、数学，自修时间宜多，乐歌、手工，虽非主科而为技能教科，自修时间亦宜多。余所授教育，如能悉心听讲，约经教授四时，自修一时必能了解。数次经验，均如此预计。修身虽亦为主科，与教育及其他非主科各教科均可一律

---

① 经亨颐：《全浙教育私议》，载《教育周报》1913年第3、5期。
② 经亨颐：《最近教育思潮》，见张彬编《经亨颐教育论著选》，人民教育出版社1993年版，第103页。

论。故特以国文、数学、乐歌、手工，教授自修，定为二与一之比，其他教科，定为四与一之比。"① 姜丹书在《经亨颐先生传》中记曰："是时，一般校风，犹有科举余习，首重文科，次数理，而轻视艺术与体育，惟是校并重，故所造就师资皆优秀……"② 可知，蔡元培是在王国维等美育思想基础上提出了中国学校美育的实施规划，而经亨颐则是将此规划落实在具体的办学过程中。1912 年春，经亨颐以过去专科中独缺高级艺术师资科，决定于该年秋季在该校开办高师图画手工专修科，学制三年，招生29 名。此为浙江有艺术专科之始。

《白阳》杂志是在高师图画手工专修科开办了半年后出版的，足见其与该校大力提倡艺术教育有关。该校艺术教育诚如姜丹书所说："人世间若无艺术，便成沙漠的世界；若有艺术，便成锦绣的世界；所以一国的教育政策不可不重视艺术。原来艺术是一件事，教育又是一件事，艺术不是教育，教育亦不是艺术。若任其艺术自艺术，教育自教育，各走各路，不相关涉，殊途而不能同归，则就艺术而论，未必能为有力的发展，且只能在其本位上自盛自衰、自兴自替，未必影响到整个文化的全面，更谈不到浸入整个文化的骨里；同时就教育而论，亦是偏缺的教育，好似一个歪西瓜，不能成为圆湛美满的佳果。所以艺术与教育二者，必须要连锁起来，成为所谓'艺术教育'，方能发挥其美化人生，润色世界的功用。"③ 浙江省立两级师范学校有专门的美术教室三间、音乐教室一间。图画手工专修科的音乐课程有乐典、和声学、练声、视唱、独唱、合唱、钢琴、风琴、作词、作曲等；美术课程则有石膏模型写生、人体写生、西洋画法、美术史等。学校普通科里的美术、音乐、手工等课的教授和自修的时间比例与国文、数学一样均为二比一。丰子恺回忆道："校内有特殊设备（开天窗，有画架）的图画教室，独立专用的音乐教室（在校园内），置备大小五六十架风琴和两架钢琴……光景宛如一艺术专科学校。"④

---

① 经亨颐：《始业式训词》，载 1916 年《浙江省立第一师范学校校友会志》，第 10 期第 7—8 页。

② 姜丹书：《姜丹书艺术教育杂著》，浙江教育出版社 1991 年版，第 251 页。

③ 同上书，第 106 页。

④ 丰子恺：《李叔同先生的教育精神》，《杭州日报》1957 年 5 月 14 日。

三　敢为人先，新艺术之发轫

在经亨颐的倡导下，以李叔同等为代表的艺术教师成了学校艺术教育的践行者。他们敢为人先，具有诸多开创之功。

《白阳》上发表的《春游》，是中国第一部合唱曲（三部合唱），词曲均出自李叔同之手。此歌节奏明快，歌词是：

> 春风吹面薄于纱，春人妆束淡于画。
> 游春人在画中行，万花飞舞春人下。
>
> 梨花淡白菜花黄，柳花委地芥花香。
> 莺啼陌上人归去，花外疏钟送夕阳。

1993 年 6 月 5 日，《春游》被中华民族文化促进会评为"20 世纪华人音乐经典"。是日在北京人民大会堂颁发"荣誉证书"。

李叔同在该杂志上发表的另三篇文章《近世欧洲文学之概观》、《西洋器乐种类概说》和《石膏模型用法》是关于文学艺术的普及文章，他这种全面介绍西洋文学艺术的做法，在当时国内艺术教育界是一个创举。

《近世欧洲文学之概观》全文原有多章，因仅见《白阳》诞生号，故如今只能见到序文和第一章《英吉利文学》的文字。李叔同以很大的热情介绍欧洲文学，他在序文中写道：

> 中世古典派文学（Classic）瑰伟卓绝，磅礴大宇，及十八世纪初期，其势力犹不少衰。操觚簪笔家佥据是为典则。其后承法兰西革命影响，而热烈真挚之诗风，乃发现为文艺界一大新思潮，即传奇派（Romantic）是。
>
> 迨至十九世纪，基于自然之进步，现实观之发达，乃更尚精致之描写，及确实之诗材，而写实主义与自然主义遂现于十九世纪后半期。及夫末叶，反动力之新理想派乃萌芽于欧土。

《西洋器乐种类概说》（未刊毕）现有两章，第一章为"弦乐器"，

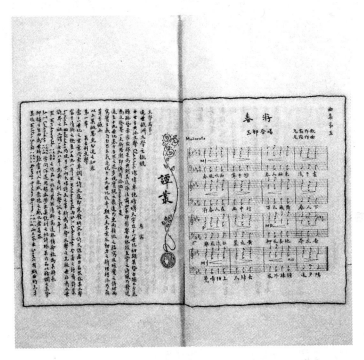

《白阳》创刊号上刊载的李叔同所作三部合唱曲《春游》

下分两节："用弓弦乐器"和"弹拨弦乐器"；第二章为"管乐器"，下分两节："木制管乐器"和"金制管乐器"。文中插图丰富，记述甚详，分别介绍了小提琴、中提琴、大提琴、低音大提琴、竖琴、六弦提琴、长提琴和横笛、小横笛、单簧竖笛及各种号。李叔同在文章开头部分说："西洋器乐之分类有种种之方法。兹依最普通之分类法分为弦乐器、管乐器、击乐器及有键乐器四种。"由此可知，他的续文将介绍击乐器和有键乐器。遗憾未见《白阳》续刊。

《石膏模型用法》有四章："石膏模型为学图画者最良之范本"、"收藏法"、"教室之选定及室内之设备"和"图画之材料"。李叔同在浙江省立两级师范学校使用石膏模型进行美术教学在全国为首创。① 李叔同在第

---

① 阮荣春、胡光华《中国近现代美术史》"中国近现代美术大事年表（1911—1949）"的"1912年"条目中记曰："李叔同于浙江两级师范任教，用日本购置的石膏模型让学生练习写生，是中国美术教育中的创举。"天津人民美术出版社2005年版，第276页。

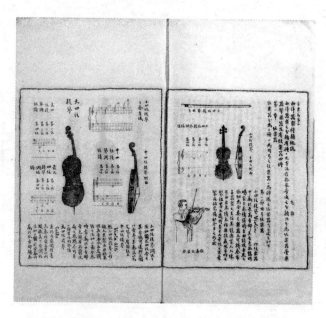

《白阳》创刊号上刊载的李叔同《西洋器乐种类概说》

一章中强调石膏模型在绘画练习过程中的作用：

> 自来图画专门之练习，每取古代制作品及其复制品为范本。但近来于普通教育图画之练习，亦采用此法。其范本以用石膏制之模型为主。
>
> 普通教育设图画科，不仅练习手法，当以练习目力为主。此说为今日一般教育家所公认。因眼所见之物体，须知觉其正确之形状。此种知觉之能力，为一般人所不可缺。但依旧式临画之方法以养成此种之能力，至为困难。于是近半年以来，欧美各国之普通教育，以实物写生为图画之正课，即用兼习临画者，亦加以种种限制。因临画之教式，教以一定之描写法，利用小巧手技似甚简便；然能减杀初学者之独创力，生依赖定式之恶习惯，且于目力之练习毫无裨益。故学图画者，当确信实物写生为第一良善之方法。
>
> 实物写生，取日常所用简单之器具为范本，固属有益。但初学者练习画线，以单纯之直线曲线构成之物体为宜。又练习阴影，以纯白之物体为宜。石膏模型，仿实物之形状，以美妙之直线与曲线构成，其色纯白，阴影处无色彩错乱之虞。阴阳浓淡之程度，容易判别。故

学图画者，当确信石膏模型为实物写生用第一完全之范本。

接着，他在第二章中推荐了石膏模型的收藏方法，以为"石膏模型当贮藏于标本室，不可陈列于图画讲堂。因生徒常见此种标本，日久将毫无新奇之感情。故须另设收藏室，临画时再搬入讲堂"。在第三章中，李叔同强调"写生用教室须高广，向北一面开玻璃窗。如以寻常教室充用，当由一面取光线。倘由二面或三面光线混入，模型之阴影将紊乱，初学者甚困难"。第四章是介绍纸张和用笔，认为"以木炭为最适用。故西洋各普通学校皆专用木炭。日本之普通学校从前专用铅笔，近亦兼用木炭"。

丰子恺曾回忆说："李先生的教法在我觉得甚为新奇：我们本来依照商务印书馆出版的《铅笔画帖》及《水彩画帖》而临摹；李先生却教我们不必用书，上课时只要走一个空手的人来。教室中也没有四只脚的桌子，而只有三只脚的画架。画架前面供着石膏制的头像。我们空手坐在画架前面，先生便差级长把一种有纹路的纸分给每人一张，又每人一条细炭，四个图钉（我们的学用品都是学校发给的，不是自备的）。最后先生从讲桌下拿出一盆子馒头来，使我们大为惊异，心疑上图画课大家得吃馒头的。后来果然把馒头分给各人，但不教我们吃，乃教我们当作橡皮用的。于是先生推开黑板……教我们用木炭描写石膏模型的画法。"① 吴梦非则言："我想民国初年，我国其他各省一般学校的艺术教法，大致也如四川的情形，不过使学生临临黑板画而已。但是弘一法师在浙江两级师范教导专修科的学生时，计划十分周详，设备更力求充足，凡写生用的石膏模型，重要的无不购备，人体写生也曾雇用模特儿，一切教法完全仿照外国的专门学校。"②

吴梦非提到的雇用人体模特儿即 1914 年李叔同在浙江省立第一师范学校（1913 年 7 月，浙江省立两级师范学校更名为浙江省立第一师范学校）采用人体进行美术教学，开中国人体美术教学之先河。据李叔同的学生吴梦非在 1959 年第 3 期《美术研究》（《中央美术学院学报》）上的《"五四"运动前后的美术教育回忆片断》一文介绍："李叔同先生教我们

① 丰子恺：《旧话》，载《中学生》1931 年第 16 期。

② 吴梦非：《弘一法师和浙江的教育艺术》，载《浙江青年》1936 年第 3 卷第 1 期，第 17 页。

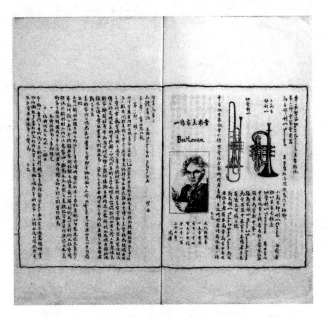

《白阳》创刊号上刊载的吴梦非《人体画法》编译文

绘画时，首先教我们写生。初用石膏模型及静物。1914 年后改用人体写生。本文所附照片便是我们第一次用真人作模特儿练习写生的留影。我们这一班学生有二十多人，如周玲荪、金咨甫、朱稣典、李鸿梁、朱霭孙等。"（吴文后附李叔同首用人体模特儿进行美术教学的照片，并特别注明是 1914 年。此即如今常见的那幅以男人体背面为主体的照片）李叔同采用人体模特儿进行美术教学并未在当时的校园里引起惊愕，原因或许是多方面的，但其中不可忽视的一个原因，是他至少早在一年前即已进行舆论宣传工作。最好的例证是《白阳》上居然发表了学生吴梦非《人体画法》一文。此文原作者为英国人 Richand G. Hatton，吴梦非改译，未刊毕。此为近代中国较早介绍人体画法的理论文字，意义重大。录存于下：

人体画法

英国 Richand G. Hatton 原著　　梦非

第一章　画法及比较

第一节　形 Form

西洋学者有问于法国画家密雷 Millet（1814—1875）曰：美术家

研究美术将依赖解剖学 Anatomy 与一般有关于美术之学乎？若然，吾见纯粹自在无疑难无束缚之美学将为烦琐无用之学所牢笼，窒碍美术之进步甚矣！彼研究美术者，岂皆学识兼长，然其制作则流传不朽，是研究美术可脱离一切关于美术之学也明矣。窃谓斯问也有大谬不然者，使美术家离解剖等学而凭空研究，势必难占优胜，且有时遇必需解剖而后明者，虽极烦杂亦不得不学。然实用之则殊非易。密氏之言曰：世间可用之学，向能善用之，无无用者。斯言至矣。

美术家所公认为最切实用之学，即本编所论之人体 Figure，是学者由是入手，乃为正则。

人体以解剖而显正确之形 Form，至作绘时当于形体之要点着眼，切勿意造致失真形。本编所论之画法，参酌图画家所经验之结果，或以解剖的，或以美术的，大致皆同。但泥于解剖，则人所不注意处细细描写，反失天然之美观。故学者宜于观察上取美术家之成法，何者为下手之方，何者为作绘之助，下列二则宜服从焉：

一　先将描写之事物撰定；

二　后将所见之形状一一描出。

本编以专门之目的，竭力支配材料颇富，至论阴影 Shade 画法，宜求适当显明实物，所论较多。当于研究形体后习之。至是编之顺序参酌画家之法则，由浅入深，秩序井然，庶学者无躐等之弊焉。

（未完）

丰子恺曾在 1922 年 4 月《美育》第 7 期上发表了他的人体《习作》（木炭画）。《20 世纪上海美术年表》1920 年 7 月条目记曰："上海美术学校始雇女子模特儿（刘海粟《上海美专十年回顾》）。"① 刘海粟在中国首用女性人体模特儿进行美术教学的时间是 1920 年 7 月，而丰子恺在 1922 年 4 月《美育》第 7 期上即有了女性人体画。此亦足见作为李叔同学生的丰子恺在此问题上的态度。

李叔同还以全新的方法来从事美术教学，他提倡野外写生。学生邱志贞（梅白）在《白阳》诞生号的《写生日记之一》一文中曰：

---

① 王震：《20 世纪上海美术年表》，上海书画出版社 2005 年版，第 101 页。

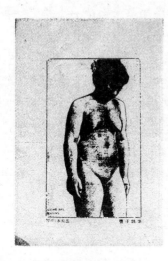

丰子恺发表在 1922 年 4 月
《美育》第 7 期上的
女性人体画

三月十六日为旧丁祭，学校例假。午后二时半，偕吴君梦非、朱君森玉，作宝石山游。出钱塘门，经卧龙山庄及西湖旅馆。未达梅丽公园，即北折而下，又西折而上，至宝石山，阶下有门，门首面山，山上雕石佛多尊，若飞来峰。入门则石阶层叠。路至曲折，乃拾阶而升，即宝俶塔所建处。更上一层，有西爽亭焉，地为来凤亭旧址。亭为西士梅氏所建，中设六角石几一，石鼓凳三，适供吾三人踞坐远眺。湖心有亭，巍然在水中央，即湖心亭。是爱以铅笔写其景。写竟已薄暮，天又细雨，因即偕归。

《白阳》杂志上刊载了多幅学生的写生作品，即吴梦非的《西爽亭》、李鸿梁的《自画肖像》和梅白（邱志贞）的一幅写生画。这些画如今已成为珍贵的美术资料，有的也具有十分重要的研究价值，如《西爽亭》已被公认为吴梦非的绘画处女作。

四　结语

近代以来，中国的艺术教育由西方人传入，如洋务运动时的实业艺术和画会、乐歌、绘画社团等的创建等，但近代中国真正意义上的学校艺术教育滥觞于 1902 年创立的两江师范学堂。是年，该学堂开始聘用外籍教师授图画、手工和音乐等课程。1906 年，学堂监督李瑞清依照日本高等师范学校的体制，创办了图画手工科。该科以教育为总主科，图画、手工为主科，音乐为副主科。两江师范学堂的这一创举标志着近代中国学校艺术教育已从一般意义上的非专业性技艺传习向系统的专业艺术教育发生了转变。然而，两江师范学堂的艺术教师以日本人唱主角。浙江省立两级师范学校于 1912 年创设高师图画手工专修科，教师基本上是中国人。至浙江省立第一师范学校时期，在经亨颐校长的支持下，以李叔同、姜丹书、堵申甫等为代表的艺术教师，积极实践，学校的艺术教育取得了巨大成

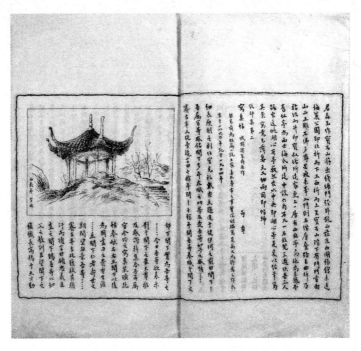

《白阳》创刊号上刊载的吴梦非速写《西爽亭》

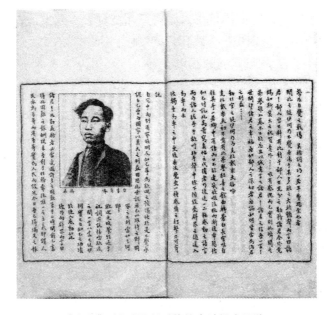

《白阳》创刊号上刊载的李鸿梁自画像

《白阳》创刊号上刊载的梅白素描作品

就，创下了诸多中国或浙江省的"第一"。该校有桐阴画会、乐石社等师生美术社团，并出版《木板画集》，开中国现代版画艺术之新风；① 李叔同使用人体模特儿，在中国首用人体模特儿进行美术教学；姜丹书编写五年制师范学校用《美术史》，于 1917 年由商务印书馆出版，此为中国首部美术史著，后又出版《美术史参考书》，以作为《美术史》的补充资料。李叔同在任教时期还创作了大量的学堂乐歌。1913 年春，该校举行浙江省第一次公开的美术展览。是年夏，学校又举办音乐演奏会，开浙江省音乐会之先河。该校培养出了像吴梦非、丰子恺、刘质平、潘天寿、何明斋、金咨甫、李鸿梁、朱稣典等一大批艺术名流，在全国产生了巨大的影响。

　　《白阳》杂志出版于 1913 年春，彰显了浙江省立两级师范学校艺术教育事业在起步阶段的美育理念。从期刊史角度而言，《白阳》亦可谓中国近代学校美育之先声。李叔同的艺术教育精神影响了他的学生，毕业生吴梦非、刘质平、丰子恺于 1919 年在上海创办中国第一个私立的，以培

　　① 中国版画的分期以民国为起点称为"现代"。参见李允经《中国现代版画史》，山西人民出版社 1996 年版，第 3 页。

养中等学校艺术师资为目的的艺术专科师范学校——上海专科师范学校。诚如李叔同在出家后所言："任杭州教职六年，兼任南京高师顾问者二年，及门数千，遍及江浙。英才蔚出，足以承绍家业者，指不胜屈，私心大慰……凡油画、美术、图籍，寄赠北京美术学校（尔欲阅者可往探询之），音乐书赠刘子质平，一切杂书零物赠丰子子恺（二子皆在上海专科师范，是校为吾门人辈创立）。"① 1919 年冬，姜丹书、吴梦非、刘质平、丰子恺、李鸿梁等原浙一师师生会同其他艺术界人士又成立了"中华美育会"，1920 年 4 月又创刊《美育》杂志，由吴梦非任总编辑，刘质平任音乐编辑主任，丰子恺任广告部主任，李鸿梁任编辑，姜丹书任手工编辑主任。由此可看出《美育》的编者与李叔同事业的承继关系。李叔同当年编辑《白阳》杂志，以刊物来大力弘扬艺术教育，对其学生亦当有启示意义。

---

① 弘一大师：《弘一大师全集》第 8 册"杂著卷、书信卷"，福建人民出版社 1992 年版，第 148 页。

浙江省首次美术展览会

民国之前，浙江向无美术展览会。浙江省立两级师范学校校长经亨颐对举办这样的展览会十分重视。他在《全浙教育私议》一文中说："展览会之目的，不在展览一时，亦不在展览之时之有限品物，以展览会之引线，由造型之美而进于精神之美，由人工之美而悟及天然之美。夫然后举止态度渐臻优良，世道人心，于焉是赖……以收直观感化之效。"① 1913 年春，经艺术教师李叔同提议，并得到经亨颐校长的支持，学校决定征集美术品召开美术展览会。1913 年《教育周报》第 3 期载有《两级师范学校征求美术展览品广告》，广告曰：

发表在 1913 年《教育周报》第 3 期上的《两级师范学校征求美术展览品广告》

> 阳历五月十四日，为本校成立五周年纪念。届时拟开美术展览会。除陈列本校美术成绩外，并拟蒐集关于美术之国粹，藉供参考。诸藏家如有以私藏书画金石等品惠假寄览者，本校无任欢迎。一切收受保护，由本校负完全责任。如有大批物品，或路远不便携取者，尽可先行通知，由本校派员前往收假。尚希诸收藏家勿吝家珍，协力以图美感教育之进步。不胜企盼之至。

本次展览会规模盛大，展期三天，观众踊跃。此为浙江省第一次公开

---

① 经亨颐：《全浙教育私议》，载《教育周报》1913 年第 5 期。

的美术展览，影响深远。诚如艺术教师姜丹书在《浙江五十余年艺术教育史料》一文中所述："辛亥革命以前，杭州的社会风气当然是很古老的，向无什么展览会的举动，到了民国二年春，由于李叔同的鼓吹，经校长的赞成，两级师范征集了收藏家很多名贵的古金石书画开了一个盛大的美术展览会，展期三天，观众甚盛，此为浙省公开美术展览会的第一声，启发了社会欣赏美术品的新风气。展后，并就展品中选了数十件，用珂罗版印成一本纪念册，甚好。惜我所藏者，在抗战中遗失。接着同年夏，又公开了自己校内的成绩展览会，其中虽然各种成绩都有，然以图画手工作品为最多且最惹人看。"①

《浙江两级师范学校成立五
周纪念会寄览书画册》封面

    姜丹书说由他自己收藏的一本纪念册遗失了，但我们如今仍能在文献收藏部门觅得，此即《浙江两级师范学校成立五周纪念会寄览书画册》一卷，为线装。画册尺寸为32厘米×21厘米。画册由李叔同题写扉页："癸丑五月浙江两级师范学校成立五周纪念会寄览书画册"，有李叔同常用印"息"。《浙江两级师范学校成立五周纪念会寄览书画册》收录书画、楹联、扇面作品105件，目录整理如下：

书画：

沈　周山水（邓秋枚藏）　王　鉴山水（王湘泉藏）

文伯仁山水（吴静山藏）　宏　仁山水（丁竹孙藏）

朱　耷走兽（邓秋枚藏）　项圣谟古树（朱起辛藏）

王学浩山水（陈渭泉藏）　龚　贤山水（经涤庐藏）

方士庶山水（邓秋枚藏）　王　武花卉（王湘泉藏）

周　荃牡丹（朱芙镜藏）　王原祁山水（王湘泉藏）

王　昱山水（朱起辛藏）　程庭鹭山水（郑欧门藏）

①　姜丹书：《浙江五十余年艺术教育史料》，收《姜丹书艺术教育杂著》，浙江教育出版社1991年版，第147页。

王　撰山水（朱德甫藏）龚　贤山水（朱起辛藏）
胡义赞山水（高鱼占藏）高其佩古树（王湘泉藏）
杨　晋山水（陈渭泉藏）华　岩山水（朱起辛藏）
屠　倬山水（高鱼占藏）杨　晋走兽（王定叔藏）
方　薰松石（王定叔藏）高其佩人物（经涤庐藏）
王学浩山水（经涤庐藏）胡公寿山水（经涤庐藏）
华　岩人物（怡庐藏）　郑　燮行书（朱芙镜藏）
华　岩芍药（汪佑卿藏）董邦达山水（王湘泉藏）
黄　慎人物（金听孙藏）闵　贞人物（朱芙镜藏）
李　纲花鸟（茹古斋藏）罗　牧山水（邓秋枚藏）
奚　冈山水（经子渊藏）方　华古梅（王定叔藏）
陆似松山水（依竹居藏）王素野航合作（经子渊藏）
张　敔荷花（经式陶藏）可　韵兰竹（汪佑卿藏）
张　穆走兽（邓秋枚藏）程庭鹭山水（陈渭泉藏）
潘恭寿山水（朱起辛藏）王元勋人物（经涤庐藏）
陈鸿寿花卉（依竹居藏）王应绶山水（经涤庐藏）
张　崟山水（王湘泉藏）王　礼花鸟（汪佑卿藏）
王三锡花鸟（经涤庐藏）姜　渔牡丹（陈渭泉藏）
吴　旭山水（王定叔藏）万上遴山水（王定叔藏）
徐　峄花鸟（汪佑卿藏）徐　鉽山水（王湘泉藏）
任　预人物（汪佑卿藏）钱善扬花卉（高鱼占藏）
王　素士女（吴遯盦藏）无　款仕女（王定叔藏）
张　熊竹石（经子渊藏）王　素山水（孙象枢藏）
徐　峄花鸟（高鱼占藏）赵之谦篆书（张苏盦藏）
王　礼花鸟（汪佑卿藏）王　素仕女（孙象枢藏）
姜又白桃花（孙象枢藏）沙　馥仕女（茹古斋藏）
任　颐花鸟（张苏盦藏）杨　复人物（王定叔藏）
赵之琛松树（王福盦藏）赵之谦菊花（王福盦藏）
吴熙载隶书（王定叔藏）赵之谦荷花（经涤庐藏）
胡公寿蕙兰（经涤庐藏）张　熊山水（经子渊藏）
赵之谦牡丹（经涤庐藏）张　熊山水（张苏盦藏）
潘思牧山水（朱德甫藏）胡　远松石（汪佑卿藏）

李叔同题写的《浙江两级师范学校
成立五周纪念会寄览书画册》
扉页文字

《浙江两级师范学校
成立五周纪念会
寄览书画册》中
收录的绘画作品

《浙江两级师范学校成立
五周纪念会寄览书画册》中
收录的绘画作品

《浙江两级师范学校成立
五周纪念会寄览书画册》
中收录的扇面

楹联：

伊秉绶隶书七言（经涤庐藏）　袁　枚行书五言（王湘泉藏）

包世臣行书七言（邓秋枚藏）　梁同书行书七言（朱起辛藏）

陈鸿寿行书八言（经涤庐藏）　陈鸿寿行书七言（朱起辛藏）

高　垲行书七言（经涤庐藏）　郭　麐行书七言（王湘泉藏）

伊念曾隶书七言（王定叔藏）　郭尚先行书七言（经涤庐藏）

莫友芝篆书七言（王福盦藏）　戴　熙行书七言（王湘泉藏）

赵之谦北魏八言（经涤庐藏）　费丹旭行书七言（朱起辛藏）

杨　岘行书五言（朱起辛藏）　杨沂孙篆书八言（经涤庐藏）

胡　远行书六言（经涤庐藏）　虚　谷行书六言（朱起辛藏）

藏扇：

蓝　涛（经子渊藏）刘　迈（经子渊藏）

闵　贞（汪佑卿藏）米汉雯（汪佑卿藏）

万上遴（汪佑卿藏）张问陶（汪佑卿藏）

屠　倬（汪佑卿藏）张　敔（汪佑卿藏）

徐　峄（汪佑卿藏）

乐石社记略

　　1914 年农历九月，浙江省立第一师范学校取"吉金乐石"之义，成立课余文艺团体"乐石社"。"乐石社"是一个由学生邱志贞为发起人，在校长、教师支持下集学校同人而成立的研究篆刻的艺术团体。乐石社的正式成立，是在 1914 年农历九月中旬的十五日以后至二十日以前（即公历 11 月 2—7 日）。乐石社选出的第一届职员中，李叔同为主任，并由主任任命杨凤鸣为会计，邱志贞为书记，杜振瀛等 4 人为庶务。① 乐石社出版《乐石》和《乐石社社友小传》等。"乐石社"有《乐石社简章》如下：

《乐石》第 1 集封面，
李叔同题

乐石社简章

　　一、本社以研究印学为宗旨；

　　二、赞成本社宗旨得社友介绍者即可入社；

　　三、入社纳入社金一元，月纳捐二角，交本社会计部核收，发给收单为凭；

　　四、志愿入社者由本社书记部发给入社书照式填送。能以照片并寄尤善；

　　五、每月由主任选社友之佳制汇为一编，名乐石集，以五十页为度。订成后分赠社友每人一册；

---

　　① 参见方爱龙《"乐石社"与〈乐石集〉》，载《永恒的风景——第二届弘一大师研究国际学术会议论文集》，（香港）中国文化艺术出版社 2008 年版，第 105 页。

六、社友出品须于每月初五前送交主任（一月及十二月另行酌定）。由不能每月出品者听；

七、本社设主任一人，总揽社务并主持选政，由社友全体投票公举。会计、书记各一人，庶务四人，由主任委托，兼职者听；

八、本社每月会集一次，研究治印方法及其他关于印学之参考。其地址、时期由书记部于一星期前通告；

九、主任每半岁一选，由一月及六月会集时举行。连举者得连任。会计、书记、庶务随主任为进退；

十、会集时茶点费临时酌捐；

十一、每年七、八两月休会，乐石集停止，月捐免收；

十二、简章有未备处，社友得随时提议，由主任斟酌修改。

社址设浙江杭城后市街清行宫内藏社旧址。通信处暂设杭州师范学校。①

《乐石社社友小传》中刊载的李叔同《乐石社记》

李叔同《乐石社记》全文是：

粤若稽古先圣，继天有作。创造六书，以给世用。后贤踵事，附

---

① 该简章见《乐石社社友小传》，1915 年农历六月编印。原文无标点。

庸艺林。金石刻划，实祖缪篆。上起秦汉，下逮珠申。彬彬郁郁，垂二千年，可谓盛已。世衰道微，士不悦学，一枝之末，假手隔夷。兽蹄鸟迹，触目累累；破觚为圆，用夷变夏。典型沦丧，殆无灭焉。

不佞无似，少耽痂癖。结习所存，古欢未坠。曩以人事，羁迹武林，滥竽师校。同学邱子，年少英发，既耽染翰，尤耆印文。校秦量汉，笃志爱古。遂约同人，集为兹社，树之风声，颜以乐石。切磋商兑，初限校友。继乃张皇，他山取益。志道既合，声气遂孚。自冬徂春，规模寝备。复假彼故宫，为我社址。而西泠印社诸子，觥觥先进，勿弃蕲菲。左提右挈，乐观厥成，滋可感也。

不佞昧道懵学，文质靡底。前鱼老马，尸位经年。伏念雕虫篆刻，壮夫不为。而雅废夷侵，贤者所耻。值猖狂颓靡之秋，结枯槁寝寞之侣。足音空谷，幽草寒琼。纵未敢自附于国粹之林，倘亦贤乎博弈云尔。爰陈梗概，备观览焉。

乙卯六月，李息翁记。①

李叔同的朋友姚鵷雏也有《乐石社记》一文，录存如下，可资参览：

乐石社者，李子息霜集其友朋弟子治金石之学者，相与探讨观摩，穷极渊微而以存古之作也。余懵于考故，未有所赞于李子，顾于李子怀文抱质，会心独往，神合千祀之旨，则不能无述焉。始于橐笔来沪渎，获交李子，李子博学多艺，能诗能书，能绘事，能为魏晋六朝之文，能篆刻。顾平居接人，冲然夷然，若举所不屑。气宇简穆，稠人广坐之间，若不能一言；而一室萧然，图书环列，往往沉酣咀啜，致忘旦暮。余以是叹古之君子，擅绝学而垂来今者，其必有收视反听、凝神专精之度，所以用志不纷，而融古若冶，盖斯事大抵然也。兹来虎林，出其所学，以饷多士。复能于课余之暇，进以风雅，鱼鱼雅雅，讲贯一堂，甋墨鼎彝，与山色湖光相掩映。方今之世，而有嗜古好事若李子者，不令千载下闻风兴起哉！社友龙丁，吾乡人也，造门告以斯社之旨，并以作记为请。余视龙丁，博学多艺如李

子，气宇简穆如李子，而同客武林，私念亦尝友李子否？及袖出缄
札，赫然李子书也。信夫气类之合有必然者矣。将以闲日，诣六桥三
竺间，过李子龙丁，尽观其所藏名书精印，痛饮十日，以毕我悬迟之
私。李子龙丁，亦能坐我玉笋班中，使谢览芬芬竞体耶，因书此为息
壤。旃蒙单阏，华亭姚鹓雏。①

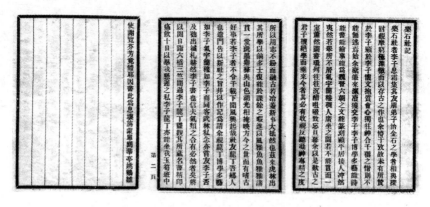

《乐石社社友小传》中刊载的姚鹓雏《乐石社记》

　　《乐石》第一集于1914年农历十一月出刊，李叔同题刊名，刊有经
亨颐所制"乐石不朽"一印，夏丏尊也有"乐石万岁"一印。此外还有
邱志贞、陈伟等的篆刻作品。乐石社也吸收非校友社员，像胡宗成、王匊
昆、费龙丁、张金明、柳亚子、张一鸣、姚石子等均先后应邀加入。然
而，该社成员主要还是学校师生，他们是：教师经亨颐（校长）、夏丏
尊、李叔同、堵申甫、周承德；学生楼秋宾、杨凤鸣、陈兼善、吴荐谊、
周其镳、朱毓魁、杜振瀛、徐葆瑒、邱志贞、关仁本、戚纯文、陈伟、
翁镕生、毛自明、徐志行等。据方爱龙《"乐石社"与〈乐石集〉》一
文，该社在1915年中期，"规模和活动达到鼎盛，共有社员27人，杂役

---

① 姚鹓雏：《乐石社记》，刊《乐石社社友小传》，1915年农历六月编印。原文
无标点。方爱龙《"乐石社"与〈乐石集〉》一文中认为乐石社并非由李叔同倡议而
成立。因姚文所致"今人著述中多把乐石社正式成立以后就担任该社'主任'的李
叔同看作是乐石社的倡议发起人。其事失察之故也"。方文载《永恒的风景——第二
届弘一大师研究国际学术会议论文集》，（香港）中国文化艺术出版社2008年版，第
105页。

1 人；在李叔同的主持下，自甲寅十一月至乙卯八月，先后共出版社刊《乐石》凡八集，并在乙卯六月编印了《乐石社社友小传》一册作为小结"。①

李叔同题《乐石社社友小传》

八集《乐石》（尺寸：26.5 厘米×15.5 厘米）的具体出刊时间和封面题签者为：

《乐石》第一集：甲寅十一月出刊，题签者为"息翁"（李叔同）；

《乐石》第二集：甲寅十二月出刊，题签者为"石禅"（经亨颐）；

《乐石》第三集：乙卯一月出刊，题签者为"申甫"（堵申甫）；

《乐石》第四集：乙卯二月出刊，题签者为"丏公"（夏丏尊）；

《乐石》第五集：乙卯三月出刊，题签者为"骨秋"（陈伟）；

《乐石》第六集：乙卯三月出刊，题签者为"龙丁"（费龙丁）；

《乐石》第七集：乙卯四月出刊，题签者为"承德"（周承德）；

《乐石》第八集：乙卯五月出刊，题签者为"梅白"（邱志贞）。

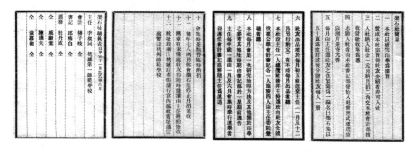

《乐石社社友小传》中刊载的《乐石社简章》

1915 年农历六月，乐石社举行集会，鉴于乐石社骨干邱志贞等的毕业离校，李叔同也因为须在杭州、南京两地兼职而无余力负责社务，乐石社根据章程进行了新职员的改选工作，改主任制为社长制，公选经亨颐为

① 方爱龙《"乐石社"与〈乐石集〉》，载《永恒的风景——第二届弘一大师研究国际学术会议论文集》，（香港）中国文化艺术出版社 2008 年版，第 105 页。

社长，朱毓魁任书记，杨凤鸣连任会计，同时根据社中实际，修订了《乐石社简章》，后经亨颐曾主持编印《乐石集》。

李叔同对金石的爱好一如既往。他出家后仍在作印，而且对金石事业有过评述。1938年2月，他为艻江居士题偈曰："金石无古今，艺事随时新。如如实相印，法法显其真。"① 为扩大交流，李叔同还把《乐石》寄赠至他当年留学的日本东京美术学校。② 李叔同还介绍参与乐石社活动的学生赴西泠印社参观学习。

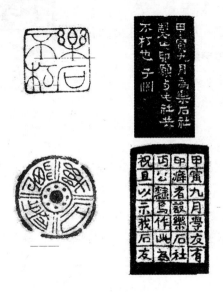

《乐石集》里收录的作品二例

---

① 弘一大师偈句，见《弘一大师李叔同篆刻集》卷一，天津人民美术出版社2009年版，第2页。

② 李叔同于1915年农历三月三十日致函东京美术学校："拜启：恭贺母校兴盛。《乐石》集四册别封发送，谨寄赠贵馆。今后还可陆续寄赠，查收为盼。如能成为同学诸君的几分参考，幸甚之至。愚生目下就职于浙江省杭州第一师范学校。校务之余暇，组织乐石社，从事印章的研究。顿首。三月三十日 李岸。"此函见1915年4月30日出版的《东京美术学校校友会月报》第14卷第1号。题为《在支那的李岸氏为寄赠〈乐石〉集给图书馆来函》。刊载时为日文，中文为刘晓路译，见刘晓路《档案中的青春像——李叔同与东京美术学校（1906—1918）》，收《弘一大师新论》，西泠印社出版社2000年版，第123页。

《嘤鸣汇刊》中的师生情谊

1917 年 6 月 10 日，浙江省立第一师范学校嘤鸣社出版文艺刊物《嘤鸣汇刊》。该刊由李叔同题刊名（李婴），尺寸：26.2 厘米 × 15.5 厘米，目前仅见第 1 期。

**《嘤鸣汇刊》封面，
李叔同题**

《嘤鸣汇刊》中的《嘤鸣社简章》曰：

一、本社定名嘤鸣；

二、本社以琢磨道艺为宗旨（临时会时已经多数通过）；

三、本社设正副主任各一人总理社务及编辑，设书记七人担任抄写事宜，设会计兼庶务一人掌管社内经费之收支及布置事项（职员用无记名投票法表决之，均不得连任本职职务）；

四、本社于每周间出版社刊一册（社刊材料皆由社员担任）；

五、本社于每学期之始应纳铜币二枚充作社刊费；

六、本社于每学期之始开大会一次，日期由正副主任商酌定之（选举职员即于此时行之）；

七、本社社员均有提议事件及选举被选举之权，且皆宜负同心协力维持进行之责；

八、本社附设运动部（分足球、乒乓二组）以每日下午四时至五时举行时间；

九、本社章自经全体通过后即发生效力。

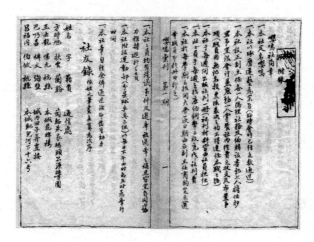

《嘤鸣汇刊》中刊载的《嘤鸣社简章》、《社友录》

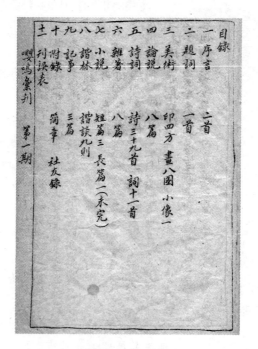

《嘤鸣汇刊》目录

《嘤鸣汇刊》出版时，李叔同已完成断食静修体验，并有出家之念，刊物中有二诗涉及此事，表达了学生对恩师的深厚感情：

辟谷行

扶　云

　　岁在执徐仲春之月，叔同李师辟谷于西湖大慈山定慧寺，凡二旬有一日，归语其乐耳清目，明神思以欣，因易名欣，并号欣欣道道人。余闻而乐之作辟谷行以呈。

　　东来紫气冲函关，老子西行久未还。二千余年一转瞬，仙踪重复游人间。俯仰不更旧覆载，只变桑田与沧海。怕餐烟火昧灵心，急返空山觅真宰。夙闻葛岭有仙翁，能挽衰老能还童。西湖有寺名定慧，曰仙曰佛将毋同。借此权为辟谷地，再旬不索盘餐供。领略乾坤清淑气，目为加明耳加聪。惜哉秦皇汉武今已死，不见神仙生斯世。海外神仙不可求，借问先生何能尔？先生笑道吾犹人，惟有至诚能通神。世俗徒为口腹累，不知吾应求吾真。丈夫力可回大造，赤松黄石比我早。天地为庐任往还，往此先生当不老。吁嗟乎熙熙攘攘皆凡夫，俗者嗜肉愚嗜鱼。唐家皇帝更可笑，误食金丹丧此躯。更笑明朝嘉靖帝，醮坛空上青词谀。辟谷之名从古有，今有人乎答曰否？于戏先生此举奇无偶。西方祖师闻之合点首。笑谓东方有人继吾后。

按：扶云，即方时旭。

送　别

伯　攸

　　江南长遍绿蘼芜，话别还将浊酒沽。我亦情多怜旧雨，君何心忍撇西湖？春来有恨空攀柳，人去无聊怕听鹧。后会茫茫何日再，又教泪点惹衣襦。

　　听到临歧倍怆神，夜深知己话前因。才闻君至又闻别，刚送春归更送人。茅店鸡声催旅客，桃花潭水愧汪伦。明朝此际应愁绝，帆影重重隔远闉。

　　四月一日同级诸君雅集西湖平湖秋月，集席赋此并呈叔同我师。

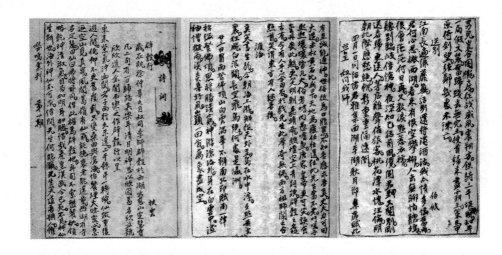

《嘤鸣汇刊》中刊载的《辟谷行》和《送别》

按：伯攸，即吕福同。

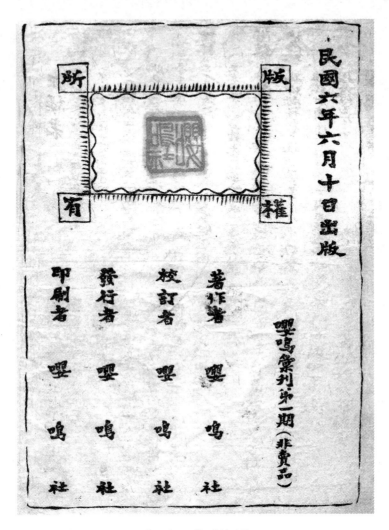

《嘤鸣汇刊》版权页

浙一师时期的两张剪影

现论证一番李叔同在浙江省立第一师范学校任教时期的两张被剪成特写放大的照片，这两张照片后又因丰子恺题写"弘一法师在俗时留影"等字而被广泛流传。这两张照片中的李叔同均手持一扇，十分潇洒。其中，一为侧身他望，一为慈目微垂。"侧身他望"幅因其形象风流如不羁之名士，故有许多人以为有"傲慢"相而不甚喜欢。其实，这是误会。由于年代久远，人们大多只见流传甚广的放大后之特写剪影，而难知原始照片之情况。

李叔同在俗时留影之一

先看"侧身他望"幅。作为南社的社员，李叔同于 1915 年 5 月参加过该社在西湖的临时雅集。这次雅集活动，李叔同应该是东道主成员之一，地点就在西泠印社。如今留下的一张雅集留影，可见李叔同的座位是在中间，身着长袍，手执一扇，正回头与人交谈，抑或是在凝神注目某物。这一情景，此后被局部放大，由丰子恺题写了"弘一法师在俗时留影"。

郭长海、金菊贞在《李叔同和南社》一文中有这样的表述：

1915 年 5 月初，柳亚子、高吹万、姚石子三人携眷属，同作武林之游……不料此事被在杭的南社社员所知。丁不识，王漱岩等人热烈欢迎他们的到来。5 月 16 日在西湖发起临时雅集。李叔同作为东道主之一，参加了这次雅集。此次雅集后，摄影一帧留为纪念。参加者共有 27 人。李叔同坐在中间，身着长袍，手执一扇，正回头与人交谈。他的弟子丰子恺曾将此摄影放大后，把李叔同的像单独剪下，另题"大师在俗时摄影"，单独印出。长期以来，我们不知道这个"在俗"究竟是什么时候。西湖雅集摄影的发现，才破解了这个谜。①

郭长海、金菊贞二位的文字交代了这张原始照片的拍摄时间和地点，即 1915 年 5 月 16 日在杭州西泠印社，也介绍了拍摄此照的因缘。但有两处值得商榷：其一，从原始照片上李叔同的形象表情来看，他未必一定是在与人交谈，也有可能正侧身他望。摄影者没有注意此情况，抑或有意为之，但一个基本的事实是，正当李叔同未作好拍照准备时，摄影者按下了快门。其二，丰子恺曾为剪下后的李叔同特写像题过字，但没有证据说明这是丰子恺将此摄影放大后单独剪下的。另外，丰子恺在照片上题写的文字是"弘一法师在俗时留影"，而非"大师在俗时摄影"。但无论如何，郭长海、金菊贞二位说出了此照的基本情况。可惜，他们没有在文章中附上这张照片。

笔者曾于 20 世纪 80 年代在杭州西泠印社的社史展览中见到过这张照片。由于隔着玻璃橱窗，当时无法为其拍照，后终于在《浙江画报》1985 年第 2 期丰一吟《虎跑李叔同纪念室》一文中见到了作为配图的这张照片。虽不甚清晰，但尚能辨别其画面。照片上中间偏左一侧身他望者正是李叔同。

另一张"弘一法师在俗时留影"，即笔者将其称为"慈目微垂"之一幅，郭长海、金菊贞二位在《李叔同和南社》一文中也有介绍：

> 1916 年 9 月 24 日，南社第 15 次雅集在上海愚园举行，李叔同从杭州赶往上海赴约。参加会议的有 34 人，照样的饮酒赋诗，闲话清谈。这次会议之后，有摄影留存。这次，李叔同坐到了前排，长袍马褂，手里仍然拿着一柄折扇，头微侧，神态自然，一副笑容可掬的样

---

① 郭长海、金菊贞：《李叔同和南社》，见《弘一大师新论》，西泠印社出版社 2000 年版，第 241 页。

1915 年 5 月南社西湖临时雅集合影（侧头者为李叔同）

子。这幅照片后来也被丰子恺放大后剪下，并题以"大师在俗时摄影"七个字，但未注明时间。后人遂不明此像所摄的时间与经过，以为是李叔同单独成影的一帧，现为说明如上。①

李叔同在俗时留影之二

郭长海、金菊贞二位又为人们介绍了另一幅"弘一法师在俗时留影"的拍摄时间、地点等基本情况。遗憾的是他们除了无证据地将题字的丰子恺先生又说成了放大和剪下照片的人外，还是把丰子恺的题字"弘一法师在俗时留影"说成了"大师在俗时摄影"。同样，郭长海、金菊贞二位也没有在文章中附上这张原始照片。福建人民出版社于 1991 年 6 月第 1 版的《弘一大师全集·书法卷》中将此照注为"1915 年摄于杭州"，此亦为一个遗憾。其实这张照片的原件是有的，现刊发以供人们欣赏。

---

① 郭长海、金菊贞：《李叔同和南社》，见《弘一大师新论》，西泠印社出版社 2000 年版，第 241 页。

1916 年 9 月 24 日南社第 15 次雅集留影（前排左二为李叔同）

浙江首次现代音乐会

1914 年，浙江省立第一师范学校举行音乐会，开浙江省现代音乐会之先河。据该校高师图画手工专修科首届学生吴梦非回忆："我班曾举行过学习音乐会，记得第一次音乐会在西湖孤山西泠印社内柏堂大厅举行，节目单由李先生（即李叔同——引者按）亲手书写，张贴会场上，会后由某同学携去，不知存在何处，至今已无法寻找。会期在 1914 年（民国三年），这是浙江学校有音乐会的创始……"① 本次音乐会演出的内容有钢琴、风琴、独唱、合唱、重唱、外文歌曲等。其中吴梦非曾演奏了贝多芬钢琴奏鸣曲《月光》第三章。

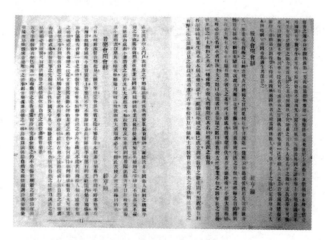

刊载在 1916 年《浙江省立第一师范学校校友会志》上的
经亨颐《音乐会开会辞》

---

① 见《吴梦非残稿中的一些片段》，吴嘉平整理，收《圆梦集——吴梦非王元振作品汇编》，2005 年 5 月印行，第 179 页。

浙江省立第一师范学校校长经亨颐对举办音乐会持积极的态度，他在1916 年《浙江省立第一师范学校校友会志》第 10 期上发表过《音乐会开会辞》。此文是因浙江省联合运动大会开幕前举办音乐会而写，文中透彻地表达了他的观点："今日本校为演习音乐起见，试开音乐会。蒙各界来宾光临，不胜荣幸。本校非音乐专门学校，平时亦无专攻的练习。第观吾国现今教育需要上，音乐似不可不稍加注意。故于师范学校应行研究范围内，勉力预备，乘联合运动大会前一日之机会，教育家齐集省垣，藉申欢迎之意，并希指其不逮，共相商榷。人类有感情作用之特征，而感情与伦理之接近，尤为吾国道德心理的基础之特色，宜如何维持，如何助成，教育上大可研究。夫感情之生，有触发与自然之别。触发之感情者，因事而生感情，感情在事之后。而演成行为，自然之感情者，由感情而成事，感情在事之先而涵养品性。吾国文字具有触发感情之特色，倘无自然之感情以调剂之，恐枯竭而必致破坏。可以调剂触发之感情而供给自然之感情者，惟音乐是……"

李叔同在浙江省立第一师范学校担任绘画和音乐教师，在校长经亨颐的支持下，他大胆创新，在音乐教学和音乐创作等方面均作出了可观的成绩。举办音乐会是他的创举，更重要的是，他在该校任教时期创作了大量学堂乐歌作品，无论从数量上讲，还是质量上看，都堪称他一生音乐创作的丰收期。这一时期，李叔同创作了大量脍炙人口的学堂乐歌，代表作《送别》、《春游》和《西湖》等至今还被人们传唱，《春游》还被列为"20 世纪华人音乐经典"。回顾李叔同音乐实践的历史，他虽然在过往的岁月里几度与音乐创作和研究有染，但却一直没有较为固定的实践场所，其音乐活动也就时断时续。在沪学会的活动，他只是因为南洋公学风波而作的临时选择；1905 年《国学唱歌集》的出版，算是一个里程碑，但他自己却并不满意，乃至还要求销毁；[①] 1906 年在日本创办《音乐小杂志》，其开创性已载入中国音乐史册，但遗憾的是只出版了一期；1912 年上半年，他有过短期在城东女学教授音乐的机会，可时间又太短。只有到

---

① 李叔同于 1906 年春在日本编《音乐小杂志》，内收《昨非录》一文，其中写道："去年，余从友人之情，编国学唱歌集。迄今思之，实为第一疚心之事，前已函嘱友人，毋再发售，并毁板以谢吾过。"他所谓的"过"，按其文中所述，主要指当时中国所出版的唱歌集，皆不注强弱缓急等记号、基本上用的是简谱等弊端。

了浙江省立第一师范学校，李叔同终于有了大显身手的舞台和充裕的时间保证——整整六年，他做了一名开风气之先、桃李满天下的艺术教育家。李叔同这时期创作的歌曲作品，创作手法多种多样，数量也有 36 首，几乎占了李叔同学堂乐歌总数的一半。作为中国近代音乐教育启蒙者之一，他所创作的乐歌感动了整整一代人，润泽了大批青年的爱美之心，培养了人们崇高的情操。

　　对于当时学校音乐学习的情形，李叔同的学生吴梦非回忆道："我们这一班的器乐课程，仅有钢琴和风琴，初用'拜耳'，继用奏鸣曲及协奏曲等，间也偶弹变奏曲，歌曲伴奏。但因钢琴仅有二架，风琴虽然较多处，仍不够分配，故每晨大家在天未亮时即起床抢坐琴旁等候，到起身号一吹，琴声即一齐鸣响，这种学习的情况，至今回忆起来煞是有趣哩！同学为什么要抢琴练习，都是因为李先生教学态度非常认真，如果在约定期还弹不出，看他沉默不愉快的面色有愧，故在他教导之下，个个人都能十分起劲地学习……"谈到声乐课，吴梦非说："我们一班的声乐课程有视唱、歌曲齐唱及合唱，视唱用克罗卜根及孔空练习作教材，歌曲从单音到男声四部合唱（当时还没有男女同学），除英文歌外，所有中文歌曲，有的由李先生自作，有的选用别人记词，有的则用西洋旧曲配词。我记得李先生第一次教我们唱的是他自己创作的《隋堤柳》。李先生的教育态度既认真，又负责，对学生极客气，不多言，但处处以身作则，故学生心悦诚服，我们当时有幸运受到了这样的正规音乐教育，待毕业后，大致分配在浙江全省各中学学校担任教课，因此浙江的音乐教育渐趋于正规化。"①吴梦非是该校高师图画手工专修科的学生，也是李叔同在该校的三大弟子之一，另两位则是刘质平和丰子恺。此三人在李叔同出家后，继承其艺术教育的精神，共同创办了专门培养艺术师资的上海专科师范学校，并组织成立中华美育会，出版《美育》杂志。

---

　　① 见《吴梦非残稿中的一些片段》，吴嘉平整理，收《圆梦集——吴梦非王元振作品汇编》，2005 年 5 月印行，第 179 页。

人体模特儿的相关话题

作为近代中国引进西洋画艺术并从事艺术教育的先驱者之一，李叔同不仅在《白阳》杂志上发表了《近世欧洲文学之概观》、《西洋器乐种类概说》和《石膏模型用法》等介绍西洋文学艺术的理论文章，他还于1914年在浙江省立第一师范学校使用人体模特儿进行美术教学，开中国美术教学人体写生课之先河。① 关于此，李叔同的学生吴梦非在1959年《美术研究》（中央美术学院学报）第3期上的《"五四"运动前后的美术教育回忆片断》一文中有明确的说明。文章说："李叔同先生教我们绘画时，首先教我们写生。初用石膏模型及静物。1914年后改用人体写生。本文所附照片便是我们第一次用真人作模特儿练习写生的留影。我们这一班学生有二十多人，如周玲荪、金咨甫、朱稣典、李鸿梁、朱蔼孙等。"（吴文后附李叔同首用人体模特儿进行美术教学的照片，并特别注明是1914年。此即如今常见的那幅以男人体背面为主体的照片）吴梦非是李叔同到浙一师任教后教的第一届学生，他所述"本文所附照片便是我们第一次用真人作模特儿练习写生的留影"当真实可靠。又据吴梦非之女吴嘉平查得其父生前手稿，手稿上明确指证此照片第二排左起第三人即是吴梦非本人；而我们如今在这张照片上也能辨别出后排右起第二人即是李叔同。吴梦非先生是李叔同所教的第一届学生，是李叔同首用人体模特儿进行美术教学的亲自参与者，而他发表文章时所附的照片上又有他本人，

---

① 福建人民出版社2010年10月版《弘一大师全集》第八册文艺卷、杂著卷、书信卷图版中收李叔同在浙江省立第一师范学校用人体模特儿进行美术教学的照片，标注的时间是1913年。正确的时间应是1914年。

故可确定李叔同首用人体模特儿进行美术教学的时间是 1914 年。①

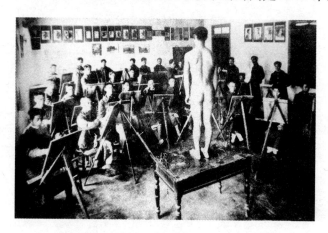

**1914 年李叔同（后排站立者右二）在浙江省立第一
师范学校采用人体模特儿进行美术教学**

　　以往关于中国美术教学首用人体模儿特问题，经常有论者说是刘海粟先生首开先河。此论不确。刘海粟曾在 1925 年 10 月 10 日《时事新报》发表《人体模特儿》一文，说：“溯自民国四年（1915）3 月，上海美专有西洋画科三年级生一班，依学程上之规定，有人体模特儿之实习……雇幼童充之……是为中国有人体模特儿之嚆矢。”此文写于 1925 年，当时他还不知道李叔同已在 1914 年使用了人体模特儿进行美术教学，故有“嚆矢”之说。但这里至少可以说明，刘海粟使用人体模特儿进行美术教学

---

　　①　姜丹书在《浙江五十余年艺术教育史料》一文中介绍：该校“图画课内用裸体的生人模特儿作写生的对象，在西洋和日本早已习以为常了，而在我国则绝对没有。但李叔同在此校专修科的素描课上曾破天荒大胆用了半裸（上半身）的男体和全裸的童男，当然，那时只能做到如此。此事虽小，有关创始，值得一记”。（见《姜丹书艺术教育杂著》，浙江教育出版社 1991 年版，第 150 页）对照吴梦非的记述，姜丹书之说显然有误。此或是姜丹书未亲身经历李叔同使用成人男性全裸体进行美术教学，故对此事尚不了解。至于 1914 年李叔同使用裸体模特进行美术教学的具体时间，吴梦非没有细说，但王震《20 世纪上海美术年表》1915 年 3 月条目定为秋季。该条目曰：“上海图画美术院始雇一个十五六岁的男孩为着衣模特儿。是继浙江两级师范学堂高师图画手工专修科 1914 年秋采用裸体模特儿教学之后，第二个采用模特儿教学的学校。”（刘海粟《上海美专十年回顾》等）此供参考。上海书画出版社 2005 年版，第 59 页。

的时间是在 1915 年，而李叔同首用人体模特儿进行美术教学的时间是在 1914 年。一个基本的事实是，无论男性裸体模特儿还是女性裸体模特儿，都是裸体模特。是故，在谈及这个问题的时候，切勿混淆概念。

李叔同在 1914 年使用人体模特儿进行美术教学之前，就已经开始在理论宣传方面对学生、对周边的人们施以影响，所以，尽管他是在中国首用人体模特儿进行美术教学，却未受到舆论非议。事实上，当时社会对这样的教学方法是十分陌生的，人体模特儿如此，即便是野外写生，这在当时还是一件十分罕见的教学方式。吴梦非曾回忆道："我们除了在室内进行写生外，还常到野外写生。当时的西湖，可说是我们野外写生的教室。学校还特地制备了两只小船，以供我们在湖上作画、观赏之用。不过当时社会上的人对绘画一科多不了解。记得有一个同学，在靠近西湖的城边（那时靠西湖的一带城墙，尚未拆除）写生，突然来了一名警察，误认他是私行测量地面，问他是什么地方人，他说'东阳'，警察误听为'东洋'，便指为日本人，要拉他去警察局去谈话，结果费了许多唇舌，才得解围。从这个笑话上可看出当时一般人对于西洋画的隔膜。"①

上海图画美术院

许多论著都谈论过刘海粟使用人体模特儿的往事，还提到过李叔同的好友杨白民批评刘海粟使用人体模特儿进行美术教学的一桩公案。比如郑

---

① 吴梦非：《"五四"运动前后的美术教育回忆片断》，载《美术研究》1959 年第 3 期。

法国巴黎科拉罗西美术学校的人体模特儿与师生合影

刊载在 1924 年 3 月 23 日《时报图画周刊》上的
人体模特儿与师生合影

逸梅在《艺林散叶续编》中说："刘海粟有'艺术叛徒'之号，据其弟子
袁志煌见告，始知其由来。当 1917 年，上海味莼园举行美专校成绩展览
会。陈列品中，有人体习作，时风气未开，群众见之，引为诧异。城东女
学校长杨白民且斥之为'艺术叛徒'，海粟即以'艺术叛徒'自号。钱化
佛曾请海粟画一便画，复请'文学叛徒'胡适之作书，称'叛徒扇'。"①
石楠在《"艺术叛徒"刘海粟》一书中说："1917 年夏天，上海图画美术

———————————

① 郑逸梅：《艺林散叶续编》，中华书局 1987 年版。

上海美术专科学校人体模特儿与师生合影

学院（原称'上海图画美术院'——引者注，下同）在上海张园安垲第大厅首次举办成绩展览会，陈列了部分人体习作素描，引起了参观者的惊骇。那天，海粟正在画室作画，在展览会值班的学生气喘吁吁跑来找他，说展览会出事了，一位穿长衫戴礼帽的先生，在陈列的几张人体素描前挥舞着文明棍，在大发雷霆，大骂'刘海粟是艺术叛徒，教育界之蟊贼，公然展出裸体画，这是大逆不道，伤风败俗。非严惩不可！'还要学生把刘海粟叫去，他要当面教训他。很多人附和着起哄。海粟扔下笔，直奔展览会。他想的不是自己的安危，而是师生的第一次成绩展览会只能成功不能失败，决不允许他人破坏，这关系到他们学校和新兴美术的前途。"接着又写道，"展厅外围了很多人，沸沸扬扬，议论纷纷。学生告诉他，那人被他太太拉走了，临走时叫他们转告他，他要上教育厅控告他，声称要'封闭这道德败坏的展览会，惩办刘海粟，呼吁新闻界口诛笔伐！'刘海粟愤怒地大吼一声：'谁敢动展览会一根汗毛！'原来这个人是城东女校校长杨白民。他果然说到做到，他写了篇讨伐海粟的文章，题为《丧心病狂崇拜生殖器之展览会》。这篇讨伐文章在《时报》上刊出以后，许多小报也跟着起哄，形成了一股铺天盖地的恶浪，迎头扑向刘海粟和美专（上海图画美术学院后改名上海美术专科学校，简称上海美专）年轻的画

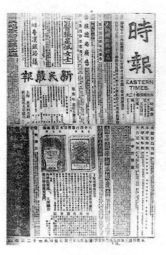

《时报》报影

家们。"① 金梅在《悲欣交集——弘一大师传》中写道："关于在中国画人体模特儿的事，长期以来，美术界几乎众口一词说是始于刘海粟主持的上海美专。实际上，中国最早采用人体模特儿教学法的，是浙江第一师范学校，主持人是李叔同。时间上要比上海美专早一年。只是李叔同当时启用的男性模特儿，在社会上反响不大；而刘海粟主持上海美专，由于在 1920 年后又启用了女性模特儿，在社会上造成一场轩然大波，因而影响也大。于是人们也就以为，刘系中国采用人体模特儿教学法的始作俑者。现在来看，这是不确的。中国采用模特儿教学法的第一人，应该是李叔同。阴差阳错的是，恰恰是李叔同的好友杨白民，无意中将此荣誉记到了刘海粟的名下。1917 年，刘在上海张园安恺第举办学校成绩展览会，陈列有人体习作，'群众见之，惊诧疑异'。时任城东女校校长的杨白民，看后大骂：'刘海粟是艺术叛徒，教育界之蠹贼！'此后，刘在以'艺术叛徒'自号自励的同时，也享受了'开创中国人体写生'的荣誉。这可能是：杨对其老友李叔同，早于三年前在杭州的创举，不太了解，或者知情而不便评判的缘故吧！这一阴差阳错，造成了中国艺术史上的一段误传。"②

　　以上文献均直接道出"骂"刘海粟者为杨白民。要研究此事，须首先了解历史背景，并查阅当事者刘海粟本人的说词。1914 年 7 月 12 日，上海国画美术院迁至海宁路，西洋画教学步入正轨。1915 年该校在新学期改变以往的教学计划，实施新的教学任务，其中就有注重人体写生一项，人体模特儿写生列入高年级的必修课。这里多引用一些刘海粟本人在《人体模特儿》一文中的表述。刘海粟在文中说：

　　　　溯自民国四年（1915）三月，上海美专有西洋画科三年级生一

① 石楠：《"艺术叛徒"刘海粟》，时代文艺出版社 2003 年版。
② 金梅：《悲欣交集——弘一大师传》，上海文艺出版社 1997 年版。

上海美术专科学校人体美术教学一瞥

班，依学程上之规定，有人体模特儿之实习，其时未有先例。女子为模特儿，固不易咄嗟立办，即男子亦不可得。无已，雇幼童充之，童名"和尚"，年十五，窭人子，虽因佣雇而来，然疑猜不已，相习日久，无他变，渐臻安定，是为中国有人体模特儿之嚆矢。同年八月，学生久习童体模特儿，渐生怠倦，且亦未尽艺学动变之恉，乃设法雇年壮者为之。年壮模特儿较为难得……越年夏季，上海美专举行成绩展览会，有数室皆陈列人体实习成绩，群众见之，莫不惊诧疑异，虽甚迷惑，第隐忍而不敢发难。一日，某女校校长某偕其夫人、小姐皆来参观，校长亦画家也。然至人体陈列室，惊骇不能自持，大斥曰："刘海粟真艺术叛徒也，亦教育界之蟊贼也，公然陈列裸画，大伤风化，必有以惩之。"翌日，即为文投之《时报》盛其题曰：《丧心病狂崇拜生殖之展览会》，其文意欲激动大众群起攻讦。又趋江苏省教育会告沈君信卿，请上书省厅下令禁止，以敦风化。《时报》与教育会皆不之应，校长怒愈甚，遏不可息，竟为世道日非，诤言不彰也。此乃模特儿问题反动之第一次。①

根据刘海粟之文，可知事件发生在 1915 年的"越年夏季"，即 1916 年夏季。然而，以上评论者的说词则为 1917 年。要考证究竟，须读刘海粟另一篇《记雇用活人模特儿之经过》。此文原刊《上海美专专科毕业纪念刊》，经刘海粟同意，后在 1924 年《人体模特儿》（美术学会办）第 1 卷第 2 期转载。《记雇用活人模特儿之经过》一文与《人体模特儿》所述内容基本一致，但部分细节说得更详细，其中就包括成绩展览会的时间问

题。刘海粟在《记雇用活人模特儿之经过》中是这么说的：

> 壮年的模特儿比较上已经难招些，因为一般人以为画像写真，都要损害精神，减少运气，正日坐在那里给人画，那精神和运气之损失还得了么，所以就都不愿意做这件事体，后来有一个劳工，因为受着金钱之压迫，他就决然牺牲来做这件事，到六年三月，天气也和暖了……他出露半体……到暑假后始业，我们就决心要雇用裸体模特儿……
>
> ……在那年的夏天，就举行了第一查成绩展览会，他们就开出一间房子专门陈列着这些人体实习的成绩……有一日，忽然来了一位某女学校的校长先生并且同着他的夫人和子女，依次参观到那间陈列人体的室内，立即就表现出一种惊骇的状态，口里并且大骂起来……

参照此文所述，问题应该清楚了，此成绩展览会的时间确应该是1917年夏季。然而，令人生疑的问题也出来了。《人体模特儿》一文说此女校校长本人也是画家，是带着夫人和小姐一起去观画展的，而《记雇用活人模特儿之经过》一文则说"一位某女学校的校长先生并且同着他的夫人和子女，依次参观到那间陈列人体的室内"。须知，杨白民是没有儿子的，刘海粟在这里说的是"子"与"女"，而非《人体模特儿》中明确说是"带着夫人和小姐"。

且说刘海粟说某校长在"骂"过之后曾写《丧心病狂崇拜生殖之展览会》一文投《时报》，又要求江苏省教育会禁止此事，《时报》与教育会皆未理睬，即"《时报》与教育会皆不之应"。如果当时《时报》采用并刊登了《丧心病狂崇拜生殖之展览会》一文，人们只需查阅1917年夏季的《时报》即可明白作者为何人，此事亦便有了结论。可惜《时报》"不之应"，这就为后人留下了疑问。① 从此女校校长本人也是画家，并带着夫人和小姐一起去观画展的情况来看，此女校校长像是杨白民（杨白民亦擅绘事）。但也有人对此提出异议，认为杨白民向来以革新者的面貌

---

①　笔者于2006年10月28日在上海图书馆近代文献资料库中调出1916年夏季和1917年夏季的《时报》微缩胶卷查阅，均未查到有杨白民名下的《丧心病狂崇拜生殖之展览会》一文。刘海粟所述当属实。

活跃在教育界，尤其是女子教育。他反对家中女性裹小脚，也鼓励女性学习新知识，具备新观念。而且在城东女学的美术教学过程中，杨白民也请过肌肉发达的人力车夫等来校，作学生写生的模特儿，只不过不是裸体而已（据杨雪瑶回忆，当时画的是手臂等局部的肌肉组织）。需要特别一提的是，作为李叔同的挚友，李叔同于1914年就在中国首先使用人体模特儿进行美术教学，杨白民应该是知道并理解的。假如他要反对，又有以上激烈之表示，他应该不是从刘海粟提倡人体画开始的，而是应该反对他的挚友李叔同才合理。金梅在《悲欣交集——弘一大师传》里认为："这可能是：杨对其老友李叔同，早于三年前在杭州的创举，不太了解，或者知情而不便评判的缘故吧！"当然，会有这样的可能，但也只是"这可能是"。因为作为当事人的刘海粟并没有直接说出该校长为何人氏。人们现在研究这一问题，当找出是由谁首先直接提出"骂"刘海粟为"艺术叛徒"之人就是杨白民的文献。郑逸梅说是"据其弟子袁志煌见告，始知其由来"，这有一定的可信性。因为刘海粟应该会在某种场合告知其弟子。

对于此事，学术界至今仍有所关注，如蓝剑在《刘海粟和上海美专"人体写生"课程的个案研究》一文中援引美国学者安雅兰（Julia Andrews）和其他一些学者的观点，总结了以下主要疑点：当时《时报》、《申报》和《时事新报》中并未发现有关文章和消息；刘海粟并没有明确指出这个女校校长是何许人；刘海粟的《人体模特儿》发表在1925年，而当时杨白民本人已于1924年去世，难以求证等。①

这是一件公案。无论杨白民在此事上持以何种态度，用历史的眼光看问题，应该都是可以理解的。倘若此人不是杨白民，是合理的，因为他毕竟是一位具有革新思想的进步教育家；倘若此人确是杨白民，也是合理的，因为对一件新生事物，其认识应允许人们有一个过程，不能用今天的观念去评价近代人。更何况，如果此人确是杨白民，这也无损杨白民的形象，他在中国近代女子教育史上所作出的贡献仍会被后人记取。

---

① 蓝剑：《刘海粟和上海美专"人体写生"课程的个案研究》，载《南京艺术学院学报》（美术与设计版）2009年第2期。

人格教育精神述略

——以在浙一师时期的教师生涯为例

　　浙江省立第一师范学校校长经亨颐首重人格教育。他认为师范生如不具备高尚的道德品质，便不配为人之表率，即所谓"教育者须有高尚之品性"。他还主张用发展的眼光看待学生的品行。以为学生的品行如先优而后劣，则劣；先劣而后优，则可不究既往。他注重奖学金的示范效应，以为奖励的目的是勉励更多未受奖励的人。他也十分看重艺术教育与人格教育的关系，说："图画、国文两种可为代表，最合人格教育之本旨。""艺术教育仅美育上之问题，已与人格主义之教育较为接近。若以艺术教育作艺术主义之教育解，则艺术与教育之交涉，不视为美育范围内之事，即教育事业之新解释，教育为一艺术，教育家为一艺术家，此所谓美非术之美，乃为美的人格之陶冶。对于从来之教育根本的改善，反对形式耳。凡主知之教育，废除科学主义而为艺术主义，则艺术教育全与人格教育相一致。又可自教育事业之新解释转出美感之新解释。艺术教育之所谓美，非狭义之美，与人格有密切关系者也。"① 在这样的教育氛围下，学生逐步养成了勤奋学习、勤俭劳动、慎重工作、忠诚爱国、严己恕人、生活朴素及师生之间互尊互爱的良好风气。据姜丹书在《我所知道的经亨颐》一文记载，在浙一师这样的教育氛围下，"学生皆能奋发自励，教职员皆能忠于所事，久于其职，视学生如家人子弟，视校务如家务，故能在其领导下精诚团结，打成一片"。经亨颐主张学生的全面发展。姜丹书又回忆道："自文学、艺术、科学教育以及体育，无不注重。文艺、科学的教学质量因以提高；体育则除柔软操与一般性运动外，尤加重兵式之中队操，

---

　　① 经亨颐：《最近教育思潮》（在浙江省教育会夏期讲演会上的讲演稿），收张彬编《经亨颐教育论著选》，人民教育出版社1993年版，第110页。

奇正纵横，直与军队相比拟，以锻炼体魄而振作精神。故每学期或学年所开之成绩展览会、运动会及音乐演奏会，皆倾动一时。"①

1913 年 10 月 13 日，浙江省立第一师范学校校友会召开成立大会。校长经亨颐当选为会长，干事长为叶墨君，文艺部长为夏丏尊，运动部长为徐普泉。随着校友会的成立，11 月 16 日，浙江省立第一师范学校校友会在学校的运动场举行了第一次陆上运动大会（就学校历史沿革而言，此为第三次运动会）。运动会影响广泛，有 28 所学校逾万人前来观摩。运动会上，师生齐唱由夏丏尊作词、李叔同作曲的《浙江省立第一师范学校校歌》等歌曲。

夏丏尊作词、李叔同作曲的《浙江省立第一师范学校校歌》集中体现了该校的人文艺术教育与科学精神和谐结合的内涵，同时也体现了该校注重人格养成与情感熏陶的艺术教育特色。该校歌歌词如下：

> 人人人，代谢靡尽，先后觉新民。可能可能，陶冶精神，道德润心身。吾侪同学，负斯重任，相勉又相亲。五载光阴，学与俱进，磐固吾根本。叶蓁蓁，木欣欣，碧梧万枝新。之江西，西湖滨，桃李一堂春。

这种"陶冶精神"，健全人格、修养身心及"学与俱进"，夯实基础、开拓创新的育人理念给人们以极大的启示。该校在浙江官立两级师范学堂时期也有校歌（作者不详），歌词如下：

> 功如忠肃，学似文成，自古名贤数浙人。山川钟毓，代有奇英，六百同堂步后尘。文章惊海内，科学究专门，新旧中西一贯行。今日为多士，他年铸过民，教育前途定有声。

可见，夏丏尊和李叔同合作的《浙江省立第一师范学校校歌》与浙江官立两级师范学堂时期的校歌有着两种不同的精神诉求。《浙江省立第一师范学校校歌》体现出来的关注人格修养和陶冶温馨情怀的旨意与当

---

① 姜丹书：《我所知道的经亨颐》，载《浙江文史资料选辑》第 4 辑，1962 年12 月。

年浙江官立两级师范学堂校歌所张扬的"豪气"形成了鲜明的对比。相比之下，《浙江省立第一师范学校校歌》更觉几分新情与温馨，像"陶冶精神，道德润心身"、"相勉又相新"、"西湖滨，桃李一堂春"等。这与李叔同、夏丏尊提倡艺术教育、感情熏陶有直接的关系，从一个侧面也表现出浙江省立第一师范学校时期师范教育的关注点。

要求学生首重人格修养，教师的言行十分重要。在浙江省立第一师范学校时期，李叔同将人格教育与艺术教育紧密结合，在大力弘扬艺术的同时，强调"人格为先"，主张"先器识而后文艺"，即首重人格修养，次重艺术技艺。这种注重人格修炼的艺术观，承先启后，不失为艺术教育界可资汲取的精神营养。李叔同"少说话，主行'不言之教'，凡受过他的教诲的人，大概都可感到"。[①] 学生傅彬然虽然未能成为艺术家，但他却在李叔同那里受到了极大的人格熏陶，他说："说来惭愧，自己的艺术天资未免太差了，就这两门功课而论，从先生那里实在并没有得到什么。可是先生的学问和人格，先生的生活态度，却给予笔者毕生忘记不了的印象，并且从而得到关于教育上的许多启示。"[②] 在这方面，李叔同对刘质平和丰子恺的培养是最好的例证。

刘质平是李叔同在浙江省立第一师范学校任教时的得意门生。他擅长音乐，1916 年在李叔同的鼓励下留学日本，回国后长期从事艺术教育事业，曾是山东师范大学艺术系教授，1978 年在上海逝世。李叔同看中刘质平，曾有一段富有传奇式的故事。

1912 年冬的一天，身为学生的刘质平写下了平生第一首歌曲。这天适逢天下大雪，但刘质平还是兴奋地将作品拿去给李叔同看。但见李叔同细阅一过，若有所思，并注视学生良久。刘质平以为老师怪罪自己急于求成，正在羞愧之中，忽听李叔同说道："今晚 8 时 35 分，赴音乐教室，有话讲。"

晚上，雪越下越大，不时还刮着狂风。刘质平准时赴约，当他走到教师的走廊时，看见地上已有足迹；再抬头看看教室，室内一片漆黑，没有

---

① 吴梦非：《弘一法师和浙江的教育艺术》，载《浙江教育》1936 年第 3 卷第 1 期。

② 傅彬然：《忆李叔同先生》，收《弘一大师永怀录》，大雄书局 1943 年版，第 218 页。

一点声响。于是，刘质平就一个人站在门外廊前等候十余分钟，忽然，教室内灯光亮了起来，教室的门也开了，从里面走出来的不是别人，正是早已到来的老师李叔同。只见李叔同手持一表，说相约时间无误，并告诉刘质平现在可以回去了。

刘质平没有想到，李叔同这是在考验他的待事是否守信认真。是晚刘质平冒着风雪大寒准时赴约，且待在教室门外等候达十分钟之久，李叔同认为他是一个肯吃苦的学生，心里十分满意。从此，他俩师生情谊日深。李叔同不仅自己每周课外单独指导他两次，还特意介绍他到当时在杭州的美籍鲍乃德夫人处学钢琴。① 刘质平后来成了在中国现代音乐教育史上留下名字的人物，这当与李叔同对他的早期教育有关。不过，李叔同像对待他的另一个学生丰子恺一样，他对刘质平的教育仍是重"器识"，其次才是重"文艺"。

1915 年秋，刘质平因病休学住在老家，心情十分苦闷。李叔同就去信安慰、鼓励道："人生多艰，'不如意事常八九'，吾人于此，当镇定精神，勉于苦中寻乐；若处处拘泥，徒劳脑力，无济于事，适自苦耳。吾弟卧病多暇，可取古人修养格言（如《论语》之类）读之，胸中必另有一番境界。"②

刘质平于 1916 年夏毕业后在李叔同的鼓励下去了日本。李叔同在给他的信中仍殷切告诫他为人处世的准则。这些准则共有 6 条：

（一）宜重卫生，俾免中途辍学……

（二）宜慎出场演奏，免人之嫉妒……

（三）宜慎交游，免生无谓之是非……

（四）勿躐等急进……

（五）勿心浮气躁……

（六）宜信仰宗教，求精神上之安乐……③

---

① 此段往事见刘质平《弘一大师遗墨的保存及其生活回忆》，载《弘一法师》，文物出版社 1984 年版，第 27 页。

② 李叔同致刘质平信，收《弘一大师全集八·杂著卷、书信卷》，福建人民出版社 1992 年版，第 92 页。

③ 同上书，第 93 页。

　　不久，刘质平在弹奏贝多芬钢琴曲时产生了畏难情绪，又担心报考正规音乐学校时落榜，有负老师栽培。李叔同在信中又是侧重心志的清正，开导他："……愈学愈难，是君之进步，何反以是为忧！B 氏曲君习之，似躐等，中止甚是。试验时宜应试，取与不取，听之可也。不佞与君交谊至厚，何至因此区区云对不起？但如君现在忧虑过度，自寻苦恼，或因是致疾，中途辍学，是真对不起鄙人矣。从前鄙人与君函内解劝君之言语，万万不可忘记，宜时时取出阅看。能时时阅看，依此实行，必可免除一切烦恼。从前牛山充入学试验，落第四次，中山晋平落第二次，彼何尝因是灰心？……"① 1917 年，刘质平考入东京音乐学校。但他又为学费而苦恼起来。李叔同曾为他申请过官费，但没有成功。接着刘质平家中亦宣布要中止资助。在这种情况下，李叔同毅然决定解囊相助，并给学生立下了规矩：

　　一、此款系以我辈之交谊，赠君用之，并非借贷与君。因不佞向不喜与人通借贷也。故此款君受之，将来不必偿还。

　　二、赠款事只有吾二人知，不可与第三人谈及。家族如追问，可云有人如此而已，万不可提出姓名。

　　三、赠款期限，以君之家族不给学费时起，至毕业时止。但如有前述之变故，则不能赠款（如减薪水太多，则赠款亦须减少）。

　　四、君须听从不佞之意见，不可违背。不佞并无他意，但愿君按部就班用功，无太过不及。注意卫生，俾可学成有获，不致半途中止也……②

　　李叔同资助刘质平继续留学，并未因他 1918 年决意出家而置之不顾。他估计至刘质平毕业还须日金千余元，就准备借款。他说："余虽修道念切，然决不忍置君事于度外。此款倘可借到，余再入山；如不能借到，余仍就职至君毕业时止。君以后安心求学，勿再过虑。至要至要！"③

　　① 李叔同致刘质平信，收《弘一大师全集八·杂著卷、书信卷》，福建人民出版社 1992 年版，第 93 页。

　　② 同上。

　　③ 李叔同致刘质平信，收《弘一大师全集八·杂著卷、书信卷》，福建人民出版社 1992 年版，第 96 页。

　　李叔同对学生，确如慈父，难怪刘质平自己说："先师与余，名虽师生，情深父子。"当然，刘质平也"不忍以一己求学之故，迟师修道之期"，他不顾学业未了，于1918年初夏返国，在李叔同入山之前和丰子恺一起跟老师拍了一张告别照。① 这张照片上题写着这样的文字："弘一将入山修梵行，偕刘子质平、丰子子颉摄影　戊午四月十五日。"

　　对于刘质平在李叔同的教诲下成长，浙江省立第一师范学校校长经亨颐是最好的见证人，他说："刘子质平，习于斯凡五年，音乐具夙睿，上人尽授之。今以斯立于世，上人之赐也。"②

　　在师从李叔同学图画之前，丰子恺早已上过他的音乐课。丰子恺自己的回忆是："我十七岁的时候，最初在杭州贡院的浙江省立第一师范学校里见到李叔同先生（即弘一法师），那时我是预科生，他是我们的音乐教师。"③ 对于上李叔同的音乐课，丰子恺在不同的文章里多有详细的描述。在当时的浙江省立第一师范学校里，由于李叔同的大力提倡，学校里的师生对艺术教育都十分重视。对于老师李叔同的最初印象，丰子恺在《为青年说弘一法师》一文中的描述是：

　　　　我们走向音乐教室（这教室四面临空，独立在花园里，好比一个温室）。推进门去，先吃一惊：李先生早已端坐在讲台上。以为先生还没有到而嘴里随便唱着、喊着，或笑着、骂着而推进门去的同学，吃惊更是不小。他们的唱声、喊声、笑声、骂声以门槛为界而忽然消灭。接着是低着头，红着脸，去端坐在自己的位子里。端坐在自己的位子里偷偷地仰起头来看看，看见李先生的高高的瘦削的上半身穿着整洁的黑布马褂，露出在讲桌上，宽广得可以走马的前额，细长的凤眼，隆正的鼻梁，形成威严的表情。这副相貌，用"稳而厉"

---

　　① 刘质平：《弘一大师遗墨的保存及其生活回忆》，载《弘一法师》，文物出版社1984年版，第27页。

　　② 经亨颐：《弘一上人手书华严经集联三百跋》，见《弘一大师全集十·附录卷》，福建人民出版社1993年版，第203页。

　　③ 丰子恺：《为青年说弘一法师》，载1943年《中学生》战时半月刊第63期。

三个字来描写,大概差不多了。①

　　李叔同上课非常认真。他总是在上课之前先在教室里的黑板上清清楚楚地写好这堂课所授的内容,然后端坐在讲台上静候学生们的到来。他的这种认真精神,就连最顽皮的学生也不敢散漫。每到上他的课,学生们个个提前入室,从未有人敢迟到。丰子恺虽然不是一个会给教师找麻烦的学生,但他在开始时也对李叔同有畏惧之心。当时李叔同一般是每星期教授一次弹琴。他先把新课弹奏一遍给学生听,然后约略指导一番弹奏要点,这就让学生各自用课余时间去练习,并要求在一周后由学生再来弹给他听。这便是所谓的"还琴"。每次轮到丰子恺"还琴",他往往是在十分钟内了结盥洗和吃饭二事,然后携着弹琴讲义先到练琴房去再抱一下佛脚,接着便在心中带着一块沉重的大石头而步入还琴教室。善于描写的丰子恺在《甘美的回味》一文中又为人们描述了当他步入教室后的情景:"我们的先生——他似乎是不吃饭的——早已静悄悄地等候在那里。大风琴上的谱表与音栓都已安排妥帖,显出一排雪白的键板,犹似一件怪物张着阔大的口,露出一口雪白的牙齿而蹲踞着,在那里等候我们的来到。"② 1928 年,丰子恺写有《颜面》一文,再次谈到了这件事:"我小时候从李叔同先生学习弹琴,每弹错了一处,李先生回头向我一看。我对于这一看比什么都害怕。当时也不自知其理由,只觉得有一种不可当力,使我难于消受。现在回想起来,方知他这一看的颜面表情中历历表出着对于音乐艺术的尊敬,对于教育使命的严重和对于我

---

　　① 丰子恺:《为青年说弘一法师》,载 1943 年《中学生》战时半月刊第 63 期。姜丹书在《浙江五十余年艺术教育史料》一文中对李叔同的评论可与丰子恺此说相印证:"他教学生,不厉而严肃,完全以人格服人,所以他对于学生的感导力甚强;而学生见其面容稍有不愉,便自检束,无不既敬且爱;故无论关于学业传授上和品德熏陶上,皆受其言教而兼以身教的功效甚大,因而造就艺术人才颇多(有一时期,遥兼南京高等师范教师,每月往来杭、宁两次),真是我们的畏友。"《浙江五十余年艺术教育史料》一文收《姜丹书艺术教育杂著》,浙江教育出版社 1991 年版,第 147 页。

　　② 丰子恺:《甘美的回味》,曾载 1931 年 9 月 1 日《中学生》第 17 号,收《丰子恺文集》(文学卷一),浙江文艺出版社、浙江教育出版社 1992 年版,第 186 页。

的疏忽的惩诫，实在比校长先生的一番训话更可使我感动。古人有故意误
拂琴弦，以求周郎的一顾的；我当时实在怕见李先生的一顾，总是预先练
得很熟，然后到他面前去还琴。"① 所以，李叔同平时的言语虽然不多，
但同学们个个怕他，也个个爱他。怕的是李叔同那种威严，爱的是李叔同
的人格。

从表面上看，李叔同在艺术教育和教学过程中始终体现着"温和"
与"认真"的特性。比如丰子恺说："对学生态度常是和蔼可亲，从来不
骂人。学生犯了过失，他当时不说，过后特地叫这学生到房间里，和颜悦
色、低声下气地开导他。态度的谦虚与郑重，使学生非感动不可。"② 李
叔同的同事夏丏尊先生说："李先生教图画、音乐，学生对图画、音乐，
看得比国文、数学等更重。这是有人格作背景的缘故。因为他教图画、音
乐，而他所懂得的不仅是图画、音乐；他的诗文比国文先生的更好，他的
书法比习字先生的更好，他的英文比英文先生的更好……这好比一尊佛
像，有后光，故能令人敬仰。"③

丰子恺跟从李叔同学起了绘画后，他体会到了艺术与英、数、理、化
的不同滋味。此后，他渐渐疏远其他功课，而埋头于美术，居然成了学校
里绘画成绩的佼佼者。由于对音乐、美术课的偏爱，丰子恺在学校里不仅
能弹钢琴、画画、治篆刻，他还被推为学校"桐阴画会"的负责人。从
四年级开始，他经常借故请假到西湖写生，几乎没有学过其他有关教育方
面的课程。

丰子恺在美术上的每一个进步，李叔同都及时地看在眼里。丰子恺在

----

① 丰子恺：《颜面》，收《丰子恺文集》（文学卷一），第 108 页。曾载 1929 年
2 月 10 日《小说月报》第 20 卷第 2 号，署名：子恺。关于李叔同授音乐课，姜丹书
也有过介绍："音乐课程，不知周承德和李叔同怎样排法？但知李叔同很注重联系实
际。除一个特别教室内有一具钢琴外，又添置钢琴一具和风琴二十多具，分设几个弹
琴练习室，分组排定日程，教学生分批轮流练习，自己在旁指导，严格考查成绩，使
学生能唱、能弹、能配制歌谱。这样的教学法，当然切实有效。"见姜丹书《浙江五
十余年艺术教育史料》，收《姜丹书艺术教育杂著》，第 152 页。

② 丰子恺：《李叔同先生的教育精神》，初载《杭州日报》·1957 年 5 月 14 日，
收《丰子恺文集》（文学卷二），浙江文艺出版社、浙江教育出版社 1992 年版，第
541 页。

③ 丰子恺：《悼丏师》，收《丰子恺文集》（文学卷二），第 155 页。

《为青年说弘一法师》里说:"有一晚,我为级长的公事,到李先生房间里去报告。报告毕,我将退出,李先生喊我转来,又用很轻而严肃的声音和气地对我说:'你的图画进步快。我在南京和杭州两处教课,没有见过像你这样进步快速的人。你以后可以……'"①　聪明的丰子恺明白了老师的意图,他在《旧话》一文中认为:"李先生当时兼授南京高等师范及我们的浙江第一师范两校的图画,他又是我们所最敬佩的先生的一人。我听到他这两句话,犹如暮春的柳絮受了一阵急烈的东风,要大变方向而突进了。"②　果然,丰子恺大变方向了。关于此,他《为青年说弘一法师》一文中有一段神秘而又自我庆幸的谈话:

　　　　……当晚这几句话,便确定了我的一生。可惜我不记得年月日时,又不相信算命。如果记得,而又迷信算命先生的话,算起命来,这一晚一定是我一生中一个重要关口,因为从这晚起,我打定主意,专门学画,把一生奉献给艺术,直到现在没有变志。③

　　丰子恺后来曾将《为青年说弘一法师》一文作过修改以《怀李叔同先生》之题编入人民文学出版社 1957 年版《缘缘堂随笔》时删去了这段话,其中的原因,可能是他后来觉得这样说未免过于唐突。因为确立一生的志向总离不开日积月累的艺术实践和生活积累,只靠那一晚李叔同的一席话未必就能成为人生的"关口"。其实,与其说这是一个"关口",还不如说这是一个缘,是丰子恺有机会成为李叔同的学生并得到悉心的指导,使他决心投身于艺术事业。他说跟了李叔同学画后,"窃悟其学之深邃高远,遂益励之,愿终身学焉"。④　另一方面,即便李叔同能用一席话打动丰子恺的心,这里还由于李叔同个人的品格、魅力在起作用。我们不妨看看丰子恺在《我与弘一法师》一文中所表述的他心目中的李叔同先生:

----

① 丰子恺:《为青年说弘一法师》,曾载 1943 年《中学生》战时半月刊第 63 期,收《丰子恺文集》(文学卷二),第 142 页。

② 丰子恺:《旧话》,曾载 1931 年 6 月 1 日《中学生》第 16 号,署名:子恺,收《丰子恺文集》(文学卷一),第 178 页。

③ 丰子恺:《为青年说弘一法师》。

④ 丰子恺:《画家之生命》,载 1920 年 4 月《美育》第 1 期。署名"丰子颐"。原文标点为句读。

　　……他从来不骂人，从来不责备人，态度谦恭，同出家后完全一样；然而个个学生真心的怕他，真心的学习他，真心的崇拜他。我便是其中之一人。因为就人格讲，他的当教师不为名利，为当教师而当教师，用全副精力去当教师。就学问讲，他博学多能，其国文比国文先生更高，其英文比英文先生更高，其历史比历史先生更高，其常识比博物先生更富，又是书法金石的专家，中国话剧的鼻祖。他不是只能教图画音乐，他是拿许多别的学问为背景而教他的图画音乐。夏丏尊先生曾经说："李先生的教师，是有后光的。"像佛菩萨那样有后光，怎不教人崇敬呢？而我的崇敬他，更甚于他人。①

　　李叔同既是丰子恺艺术技艺方面的启蒙老师，同时也对丰子恺的思想、情操和艺术修养等方面具有重要影响，即他给予丰子恺的主要东西是一颗艺术家的心灵。李叔同可谓是一位艺术全才。尽管如此，据丰子恺在《李叔同先生的文艺观》中说：他的案头却总放着一册明代刘宗周著关于古来贤人嘉言懿行的《人谱》，并且还在封面上写着"身体力行"四个字，每个字旁又加上一个红圈。李叔同常对丰子恺说一些书中有关做人与艺术的准则。他把其中"士先器识而后文艺"的意思讲给丰子恺听，要求他首重人格修养，次重文艺技术，要做一个好的文艺家，必先做一个好人。他认为一个文艺家若没有"器识"，无论技艺何等精通熟练，亦不足道。所以他告诫丰子恺："应使文艺以人传，不可人以文艺传。"这种告诫对丰子恺来说非常及时，这正像丰子恺自己说的那样："我那时正热中于油画和钢琴技术，这一天听了他这番话，心里好比开了一个明窗，真是胜读十年书。从此我对李先生更加崇敬了。"② 李叔同后来在出家时把《人谱》送给了丰子恺。丰子恺也将此书视作珍宝收藏，后由于抗战炮火，此书毁于一炬。但他在逃难期间，偶尔在成都的旧书摊上见到了一册《人谱》，立即将其买下，一直保存在身边。可见，李叔同的这一教导是在丰子恺的内心里扎下了根。这也正像丰子恺在《新艺术》一文里所讲的："仅乎技术不是艺术，

_____

① 丰子恺：《我与弘一法师》，曾载 1948 年 12 月 12 日《京沪周刊》第 2 卷第 99 期，收《丰子恺文集》（文学卷二），第 398 页。

② 丰子恺：《先器识而后文艺——李叔同先生的文艺观》，收《丰子恺文集》（文学卷二），第 533 页。

即必须在技术上再加一种他物，然后成为艺术。这他物便是'艺术的心'。有技术而没有'艺术的心'，不能成为艺术，有'艺术的心'而没有技术，亦不能成为艺术。但两者比较起来，在'人生'的意义上，后者远胜于前者了。因为有'艺术的心'而没有技术的人，虽然未尝描画吟诗，但其人必有芬芳悱恻之怀，光明磊落之心，而为可敬可爱之人。若反之，有技术而没有艺术的心，则其人不啻是一架无情的机械了。""故研究艺术，宜先开拓胸境，培植这'艺术的心'。心广则眼自明，于是尘俗的世间，在你眼中常见为新鲜的现象；而一切大艺术，在你也能见其'常新'的不朽性，而无所谓新艺术与旧艺术的分别了。"①

　　丰子恺是在李叔同的启迪下走上艺术之路的，他在老师李叔同的人格精神滋养下形成的那颗艺术心始终主导着他的创作。跟老师一样，丰子恺以博爱、深广的心灵去看天地间一切有情无情的物事；他相信艺术家所见的世界是一视同仁、平等的世界；艺术家的心，对于世间万物都应给予热诚的同情。姜丹书在评说丰子恺的时候则说："尤其当时以经颐渊先生为校长，夏丏尊和堵申甫两先生司训育，在我们共同主倡'人格教育'的主张下，涵濡培养，有如种花壅根，后来所开的美丽之花，固不止他一人，然而他的作品中，无论是画或是文，都反映着'人格教育'的因素，尤其他能将弘一（李叔同）的禅味完全学了来，所以他的造诣，有与众不同之处。"② 丰子恺自己也有对艺术教育的评说："要之，艺术教育是很重大很广泛的一种人的教育……必用'涵养美感'、'陶冶身心'、'养成人格'一类的堂堂的话，原是十分正当、十分远大、十分认真的宗旨。""要之，'艺术教育'与普通所谓的'艺术科'，意义不是一致的。学校的艺术教育，是全般的教养，是应该融入各科的，不是可以机械地独立的，也不是所谓艺术科的图画和音乐所能代表全权的。即美的教育，情的教育，应该与道德的教育一样，在各科中用各种手段时时处处施行之……全般的艺术教育是'大艺术科'，图画音乐是'小艺术科'。"③

　　① 丰子恺：《新艺术》，曾载《艺术旬刊》1932年9月11日第1卷第2期，收《丰子恺文集》（艺术卷二），浙江文艺出版社、浙江教育出版社1990年版，第574页。
　　② 姜丹书：《从头话丰子》，收《姜丹书艺术教育杂著》，浙江教育出版社1991年版，第290页。
　　③ 丰子恺：《关于学校中的艺术科——读〈教育艺术论〉》，收《丰子恺文集》（艺术卷二），第224页。

　　同学们将夏丏尊的教育方式比作"妈妈的教育"，此相对于李叔同的"爸爸的教育"而言。丰子恺对此说得较为详细。丰子恺说："夏先生与李先生对学生的态度，完全不同。而学生对他们的敬爱，则完全相同。这两位导师，如同父母一样。李先生的是'爸爸的教育'，夏先生的是'妈妈的教育'。"在学校里，事无巨细，夏丏尊几乎都要操心。他看见年纪小的学生玩狗，会说："为啥同狗为难！"放假的日子，学生们要出门，他高声大喊："'早些回来，勿可吃酒啊！'学生笑着连说：'不吃，不吃！'赶快走路。走得远了，夏先生还要大喊：'铜钿少用些！'"① 夏丏尊关心学生，学生也都信任他，遇到有向学校请愿的事情，学生们都爱去找他，若是他觉得学生的意见合理，便会当作他自己的意见，想方设法去交涉，丰子恺的一幅漫画《某件事》即是其写照。

　　这样的学校，素为各地青年学生所向往，能够入学成为浙一师学生的也都经过严格的挑选。1918 年入学的学生梁柏台在入学后曾给自己小学时的老师写过一封信，信中介绍了他对浙江省立第一师范学校感受："……应试师校时，藉得录取。此皆平日乐育直功。感荷鸿恩，莫可言喻。兹请将师校情形约略陈之：校中教师循循善诱，校长办事亦热心。故学生发达，同学亦皆和谐。每日功课，分配得宜。课外活动，各部皆有秩序。校内有花园，校后有学校园，课余亦可散步其间。要之设备完具，管教周到。在省垣各校中，以此为杰出矣……"②

　　在《浙江省立第一师范学校校友会志》第 6 期上，校友李宗武有《修养人格说》一文。文章说："国家无中坚之国民，共和之名，将等虚设耳……然我国教育幼稚，国民受义务教育者，尚无十之五六，欲言人人富于道德，殆亦挟山超海之类欤。虽然是固，今日所无可奈何者也。第吾辈既得受教育矣，既为中等学校之学生矣，其当涵养德性，锻炼德行，与学识相辅而相行。俾他日出而应世，不致左右重轻，失信社会……吾辈共和国民也，共和国民中之师范生也，注意于修养人格，其亦可谓之近道治

---

① 丰子恺：《悼丏师》，曾载 1946 年 5 月 16 日《川中晨报》"今日文艺"副刊第 11 期，收《丰子恺文集》（香港，中国文学卷二），第 155 页。

② 梁伯台《上母校教师书》，收《杭州第一中学校庆七十五周年纪念册》，杭州一中七十五周年校庆筹备办公室 1983 年 5 月编，第 201 页。梁柏台 1918 年秋入浙江省立第一师范学校，1921 年加入中国共产党。1935 年 3 月红军长征后，在江西中央苏区领导游击战，后不幸牺牲。

本否欤!"① 同样在该期刊物上,有后来成为著名教育家的杨贤江《我之学校生活》一文,其中在"我所处之学校之特色"一节中也说道:"我所处之学校,师范学校也。师范学校,虽与普通中学同其程度,然旨趣之所在,有迥乎不同者……质而言之,师范学校,名之曰教育及人格之专修学校可也。盖教员者,所以传道授业解惑者也。不第贵有丰富之智识,擅长之技能,尤贵能通晓教育原则、儿童心理,利用其熏陶之法,善使其教授之术,庶几能于不知不识间,收教育之效果。故吾辈学生,不仅以修其规程之学科为己足,更须练习其所修学科,得以传于他人之精神方法,以为教授之妙术,故曰师范学校,为教育的专修学校也。"② 可见,该校人格为先的理念已深入学生的心灵。

　　浙江省立第一师范学校时期是该校办学取得巨大成就的时期。这其中,有诸多全国或全省之最,如浙江最早的美术展览(1913 年春举办美术展览会)、浙江最早的音乐会(1914 年夏举办音乐演奏会)、中国最早的人体写生教学(1914 年,李叔同)、中国最早的现代版画艺术(李叔同、夏丏尊编《木版画集》)、中国人自行编撰的第一部西洋美术史(李叔同)、中国音乐史上最早的合唱曲(李叔同《春游》)、中国最早的美术史教科书(姜丹书《美术史》)、浙江新文化运动中心(1919—1920 年)、浙江最早宣传社会主义的刊物(1919 年,《浙江新潮》)、《共产党宣言》中译本首译(1920 年,陈望道)、中国新文学史上第一个诗刊(1922 年,《诗》)、中国最早的新诗社团"湖畔诗社"(1922 年)、浙江最早的新文学团体"晨光社"(1921 年),等等。

---

　　① 李宗武《修养人格说》,载《浙江省立第一师范学校校友会志》1915 年第 6 期。

　　② 杨贤江《我之学校生活》,载《浙江省立第一师范学校校友会志》1915 年第 6 期。

美 育 情 怀

　　曾延年在东京美术学校与李叔同为同学，两人曾共同发起成立"春柳社"，共同演出话剧《茶花女》和《黑奴吁天录》等，堪称近代中国艺术先驱之一。然而在留学归国后，与李叔同在浙江省立第一师范学校取得了辉煌的艺术教育业绩不同，曾延年在成都从事艺术教育事业可谓艰辛而惨淡。20世纪20年代初，曾延年在成都任教时曾致吴梦非一封信。吴梦非在介绍此信时说："他回国后曾在成都高等师范担任艺术教授，在民国十年前我正在主编《美育》杂志时，他曾有一信来报告四川的教育艺术概况。"现将此信节录如下，以作现代中国美育之一瞥：

　　梦非先生惠鉴：
　　　　顷由成都转到手笺，备悉一是。夏初奉弘一法师慧书，已道及尊者……去夏初，在成都高等师范学校，得见《美育》第一号。窃喜曙光破晓，大地众生，咸可一新眼界，然又度衰世麟凤，未必适获真赏……若问蜀中美育，则民国四年夏初，成都高等师范学校已附设音乐图画专修科，为中小学校造就教师，实则学科尚有手工体操与音乐图画并立，惟手工一科所备实习材料，较为丰富。弟滥竽图画教授一部分，无标本，无绘具，无参考品，教师日持商务印书馆《铅笔画》一册，模写其画于黑板，令诸生从而临之，此一教法也；或更取日本邮片上之娼妓小像，令诸生以毛笔濡洋屑写之，此又一教法也；诸生届卒业时，不识他日为师从何处着手，向校中某教师请益，某师曰：于商务印书馆购《黑板画法》谈之，则用不竭矣，此又一教法也。正式之写生教授无之，色彩论，远近法，人体画法，构图学说，一皆无之，其关于艺术之种种修养方法，更无人过问。可怜学者中之聪颖者，一经此等教程，其冤屈几等于无罪而受活埋；其天资钝拙者，且

忧是等教法如天梯之不可及，偶借得一印刷蔷薇葡萄邮片以作标本，
欣喜如获拱璧，不可言喻。图画课程皆由校长苦心自造，奇奥非常人
所能解。弟于四年秋到校，因校中不能购置石膏模型，不得已，仍令
诸生习动植物写生，然每星期只得四小时实习，且纸笔色彩，无往而
非杂凑，简陋不殊儿戏。然而五年以来，卒业两班矣，第二班学生中
颇有富于天才者三数人，暇时于课外向弟请益，教以风景写生法，突
然涂抹，积久亦小有可观，使得较优之教法，引之渐进之域，则其造
就，岂止此耶……弟曾延年顿首①。

　　此信很可以勾起人们的联想，即与曾延年不同的是，李叔同的艺术教
育业绩实可谓辉煌灿烂。李叔同出家后不久曾给俗侄李圣章写过一封信，
信中十分自豪地写道："任杭州教职六年，兼任南京高师顾问者二年，及
门数千，遍及江浙。英才蔚出，足以承绍家业者，指不胜屈，私心大
慰……凡油画、美术、图籍，寄赠北京美术学校（尔欲阅者可往探询
之），音乐书赠刘子质平，一切杂书零物赠丰子恺（二人皆在上海专科师
范，是校为吾门人辈创立)。"② 这段话至少说明两个问题，一是李叔同对
自己在江浙的艺术教育经历十分满意，二是括号中的"二人皆在上海专
科师范，是校为吾门人辈创立"，此意味着李叔同十分愿意将学生的艺术
教育事业视为他自己事业的延续。正因为有这样的意识，李叔同对学生创
办艺术专科学校、成立中华美育会、创办中国第一本美育杂志《美育》
等均给予了鼎力支持。

　　1919 年，吴梦非与刘质平、丰子恺一起在上海创办了中国第一所私
立的艺术专科学校上海专科师范学校，在现代中国艺术教育史上书写了浓
重的一笔。上海专科师范学校的学生缪天瑞说过："学制继承李叔同先生
在浙江两级师范学堂施行的培养综合艺术师资的精神，设'图音科'（兼
修绘画和音乐）和'图工科'（兼修绘画和手工）（图音科中的音乐设钢
琴或昆曲）。另设专修科，分绘画和音乐两科。后加'文艺科'。我在校

---

　　①　此信参见吴梦非《弘一法师和浙江的教育艺术》，载《浙江青年》1936 年第
3 卷第 1 期。

　　②　弘一大师致李圣章，收《弘一大师全集八·杂著卷、书信卷》，福建人民出
版社 1992 年版，第 148 页。

1920 年 4 月《美育》第 1 期
封面（李叔同题）

《美育》第 1 期上刊载的
《李叔同先生小传》

学习时，同学以图音科人数最多。"① 李叔同在出家以后仍关心上海专科师范学校的办学。除《20 世纪上海美术年表》1919 年 6 月条目记载："因经费不足，李叔同写了大量字画交吴梦非变卖后充作学校资金。"此外，1923 年 11 月 14 日条目又记曰："《申报》言李叔同君，法名演音，号弘一。复更名僧胤，自西湖虎跑寺出家以来，罕与旧友通音问，去秋为艺术师范书联 30 幅（《申报》）。"② 1923 年 11 月 14 日《申报》"艺苑清音"的原文是：

> 李叔同君，法名演音，号弘一，近复更名僧胤。自西湖虎跑寺出家以来，避世修道，罕与旧友通音问。其书法驰名字内，在俗时既不肯轻易为人书，出世后更不易求。去岁上海艺术师范（原名专科师范）学校筹集基金，弘一法师曾破例书赠对联三十副，联语悉系藕（蕅——引者注）益憨山大师等之名言，且书法之佳，实为法师生平所未有。今该校校长吴梦非君，除为法师刊印纪念册外，拟将其真迹赠送捐助该校基金之善士云。

---

① 缪天瑞：《致力办学的音乐理论家吴梦非老师——纪念吴梦非老师逝世二十五周年》，载天津音乐学院学报《天籁》2005 年第 4 期。

② 王震编：《20 世纪上海美术年表》，上海书画出版社 2005 年版，第 145 页。

　　1919 年冬，吴梦非、刘质平、丰子恺三人又与其他同类学校的艺术教育家联合成立了中国第一个美育团体"中华美育会"，据《20 世纪上海美术年表》1919 年 10 月条目记曰："上海专科师范学校创办不久。吴梦非、丰子恺等目睹文化运动蓬勃发展的大好形势，联络本校和爱国女校的几位同志，发起成立了中华美育会，以联合当时全国的艺术工作者和大中小学教师，共同推进新艺术运动。"11 月 19 日条目又记曰："中华美育会成立于上海，由上海专科师范和爱国女学的教师吴梦非、刘质平、丰子恺、郭志闳、孙咸德、傅彦长、李鸿梁、高旭（晓山）萧蜕（退公）、胡怀琛（寄尘）等发起组织。姜丹书任驻会干事，后由吴梦非继任。其宗旨在联合全国艺术工作者和大中小学校教师，共同推进艺术教育。会员遍布全国十余省，其中推选责任会员 31 人。另加陈子通组成美育杂（志）社，出版《美育》杂志，作为该会的言论机关，共出 7 期……"《美育》杂志是中华美育会的机关刊物，创刊于 1920 年 4 月 20 日，是中国第一本美育学术杂志。①《美育》杂志创刊号由李叔同亲自题写刊名，刊物的主将仍是李叔同当年的同事和学生，如总编辑吴梦非，音乐编辑主任刘质平，编辑李鸿梁、丰子恺（兼广告部主任）都是李叔同的学生；手工编辑主任姜丹书，文艺编辑主任欧阳予倩，编辑姚石子、胡寄尘、萧退公等均是李叔同当年的同事或同道。这就不难看出《美育》的编者与李叔同艺术教育事业的承继关系。据《美育》第 1 期"美育界纪闻"栏目有题为《中华美育会组织的经过》记载："中华美育会从去年由上海专科师范和爱国女学的教职员发起以来，陆续接到南京高等师范，北京大学、北京高等师范，山东齐鲁大学第一师范、第三中学，浙江第一师范、女子师范、第二师范、第七师范，福建第一师范、第十一中学，江西第一师范、第二中学，上海美术学校、中华美术学校，南通伶工学社，江苏第一师范、第二师范、第二工业，上海城东女学、亚东体育学校、南洋女子师范等校教职员来函加入，已有会员数百人。定于本年暑假里面开大会时选举职员。先由负责会员组织一个美育杂志社，每月出版这一种杂志，作为言论机关……"

---

　　① 《美育》第 1 期出刊于 1920 年 4 月，第 2 期出刊于 1920 年 5 月，第 3 期出刊于 1920 年 6 月，第 4 期出刊于 1920 年 7 月，第 5 期出刊于 1920 年 8 月，第 6 期出刊于 1921 年 7 月，第 7 期出刊于 1922 年 4 月。

《美育》各期的内容也如此，以第 1 期为例，封面由李叔同题写，刊前有李叔同的油画作品《女》，并附李叔同小传；该期除《本志宣言》外共发表文章 18 篇，其中李叔同当年的学生、同事或同道的文章就占 8 篇，分别是：吴梦非《美育是什么》、姜丹书《我于手工教育底新主张》、李鸿梁《图画教育的改造》、欧阳予倩《民主的文艺与贵族的文艺》、丰子恺《画家之生命》（署名丰子颛）、欧阳予倩《什么叫社会剧》、姜丹书《化学的木材雕刻法》、胡寄尘《写景文（上篇）》。其中丰子恺更是在《画家之生命》一文的开头就直截了当地说："乙卯予从李叔同先生学西洋画，写木炭基本练习数年。窃悟其学之深邃高远，遂益励之，愿终身学焉。戊午五月，先生披须入山，所业几废，自度于美术所造未深。今乃滥竽教授，非始愿也。惟念吾师学识宏正，予负笈门墙数年，受益甚多。兹不揣谫陋，述其鄙见如次。"①

《美育》创刊号中的《李叔同先生小传》，作者署名"非"，当为吴梦非所撰：

> 李叔同先生，高士也。岸、哀、息、婴皆其名。籍平湖，迁居天津。家本世阀，而先生则厌之。清光绪间，游海上，结交知名士。旋留学日本东京美术学校，专究西洋画，暇则旁及音乐。卒业返国历任浙江两级师范及南京高等师范图画、音乐教师，实开吾国美育之先导。民国七年夏，薙度于西湖虎跑寺。是年冬即于灵隐寺受戒焉，法名演音，号弘一。生平杰作以油画为最。出家时除佈施外，均由北京国立美术学校保管。先生尤长书法，兼工诗词，所作歌曲亦甚多。

从《美育》第 1 期上的《本志宣言》可以看出办刊人关于美育文化的思想和主张，以及《美育》杂志的办刊宗旨：

> 现在中华民国的气象，比较"五四运动"以前，觉得有点儿生色了。一辈已经觉悟的同胞，今天在这儿唱"新文化运动"，明天在那儿唱"新文化运动"。究竟这个运动，是不是少数人能够做到吗？我想起来必定要多数人合拢来，像古人说的"铜山西崩洛钟东应"

---

① 丰子恺：《画家之生命》，载《美育》1920 年 4 月第 1 期。

去共同研究发挥，才能彀得到美满的结果。

我们美育界的同志，为了这个缘故，所以想趁着新潮流，尽力来发挥我们的事业，你道我们的事业是什么呢？就是"艺术教育的运动"。这个运动的基础，就在"学校教育"和"社会教育"的里面。

我国人最缺乏的就是"美的思想"，所以对于"艺术"的观念，也非常的薄弱。现在因为新文化运动呼声，一天高似一天，所以这个"艺术"问题，亦慢慢儿有人来研究他，并且也有人来解决他了。我们美育界的同志，就想趁这个时机，用"艺术教育"来建设一个"新人生观"，并且想救济一般烦闷的青年，改革主智的教育，还要希望用美来代替神秘主义的宗教。

我们美育界的同志，公认"美"是人生一种究竟的目的，"美育"是新时代必需尽力去做的一件事，所以会集全国的同志，创设一个中华美育会，发刊这一种杂志，区区的意思，无非想艺术教育，有个大大的发展就是了。现在这本杂志诞生以前，恐怕有人怀疑他的内容，所以要写了几句简括的宣言：

本志是我国美育界同志公开的言论机关。亦就是鼓吹艺术教育，改造枯寂的学校和社会，使各人都能够得到美的享受之一种利器。

《美育》第1期上刊载的
《本志宣言》

《美育》第2期上有《中华美育会会员录》"责任会员"的名单，共有责任会员30名，其中来自浙江省立第一师范学校和来自上海专科师范学校的李叔同的同事、学生就有7名，他们是：姜丹书、金梦畴（咨甫）、金琢章（玉湘）、李鸿梁、丰子恺、刘质平、吴梦非，占了全国责任会员的约四分之一（该会分责任会员和普通会员）。

李叔同也在《美育》上发表文章，如在《美育》1920年7月第4期上就有他的短文《朽道人传》，写曰："道人姓陈，名衡恪，字师曾。义宁陈伯严先生长子也。风雅多能，工诗词，善书画、篆刻。中年以后，技益进，名满都下。执政教育部十年，不为俗习所溺，人以是多之。子封可，亦善画，能篆刻。"

其实，李叔同出家后从未漠视过他当年曾热衷过的艺术教育事业。关心上海专科师范学校是如此，支持《美育》杂志是如此，而创作《清凉歌集》也是如此。1929 年，弘一大师答应刘质平编撰学校教育歌曲（即此后的《清凉歌集》）。《清凉歌集》出版时有夏丏尊的序："……一日，刘生质平偕余往访和尚于山寺，饭罢清谈，偶及当世乐教。质平叹息于作歌者之难得，一任靡靡俗曲流行间阎，深惜和尚入山之太蚤。和尚亦为怃然，允再作歌若干首付之……"[1] 可见，他作"清凉歌"的动机是不能容忍当时学校里的乐歌现状，为下一代考虑，他愿意继续为之作歌。像他这样曾对中国近代学堂乐歌创作有过重大贡献的大智慧，决定重新为学生写歌，这是很自然的事情，从某种角度而言，弘一大师作《清凉歌集》，也可认为是他的学堂乐歌创作在出家后的延续。

---

[1] 《清凉歌集》夏丏尊序，开明书店 1936 年版。

从护生画到警世画

——丰子恺佛教题材绘画作品的弘一大师情结

　　1931 年清明，丰子恺赴杭州拜访马一浮。此适逢丰子恺丧母不久，内心之哀伤，诚如他自己在《陋巷》一文中所说："我那时初失母亲——从我孩提时兼了父职抚育我到成人，而我未曾有涓埃的报答的母亲。痛恨之极，心中充满了对于无常的悲愤和疑惑。自己没有解除这悲和疑的能力，便堕入了颓唐的状态。"① 为此，马一浮特为其解说无常，丰子恺回忆道："他和我谈起我所作而他所序的《护生画集》，勉励我；知道我抱着风木之悲，又为我解说无常，劝慰我。其实我不须听他的话，只要望见他的颜色已觉羞愧得无地自容了。"② 时隔两年之后，即 1933 年 1 月的一天，丰子恺再次拜访马一浮。此时的丰子恺已不复如前之悲愤，同时他的生活也就从"颓唐中爬起来，想对'无常'作长期的抵抗了。"③ 丰子恺欲对"无常"作长期的抵抗，其中就包括他这几年经常在古诗词中读到"笙歌归院落，灯火下楼台"，"六朝旧时明月，清夜满秦淮"以及"白头宫女在，闲坐说玄宗"等咏叹无常的文句后，及时把它们演绎成现代漫画。按他的设想，待此类画绘作多了，可以出版一本"无常画集"。马一浮也提示其可以找这种题材的佛经和诗文集，同时又开导他："无常就是常。无常容易画，常不容易画。"④

　　既然"无常就是常"，那么容易画的"无常"，只要能画出来，自然也就是"常"。或许正是本着这一观念，丰子恺画了众多表现"无常"题

---

① 丰子恺：《陋巷》，载《东方杂志》1933 年第 30 卷第 8 期。

② 同上。

③ 同上。

④ 同上。

材的漫画。1936 年 1 月 16 日，丰子恺在《宇宙风》第 1 卷第 9 期上发表了一篇《无常之恸》，阐述了他对无常这一佛教的基本观念的进一步的认识。文章开头写道："无常之恸，大概是宗教启信的出发点吧。一切慷慨的，忍苦的，慈悲的，舍身的，宗教的行为，皆建筑在这一点心上。故佛教的要旨，被包括在这个十六字偈内：'诸行无常，是生灭法。生灭灭已，寂灭为乐。'这里下二句是佛教所特有的人生观与宇宙观，不足为一般人道；上两句却是可使谁都承认的一般公理，就是宗教启信的出发点的'无常之恸'。"文章还列举了众多古诗词中"无常"的句子，并加以阐述。就目前所查得的各种丰子恺著译书目，在他的名下并没有一本叫作《无常画集》的作品；在目前各种丰子恺的漫画集里，也找不到被标注为"无常漫画"的作品。但是，没有《无常画集》这部单行本，此前尚未发现他的"无常漫画"，并不意味他没有这类画。根据最新史料发现，丰子恺的这类画作主要发表在佛教刊物《海潮音》上，只是没有出现"无常"二字，而大多是被冠以"警世漫画"的题头，少部分被冠以"子恺漫画"的题头，且多数画作配有诗词句。现将《海潮音》中发表的丰子恺"警世漫画"作品和所配诗词句列表如下：

画题	发表时间	配诗（词）	备注
人生的阶段	第 12 卷第 1 号（1931 年）	譬如草木滋，长短参差现。谓是一报身，如露亦如电	配诗署名"了翁"
世路	第 12 卷第 1 号（1931 年）	可怜世间人，尽走无明路。安得大慈悲，金鎞括群瞽	配诗署名"了翁"
昔日的照相	第 12 卷第 1 号（1931 年）	梵志非昔人，波斯惊面皱。少壮不如人，老大常惭愧	配诗署名"了翁"
痛快的梦	第 12 卷第 1 号（1931 年）	张大教网，入生死海。漉人天鱼，置涅槃岸	配诗署名"了翁"
屋与花	第 12 卷第 2 号（1931 年）	庭树不知人去尽，春来还发旧时花	配诗署名"岑参"
人与花	第 12 卷第 2 号（1931 年）	春风欲劝坐中人，一片落红当眼睡	配诗署名"刘因"
人与月	第 12 卷第 2 号（1931 年）	人有悲欢离合，月有阴晴圆缺。此恨古难全	配词署名"苏东坡"
对镜	第 12 卷第 2 号（1931 年）	朱颜镜里凋，白发愁边绕。一霎光阴，底是催人老	配词署名"朱息翁"（疑为"李息翁"之误）
从前涂雪花膏的地方	第 12 卷第 3 号（1931 年）	昔年有余资，犹得傅膏泽。今也杼轴空，仅存枯白骨	配诗署名"遣叟"

续表

画题	发表时间	配诗（词）	备注
现世的家庭	第 12 卷第 3 号（1931 年）	纲纪皆沦坠，资粮苦取求。舟流不知届，何计可绸缪	配诗署名"无阂居士"
最后的一面	第 12 卷第 3 号（1931 年）	流浪走四方，亲在不欲见。争如画中人，犹得视含殓	配诗署名"无阂居士"
我们最后的需物	第 12 卷第 3 号（1931 年）	就木必有期，不定修与短。勤君早回头，结几渡彼岸	配诗署名"无阂居士"
抱子虾	第 12 卷第 6 号（1931 年）	彼子同尔子，尔抱他亦抱。能知彼此同，何忍供一饱	配诗署名"无阂"
风烛	第 12 卷第 6 号（1931 年）	认土真如墨，三灾复有风。羡君行待尽，净域乐无穷	配诗署名"无阂"
明月明年何处看	第 12 卷第 6 号（1931 年）	匆匆露电中，几得良宵咏。要知无量光，远胜嫦娥镜	配诗署名"无阂"
团圞	第 12 卷第 6 号（1931 年）	大家团圞头，有情本一体。安知无生话，不在唯啄里	配诗署名"无阂"
明年此会知谁简	第 12 卷第 7 号（1931 年）	蜉蝣天地间，彭殇本一视。苟求真寿康，岂在人间世	配诗未署名
今日残花昨日开	第 12 卷第 7 号（1931 年）	诸相本无常，昙花时一现。了知悉是空，何处觅欣厌	配诗未署名
生存竞争的决胜点	第 12 卷第 7 号（1931 年）	诸相本无常，昙花时一现。了知悉是空，何处觅欣厌	配诗未署名
夕阳无限好	第 12 卷第 7 号（1931 年）	生灭刹那间，一息无停住。尼山不云乎，朝闻可夕死	配诗未署名
六朝旧时明月	第 12 卷第 10 号（1931 年）	忆昔南朝寺，冰轮皎素秋。祗怜小儿女，认影尽迷头	配诗"遣叟"，以"子恺漫画"题头刊出，其性质与"警世漫画"一致
昔我往矣，杨柳依依	第 12 卷第 10 号（1931 年）	时劫无修短，人心有灭生。炎凉惊倏忽，行旅若为情	配诗"遣叟"，以"子恺漫画"题头刊出，其性质与"警世漫画"一致
客养千金躯	第 12 卷第 10 号（1931 年）	一沾香积饭，可至得忍消。嗟彼肉食者，只能壅芭蕉	配诗"遣叟"，以"子恺漫画"题头刊出，其性质与"警世漫画"一致
接吻	第 12 卷第 10 号（1931 年）	本是初民俗，沿为时世妆。如何墟墓里，犹演鬼荒唐	配诗"遣叟"，以"子恺漫画"题头刊出，其性质与"警世漫画"一致
新婚之夕	第 12 卷第 12 号（1931 年）		未配诗句
待毙	第 12 卷第 12 号（1931 年）		未配诗句

续表

画题	发表时间	配诗（词）	备注
公众阅报处	第 12 卷第 12 号（1931 年）		未配诗句
将来的车夫	第 12 卷第 12 号（1931 年）		未配诗句

　　除《海潮音》刊登"警世漫画"外，其他的佛教刊物也选登过其中一些作品，如《昔日的照相》亦在 1931 年《佛学半月刊》第 8 期上刊出；《人生的阶梯》亦在 1931 年《佛学半月刊》第 9 期上刊出；《现世的家庭》亦在 1931 年《佛学半月刊》第 10 期上刊出；《从前涂雪花膏的地方》亦在 1931 年《佛学半月刊》第 11 期上刊出。在 1931 年《佛学半月刊》第 13 期上还有丰子恺作《自塑像》一幅，从性质上看亦当属"警世漫画"，画的是一个人在塑雪人，太阳高照，暗示雪人不久即会融化。画下有署名"无阂"题句："经营殊费力，人巧夺天工。幻相总难久，须知转眼空。"

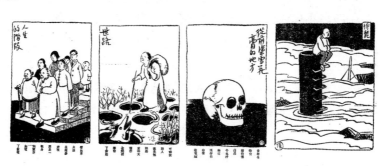

丰子恺警世漫画画例

　　"警世漫画"实质上是让人明了世事无常，勉励人们珍惜生命，及时多做善事且崇尚佛教理念。丰子恺作这类画，有时是根据日常生活所见而提炼画题；有时也从古诗词句中找画材。有意思的是，丰子恺居然还敦促友人和佛教界人士一起帮助寻觅这类古诗词句。比如《现代佛教》1933 年 6 月 19 日出刊的第 6 卷第 2 期上有一篇署名圆觉题为《丰子恺先生》的文章，记述了作者与亦幻、芝峰二法师去拜访丰子恺的情形，其中记曰："他有意把含有无常意义的古诗句翻译成画，所以他向我们说：'如有人见到古诗中无常的诗句，能随时把它录寄给我，那我是很感激的。'"可见，丰子恺对创作"警世漫画"既有热情，也有规划。

《新编醒世千家诗》
封面，丰子恺题

以往，人们已熟知丰子恺曾与弘一大师合作过《护生画集》和《续护生画集》（弘一大师圆寂后，由丰子恺或一人承担或与他人合作完成了后四集）。虽然护生画的编绘，主要是为了规劝世人培养善念，戒除杀生，其画意或为杀生之惨痛场景，或为人与动物，甚至人与大自然和谐相处的美好场景。但是，在看待护生画的问题上，切勿忘记弘一大师提出的护生画宗旨，即他在《护生画集》回向偈中所说强调的："盖以艺术作方便，人道主义为宗趣。"① 弘一大师甚至还规定了护生画的读者对象，他在致丰子恺的信中说："今所编之《护生画集》，专为新派有高等小学以上毕业程度之人阅览为主。"

又说："今此画集编辑之宗旨，前已与李居士陈说。第一，专为新派智识阶级之人（即高小毕业以上之程度）阅览。至他种人，只能分获其少益。第二，专为不信佛法，不喜阅佛书之人阅览（现在戒杀放生之书出版者甚多，彼有善根者，久已能阅其书，而奉行惟谨。不必需此画集也。）近来戒杀之书虽多，但适于以上二种人之阅览者，则殊为希有。故此画集，不得不编印行世。能使阅者爱慕其画法崭新，研玩不释手，自然能于戒杀放生之事，种植善根也。"② 丰子恺后来在《护生画三集序》中对此问题作解释时是这样说的："在严肃的佛法理论来说，我们这种偏重人的思想，是不精深的，是浅薄的，太精深，使未劫众生难于接受之故。应该多开方便之门，多多通融，由浅入深，则宏法的效果一定可以广大起来。"③为了人本身，多开方便之门，让未劫众生容易接受，这种以关注一般民众的创作宗旨和传播对象的平民化意识，其实也是"警世漫画"特点。

"警世漫画"刊登在佛教杂志上，也可知丰子恺其实是将其看作佛教

① 弘一大师：《护生画集》回向偈，见《护生画集》，开明书店 1929 年版。

② 弘一大师致丰子恺函，收《弘一大师全集》第八册文艺卷、杂著卷、书信卷，福建人民出版社 2010 年版，第 370 页。

③ 丰子恺：《护生画三集序》，大法轮书局 1950 年版。

绘画题材的一种，或尽可以说也是护生画的延续。同样是圆觉，他在《丰子恺先生》一文中说到"警世漫画"时，同时也写道："有时又想起他从前作了一册护生画集，引动了许多读者的恻隐之念，听说当时有一个文人读过护生画集后，护生之念勃然而生，以后就实行除荤了。"① 丰子恺自己就把"无常"这一概念归为宗教，如他在《无常之恸》中说的："无常之恸，大概是宗教启信的出发点吧。"人生充满"无常"，珍惜生命，把握当下，为来世修德就成了他的"警世漫画"所要"警世"人们的基本要点。

丰子恺这类画的题头为什么是"警世漫画"？是他本人自取的，还是编辑（或他人）代拟的？目前尚没有直接的资料可以解答。但是，我们似乎可以从弘一大师与《醒世千家诗》的重编一事上获得一些启示。

《重编醒世千家诗》于1929年3月由世界佛教居士林初版2000册（线装本），演音（弘一大师）题签，俞庆恩作序。诗集后附无相学人《重编醒世千家诗刊布因缘》，其中记曰："《醒世千家诗》初版，为江苏梁溪晦斋学人所辑，由浙江永嘉诸上善人施资镌版，印行若干，流布远近，而结善缘，时当清季洪杨之乱以前。第此书出世未几，书出无多，流行未广，骤遭兵燹，多数消失，可想而知。戊辰夏季，永嘉论月大师，偶在会昌罗汉山景德寺中得此孤本。展阅之，认为为今日吾国苦恼社会开智沦德之逗机佳书。商之寺主，出以流布。因精校硃批，圈选二百七十余首，并将不合时宜之诗数首删去，兼加修正若干处，挂号邮寄学人嘱再精校。未几丰子恺居士、杭垣北高峰李居士，先后来书索阅……"戊辰年即1928年，论月大师即弘一大师，李居士即参与《护生画集》编纂的李圆净。该文又记曰，李圆净索阅此书后，"校阅尤精细"，并补诗二十九首，以为孝亲敬长及兄弟夫妇朋友勉士等可编为上卷；以戒杀戒淫戒贪戒瞋劝善戒恶等编为下卷。复得聂云台居士寄来"戒杀名理集"中的五首诗，和宦炳森居士提供的"好生救劫篇"等参考书中采录的若干首，名曰重编。该文明确记述"丰居士首先捐资助印"。《重编醒世千家诗》刊行一年后，李圆净又补充合乎醒世作用之古诗若干首，名曰《新编醒世千家诗》于1929年12月由上海国光印书局出版，上海佛学书局流通，封面由丰子恺设计并题书名。丰子恺的封面设计意味深长：图案为一座座民

① 圆觉：《丰子恺先生》，载《现代佛教》1933年第6卷第2期。

宅，暗喻千家诗为世间寻常人家的读物。

当初晦斋学人在编《醒世千家诗》时有跋，曰："兹就各家诗中，择其明白易显足以醒世者，集为是编。非有裨伦常日用者弗登，盖亦为斯世唤醒迷途之意也。是以即名曰醒世千家诗。"① 弘一大师显然看到了此书的价值，时值其正与丰子恺商编《护生画集》。而《护生画集》第一集于1929年2月出版后，《重编醒世千家诗》和《新编醒世千家诗》先后问世，二者均与丰子恺的积极参与有关。作为画家，丰子恺自有别样的考虑，他乐于用漫画再作描绘，使之更加平民化，宣教的效用或许也就更大。从目前可查得的丰子恺"警世漫画"，其发表的时间是1931年，正是《护生画集》和《重编醒世千家诗》、《新编醒世千家诗》出版后不久。"警世漫画"其实与"醒世漫画"的意思一样，而丰子恺在其后，也直接用过"醒世画"的称呼，如在1949年4月1日出刊的《觉有情》第10卷第4期上刊有丰子恺于该年3月6日致大法轮书局编者苏慧纯的信，信中主要谈续作护生画事，同时又说道："今寄上醒世画二，可聊作书面之用。"② 可见，至少在1929年《护生画集》（初集）问世后至1949年之前，丰子恺其实是将护生画和醒世画（警世漫画）的创作一并考虑的。

---

① 晦斋学人：《醒世千家诗》跋，浙江永嘉诸上善人施资镌版。

② 丰子恺致苏慧纯函，载《觉有情》1949年第10卷第4期。

丰子恺绘佛千尊纪念恩师

以往在丰子恺的绘画作品中，能见到少量的佛像，殊不知，他曾在抗战期间绘有千余幅佛像。1940年8月出刊的《罗汉菜》杂志第14期刊出《丰子恺先生赠画佛像》启事曰："名画家丰子恺居士发愿画佛千尊，普赠有缘。凡欲得以供奉者，须将阔约八九寸，长约十二三寸之夹宣纸，邮递贵州遵义县浙江大学转交，并附邮费。即当将原纸绘就寄回。此项确实佳音。得自本年7月11日丰居士致上海李圆晋居士书。谨为介绍，欲求从速。"同年9月1日出刊的《佛学半月刊》第9卷第17号（第212期）上亦刊出《丰子恺先生绘画佛像》，文字基本相同："名画家护生画集原著者丰子恺先生，发愿画佛千尊，普赠有缘。凡欲得以供奉者，须将阔约八九寸，长约十二三寸之夹宣纸，邮递贵州省遵义县浙江大学转交，并附邮资，即当将原纸绘就寄回。此项确实佳音。得自本年7月11日丰先生致上海李圆净居士书。谨为介绍，欲求从速。"

1941年1月1日《佛学半月刊》第10卷第1号（第220期）上又刊出一则《丰子恺启事》，原文如下：

敬启者：

鄙人今春发愿画佛千尊流通世间，广受供养。半载以来，所绘百有余尊。斯愿已偿十分之一矣。迺者，沪地某居士将此消息刊登佛教杂志，各地信善，纷纷来函相嘱，至今已得数十通，皆辞意诚恳，信愿深挚，并附最胜宣纸足数邮票。可见末劫时代，佛法固自存在，修罗场里，慈心相映益彰，斯诚至可庆喜。今特敬告，宇内信善，凡欲得拙画佛像供养者，请将宣纸（大约阔一尺长，二尺为限，请勿过大）及回件邮资封寄贵州遵义浙江大学鄙人收。当即如命写奉。非有特故，延搁不逾一月。专此奉启。

附启者，鄙人近患伤寒，卧病月余，至今犹未痊愈，以致前所嘱画至今未报。一俟病愈，当即写寄。恐劳盼待，特此附告。

民国二十九年九月廿八日丰子恺启

丰子恺画佛，与弘一大师的嘱咐有关，也与纪念弘一大师有关。弘一大师除了自己以画佛弘扬佛法外，也经常要求弟子画佛。关于此，文献资料记载很多，如李鸿梁在《我的老师弘一法师李叔同》一文中就说过：

有一次我到招贤寺去……临走时，法师还送了我几个他从山上拾来的野干果和一部日本版《佛像新集》，计两册。并嘱我画千手观音及文殊、普贤像各一幅，预备影印。

又说：

一九二九年九月二十日为法师五十寿，我在一星期前，赶把数年前命画的多面千手观音菩萨像画好，于十九日下午赶到白马湖（春晖中学在白马湖，经亨颐任校长）……①

这样的情况也发生在丰子恺的身上。比如，弘一大师于1929年农历八月廿九日（也就是弘一大师赴白马湖晚晴山房居住的第三天）写信给丰子恺：

乞画澄照律祖像一幅。别奉样式一纸，乞检阅。此像在《续藏经》中。今依彼原稿，略为缩小。如别纸中，硃笔所画轮廓为限。如以原稿太繁密者，乞仁者依己意稍为简略。但仍以工笔细线画之为宜。画纸乞用拷碑纸，因将刻木板也。此画像，能于旧历九月中旬随夏居士返家之便带下，为感。

弘一大师又于1938年闰七月二十四日写信给丰子恺：

---

① 李鸿梁：《我的老师弘一法师李叔同》，载《浙江文史资料选辑》第26辑，浙江人民出版社1984年版。

前复函及写件，想已收到。朽人近在此弘法甚忙，亦颇有良好之效果，可庆忭也。仁者暇时，乞绘释迦佛像一纸，约二尺高之直幅，（四尺宣纸一张裁开为四幅）像上，乞写"南无本师释迦牟尼佛"九字。下方纸边，乞写"笑棠居士供养、仁者敬绘"（并盖印）之小字，如常式。至用感谢……

另在附言中说："倘仁者多暇，乞再绘如上式之佛像数叶，但不写上款，一并寄下，尤感。"同年农历十一月十八日，弘一大师又写信给丰子恺："前承寄画像，已分赠诸友人，欢感无尽。"①

弘一大师请学生画佛像，一是鼓励弟子画佛像，二来也是在他自己一时所需而又无暇绘作的情况下出现的情况（弘一大师画佛像的时间大多集中在 1928—1933 年）。特别需要说明的是，第二、第三封信写于 1938 年。此时的弘一大师已不经常画佛像，所谓"朽人近在此弘法甚忙"即为原因。故有需要时，仍请丰子恺描绘。丰子恺写此启事是在 1940 年，此时他刚与弘一大师合作完成《续护生画集》，两人联系相对较多，故他绘佛像，从因缘上讲会与弘一大师的鼓励有关。有了先师的鼓励，丰子恺居然决定绘佛像 1000 幅以纪念弘一大师的 60 岁寿辰。笔

丰子恺佛像一例

者在 1942 年 3 月 5 日《佛化新闻》报上找到了证据。该日的《佛化新闻》在第一版上有一报道，题目是《丰子恺居士为祝弘一法师六十大庆画佛像千尊结缘》，小标题是"早已满额，申明截止"。报道曰："丰子恺居士，昨函本报，申明佛像满额截止绘画，兹录其原函如左，以飨读者，原函云：敬启者：不慧前年为祝弘一法师六十之寿画佛千尊结缘。全国各省信善纷纷函请，去春早已满额，曾在上海佛学半月刊启事截止。今接川中各地信善来信，谓因见贵刊载有赠画佛像消息，故寄纸嘱画。函件亦有

① 以上致丰子恺的三封信见《弘一大师全集八·杂著卷、书信卷》，福建人民出版社 1992 年版。

数十通之多。唯不慧近来多病，俗事又忙，暂时未能绘画。故特奉书，乞为照登，以代辞谢。凡已寄下者，当择暇绘寄。但今后请勿再寄纸邮，以免耽误。他年有缘，定当多绘广赠，再结缘可也。专此即请佛化新闻社执事，兹照。丰子恺顶礼启。卅一年一月二十九日。"同样内容的信，丰子恺也于 1941 年五月二十六日致蔡慧纯："一月间赐示早到。事冗久不复，至歉。画佛千尊今已满愿。但四方求者，已达千三百余尊，来函尚源源不绝。不得已，已在佛学半月刊启事，请额外求者延迟至秋间应嘱。宏法事业不嫌多，惟弟尚有世俗事务，为生活所必须，故不得已暂停。"① 可知，丰子恺确实画过数量甚巨的佛像。倘若如今世上有众多丰子恺佛像画流传，就数量而言，实不为怪。至于具体到某幅画是否真迹，则是另一回事。

---

① 丰子恺致蔡慧诚信，载《觉有情》1941 年第 44、45 期合刊。

《华严集联三百》出版前言

李叔同多才多艺，早年在音乐、美术等方面的开拓性业绩至今被人们铭记。他的书法也一样，无论是李叔同时期，还是出家后的弘一法师时期，均为世人称道。评说赞美他书法的人很多，用丰子恺的话来概括："他的字，功夫尤深，早年学黄山谷，中年专研北碑，得力于《张猛龙碑》尤多。晚年写佛经，脱胎换骨，自成一家，轻描淡写，毫无烟火气。"

如今，弘一法师的书法已成了人们竞相收藏的珍宝，拍卖市场更是天价连连。人们常用"高山仰止"来形容对弘一法师文化行持的崇敬，若如此，他的书法实可谓是此座大山上的一道亮丽的风景。拍卖市场上的天价自是现象之一端，更重要的是，人们通过对他书法作品的观览品读，可揣摩体味弘一法师的品格修养和人文情怀。

1930 年，弘一法师在慈溪金仙寺听静权法师讲《地藏经》及《弥陀要解》的同时，进一步深入研究了《华严经》，并缀成《华严集联三百》，次年由开明书店出版，至今仍影响深远，被看成是弘一法师佛学行持的代表性成果，也可视为法师弘扬华严的一次特别的举动。根据刘质平《华严集联三百跋》，弘一法师此举有纪念母亲七十冥辰之意，更重要的还是为了方便导俗。对此，弘一法师自己在《华严集联三百序》里说得很清楚，他写道："割裂经文，集为联句，本非所宜。今循道侣之请，勉以缀辑。其中不失经文原意者虽亦有之，而因二句集合，遂致变易经意者颇复不鲜。战兢悚惕，一言三复。竭其驽力，冀以无大过耳。兹事险难，害多利少。寄语后贤，勿再赓续。偶一不慎，便成谤法之重咎矣。""只句片言，文义不具；但睹集联，宁识经旨。故于卷末别述《华严经读诵研习入门次第》一卷。惟愿后贤见集联者，更复发心，读诵研习华严大典。以兹集联为因，得入毗卢渊府，是尤余所希冀者焉。"

弘一法师显然对缀集《华严集联三百》甚有心得。如有人请其写字，也经常写这些联语和偈句。《华严集联三百》有附录《华严经读诵研习入门次第》，分读诵、研习两个部分。弘一法师表示："读诵研习，宜并行之。今依文便，分为二章。每章之中，先略后广。学者根器不同，好乐殊致，应自量力，各适其宜可耳。"然而，对于这次的缀集工作，弘一法师还是有特别说明的。他在序言中所说的那番话另有深意："割裂经文，集为联句，本非所宜。"因为有"道侣之请"，他才"勉以缀辑"，并"战兢惕厉，一言三复，竭其弩力，冀以无大过耳"。他还郑重地对后人提出了忠告："兹事险难，害多利少。寄语后贤，勿再赓续。偶一不慎，便成谤法之重咎矣。"当然，弘一法师是有能力做这集联工作的。他的这项工作也得到了学者的好评。《华严集联三百》出版数年后，经亨颐和马一浮先后加作了跋语。其中马一浮的跋对弘一法师的此番举动亦明白无误地评价曰："……《华严集联》，亦大师欲以文字因缘方便说法之一……"

弘一法师十分重视对《华严经》的研究，而他更以对《华严经》的研究心得引导学人对其进行探究的方法和途径。浩瀚的《华严经》，一般人若要作仔细的研究绝非易事。为此，应道侣之情，弘一法师本着导俗之愿完成了《华严集联三百》。对于弘一大师的编纂工作及其华严思想，当时经常陪伴在他身边的亦幻法师在《弘一大师在白湖》一文中介绍道："……同时他在白湖所研究的佛学，是华严宗诸疏。每日饭后，必朗诵《普贤行愿品》数卷回向四恩三有，作为助生净土的资粮……我揣想他的佛学体系是以华严为境，四分戒律为行，导归净土为果。"

据研究者统计，弘一法师写经数量达五十余部之多。他的写经，思虑通审，志气和平，用心虔诚，下笔稳健，一笔一画一点无不蕴涵着文化深韵。他写经，或为自身修行，或为深研佛理，而相对于他用心书写过的众多佛教经典，《华严集联三百》的编纂，似乎如同他与丰子恺合作《护生画集》、发心重编《醒世千家诗》等一样，实可谓其佛学平民化意识的一次体现。读者若静心品诵弘一法师为大众所集之联句，当会从内心深处感受到如月般的透亮、甘露般的清凉。

（弘一大师：《华严集联三百》，西泠印社出版社 2013 年 2 月版）

以艺术作方便的《清凉歌集》

有些时候，一些"约定俗成"的套话委实让人困惑不解，所谓李叔同出家后"诸艺皆废，惟书法不辍"即是其一。李叔同出家后，除了书法外，诸如绘画、诗词、篆刻、音乐等分明都有作品存世，而研究界却总有一些人要说"废"了。未知史实倒也罢了，但分明知道却还要"废"，这就令人费解了。别的暂且不论，就以歌曲为例，弘一大师既有弘法歌曲《三宝歌》（太虚大师作词，弘一大师制曲），也有激励抗战的《厦门第一届运动会会歌》，更有影响深远的《清凉歌集》。

谈及《清凉歌集》，须说明一个问题，即弘一大师在作《清凉歌集》之前原本就有过作歌计划。他在致弘伞法师的一封信中就有透露："惠书敬悉。去冬本有撰述歌谱之愿……承惠日书三册，其中《赞歌》二册敬受，且俟他年恢复康健时，当试为之。《薄伽梵歌》，无有需用，谨寄返……"此信写于1927年农历四月二十八日，当时尚无《清凉歌集》之议。弘一大师答应刘质平编撰学校教育歌曲（即此后的《清凉歌集》）是在1929年。《清凉歌集》出版时有夏丏尊的序："……一日，刘生质平偕余往访和尚于山寺，饭罢清谈，偶及当世乐教。质平叹息于作歌者之难得，一任靡靡俗曲流行闾阎，深惜和尚入山之太蚤。和尚亦为怃然，允再作歌若干首付之，余与质平皆惊喜，此七年前事也。七年以来，质平及其学友根据和尚所作歌词，分别谱曲，反复推敲，必得和尚印可后定。复经上海新华艺术专科学校、浙江宁波中学等处实地演奏，始携稿诣余，谋为刊行。作曲者五人：质平为和尚之弟子，学咏，希一，伯英，为质平之弟子，绂棠为质平之再传弟子，皆音乐教育界之铮铮者。歌曲仅五首，乃经音乐界师弟累叶之合作，费七年光阴之试练，亦中国音乐史之佳话矣。歌名'清凉'，和尚之所命也……"① 夏丏尊此序写于1936年8月，所谓

---

① 夏丏尊：《清凉歌集》序，开明书店1936年版。

"此七年前事也",即应该是1929年。此外,弘一大师于1929年农历十一月二十五日有信致刘质平,曰:"歌集应如尊嘱成百八首。拟分作十编,络续出版……今仅先作十首,于明年可以先印第一编出版。"

《清凉歌集》封面,
马一浮题

《清凉歌集》扉页

《清凉歌集》版权页

弘一大师决定作"清凉歌"的动机,在以上的谈话中已可了解。所谓"偶及当世乐教。质平叹息作歌者之难得,一任靡靡俗曲流行闾阎"时,他们"深惜和尚入山之太蚤",结果弘一大师"亦为怃然,允再作歌若干首付之",使得夏丏尊、刘质平"皆惊喜"。可见,弘一大师与夏丏尊、刘质平一样,不能容忍当时学校里的乐歌现状,为下一代考虑,他愿意继续为之作歌。夏丏尊和刘质平所担心的状况在弘一大师的另一位学生丰子恺的文章里也提到过。丰子恺在《卅年来艺术教育之回顾》中说艺术应该是金鸡纳霜,说浅见的人欣赏艺术好比吃奎宁丸,只知其外表的甜味而不知其内里的药物能起到治病的作用。他认为好的音乐能培养美德,反之,音乐将败坏社会风气。针对有一个时期,音乐教育中曾出现过一些低俗歌曲,丰子恺也急了:"这种歌曲好像魔鬼降生,把学校及民众的乐坛,搅得一塌糊涂。到处都是靡靡之声与亡国之音……害得学生尽行化作卖唱儿……害得士兵们拿不起枪来。"[①] 可见,夏丏尊和刘质平担心的情况跟丰子恺所担心的情形是一样的。丰子恺又在1927年为他自己所编的《中等教科适用歌曲集·中文名歌五十曲》所写的序言里这样说:"现在

---

① 丰子恺:《卅年艺术教育之回顾》,收《子恺近作散文集》,普益图书馆1941年版。

中国还没有为少年少女们备一册较好的唱歌书。"①面对"靡靡俗曲流行闾阎"、"到处都是靡靡之声与亡国之音",像弘一大师这样曾对中国近代学堂乐歌创作有过重大贡献的大智慧,决定重新为学生写歌,这是很自然的事情,从某种角度而言,弘一大师作《清凉歌集》,也可认为是他的学堂乐歌创作在出家后的延续。

《清凉歌集》的最初计划十分庞大。弘一大师在致刘质平的信中说过:"作歌之事,已详细思维。最难者为取材,将来或仅能作五十首。倘歌材可以多得者,或可至百八首。现在不能预定也。"又说:"现已拟定十首(尚未撰就),但皆是高中、专科所用者。恐将来全集之中,多属于此类。其普通用及小学用者,或仅一二首,或竟无有也。因选择此类歌材,甚为困难故。"② 对于一个出家人来说,他要作此类歌,参考的材料不易觅得。也许是由于这个原因,亦或许是精力不足,他最终只为《清凉歌集》编了五首歌,而且除了《清凉》之外,其他四首还是缀录莲池大师、蕅益大师的文字,略作改动后于1931年2月完成的。这五首歌是《清凉》、《花香》、《观心》、《山色》和《世梦》。

关于"清凉歌"的编撰地点,学界也多有歧解。林子青在《弘一法师年谱》中说《清凉歌集》完成的地点是浙江慈溪白湖金仙寺。③ 而戈悟觉编《弘一大师温州踪迹》一书中说是浙江温州。④ 其实执着于此问题没有意义。因为当时的弘一大师往返于白马湖、慈溪、温州、宁波、厦门等地,他的行踪随缘而至,随缘而往,《清凉歌集》的编撰也自然就是可以在各地随缘进行。但是《清凉歌集》的最终脱稿,应该是在浙江慈溪金仙寺,理由是陪伴弘一大师的亦幻法师在《弘一大师在白湖》一文中有一段回忆:"我现在毕竟记不清楚了,清凉歌集与华严集联三百,是哪一本先在白湖脱稿的。我只记得他常对我称赞芝峰法师佛学的淹博,要我把清凉歌集寄给他作成注解合并付梓,想利用善巧方便来启迪一般学生回

① 丰子恺与裘梦痕合编《中等教科适用歌曲集·中文名歌五十曲》,开明书店1927年版。

② 弘一大师致刘质平函,收《弘一大师全集》第八册文艺卷、杂著卷、书信卷,福建人民出版社2010年版,第284页。

③ 林子青:《弘一法师年谱》,宗教文化出版社1995年版。

④ 戈悟觉:《弘一大师温州踪迹》,上海文艺出版社2000年版。

心向佛，而种植慧根。"① 按亦幻法师的意思，《清凉歌集》和《华严集联三百》都是先后在白湖金仙寺脱稿的。所以，最稳妥的提法是，弘一大师在浙江等地编撰了《清凉歌集》，最后脱稿于金仙寺。

从"清凉歌"的编撰完成（1931 年）到《清凉歌集》的正式出版，其间用了 5 年时间。按理说，刘质平等人如此急切地请弘一大师作歌，又怎么会在歌集编撰完成后的五年才出版呢？从目前掌握的资料看，原因有二：一是如夏丏尊在《〈清凉歌集〉序》里所说："质平及其学友根据和尚所作歌词，分别谱曲，反复推敲，必得和尚印可而后定。复经上海新华艺术专科学校、浙江宁波中学等处实地演奏，始携稿诣余，谋为刊行。"②二是没能及时筹集到出版的经费。在这方面，我们可以从弘一大师给刘质平的书信中获得信息。1932 年农历二月六日，弘一大师致函刘质平，询问配曲情况："《清凉歌曲》已成就否？为念。"③ 1934 年农历四月十三日，弘一大师致函刘质平："《清凉歌集》能出版否？开明、世界（现蔡丏因任编辑事）及佛学书局，皆可印行，不须助印费。仁者仅任编订校对之事，即可成就也。前誊写版所印《清凉歌集》五首，如有存者，乞先寄与下记二处……"④ 可见，《清凉歌集》的出版，在出版资金上出了问题。这才有了弘一大师"开明、世界（现蔡丏因任编辑事）及佛学书局，皆可印行，不须助印费。仁者仅任编订校对之事，即可成就也"的提示。《清凉歌集》最终还是在弘一大师的老友夏丏尊主持编务开明书店出版了（1936 年 10 月）。弘一大师显然对《清凉歌集》十分看重。1937 年他在青岛给刘质平写信，问"《清凉歌集》出版后现象如何"。当他知道《清凉歌集》绝版之后，又于 1941 年正月十九日致函刘质平："《清凉歌集》已绝版，将来时局平靖，乞仁者托上海慕尔鸣路一百十一弄六号大法轮书局陈海量居士经理，重印流通。以摄影制版为宜。其印资，请彼向菲律宾性愿法师商酌，绝无困难。"⑤

---

① 亦幻：《弘一大师在白湖》，收《弘一大师永怀录》，大雄书局 1943 年版。

② 夏丏尊：《清凉歌集》序，开明书店 1936 年版。

③ 弘一大师致刘质平函，收《弘一大师全集》第八册文艺卷、杂著卷、书信卷，福建人民出版社 2010 年版，第 290—291 页。

④ 同上书，第 296 页。

⑤ 弘一大师致刘质平函，收《弘一大师全集》第八册文艺卷、杂著卷、书信卷，福建人民出版社 2010 年 10 月版，第 301 页。

《清凉歌集》在出版时，"作歌者"标注的是"弘一法师"字样，其实，这只是人们对弘一大师的尊重，弘一大师自己未必是如此认为。就实际情形而言，五首清凉歌词中，除《清凉》为弘一大师自创外，其余四首，《山色》、《花香》、《世梦》根据莲池大师《竹窗随笔》及《竹窗三笔》的短文撰辑，《观心》采用蕅益大师《灵峰宗论》的法语改写。故弘一大师也曾自称"缀录"。

《清凉》歌谱

弘一大师在编撰完《清凉歌集》后，担心歌词深奥，不易被一般人理解，便致函闽南佛学院芝峰法师，请其代撰歌词注释。弘一大师在信中详细述说了作歌词的意图和注释的要求："此歌为初中二年以上乃至专科学生所用。彼等罕有素信佛法者，乞准此程度，用白话文撰极浅显之注释，并令此等学生阅之，可以一目了然。注释中或有不得已而用佛学专门名词者，亦乞再以小注解之。注释之法，以拙意悬拟，每首拟先释题目，后释歌词。释题目中，先述题目之大意，后释题目之字义。释歌词中，先述全首歌词之大意，次略为分科，后乃解歌词之字义也。"①芝峰法师所作的文字即开明书店版《清凉歌集》内所收的《清凉歌集达旨》。

芝峰法师的"达旨"写得十分周全，他在总论中说："这五首歌，初读起来似乎作者没有设意照着预定的计划来作；但是如果用精密的一首一首有意无意地读着唱着味着，那整然的秩序好像地球一般不在意地依着自然律的转动着。"②接着，他就每一首歌作了阐释。以弘一大师自作的《清凉》为例，歌词为：

清凉月，月到天心，光明殊皎洁。今唱清凉歌，心地光明一笑呵。
清凉风，凉风解愠，暑气已无踪。今唱清凉歌，热恼消除万物和。
清凉水，清水一渠，涤荡诸污秽。今唱清凉歌，身心无垢乐如何。

---

① 弘一大师致刘质平函，收《弘一大师全集》第八册文艺卷、杂著卷、书信卷，福建人民出版社2010年10月版，第460—461页。

② 芝峰法师：《清凉歌集达旨》，《清凉歌集》，开明书店1936年版。

清凉，清凉，无上究竟真常。

芝峰法师对此歌的解释十分到位，他写道：

这首用"清凉月"，"清凉风"，"清凉水"，来表现我们身心与
自然界亡人亡我，无物无心，肝胆天地，万有一体的谐融化。

假使我们对于这歌调的意义，全然明白，在那澄潭碧水的幽境，
明月清风的当儿，依和谐的韵律，静穆地歌唱着；真是同一世吃苦瓜
的人，忽然尝到鲜甜蜂蜜一般，有说不出的精神上的快乐。李白有两
句诗："素心自此得，真趣非外求。"差足以喻此。

凉月清风，澄潭碧水，自然界从来没有对于我们有吝惜心，不过
因我们自己的心地，被那些好恶爱憎得失的念头所扰乱，虽时常遇到
这种境界，也成为熟视无睹了；唯养心有素的人，能体得这真趣。

然这心与物间的境界，乃一时天机流露，稍纵即逝。我们能常常的
借着大自然的境界，以触发我们自心的天机，久而久之，不但养成功我
们哲理的思想，同时使我们思想清晰，无论去研究什么学问，都收事半
功倍之效……

弘一大师之所以重视《清凉歌集》，正是在他看来，他是在以艺术作方
便，体现佛教文化的宗趣。作为一个出家人，他希望他编撰的《清凉歌集》
适合少年学子传唱，尤其是在当时混浊的社会里，这五首"清凉歌"能像一
味清凉剂，起到净化人心的效果。当然，如今探讨弘一大师出家后的艺术行
为，也不能回避他早期的艺术爱好。一个最能说明问题的事例就是他出家后
赠与夏丏尊的五方印章。弘一大师于 1922 年春在赠夏丏尊印章小轴题记中说：
"十数年来，久疏雕技，今老矣，离俗披剃，勤修梵行，宁复多暇耽玩于斯。
顷以幻缘，假立私名，及以别字，手制数印，为志庆熹。后之学者览兹残砾，
将毋笑其结习未忘邪。于时岁阳玄默，吠舍佉月，白分八日。予与丏尊相交
久，未尝示其雕技，今赉以供山房清赏。弘裔沙门僧胤并记。"[①]请注意"将
毋笑其结习未忘邪"句。此实实在在地说明了他自己不忘艺术创作的禀性。

---

① 弘一大师赠夏丏尊篆刻五方题记，收《弘一大师全集》第七册佛学卷、传记卷、
序跋卷，福建人民出版社 2010 年版，第 641 页。

20 世纪末的几次弘一大师
研究会议及活动

弘一大师诞辰 110 周年活动

1990 年 11 月 2 日，上海佛教协会和上海音乐学院联合举办的"弘一大师诞辰 110 周年活动"在上海龙华寺举行。全国各地 400 余位艺术界、宗教界人士参加了"李叔同——弘一法师艺术研讨会、真迹书画展、歌曲演唱会"，同时还举行了《李叔同——弘一法师歌曲全集》（该年 9 月由上海音乐出版社出版）及录音带的出版发行仪式。上海佛教协会会长真禅法师到会并讲话，称赞这次活动"挖掘弘扬了佛教传统文化艺术，进一步体现了党的宗教政策的落实"。

海峡两岸纪念李叔同——弘一大师圆寂 50 周年活动

1992 年 9 月 26—28 日，天津市李叔同研究会举办海峡两岸纪念李叔同——弘一大师圆寂 50 周年活动。活动在天津宾馆举行，历时 3 天，主要内容有：纪念大会、座谈会、文化名人李叔同圆寂 50 周年纪念展览和李叔同音乐作品欣赏会等。本次活动纳入第二届"友好艺术节"活动系列。同时天津邮票公司发行纪念封一枚，以资纪念。纪念展览在天津美术学院展出，展品有从全国各地征集的弘一大师不同时期的书法手迹、印章和照片等。音乐会在天津音乐厅举行，歌唱家于淑珍、石惟正、赵振岭等参加演唱。

第一、二、三届海峡两岸弘一大师德学会议

1995 年 8 月 13—15，日台北弘一大师纪念学会在台北举行首届海峡两岸弘一大师德学会议。中华佛教僧伽会会长了中法师致词。参加会议的来自天津、北京、山东、杭州、上海等地的学者及台湾大德法师、研究专家，共收到论文 18 篇，依各自研究专长分别讨论弘一大师在佛学、艺术道德上的成就。中国大陆参加本次会议的有李莉娟、李汶娟、孙继南、李载道、林子青、徐星平、钱仁康、戴嘉枋等，台湾方面则有陈慧剑、刘朝治、了中长老、昭慧法师等。了中法师在致词中说"弘一大师一生最值得纪念的是出家以后，谨守戒律，充分发挥止恶扬善精神，也就是身心合一，值得社会大众学习"。

1997 年 8 月 24—26 日，台北弘一大师纪念学会在台北举行第二届海峡两岸弘一大师德学会议。笔者应邀参加了本次会议。1998 年 12 月，第一、二届海峡两岸弘一大师德学会议的论文集由台北弘一大师纪念学会编印出版《弘一大师有关人物论文集》，主编陈慧剑。在这部论文集里，收录的第一届会议时的论文有：释昭慧《弘一大师之研律与弘律》、游祥洲《弘一大师论空与不空》、杨梓茗《弘一大师对净土教义之信受奉行》、叶明媚《弘一大师对现代佛乐贡献与影响》、陈清香《弘一大师（李叔同）绘画风格之流变》、杜忠诰《弘一大师书艺管窥》、李璧苑《弘一大师写经精神中的苦行心志》。收录的第二届会议时的论文有：李载道《徐耀廷与弘一大师之因缘及其影响》、徐正纶《弘一大师与马一浮》、于凌波《弘一大师与范古农居士之道谊》、戴嘉枋《论弘一大师与夏丏尊先生之法缘》、郭长海《弘一大师（李叔同）与杨白民》、陈星《弘一大师与丰子恺》、孙继南《弘一大师与刘质平的因缘》、徐正纶《弘一大师与李鸿梁》、侯秋东《弘一大师与刘海生（觉生法师）》、秦启明《弘一大师与胡宅梵》、王尔康《记终身敬奉弘一大师的高文显先生》、吴雪松《弘一大师与我的恩师黄福海》、沈继生《弘一大师与李芳远》、陈慧剑《试论弘一大师"杭州七年"友生之道》。

纪念弘一大师 120 岁诞辰暨第三届海峡两岸弘一大师德学会议于1999 年 10 月 28—30 日在台北隆重举行。笔者应邀出席，并发表了题为《从〈护生画集〉的创意看弘一大师的时代精神与持戒精神》的学术论

文。会议结束后，来自大陆的学者还在弘一大师纪念学会的安排下在台北、新竹等地参观了有关文化学术单位。本次会议的部分论文与第四届会议的部分论文合编为《弘一大师人格与思想论文集》，于 2008 年 11 月由台北弘一大师纪念学会出版，主编侯秋东。

弘一大师遗墨真迹文物展

1995 年 8 月，由中华艺文活动推展协会、华夏文化促进会、"国父纪念馆"共同主办的"弘一大师遗墨真迹文物展"在台北"国父纪念馆"翠亨廊举行，展览日期为 8 月 12—15 日。莅临剪彩嘉宾有：圣严法师、林子青先生等 6 位，展品由刘质平之子刘雪阳、泉州开元寺和香港陈武博三处提供。展品约 300 件，包括书法作品、格言、对联、写经。其中弘一大师刺血写的经句 3 件；日常用具，如衣服、鞋、脸盆、盆架、棉被、钟表、经架、牙刷、床、书箱等物品 25 件，基本按生前的布置陈列。展品中有徐悲鸿与丰子恺为弘一大师作的画像各一件，及遗嘱、制衣图、文房四宝、石刻印、写经等。此次展览是台湾有关弘一大师的文物展中规模最大的一次。

弘一大师诞辰 115 周年暨学术研讨会

1995 年 11 月 11 日，纪念弘一大师诞辰 115 周年暨学术讨论会在福建泉州鲤城宾馆召开。开幕式由泉州市人大常委会副主任周焜民主持，泉州市副市长李天乙致词，福建省佛教协会副会长、泉州市弘一大师学术研究会理事长、《弘一大师全集》副主编陈珍珍居士汇报了大会筹备情况，中国佛教文化研究所研究员、《弘一大师全集》主编、《弘一大师年谱》作者林子青居士到会并发言。本次学术研讨会由福建省佛教协会主办，泉州市佛教协会和泉州市弘一大师学术研究会承办。来自北京、天津、上海、杭州、长春、兰州、苏州、洛阳、广州、海南、西藏和台湾等省市和地区的专家学者以及福建省、泉州市学术界人士、有关部门领导、佛教界的高僧大德等 300 余人出席了讨论会。会议收到论文 70 余篇，内容涉及弘一大师出家前后各方面的学术成就。研讨会由中国佛教协会副会长、莆田广化寺方丈学诚法师主持，分两大组进行。

本次讨论会的论文集《弘一大师纪念文集》迟至 2005 年 10 月才由海风出版社出版，泉州市弘一大师学术研究会编。该文集的编后记言："弘一大师诞辰 115 周年学术讨论会于 1995 年 11 月 11 日至 13 日在福建泉州召开。出席会议 300 余人，收到论文 70 余篇。由于有的文章内容相互重复较多等原因，经请论文作者通信评议，选出 53 篇，编成此书……"

弘一大师遗墨展

1997 年 5 月 17—25 日，中国佛教协会、新加坡佛教居士林联合举办的"弘一大师遗墨展"在新加坡佛教居士林举行。以中国佛教协会副秘书长学诚法师为团长、刘雪阳居士为副团长的展出团一行六人首次在南洋地区展出弘一大师作品，展出内容有：弘一大师手书格言、对联、经屏、信札近 300 件。其中有他一生中最大的两件作品"佛说阿弥陀经"和"华严集联三百"。展期 8 天。

这次展出从现实及长远意义上来看，无论是对宗教界还是文化界、艺术界都产生了十分深远的影响。新加坡佛教居士林司理李木源居士致欢迎词，学诚法师致开幕词，弘一大师嫡传弟子刘质平居士子女刘雪阳、刘雪韵专程携带弘一大师的作品到新加坡展出，并在开幕式上献词，刘雪阳说："弘一大师是我父亲在浙江第一师范求学时的老师，他们之间有不同寻常的师生情谊，弘一大师书写了许多墨宝给我父亲，几十年历经战乱，屡逢艰险，由于爱护备至，始获幸存。我父亲生前对我说过，有适当机会尽量举办弘一大师墨宝展，让崇仰弘一大师的人见到他的真迹，有机会出版他的遗宝，使更多的人能欣赏到大师精湛的书法艺术。"此次展览也实现了刘质平居士的夙愿。

新世纪以来弘一大师研究学术会议综述

引　言

　　20 世纪 70 年代后期，随着"文革"的结束，弘一大师（李叔同）的名字重新被国人津津乐道。随着时代的进步，弘一大师的行持越来越为广大民众所推崇，同时也越来越引起研究者的高度重视。各地纪念、弘扬、研究弘一大师的形式多样，诸如纪念展、音乐会、座谈会等接续不断，各类文集、传记读物等众多，体现了人们对这位新文化运动的先驱者、佛教高僧的缅怀之情。1980 年 10 月 23 日为弘一大师诞辰 100 周年。中国佛教图书文物馆受中国佛教协会的委托，于 12 月 7 日在北京法源寺举办了"弘一大师诞辰 100 周年书画金石音乐展"。本次展览的展期为一个月。参观者达万余人，其中有赵朴初、叶圣陶、林子青、朱光潜、俞平伯、吴作人、启功、梁漱溟、张学铭等出席中国佛教协会第四届全国代表大会的代表，以及大专院校的师生。参观展览的还有时任中国外交部副部长韩念龙、亚洲司司长肖向前、日本驻华大使吉田建三和夫人以及各国友好人士。本次展览在征集展品的过程中得到了北京、上海以及泉州、厦门等地有关部门和收藏者的热心支持，共收到展品 500 余件，规模空前。文物出版社于 1984 年 10 月出版了本次展览的纪念册《弘一法师》。就弘一大师研究的学术会议而言，从 20 世纪 90 年代初开始，北京、杭州、泉州、天津、台北等地先后举办过规模不等的研讨，如 1992 年有天津会议，1993 年有杭州会议，1995 年有台北会议、泉州会议，1997 年、1999 年也有台北会议，等等。这种以学术会议形式的研究活动，在 21 世纪得到了进一步发展。本文仅就新世纪以来比较重要的几次弘一大师研究学术会议作一综述。

一

20 世纪 90 年代举办的弘一大师研究会议主要是中国大陆学者参与，或为海峡两岸学者共同参与，会议并未冠以"国际"二字（当然，未冠以"国际"二字并不表明没有国际性，如有些会议仍有外籍学者参加）。会议均不属于政府正式备案的国际性的学术会议。由杭州师范学院（即今杭州师范大学）主办，弘一大师·丰子恺研究中心承办的纪念弘一大师诞辰 120 周年国际学术研讨会是首届弘一大师研究国际学术会议。会议于 2000 年 10 月 23—25 日在杭州召开。会议开幕式于 10 月 23 日上午举行，参加开幕式的有杭州市政协常务副主席沈者寿，杭州市政协副主席董燮清，杭州师范学院院长、弘一大师·丰子恺研究中心名誉主任林正范，研究中心顾问、福慧慈善基金会主席严宽祜，顾问、台北弘一大师纪念学会创办人陈慧剑，顾问、香港福幼基金会董事局主席、艺术家曾志伟，台北弘一大师纪念学会理事长侯秋东，顾问丰一吟、李莉娟、刘雪阳，此及来自美国、日本、加拿大、新加坡、中国（包括台湾地区和香港特别行政区）的专家、来宾近百人。会议发表论文 19 篇，内容涉及弘一大师的戏剧、音乐、美术、金石、书法、诗词、艺术教育和艺术思想等方面，具体是：郭长海、金菊贞：《李叔同的戏剧活动与文献资料》，黄爱华：《李叔同早期戏剧活动考论》，孙继南：《李叔同——弘一大师的音乐教育思想与实践》，戴嘉枋：《李叔同——弘一大师的音乐观及其歌曲创作》，金菊贞、郭长海：《李叔同在太平洋报时期的美术活动》，刘晓路：《青春的上野：李叔同与东京美术学校的中国同窗》，方爱龙：《李叔同墨迹八种考释——以儒家文化层面上的李叔同书迹为中心，兼及其弃艺事佛的某种心境》，释一心：《弘一大师的写经》，朱晓江：《李叔同诗歌作品解读》，刘继汉：《弘一大师在美学上的地位》，杨晓文、张恒悦：《论李叔同的艺术观》和陈星：《李叔同浙一师时期的艺术教育实践——兼论李叔同首用人体模特儿进行美术教学的时间》（以上来自中国大陆）；陈慧剑：《弘一大师金石学作品初考》，李璧苑：《弘一大师的"心"字书风》，侯秋东：《弘一大师的艺术与吾人身心修养》和释慧观：《弘一大师与〈三宝歌〉》（以上来自中国台湾）；吉田千鹤子：《上野的面影——李叔同在东京美术学校史料综述》，西槙伟：《关于李叔同的油画创作》（以上来自日本）；以及来自美国的叶明媚：《弘一大师的音乐》。会议出版了中文本论文集《弘一大师艺术论》（西泠印社出版社 2000 年版），后又出版了中英文对照本（西泠印社出版社 2001 年版）。

作为会议重要内容之一的纪念弘一大师诞辰 120 周年音乐会于 23 日晚在杭州师范学院音乐艺术分院小礼堂举行。曾志伟和陈艳主持了音乐会，受到热烈欢迎。音乐会上，由杭州高级中学、杭州第四中学、杭州师范学院初等教育学院和杭州师范学院音乐艺术分院的学生演唱、演奏了弘一大师的音乐作品。音乐会上还举行了杭州师范学院 1999—2000 学年福慧奖学金、该年度李叔同艺术教育奖（后改为李叔同艺术成就奖）的颁发仪式。

2000 年，各地也举行了一系列的纪念弘一大师诞辰 120 周年学术活动，其中由泉州市佛教协会、泉州市弘一大师学术研究会主办的弘一大师诞辰 120 周年纪念会于 12 月 11—13 日在泉州举行。新加坡佛教居士林林长李木源、台北弘一大师纪念学会创办人陈慧剑及李莉娟、李璧苑、侯秋东、刘继汉、郭长海、王尔康和陈星等应邀出席了会议。纪念会上，各界代表作了有关弘一大师德学、佛学、艺术的主题发言。会议主办单位还在清源山弘一大师舍利塔前举行了祭塔仪式，会议邀请代表参观了泉州开元寺弘一大师纪念馆，并在寺内举行了弘一大师雕像的揭幕仪式。本次会议的研究、纪念文章收录在《福建佛教》2001 年第 1 期（纪念弘一大师诞辰 120 周年专辑）上。在本期专辑中，除了贺信、领导讲话外，研究文章有 20 篇。

2000 年 10 月 17—19 日，天津李叔同——弘一大师研究会、天津地方志办公室等 11 家单位共同举行纪念李叔同——弘一大师诞辰 120 周年活动。活动内容有："海峡两岸学术研讨会"、"旷世奇才，东方慧光"音乐会、李叔同——弘一大师遗墨展。同时天津市集邮公司发行纪念封一枚。又：为纪念弘一大师诞辰 120 周年，上海博物馆于 2000 年 10 月 5 日起举办为期一个半月的弘一大师书法展。温州市于 2000 年 10 月 23 日举行了纪念活动。

二

迄今为止，台北弘一大师纪念学会举办过四届海峡两岸弘一大师德学会议。第一届是在 1995 年 8 月 13—15 日。会议收到论文 18 篇，但在台北弘一大师纪念学会 1998 年 12 月编印的《弘一大师有关人物论文集》的附篇中，只收集了第一届会议时的 7 篇论文。参加该届会议的大陆代表有钱仁康、戴嘉枋、孙继南、李载道、徐星平、李莉娟和李汶娟。在这次会议期间，还举办了"弘一大师遗墨真迹文物展"，展品由刘质平之子刘雪阳、泉州开元寺和香港陈武博提供。1997 年 8 月 24—26 日，第二届海峡两岸弘一大师德学会议在台北举行。大陆方面参加本届会议的代表是：李载道、徐正伦、戴嘉枋、郭长海、陈星、孙继南、秦启明、王尔康、吴雪松、沈继生和吴远。会议收到论文近 20 篇，实际被收入《弘一大师有关人物论文集》的是 14 篇。1999 年 10 月 28—30 日，第三届海峡两岸弘一大师德学会议在台北召开。会议的主题是弘一大师的佛学思想。

由台北弘一大师纪念学会主办的第四届海峡两岸弘一大师德学会议于 2001 年 9 月 15—17 日在台北举行。本届会议收到学术论文 19 篇，来自海峡两岸的 14 位学者参加了会议并宣读了各自的论文。一位台湾学者、3 位大陆学者、一位日本特邀学者因故未能到会，其论文由会议安排宣读。会议期间，学者们对宣读的论文进行了热烈的评论和探讨，学术气氛浓厚。

弘一大师德学会议由陈慧剑居士创办的弘一大师纪念学会主办。第一、二、三届会议已分别于 1995 年、1997 年和 1999 年成功举办。陈慧剑居士是弘一大师研究之耆宿，前三届会议和本届会议的前期筹备工作均由陈居士亲自组织协调。2001 年 4 月 12 日，陈慧剑居士往生。弘一大师纪念学会时任理事长侯秋东教授和廖丽玉秘书长等继承陈慧剑居士的遗志，使本届会议得以顺利召开。

近数年来，海峡两岸的"弘学"研究方兴未艾。杭州师范学院弘一大师·丰子恺研究中心更是在 2000 年 10 月弘一大师诞辰 120 周年之际，举办了首次弘一大师研究的国际性学术研讨会，来自美国、日本、新加坡、加拿大及中国的 60 余位学者和嘉宾参加了会议。台北弘一大师纪念学会致力于推动海峡两岸弘一大师研究活动，应邀参加本届德学会议的大陆学者来自杭州、天津、温州、南京、广州、长春、洛阳等地，皆一时之选。在本届会议上发表的 19 篇论文是：

台湾学者之论文：

昭慧法师：《弘一大师著〈四分律比丘戒相表记〉在律学上之地位与

特色》

慧观法师：《论弘一大师修习净土所谓"去去就来"对后人的提示》

于凌波：《弘一大师人格范式对当代佛门缁素的影响》

李璧苑：《从弘一大师的书信简中试探其人格风范》

侯秋东：《弘学泰斗 佛门赤子——陈老师慧剑居士》

大陆学者之论文：

沈金梅：《李叔同"天津时期"开始交往的有关人物》

李载道：《试论天津地域文化对李叔同青少年时代的影响》

郭长海：《弘一大师出家前佚失史料综论》

徐正伦：《试析李叔同早年的"寄情"生活》

李莉娟：《佛光开霁 史略钩沉——弘一大师生前身后，天津市出版书刊，创立之纪念机构、场所、文物之汇述》

业露华：《九十年代弘一大师之研究》

崔 锦：《弘一大师"天津时期"金石作品考析》

戈悟觉：《弘一大师"温州十年"僧俗道谊合论》

曹布拉：《弘一大师与叶为铭的友谊及道谊》

陈 星：《弘一大师与堵申甫的友谊和道谊》

洪修平：《从"念佛禅"看弘一大师修习念佛法门思想》

刘继汉：《弘一大师著〈南山律在家备览略篇〉对在家居士禁戒之提示与其特色》

龚 隽：《弘一大师"华严思想"之探究及归向——从中国华严与净土交涉的历史看》

另有日本学者西槙伟《论青年时期之李叔同人格模式与艺术风格》一文。

上述诸文，大约可以分作四类：弘一大师佛学思想研究、弘一大师——李叔同青年时期事迹与艺术研究、弘一大师交游研究和弘一大师人格风范及"弘学"研究之研究。以下分别概述之。

（一） 弘一大师佛学思想研究

昭慧法师《弘一大师著〈四分律比丘戒相表记〉在律学上之地位与特色》一文认为从律学十大原理溯源法，与文献学、史学、伦理学、法律学、社会学研究之相关方法来看待"学尊南山"之传统宗派研究法，会觉得有所不足，但在弘一大师的时代，能够做到个人生命最大极限的发挥，其德业是永垂不朽的。为此，在分析了《四分律比丘戒相表记》在律学上的地位与特色后，作者强调，弘一大师的《四分律比丘戒相表记》无论是在"易于普及"或"易于检索"方面，都有诸部律疏所无法取代的功能。而从其所摘引的律疏隽句中，亦可窥见大师对时代佛教的忧怀。

慧观法师《论弘一大师修习净土所谓"去去就来"对后人之提示》一文论述了弘一大师"去去就来"的悲愿、净土法门"去去就来"之意义、行人对于"去去就来"之修习，认为"去西方，来娑婆，去去就来，去来自如，这是品位很高的，依《观经》所言，大师之修持，必是'上品上生、乘愿再来'无疑"。为此，"随喜赞叹弘一大师之余，我们应当发至诚心、深心、回向发愿心，而慈心不杀具诸戒行，读诵大乘方等经典，修行六念，回向往生西方上品上生，并去去就来，回入娑婆，广度众生"。

刘继汉《弘一大师著〈南山律在家备览略篇〉对在家居士禁戒之提示与其特色》强调《南山律在家备览略篇》具有"广博详尽"、"严谨及其权威性"、"图表索骥"等方面的特色，并结合论者本人在家修行的体会，指出不论出家、在家，亦不论对佛教有信仰或没有信仰的文化人，读《南山律在家备览略篇》都会体悟到弘一大师对人间的关爱和此著的现实意义。

洪修平、龚隽两位教授是参加此次会议的两位大陆佛学专家。前者《从"念佛禅"看弘一大师修习念佛法门思想》主要探讨弘一大师修习念佛法门的思想。论文首先论述了禅与念佛及念佛禅，其次概述了念佛禅在中土的流传发展和演变，继而探讨了弘一大师修习念佛法门的思想及其特点，最后还对弘一大师的念佛对当代佛教发展的影响作出了分析。文章认为，念佛与禅，本来就关系密切，特别是在中国佛教中，两者尤有特殊的因缘。弘一大师提倡念佛，并不意味着排斥经教与禅修，他主要是从"最契时机"和"无人不可学，无处不可学"的方便角度提倡念佛法门的。弘一大师提倡的念佛对净化人心有积极的意义。龚隽《弘一大师"华严思想"探究及归向——从中国华严与净土交涉的历史看》探讨《华严经》中有关念佛与净土的观念，以及弘一大师对此的引申和发挥。认为弘一大师的修行实践是以华严为境，以戒律为行，以念佛为果。弘一大师是重于言默行证的高僧，从思想上看，弘一大师并不热心于华严与净土之间的关系上作过多的义理发挥，开展义学家式的紧张会通，而是重于实地自修与化导劝学。

（二）弘一大师——李叔同青年时期事迹与艺术研究

李载道《试论天津地域文化对李叔同青少年时代的影响》认为从李叔同的家世及接受的经史教育和李叔同的师承关系及早期交往看，天津的地域文化特色为他早期知识的积累和思想的形成打下了根基，受到多方面的艺术熏陶，留下了一定的故园情结。

崔锦《弘一大师天津时期金石作品考析》主要就天津收藏和发现的李叔同信札和金石作品作了详尽的考析，从而探索了李叔同与当时天津著名书、画、金石家的交往情况及其青少年时代刻苦研习金石书法的历程，解决了一些长期使研究者感到疑惑的问题。

徐正伦《试析李叔同早年的"寄情"生活》认为李叔同早年与艺妓、坤伶和歌郎来往是因为他当时的生活场景和受中国传统文人负面影响所致，并对西方文明作了片面理解。作者认为对于李叔同的这段历史不必回避，也无须夸大和渲染。

郭长海《弘一大师出家前佚失史料综论》根据作者长期的资料收集整理，对福建版《弘一大师全集》的缺漏作了难能可贵的资料补充。这些缺漏中计有诗词、书信、文章、书法、绘画等。

日本学者西槇伟《论青少年时代李叔同人格模式与其艺术风格》着眼于李叔同青少年时代的行为处世，并以一些艺术作品为例附带亦研究了李叔同早期艺术风格，用日本学者的独特视角看待李叔同的早期人格艺术特色。可资研究参考。

（三）弘一大师交游研究

沈金梅《李叔同"天津时期"开始交往的有关人物》是本次会议文字最多的一篇论文。文章分师友、艺友、戚友三类，部分内容近乎辞典形式，详细记述了李叔同"天津时期"交往过的人物。无疑，该文对研究李叔同早期的交往有着重要的参考价值。

陈星《弘一大师与堵申甫的友谊和道谊》由"堵申甫生平初探"、"弘一大师致堵申甫书信考"、"弘一大师与堵申甫的交游"三部分组成。文章解决了长期困扰"弘学"界的有关堵申甫（弘一大师的护法）生平问题，并在考证弘一大师致堵氏书信的基础上，详述了大师与堵申甫交往的过程，尤其在弘一大师《断食日志》流传问题、堵申甫参与弘一大师护教问题和堵申甫参与转送弘一大师遗骨等问题上有新的发现。

曹布拉《弘一大师与叶为铭的友谊及道谊》主要从弘一大师致叶为铭的书信，探讨大师出家前后与杭州西泠印社元老叶为铭的特殊交往。文章清楚地交代了叶为铭其人，纠正了以往有关叶为铭是西泠印社社长的误会，并对弘一大师与叶为铭此时期交往的三个阶段分别作了分析介绍。

戈悟觉《弘一大师"温州十年"僧俗道谊合论》综述了弘一大师在浙江温州的交游情况。由于弘一大师在温州的踪迹是以往"弘学"研究中的薄弱环节，所以本文所揭示的史料对日后弘一大师研究有着不可忽视的参考作用。

（四）弘一大师人格风范及"弘学"研究之研究

李璧苑《从弘一大师书信简中试探其人格风范》在较能反映弘一大师为人及品行的书信中探寻弘一大师的人格风范。认为在弘一大师的书信简中展现了大师的为人特质、修学特质和大悲的人个风范。作者在文章最后写道："风，象征着一种影响力；范，是具体成型的榜样。研究弘一大师的人格风范，并非模仿其外在形式，而是学习他时时觉照心念的动静，以戒为师，改过迁善！"

于凌波《弘一大师人格范式对当代佛门缁素的影响》虽也介绍了其他一些受弘一大师影响的法师、居士，但与侯秋东教授《弘学泰斗　佛门赤子陈老师慧剑居士》主要介绍陈慧剑居士一样，也用了许多篇幅颂扬了陈慧剑居士对佛教、社会文化和对弘一大师研究的贡献。这两篇文章在本次会议中出现，自有其特别的纪念意义。

李莉娟《佛光开霁　史略钩沉——弘一大师生前身后，天津市出版书刊，创立之纪念机构、场所、文物之汇述》和业露华《九十年代弘一大师之研究》是两篇"弘学"研究之研究的文章。前者着眼于天津，后者着眼于中国大陆。都是作者经过一番调查研究后整理出来的弘一大师研究历程的史料性论文，值得研究者重视。

弘一大师的精神和风范犹如一座雄奇的大山，要探索这座大山的无穷宝藏，必用各种资源才能得到理想的结果。由于地缘、环境等诸多因素的影响，海峡两岸的弘一大师研究呈现着不同的特色。大陆的弘一大师研究在史料的发掘方面取得了显著的成绩，尤其是在近年来或发现或考证出了许多新的研究资料，为弘一大师研究奠定了坚实的基础。虽然大陆学者近年来也在弘一大师的佛学思想研究方面涌现出了不少成果，但相对而言，台湾的弘一大师研究者，则在弘一大师佛学思想研究中成绩更为突出。两岸学者的研究相辅相成，使弘一大师研究在近几年呈现出了百花齐放的格局，令人欣喜。随着时间的推移、研究工作的不断深入，两岸的"弘学"还会不断趋向融合。这也必将使弘一大师研究得到进一步的升华。还有一个问题在本次会议上也得到了学者们的共识，即在开展弘一大师研究的同时，也不能忽视对弘一大师精神品质的弘扬。在这方面有许多工作可做，佛学方面的，精神文明方面的，艺术方面的都是如此。

9 月 17 日下午，第四届海峡两岸弘一大师德学会议闭幕。闭幕式由法鼓山圣严法师主持。圣严法师在发言中给弘一大师以高度的评价。认为弘一大师做什么像什么，像什么是什么。弘一大师像中国现代佛教界的一盏明灯，给人以光明和启诱。笔者代表大陆学者发言，感谢会议期间会议组织者的深情款待。尤其是在会议期间，台湾遭遇了罕见的狂风豪雨，纳莉台风给台湾带来了天灾，损失惨重。在这种情况下，会议组织者仍坚持岗位，为开好本次会议牺牲自我，付出巨大，全体与会者为此深表敬意。闭幕式后，两岸学者依依作别，相约来日再度聚会。

问题与思考

毫无疑问，本届会议取得了圆满成功，推动了海峡两岸弘一大师研究事业的发展。但这是对于总体而言的。在肯定成绩的同时，透过本届会议，我们仍可清醒地看到弘一大师研究方面所存在的问题。

就会议自身而论，这次提交的论文质量总体值得肯定，但由于论文题目直接由会议指定（一般来讲以指定范围为妥），论文作者较难以己之长作最大限度的发挥；会议要求论文字数不得少于 8000 字，致使某些原本用简洁明了的表述即可说明问题的论题添加了一些没有必要的赘文。

就研究者而论，目前较为严重的问题表现在两个方面。一是部分研究者的学术观念和研究方法存在着或多或少的误区。主观想象替代了实际史实，对佛学的一知半解生硬地化作了理论原则，以致对部分论文的评论几乎成了纠错的会审。二是以往弘一大师研究中的失误没有引起研究者的足够重视，建立在错误史料基础上的论述成了一纸没有实际价值的空文。希望日后"弘学"研究界能对以上两方面的问题给予充分的留意，以最短的时间对以往的失误作出及时的纠正，使弘一大师研究尽早在真实的意义上加以理论上的发挥和定位。

三

2002 年 10 月 13 日为弘一大师圆寂 60 周年，各地均举行相关缅怀纪念活动。如台北弘一大师纪念学会于 10 月 10 日晚在台北举行"弘一大师圆寂 60 周年纪念音乐会"；台湾益生文教基金会等单位于 10 月 27 日在台北举行"天心月圆纪念音乐会"、10 月 20 日至 11 月 3 日在台北举行"书画邀请展"（10 月 26 日举行纪念座谈会）；天津市李叔同——弘一大师研究会于 2002 年 10 月 12—13 日在天津举行"弘一大师学术研讨会"并举行缅怀弘一大师书画展、李叔同创作歌曲音乐茶话会等活动。作为本次会议的成果，天津市李叔同——弘一大师研究会于 2002 年 10 月编印了天津市纪念弘一大师圆寂 60 周年学术研讨会专辑《李叔同研究》，收录文章 23 篇。温州市各界人士 200 余人于 10 月 12 日在温州市图书馆举行纪念会。杭州师范学院弘一大师·丰子恺研究中心的纪念方式是印行《弘一大师圆寂 60 周年缅怀录》。

2005 年 10 月 23 日为弘一大师李叔同诞辰 125 周年纪念日，国内外相继举行了各种形式的学术文化活动。其中会议有：天津市纪念弘一大师诞辰 125 周年座谈会于 2005 年 10 月 15 日在河北区新闻中心召开，天津市的 50 多位专家学者参加了座谈会，朱其华、王振德、章用秀、赵大民、李莉娟等分别在会上发言，与会者呼吁加快修复李叔同故居。又：弘一大师出家后绘画复制品于 2005 年 10 月 15 日在天津市河北区新闻中心首展。2005 年 10 月 22 日上午，温州仙岩圣寿禅寺后山"弘一大师纪念塔碑"落成。上午，由温州市佛教协会会长达崇法师与李莉娟为纪念塔碑揭幕。纪念塔造型设计取之印度鹿野苑供奉阿难尊者的达美克塔，塔高 5.5 米，直径 4.5 米。又：由温州市东方道德文化学会、温州市佛协、温州仙岩圣寿禅寺共同主办纪念弘一大师诞辰 125 周年专题论坛"弘一大师在温州"于 10 月 22 日下午在温州湖滨饭店举行，与会者 400 余人。笔者应马来西亚自在音乐舞台工作室和《星洲日报》的邀请，于 2005 年 10 月 19—29 日在马来西亚全国作了六场巡回演讲，地点分别是槟城、芙蓉市、吉隆坡、麻坡市、居銮市、吉兰丹市，听众达 2000 余人。其中 10 月 23 日第三场在吉隆坡的演讲还举行了纪念仪式。

由杭州师范学院弘一大师·丰子恺研究中心举办的海峡两岸弘一大师

绘画作品欣赏交流会于 2006 年 8 月 3—4 日在杭州举行。来自海峡两岸的近 50 位专家学者及文化艺术界人士参加了会议。会议的内容为欣赏弘一大师出家后的绘画作品，并就这一主题作学术交流。会上还交流了陈星著《弘一大师绘画研究》一书和新近发表的论文《关于弘一大师绘画作品的若干答疑》。杭州师范学院副院长丁东澜出席会议。参加本次会议的有国家文物鉴定委员会委员钟银兰、上海博物馆书画篆刻家刘一闻、中心顾问丰一吟、刘雪阳、李莉娟、戴嘉枋。台北弘一大师纪念学会组团与会（共 13 人），团长由江朝阳担任，副团长由李璧苑担任。参加会议还有浙江大学美学教授沈语冰、桐乡市文联副主席叶瑜荪、弘一大师挚友杨白民后人余也鲁、余大风及戚其文、为《护生画集》题字的朱幼兰之子朱显因、中华书局编辑祝安顺、天津市李叔同——弘一大师研究会副秘书长刘小兵、中心艺术教育实践基地平湖叔同实验小学常务副校长张丽根和教师钱锋、桐乡丰子恺纪念馆姚震天等。李叔同的另一位孙女李汶娟亦出席会议。

由杭州师范大学（杭州师范学院于 2007 年 3 月更名为杭州师范大学）弘一大师·丰子恺研究中心与平湖市人民政府联合主办，弘一大师·丰子恺研究与平湖市李叔同纪念馆承办的第二届弘一大师研究国际学术会议于 2007 年 9 月 25—27 日在杭州、平湖两地隆重召开。会议开幕式于 9 月 25 日上午在杭州举行。杭州市政协副主席郁嘉玲、杭州师范大学党委书记崔鹏飞、杭州师范大学校长林正范、杭州市佛教协会会长，杭州佛学院院长，灵隐寺监院光泉法师、平湖市副市长顾玉峰以及李汶娟、李莉娟、丰一吟、刘雪阳等来自中国（包括台湾地区）、美国、日本和马来西亚的专家学者和特邀嘉宾 80 余人参加了开幕式。会议由林正范校长致开幕词，杭州市政协副主席郁嘉玲、校党委书记崔鹏飞、灵隐寺监院光泉法师以及平湖市副市长顾玉峰分别在会上致词。本次学术会议共收到学术论文 22 篇：张伟：《春柳社首演〈茶花女〉纪念品的发现与考释》，陈星：《弘一大师致杨白民信函补遗、校点与考证》，郭长海：《李叔同和杨翠喜》，高洪钧：《从李世珍会试朱卷的发现谈起》，姜书凯：《弘一大师为雷峰塔经卷题写华严经》，方爱龙：《"乐石社"与〈乐石集〉》，方爱龙、陈一梅：《〈乐石社社友小传〉笺补》，陈净野：《对新近披露的有关李叔同画作、书信的解读》，赵大民、李郁文：《观天地生物气象 学圣贤克己功夫——弘一大师晚年以释观儒思想探微》，叶瑜荪：《不可拘泥其

"事"，应该观察其"理"——"弘一可钦不可学论"漫议》，童尔男：《"子女平分二十周"——论李叔同的"女性观"及其成因》，夏弘宁：《弘一大师在上海的岁月——纪念弘一大师圆寂65周年》，王仲尧：《弘一大师与近代人间佛教略志》，漆明镜：《殉美——试从〈昨非录〉解读李叔同的人格魅力》，刘继汉：《从新发现的遗文略窥弘一大师的思想演化》，冯国健：《构建李叔同人文资源校本课程的实践研究》（以上来自中国大陆）；李璧苑：《槐堂油画为李叔同所作考——从陈师曾与子封雄的合影（1919年）谈起》、释慧观：《弘一大师创作〈四分律比丘戒相表记〉对近代学戒之深广影响》、释慧明：《弘一大师弘扬南山律宗之研究》（以上来自中国台湾）；西槙伟：《门前的彷徨——试论丰子恺〈法味〉（1926年）与夏目漱石〈初秋的一日〉（1912年）、〈门〉（1910年）——》、吉川健一：《日本的李叔同研究——对日本早期研究李叔同之史料考察》（以上来自日本），以及来自美国的叶明媚：《花枝春满，天心月圆——李叔同诗词音乐美学初探》。在为期三天的会议中，各国和地区的学者就各篇论文作了认真的学术交流。会后出版了中英文对照版论文集《永恒的风景——第二届弘一大师研究国际学术会议论文集》（香港，中国文化艺术出版社2008年版）。

　　作为会议重要内容之一的"第二届弘一大师研究国际学术会议暨弘一大师圆寂65周年缅怀音乐会"（杭州专场）于9月25日晚7时在杭州师范大学钱江学院音乐厅举行（杭州师范大学钱江学院为本次会议的协办单位之一）。钱江学院艺术团演唱了李叔同的歌曲，马来西亚自在音乐舞台工作室的演员表演了舞台音乐剧《天心月圆》选段。会议于26日上午移至平湖会场继续举行。当晚7时，弘一大师圆寂65周年缅怀音乐会（平湖专场）在平湖市叔同实验小学多功能厅举行。叔同实验小学学生的李叔同学堂乐歌童声节目（平湖市叔同实验小学为本次会议的协办单位之一）和马来西亚自在音乐舞台工作室的音乐剧《天心月圆》交相辉映，受到热烈欢迎。会议闭幕式于9月27日上午在平湖举行。杭州师范大学党委副书记张鸿森、平湖市委书记孙贤龙及市长盛全生、市委副书记胡水良、宣传部长马雪腾、人大副主任李仁、副市长顾玉峰、政协副主席冯美仙等平湖市领导出席了闭幕式。在闭幕式上，笔者就本届会议作了学术总结，杭州师范大学党委副书记张鸿森致词，平湖市委书记孙贤龙致闭幕词。《人民日报》、《光明日报》、《浙江日报》、《杭州日报》、《青年时报》、《东方早报》、《嘉兴报》、《平湖报》、西湖之声、平湖电视台等多家新闻单位及人民网、新华网等数十个网站对本届会议进行了报道。

四

2009 年 6 月 21—29 日，由杭州市台湾事务办公室和杭州师范大学弘一大师·丰子恺研究中心联合主办的"海峡两岸弘一大师、丰子恺艺术思想研讨会"在杭州举行。此为 2009 年度国台办重点文化交流资助项目。本次会议的开幕式于 6 月 22 日上午在杭州玛瑙寺"连横纪念馆"举行，杭州市副市长陈小平、省市台办负责人、杭州师范大学党委副书记黎青平等出席了开幕仪式。在开幕式上，陈星致欢迎词，黎青平副书记和陈小平副市长等先后在开幕式上讲话。陈小平副市长对前来参加研讨会的台湾嘉宾表示欢迎。他说，弘一大师、丰子恺先生是我国近代艺术领域中的翘楚，他们高超的艺术造诣和高洁的人格魅力影响了一代人，在海峡两岸具有广泛的知名度和影响力。两位大师与杭州有着深厚的渊源，研究并探讨他们的艺术思想是杭台文化交流的一大亮点，将为两岸共同继承和弘扬中华文化、密切杭台两地联系起到积极作用。此次在杭举办"海峡两岸弘一大师、丰子恺艺术思想研讨会"是玛瑙寺连横纪念馆开馆以来的首次专题性两岸文化交流活动，他希望各位与会的专家学者能深入研究两位大师的艺术思想，发扬他们伟大的人格精神和艺术精神，为弘扬中华文化、牢固两岸同胞精神纽带、加深两岸历史文化连接承担起一份责任。黎青平副书记在讲话中介绍了杭州师范大学的基本情况，对本次活动的如期举行表示热烈祝贺，并代表学校欢迎台湾的文化教育工作者与本校开展进一步的学术文化交流。来自杭州师范大学和台湾政治大学、成功大学、台北教育大学等校的师生、研究者 60 余人参加了本次研讨会。活动期间，海峡两岸的与会者听取了笔者和陈净野有关弘一大师研究的主题报告；进行了两岸学生弘一大师、丰子恺研究论文的交流和评奖活动；赴上虞白马湖、绍兴、桐乡、平湖等地参访了弘一大师、丰子恺浙江行踪的纪念地。

由台湾中佛会主办的"民国时期高僧学术研究会"于 2009 年 7 月 18 日、19 日在台北召开。应大会的邀请，笔者参加了本次会议，并于 7 月 19 日上午在会议上发表了题为《弘一大师佛教题材绘画作品的发现与研究》的学术论文。会议开幕式于 7 月 18 日上午举行。台湾中佛会理事长净良长老主持了开幕仪式。来自海峡两岸的学者、佛教界人士300余人参加了开幕仪式。7月18日晚，会议主办方举行招待餐会。在餐会开始前，净良长老破例在餐厅四壁挂满由他多年收藏的弘一大师名下的书画作品数十幅，并请笔者当众鉴定真伪。本着求实的学术态度，笔者对这些书画作了认真的鉴定，判定为赝品，并对此作了详细的分析解说，博得全场阵阵掌声。7月19日上午，笔者在会议上发表学术论文。论文对弘一大师佛教题材的绘画作品进行了详细的论述。本次会议于7月19日下午闭幕。7月20日、21日，与会者在花莲太鲁阁考察，并与当地佛教界进行了文化交流。与会者每到一处，均受到民众的热烈欢迎。在花莲期间，与会者观赏了"花莲水舞"大型文艺表演，参观了花莲慈善寺、太鲁阁祥德寺等。7月22日上午，笔者在台北弘一大师纪念学会秘书长廖碧婷，理事王秋明、程凯等的陪同下前往台北县西莲净苑拜访了台北弘一大师纪念学会理事长慧观法师，并就次年的第三届弘一大师研究国际学术会议的筹备问题交换了意见。参加本次会议的大陆学者还有中国社会科学院世界宗教研究所黄夏年教授、福建广播电视大学何绵山教授、江南大学宗教研究所邓子美教授、鲁东大学王公伟教授、中国人民大学佛教学与宗教学研究所温金玉教授及云南鸡足山虚云寺方丈惟升法师、哈尔滨极乐寺方丈净波法师等。

2010年10月23日是弘一大师诞辰130周年，各地掀起了弘一大师研究的新热潮。杭州、温州、泉州、天津、平湖等地先后举行规模盛大的弘一大师研究学术会议。

由杭州师范大学弘一大师·丰子恺研究中心主办的第三届弘一大师研究国际学术会议于10月11—13日在杭州召开。来自中国（包括台湾地区）、美国、日本、韩国、马来西亚、澳大利亚的110余位代表和嘉宾参加了会议。会议开幕式于11日上午在杭州玉皇山庄举行，中共杭州市委副书记叶明发来贺信，杭州师范大学党委书记崔鹏飞、校长叶高翔，杭州市委副秘书长、市委宣传部副部长汪小玫，原杭州师范大学校长、弘一大师·丰子恺研究中心名誉主任林正范，副校长郭清、杨磊等出席。崔鹏飞致欢迎词，叶高翔致开幕词，汪小玫宣读叶明副书记贺信。林正范名誉主任代表中心接受了艺术品捐赠，副校长郭清、杨磊向对本次会议作出贡献的各界人士颁发了纪念证书。叶明副书记在贺信中说，弘一大师李叔同是中国近现代史上一位多才多艺、成就非凡、影响深远的文化名人、艺术大师、佛教高僧，是我国新文化运动的先驱。他在音乐、戏剧、美术、诗词、篆刻、金石、书法、文学、佛学等多个领域都有着极深的造诣和开创性成就。大师与杭州渊源深厚，早在1912年他就来到杭州教书育人，培养了丰子恺、刘质平、吴梦非、潘天寿等一大批现代艺术史上的大师大家，其高超的艺术造诣、高洁的人格魅力，为海内外所共同景仰，也为我们留下了珍贵的文化遗产和宝贵的精神财富。当前，杭州正在科学发展观的指引下，加快建设"文化名城"，共建共享"生活品质之城"。举办弘一大师研究国际学术会议，对于进一步挖掘大师的艺术成就，弘扬大师的人格精神，传承民族传统文化，加强文化交流合作，推进"文化名城"和先进文化建设，具有重要的积极意义。衷心希望各位专家学者发扬严谨学风，深入探讨交流，共同把弘一大师学术研究提高到一个新水平，为推动社会主义文化大发展大繁荣作出新的贡献。

崔鹏飞书记在欢迎词中说，弘一大师李叔同是海内外景仰的文化名人，也是杭州师范大学的骄傲。早在1912年，李叔同先生来到我校担任艺术教师，以《白阳》杂志弘扬现代艺术、以人体模特儿写生课开美术教学的新天地、以创作中国第一首合唱曲提升了近代学堂乐歌在中国音乐史上的地位，更重要的，是他与学校的其他先贤一起，以高尚的人格精神培养了一大批德智体美全面发展的一流人才。李叔同先生也是在杭州出家，成了一代佛门高僧，对现代中国的佛学贡献良多。今天，我们纪念他，弘扬他的文化精神，对回顾历史，继承艺术教育的优良传统，研究佛学文化，开拓当代人的人文艺术情怀，可谓别具意义。当前，杭州师范大学正在省市党委、政府的大力支持下，为创建省内乃至国内一流综合性大学而努力工作。弘一大师·丰子恺研究中心是杭州师范大学人文艺术研究的重镇，也是浙江省社会科学普及示范基地、浙江省高校人文社会科学"艺术教育"重点研究基地的学术秘书处。期望在各位专家学者的共同努力和支持下，弘一大师研究事业能够取得新的成绩。叶高翔校长在开幕词中说，本届会议是继2007年第二届弘一大师研究国际学术会议后的又一次弘一大师研究盛会。会议将就弘一大师的生平、艺术、佛学、人格精神等各方面的论题进行广泛的学术研讨，各位所发表的论文将代表当今弘一大师研究的最新成果；同时，为弘扬李叔同的艺术精神和人格精神，缅怀大师的非凡贡献，纪念大师诞辰130周年，会议期间，来自国内外的表演艺术家还将奉献一台精彩的音乐会。这些都将对深入开展弘一大师研究、继承弘一大师的精神、洗礼当代人的心灵起到促进作用；同时，也为海内外同行共同切磋学术创造了良好的条件。杭州师范大学是杭州市正在以巨大投入建设的一所大学。学校将进一步提升办学层次，扩大与各国各地区的合作交流。真诚地期待各位关心和支持学校的发展，欢迎各位到学校来参观，寻求各种形式的交流合作。

会议于 11—13 日安排了五场论文发表会，有 25 位学者发表了弘一大师研究的最新研究成果，分别是：王维义：《弘一大师〈华严集联三百〉经义探赜》，叶瑜荪：《浅论弘一大师与戒律》，沈靖：《时逍遥以徜徉，眇万物以达观——道家思想对李叔同艺术人生的隐性影响》，何绵山：《弘一法师与近代闽南佛教界人士》，刘晨：《弘一大师与福州鼓山庋藏古经考述》，王维军：《弘一大师史料研究中的古历纪法考析》，郭长海：《李叔同得过肺病吗——〈人病〉诗解读》，郭磊：《关于弘一大师传记文本中的若干问题的探究——从柯文辉〈旷世凡夫——弘一大师传〉谈起》，陈星：《真非假，假非真——关于弘一大师绘画作品的若干事实》，徐承：《绵延与寂静——弘一大师书画美学》，李向佳：《李叔同出家前词解读》，赵乐：《李叔同的音乐观及其当下启示》，朱显因：《众缘和合〈护生画集〉》，吴浩然：《〈护生画集〉版本考》，刘继汉：《不为自身求安乐 但愿众生得离苦——再论"护生画"的伟大意义及其深远影响》，陈治珍：《互爱的典范——试论李叔同的母子关系》，周珊薇、方荟涵：《爱，就是慈悲——电影〈一轮明月〉之十年光影》、刘恬：《李叔同学堂乐歌校本化教学实践及策略》（以上来自中国大陆）；释慧观：《弘一大师标圈校勘"南山三大部"之名山伟业——以〈行事钞资持记〉探述》、释慧明：《弘一大师辑录〈行事钞资持记扶桑集释〉》、高明芳：《弘一大师与地藏法门的修持和宏扬》（以上来自中国台湾）；西槙伟：《异文化的对话——论丰子恺〈缘〉与夏目漱石〈凯贝尔先生〉》、吉田千鹤子：《李叔同的老师大村西崖和中国的美术家》、大野公贺：《弘一大师与丰子恺的交流及佛教信仰——以〈护生画集〉为中心》（以上来自日本）；以及来自韩国的李铢惠：《与〈华严经〉一同到来的弘一大师》。会议于 13 日上午在玉皇山庄闭幕，杭州师范大学副校长杨磊致闭幕词。杨磊副校长说，三天来，各位专家学者就弘一大师李叔同的生平、艺术、佛学、人格精神等展开了全方位的研讨，发表了许多富有见地的观点，发现了诸多新的史料，代表着弘一大师研究的最新成果。这些成果，体现在本次会议的学术论文集里，是各位专家学者智慧和辛劳的结晶，也展现出弘一大师研究的良好前景。会议期间，还举办了一台极具特色的纪念音乐会，寄托了人们对弘一大师的缅怀之情，体现了弘一大师艺术的永恒魅力，也弘扬了弘一大师的人格精神。有理由说，本届国际会议是弘一大师研究史上一次精彩的盛会，必将为研究界、为社会留下难忘的记忆。会议出版了中英文对照的学术论文集《如月清凉——第三届弘一大师研究国际学术会议论文集》（中国广播电视出版社2010年版）。

作为会议重点内容的"弘一大师诞辰130周年纪念音乐会"于10月11日晚在杭州师范大学下沙校区艺术中心举行。音乐会主办单位为弘一大师·丰子恺研究中心，协办单位为杭州师范大学音乐学院、初等教育学院、团委及学生会、平湖市叔同实验小学。音乐会由著名表演艺术家濮存昕和王莉君主持。浙江省教育厅副厅长鲍学军等应邀出席。此外，会议代表还于12日晚在弘一大师的出家地虎跑欣赏了由游本昌主演的话剧《悲欣交集》。

几乎是在第三届弘一大师研究国际学术会议举行的同时，杭州另一场"弘一大师诞辰130周年学术研讨会"也于2010年10月12日在杭州佛学院新校区隆重召开。此次研讨会由杭州市佛教协会主办、杭州佛学院承办。来自北京、江苏、上海、广东、四川、湖北、湖南、江西、福建、山西、河南等省市近百余位佛教专家学者、佛学院学僧参与了会议，其中有中国社会科学院世界宗教研究所所长黄夏年、中山大学哲学系教授龚隽、上海师范大学教授严耀中等。会议就弘一大师生平、佛学思想、佛教戒律与制度等议题进行了研讨。本次会议收到论文75篇，这些论文中，来自杭州佛学院学僧的有10篇，此外，福建佛学院、闽南佛学院、上海佛学院、广东云门寺佛学院、江苏尼众佛学院、弥勒佛学院、江苏寒山书院、江苏西园寺戒幢佛学研究所、浙江天台山佛学院等参会的学僧论文也有20余篇。本次与会的佛学院学僧论文在对弘一法师出家因缘、佛教思想和佛教戒律与制度等方面都有涉及，并且大多数在分析的基础上都提出了自己的思考。杭州佛学院院长光泉法师表示，杭州佛学院历来十分注重学术研究和文化交流，自2003年以来，每年都举行各种研讨会并且出版相关书籍，展示海内外佛学交流研究的最新成果。通过这些方式，让佛学院的学僧更好地了解佛教学术的前沿课题，拓宽眼界，形成良好的学习环境和研究氛围。

在12日下午举行的研讨会开幕式上，杭州佛学院佛学研究所所长李明友、中国社科院宗教所研究员韩秉芳、南京师范大学敦煌学研究中心主任黄征及杭州佛学院学僧海慧法师相继作了学术发言。13日下午研讨会圆满闭幕，上海师范学院教授严耀中、中山大学哲学系教授龚隽、中国社科院宗教所研究员，所长黄夏年作了大会发言，杭州佛学院教师宋道发博士作了总结发言。

2010年10月15日，温州举行弘一大师诞辰130周年纪念座谈会。同时从9月起还启动系列纪念活动，相继举办弘一大师墨迹精品展、弘一大师遗墨探讨会等。在纪念座谈会上，温州市委常委、宣传部长曹国旗致辞，强调要把弘一大师的学术思想和治学精神在新的历史时期不断加以丰富、发展和弘扬，更好地促进温州文化繁荣发展。座谈会上，来自台北、福建、河南等地的研究者及温州当地学者围绕弘一大师的爱国精神、严于律己与诚信精神、结缘温州等话题进行了探讨。温州市人大常委会副主任陈宏峰、副市长仇杨均、市政协副主席黄兆鸽等也出席了纪念座谈会。为配合本次纪念活动，温州博物馆、平湖李叔同纪念馆编辑出版了《弘一大师墨迹》（浙江古籍出版社2011年版）。

2010年10月18日，天津举行弘一大师研究学术会议，来自各地（其中有些来自美国、加拿大和中国台湾地区）的弘一大师研究学者及宗教界人士百余人参加了会议。此次会议入选论文30余篇，会议安排15位专家在会上作主题演讲。天津市人大常委会主任刘胜玉等领导出席了会议的开幕式。与会代表参观了李叔同故居纪念馆，观摩了李叔同作品音乐会。此外，会议期间还举办了多种形式的纪念活动。会议于20日结束。

2010年10月21日下午，由上海交通大学人文学院举办的精裕人文大讲堂第二讲开讲，笔者应邀为该校师生作了一场"李叔同的生平与艺术"的学术报告。该校校友、精裕集团总裁施永敏先生及广大师生参加了本次学术活动。

2010年10月21—23日，福建泉州举办纪念弘一大师诞辰130周年系列活动。来自全国各地的宗教界人士、文化界专家学者参与活动。本次纪念活动为期3天，内容丰富，形式多样，如追思法会、"弘一大师遗著手稿、书法及生平图片展览"、祭扫弘一大师舍利塔、参观弘一大师纪念馆、纪念弘一大师书法篆刻展、《弘一大师全集修订版》首发式以及《一轮明月》电影招待会、学术研讨会等。

2010年12月18日上午，由平湖市人民政府和杭州师范大学弘一大师·丰子恺研究中心联合主办、平湖李叔同纪念馆承办的纪念李叔同诞辰130周年系列活动暨"中国·平湖——李叔同人格与艺术研讨会"在平湖市隆重举行。平湖市委书记盛全生代表市委、市政府向各位来宾的到来表示热烈欢迎。本次会议共收到全国各地专家学者的论文28篇，并在会议上作了交流。19日上午，会议闭幕。

由杭州师范大学（杭州师范学院于2007年3月更名为杭州师范大学）弘一大师·丰子恺研究中心与北京翰德林智慧女性修养学堂联合主办的第四届弘一大师研究国际学术会议于2012年10月12—15日在杭州隆重召开。本届会议的主题为"弘一大师精神与和谐世界的人文构建"。130余位中外学者和嘉宾参加了会议。开幕式于10月12日上午举行，杭州师范大学副校长何俊教授代表学校致欢迎词，并就弘一大师（李叔同）研究的相关学术问题发表了见解。会议听取了南京大学教授赖永海、北京大学教授龚鹏程、中国社会科学院研究员黄夏年、北京人民艺术剧院表演艺术家濮存昕、韩德林智慧女性修养学堂负责人田羽和台湾佛学研究者一净法师、慧观法师、慧明法师及笔者的学术演讲。会议期间，表演艺术家游本昌在杭州师范大学艺术中心上演了反映弘一大师出家后生活的话剧《弘一大师——最后之胜利》，与会代表还举行了和谐世界主题放生活动，并前往安吉灵峰寺、杭州虎跑等地进行学术考察。会议演讲论文集《慈悲与和谐——第四届弘一大师研究国际学术会议文集》于2013年4月由中国广播电视出版社出版。《浙江日报》、《钱江晚报》、新浪网、中国画品网、南京大学中华文化研究院网等对本次会议进行了报道。

结　语

回顾21世纪以来的弘一大师研究学术会议，其成绩令人感慨和欣慰。与20世纪90年代相比较，无论是在研究内容、研究深度、研究队伍和普及弘扬等方面都有了很大的变化。就研究内容而论，21世纪以来弘一大师研究学术会议的成果已涉及弘一大师——李叔同的方方面面；就研究深度而言，研究者已不满足单一的记述、考证和评价，许多成果已利用多学科的理论进行深入、广泛的探索；就研究者队伍来看，目前的弘一大师研究，已不再是少数人的事业，各阶层人士均已参与到研究中来，而在普及弘扬方面，人们已从纯粹的学术研究扩展到了应用、实践领域，在教育、宗教、文化等各领域尝试着弘一大师精神的继承与光大。可喜的变化来之不易，期待日后各地加强合作交流，共同推进弘一大师研究事业的健康发展。

《弘一大师佛学思想述论》序

　　我常对学界的朋友说，就方法论而言，学术研究不外乎三种类型，即实证型研究、思辨型研究和实证思辨综合型研究（包括比较、跨学科研究等）。无疑，就上述三种研究类型而言，第三种是最难达到的境界，是努力的方向；前两种类型，各具特色，亦具有其自身的学术价值。我本人理想中期望能达到第三种研究类型的境界，但实际上却往往由于底气不足而偏重于实证研究，因为我自知欠缺才气而有一点吃苦精神，运用实证的研究手段比较适合于我本人。正因为如此，我的弘一大师或丰子恺研究，多实证而少思辨。就个人而言，这没有问题，但就研究领域整体而言，这不能不说是一个遗憾。

　　我从事弘一大师和丰子恺研究已近 30 年，成立并主持弘一大师·丰子恺研究中心也已有 12 年。近年来，我越来越体会到弘一大师研究和丰子恺研究需要有一个新的突破，即在实证研究的基础上，从广义的文化学角度来丰富对这两位大师的研究，在更高层次上对二位大师的文化行持作学术定位和精神弘扬。我这样说，并非指目前的弘一大师、丰子恺研究界没有较高水准的思辨型理论著述，而是这样的著述还太少，更令人担忧的是许多研究者居然在尚未掌握正确的史料依据的情况下空发了太多的无实际意义的议论。本着这样的观点，我以为作为全国唯一的专门性的弘一大师、丰子恺研究机构，弘一大师·丰子恺研究中心有责任在丰富二位大师的研究方面发挥应有的作用，而引进、培养学术新人就是其中最重要的手段之一。

　　本著的作者徐承博士就是研究中心于 2008 年引进的年轻研究者。他具有良好的学术基础，本科阶段学的是英语专业，硕士、博士阶段从事美学研究。他读博时的导师是治学严谨的张节末教授，加上他本人开阔的学术视野和踏实作风，使我在引进年轻研究者的时候将其视为了不二人选。

事实证明我的选择没有错，一年多来，徐承不仅发表了多篇高质量的研究论文、第一次申请课题就获得了省哲学社会科学规划课题的立项。他的研究路径正是我所期望的，在实证的基础上更关注于理论思辨，使本研究中心的学术成果多元化，并以此来提升研究中心的学术层次。《弘一大师佛学思想述论》是徐承经过一年多的研究而撰写出的最新成果，没有年轻人易犯的浮躁病，且已开始追求实证思辨的综合研究，令人欣慰。

　　当然，本书只是徐承的第一部弘一大师研究专著，在史料运用和理论依据的选择等方面会有若干局限。好在他正处于不断努力之中且起点很高，潜力巨大，若日后不畏艰辛，耐于寂寞，其前景令人看好。后生可畏，是为序。

　　　　　　　　　（徐承：《弘一大师佛学思想述论》，团结出版社 2009 年版）

关于弘一大师绘画作品的若干答疑

近年来，随着弘一大师绘画作品的发现和出版，人们对弘一大师人生与艺术的认识得到了进一步的深化。同时，对弘一大师出家后绘画作品的研究，也引起了研究界的高度重视，相关评论时有所见。这其中，绝大多数见诸报刊的评介持肯定意见，而笔者在《弘一大师绘画研究》（北岳文艺出版社2006年版）一书中也已对此作了较系统全面的研究。作为学术研究，提倡百家争鸣，因而对某些论者提出的质疑亦应持欢迎态度。陈飞鹏先生在《对近年发现的弘一法师书画作品的四大质疑》（《文物天地》2006年第6期，总第180期）一文中提出了四项质疑，并言及笔者所著《弘一大师绘画研究》一书。为此，有必要给予答疑，以澄清事实。

陈飞鹏先生在引述了林子青编著之《弘一法师年谱》（宗教文化出版社1995年版）关于弘一大师1931—1932年生平文字后提出了第一项质疑："上述年谱及相关史料没有透露任何与这批字画有关的信息。"

陈飞鹏先生提出这项质疑，其根据是林子青先生的《弘一法师年谱》。然而，林子青先生所编的年谱和由他作为主编的《弘一大师全集》（10卷本，由福建人民出版社于1991年6月至1993年2月陆续出版）并不是完全准确的，更不是完善的。关于此，笔者早已在《弘一大师考论》（浙江人民出版社2002年版）一书中有过论述。对于这第一项质疑，完全不必解答，只要摆出史料依据即可说明。如：

姜丹书《追忆大师》（载《姜丹书艺术教育杂著》，浙江教育出版社1991年版）：

> 于国画，虽精于赏鉴，初未习之；但晚年画佛像甚佳，余曾亲见一幅于王式园居士处，笔力遒劲，傅色沉着，所作绝少。

按：姜丹书仅见一幅，故说"所作绝少"。姜丹书在评价弘一大师所绘佛像时用了"甚佳"二字，证明弘一大师的佛像作品是十分精美的。

王平山《弘一法师在惠安》（载《弘一法师在惠安》，惠安县文化馆、净峰乡文化站、净峰寺弘一法师纪念室 1986 年 7 月编）：

> 据了解所知，法师于 1935 年冬离开净峰寺时，曾画一幅有一枝莲花和一只虎的莲虎图赠给在寺中帮忙杂务的邱文珍居士。此画后被同乡邱某拿去转送亲人，至今未获其迹。又 1942 年最后一次由泉州返回灵瑞山又将离去时也曾画有一幅梅花赠与该寺住持的儿子刘金泉，可惜此画也湮没不存。

陈祥耀《弘一法师在闽南》（载《弘一大师永怀录》，大雄书局 1943 年版）：

> 三年前，我在温陵梅仁书院念书的时候，有个住居承天禅寺的方外同学传如师，他寄宿在寺中的功德楼上，每天下午放学，我老是跟他上功德楼听晚钟、看夕照，从晚钟夕照的余音余彩中，我听到了晚晴老人的名字，看到了晚晴老人的书画篆刻，渐渐地使我明了在小学时代所看叶绍钧所作的《两法师》中的"清癯的脸，颌下有稀疏的长髯"的老和尚是什么人了。

许霏《我忆法师》（载《弘一大师永怀录》）：

> 对于国画虽未曾研习，却精鉴赏。晚年以其写字的笔法绘佛像。清新劲练，天趣盎然，每一线条，如生铁铸成，笔笔不苟，间有设色，也很雅淡可爱。

丁福保《弘一大师文钞序》（载《弘一大师文钞》，上海北风书屋 1946 年版）：

> 出家后，不轻执笔，求者均书佛号经偈作答，以广结墨缘。复擅长音乐、绘事，西画尤精。晚年画佛更佳。

按：按丁福保的意思，弘一大师晚年画佛更佳，似乎精美程度超过早年的西画。这"更佳"的佛画，显然不是以往所见之少量大师晚年的佛像作品。

需要说明的是，像姜丹书、许霏等言及弘一大师早先对国画"初未习之"或"不曾研习"，这是不了解早年的李叔同对国画也有所涉及的事实。其实，李叔同很早就对国画有了研究并有作品的。1900年4月，李叔同就与上海书画家组织了上海书画公会，后每周出《书画公会报》一纸。此恰恰见于林子青《弘一法师年谱》。黄炎培在《我也来谈谈李叔同先生》（载《文汇报》1957年3月7日）中说：在南洋公学与李叔同为同学时"他刚二十一二。书画篆刻、诗词、音乐，都有过人的天资和素养。南洋特班宿舍有一人一室的，有两人一室的，他独居一室，四壁都是书画，同学们很乐意和他亲近"。再比如孤芳在《忆弘一法师》（载《弘一大师永怀录》）中就说：太平洋"画报的内容既不是点石斋的新闻画，也不是沈伯尘的百美图，更不是钱病鹤、马星驰一流的讽刺画，它是一幅立轴，或一方册页，或一副对联，大半是法师的手笔——书法和花鸟。法师那时候的书法，近似郑文公碑而更雄健，花鸟亦如他的书法，雄健遒劲，寥寥数笔，别有风致"。而在国画理论方面，李叔同更有《图画修得法》，文中论及了图画在中国的历史、图画的功用、图画的种类，并就中国传统的图画与西画的分别作了介绍。他还有《水彩画法说略》，也就西洋的水彩画与中国画作了比较研究（《图画修得法》、《水彩画法说略》见《弘一大师全集七·佛学卷［七］、传记卷、序跋卷、文艺卷》，福建人民出版社1991年版）。此外，我们还可以从李叔同当年在《太平洋报》前后与陈师曾、苏曼殊的交往中也能知晓他对中国画的兴趣和研究（有关李叔同与陈师曾、苏曼殊的关系请参见笔者《李叔同身边的文化名人》一书，中华书局2005年版）。也可以从李叔同在《太平洋报》时参与组织文美会的史料中了解他对书画活动的热情。像文美会这样的艺术活动，对李叔同研究、鉴赏国画都会有直接的影响。

以上史料说明弘一大师出家作画的事实。再看1931—1932年的史料：

李鸿梁《我的老师弘一法师李叔同》（载《浙江文史资料选辑》第26辑，1984年6月）：

> 1942年春，绍兴小云栖寺来信说，寄存于寺中的弘一法师的字

画及其他书画、书籍等，都被绍兴 35 号汉奸胡耀枢运走了。

按：李鸿梁在上述文字中所说的是"弘一法师的字画"和"其他书画"。既列有"其他书画"，说明被运走的既有弘一大师的书法作品，也有绘画作品。这些绘画作品中，应该包括弘一大师出家前送给他的油画。李鸿梁在同一篇文章中说："这批画后来等法师将要出家时，都赠送给北京国立美术学校了。我得了一张 15 号的画，画的是以大海为背景的一个扶仗老人，意态有点像米勒的'晚祷'，不过色彩比较淡静，调子也比较柔和，这是法师在日本东京美术学校里的第一张油画习作。这张画，后来在抗日战争时期与其他书画文物，全数被绍兴城区 35 号主任汉奸胡耀枢抢去了。"笔者之所以说这些画中也包括弘一大师出家后的画作，是因为在弘一大师于 1932 年农历三月十七日致胡宅梵的信中说过："佛像二叶奉上，其题篆文者一叶，由仁者收受。其未题者，乞转寄李鸿梁居士。"（以下所引弘一大师书信均见《弘一大师全集八·杂著卷、书信卷》，福建人民出版社 1992 年版）故李鸿梁所述十分确切。

弘一大师本人言及本时期绘画作品的文字也时有所见。

弘一大师于 1931 年农历四月由于身体状况不佳，曾写过一份遗嘱（见林子青编《弘一法师年谱》），明确说道：

> 弘一谢世后，凡寄存法界寺之佛典及佛像，皆赠于徐安夫居士；其余之物皆交法界寺库房。辛未四月，弘一书。

弘一大师致胡宅梵信：

> 佛像二叶奉上，其题篆文者一叶，由仁者收受。其未题者，乞转寄李鸿梁居士。

按：此信写于 1932 年农历三月十七日，正是弘一大师作画较多的时期。

弘一大师又致函胡宅梵：

> 新年天气较暖。为仁者书写佛名及小联，附寄奉。又寄地藏菩萨

像一轴，敬赠道静居士。

按：此信写于 1929 年除夕。

上述弘一大师曾通过胡宅梵转送道静居士一地藏菩萨像。后弘一大师在 1930 年农历十二月初十日致胡宅梵信中说：

> 今年四月，为余之亡母七十冥诞。拟印地藏菩萨像赠送，并流通，以为纪念。仁者前云之印刷格言歌曲等，皆可缓缓为之。惟印地藏菩萨像事，拟以奉托仁者。即以前赠与道静居士之像为底本，将道静之上款删去。用纸覆之，以付石印（石印不能留版，锌版可以永存）。并缩小制锌版大小数种，大者约一尺长。小者如明信片形，存贮佛学书局，永久印刷流通。窃谓寻常流通地藏菩萨像，旁有二侍者，似未合适。今由余删去，仅有菩萨一尊，甚为庄严，故愿此像永久流通也。

按：上述引文有下划线者说明弘一大师本人曾赠送道静居士佛像，并有上款。弘一大师画过许多三人一组的佛像与菩萨像。常常是中间为主图，两旁有二人。但对于地藏菩萨像，弘一大师后来以为还是以一尊为宜。此后胡宅梵联系刊印的佛像印出，弘一大师也表示了赞喜："惠书及像等均收到，致谢。佛像翻印者，形式甚佳。较原稿为胜。甚佩叶居士办事周到也。"（弘一大师 1932 年春致胡宅梵信）弘一大师对地藏菩萨像一向重视。胡宅梵在 1948 年刊行的《人间爱晚晴》中的《弘一大师胜缘记略》一文记曰："师于堂中悬明人名画地藏像一幅，鲜花供养，并自向像前受菩萨戒也。" 1933 年，弘一大师还为卢世侯居士题《地藏菩萨九华垂迹图赞》。

1932 年农历五月二十一日，弘一大师曾给崇德法师写信，有言：

> 前托刘居士之件，彼因丰居士编辑极忙，未便请求，故另托人写画。稍迟即直接附邮挂号寄至尊处。

按：此信说的是"写画"，说明弘一大师希望丰子恺替崇德法师作画。因丰子恺忙于编辑事，不遂，故大师曾希望"另托他人写画"。但后来因缘际会，这"另托"之人，恰恰就成了大师自己。他在 1932 年致刘质平信中说："前托为崇德法师画像书联，成就时，乞寄伏龙由余转交（能于半个月内寄下，尤感；再迟，余或他往矣）。因彼已不在金仙寺矣。"此信于农历七月四日所写，七月二十日，弘一大师又写信给刘质平："前托为崇德法师书画件，乞请人加墨，即由上海付邮局挂号寄去为感……崇德法师之书画件，能早寄去尤感。"崇德法师是弘一大师在浙江慈溪金仙寺讲律时的听讲弟子，二信联系起来读，可知弘一大师曾为他画过画，并托刘质平另请他人为此画题联。弘一大师所谓的"为崇德法师画像书联"和"乞请人加墨"是一个意思。"加墨"即题字以为纪念（"加墨"在弘一大师的表述中即为写字、题字之意思。如弘一大师致郭奇远信中说："以后，仁者如与友人晤谈时，希代达今后暂不写字之意，或有寄纸来者，亦以原物寄还，恕不加墨。"此信见《弘一大师温州踪迹》一书，上海文艺出版社 2000 年版）。

陈飞鹏先生在他的质疑文章中说："不知陈星先生为何认为这'另托之人'就是弘一法师本人？"那么以上按语即是回答。

弘一大师于 1931 年农历二月六日在上虞法界寺致胡宅梵的信中说：

　　　前寄诸写件，及《四分律表记》、菩萨像等，想早已收到……

按：弘一大师此番赠送的佛像没有落款。后胡宅梵欲印刷流通，向弘一大师提出署名问题。弘一大师于 1931 年农历二月二十九日写信说："像之下方无名，不妨。前函附寄《二十八利益》，副署拙名。可志纪念也。《二十八利益》，排于像下之距离格式地位及大小，乞托商务编译所中精通美术者审酌排列为宜。仁者以后印刷品，宜常与上海李圆净居士商之。彼或附印赠送也。托黄幼希居士介绍像印就后，乞各寄十叶。又他书印就，亦希随时寄示。不宣。"文字有下划线部分足以说明弘一大师寄出的菩萨像为大师本人所作。

弘一大师于 1931 年农历三月致函胡宅梵：

　　　前挂号函，想已收到。余存金仙寺书架中，有千手千眼观世音菩萨像一大张。（未裱）五尺宣纸。折叠置于书上。乞仁者检出，以皮纸多包数层，贴邮票一角五分，挂号寄下，至为感谢。谨恳，不宣。

按：如今发现的弘一大师的绘画作品中，有一幅未裱的千手观音图，尺寸为 98 厘米 × 182 厘米，当有 5 尺半。但是，目前概念中的 5 尺宣纸，其尺幅与弘一大师那个时代是有很大差别的。

以下史料可供读者参考分析。根据老一辈人回忆，中国在 1949 年前的度量衡十分混乱，有说旧尺为 348 毫米，1949 年后规范度量衡，将原尺度缩短了 15 毫米，即 333 毫米为 1 市尺，3 市尺为 1 米。也有人说新旧尺度改革是在日本侵华时期，中方为统一作战距离和时间而作了统一规定。以上所述均为当事人口述，仅为参考。为此笔者研究了丘光明著《中国古代计量史图鉴》（合肥工业大学出版社 2005 年 8 月版）和吴承洛著《中国度量衡史》（商务印书馆 1937 年 2 月版）二书。研究结果如下：

《中国古代计量史图鉴》一书论述的情况是：鸦片战争后，各国度量衡传入，清政府无力抵制，一度使中国的度量衡十分混乱，各种标准并存，漫无一定。民国成立后，度量衡改革被提上议事日程。当时的工商部经反复讨论，认为应适应世界潮流，直接采用米制，并拟在 10 年内将米制推行于全国。后因考虑米尺过长，公斤过重等因素，若直接采用米制，恐于民情不符，故采用美、英等国将本国度量衡与米制兼用的办法，确定营造尺库平制与米制并用。1915 年，政府颁布了《权度法》，明确了米制与营造尺库平制的比例和折算关系，并设立了权度制造所和鉴定所，力争推行新法。然而由于中国政局总是动荡，号令不行及计划不周、经费不足等原因，新制在中国实际上并未能全面推行。1927 年南京政府成立。由于度量衡关系国计民生，故对其改革，再次被提出。政府成立专门委员会研究，提出了十几个方案，最后决定采用徐善祥、吴承洛二人的提案，即采用米制。在过渡时期宜以与米制的比率为 1 米等于 3 市尺；1 公升等于 1 市升；1 公斤等于 2 市斤的市用制。由于市用制既概略地沿用了营造尺库平制的量值，又与米制有简单的比率。经会议反复讨论后，一致同意此提案，并于 1928 年制定《中华民国权度标准方案》，予以公布。为保障方案的实施，由中央各部委与全国商会联合组织度量衡推行委员会，制定了全国度量衡划一程序，公布《度量衡法》。然而，由于国民经济衰退，各项事业凋零，米制仍未能在全国推行。根据该书列表，1912—1949 年中国度量衡中的 1 尺合 33.3 厘米。可是，尽管政府一再推动度量衡改革，但由于中国当时的实际情况，最后仍未能统一度量衡。

市用制是过渡方案，且由吴承洛等提出。那么，吴承洛的《中国度量衡史》就很值得关注。在吴承洛的《中国度量衡史》一书中，著者列出了当时中国各地"尺"的尺寸。该书第十章《民间度量衡过去紊乱之一般》的第二节为"度之紊乱"。在谈到"尺"时是这么写的："尺之普通应用，在我国历史上及民间习惯，不外三种：一、'律用尺'……民间少有用者。二、'营造用尺'……而实际各地所用营造尺常有合市尺1尺以上者。三、'布尺'或'裁尺'……常有合1尺5寸以上者。"宣纸所用的量尺，应以量布裁衣之用尺为妥。著者说："我国加尺风气见于布匹之交易者最盛，故民间应用之裁尺，有合现今市用尺1尺至1尺零五六分者。至织布用尺常有合1尺5寸以上者。"著者列表举例说，济南的裁尺每尺合1.02市尺；天津裁尺每尺合1.022市尺；成都裁尺每尺合1.053市尺；福州裁尺每尺合1.11市尺；无锡布尺每尺合1.62市尺；开封布尺每尺合1.685市尺；等等。可见，各地的实际标准都不一致。

由此来看如今发现的弘一大师千手观音图，如果按市尺，98厘米×182厘米应是5尺半；如果按当时的某种度量衡标准算，也可以说是5尺。对此问题进行考证后，可以认为弘一大师信中所述之千手观音图，可能就是目前发现的这张画。当然，这不能作确论，但至少可以认为，像目前所见这样大尺寸的千手观音图，弘一大师确实是画过的。

通过以上文献的实证，有他人所述之弘一大师出家后绘画作品的文献记录，并参照弘一大师自述绘画作品的文字，可以确认弘一大师出家后，尤其是在1931—1932年间作画是确凿无疑的。

再说林子青先生。林先生是中国弘一大师研究界的前辈，对弘一大师研究有过很大的贡献。但是，正如笔者在《弘一大师考论》一书中所说的那样，林子青先生的著述也不是没有错误的。就林子青先生的《弘一大师年谱》而言，并不能因为年谱中未记弘一大师出家后的绘画之事，就认为弘一大师出家后就不再作画。恰恰是林子青在《马一浮居士与弘一法师的法缘》（载《南洋佛教》1987年第8号）一文中说过："早年我在上海时，曾于玉佛寺看到蔡丏因居士寄存他所收藏的弘一法师赠他的佛经典籍，多有弘一法师所画的佛塔佛像和马一浮居士的题字，精丽无伦。闻经十年动乱，已荡然无存。"注意：林子青在文中用了"精丽无伦"来形容弘一大师绘画作品的精妙。以往所见的几幅弘一大师晚年的佛像作品只能说是有特色，并不能称其"精丽无伦"。"精丽无伦"的佛像只能是目前新发现的这些弘一大师的画作。

林子青文中所述之佛像、佛塔是弘一大师绘在手装之佛经封面上的画。蔡丐因在《弘一大师文钞序》（《弘一大师文钞》，上海北风书屋1946年版）中说：大师"手装本有《华严经行愿品》《净行品》及《四分律比丘戒本》诸书。红线双扣，行直眼正，绵密如意，非峝工所及。面加日本藏经用纸，或绘佛像，或作佛塔。红云缩采，烂焉生光。亦作善财拔莲花像。吴带当风，遒古高妙。谛审之，则师以浓墨勾勒者，弥见精能已。题赠或以篆，或以楷，或请马一浮居士书之"。从蔡丐因的这些介绍中，人们又了解了林子青未曾提及的大师所绘善财拔莲花像。蔡丐因对弘一大师绘画作品的评价是"遒古高妙"、"弥见精能已"。可见，弘一大师出家后的代表作绝非以往所见的少量晚年佛像作品。

这些文物为何会被存放在上海玉佛寺？后来的下落如何？本人曾于1997年5月25日专程赴浙江省桐乡市濮院镇采访过蔡丐因先生之子蔡大可先生。原来，1951年，蔡丐因之子蔡大可先生因"政治问题"入狱，又逢蔡丐因跌伤导致脊椎炎，行动不能自理。为此，蔡家决定将所藏弘一大师之大部分文物及家藏历代书画、雷峰塔数十本"藏经"寄存上海玉佛寺。当时蔡家请了三位介绍人，由玉佛寺淦泉法师来取，由蔡丐因之女婿代为订立合约。根据合约，蔡家每年可去玉佛寺检查文物保存情况，并由蔡丐因亲笔签字或三位介绍人连名签字便可以随时将文物取回。应淦泉法师建议，后又将赵朴初先生的名字也写入了介绍人的名单之上。蔡丐因先生于1955年逝世。由于历史的原因，当蔡大可先生于1984年释放并平反后再到上海玉佛寺去查看文物时，除雷峰塔"藏经"和部分书画尚存外，有关弘一大师的文物早已不知去向。据寺方说是被"文化大革命"时的红卫兵抄走了。但不管怎样，这批珍贵的文物至今下落不明。

1997年5月25日笔者采访蔡丐因之子蔡大可先生后写成了论文《关于弘一大师与蔡丐因史料的若干补充》（见笔者《弘一大师考论》一书）。蔡大可先生还说：蔡家旧藏弘一大师赠送的日本佛像明信片若干。这些明信片上印有佛像，并由弘一大师亲手重新描绘，形象更为生动，为大师赠与蔡丐因留作纪念者。现已不存。结合1932年农历四月三十日弘一大师写给性愿法师的信中说到的日本明信片画："又有日本书二册及信片画三套，乞转奉芝峰法师"，可知弘一大师不仅十分喜爱这类明信片，还为之添笔加彩。2005年9月24日，笔者通过电话采访了蔡丐因先生之子、84岁的蔡大可先生。蔡大可先生告诉笔者，他还亲眼看到过弘一大师在给他父亲的信件中画的莲座图。

以上史料已载《弘一大师绘画研究》一书。书中也解答了弘一大师有时也因为因缘关系不便为某些人作画。陈飞鹏先生在质疑文章中说"细读已出版的关于这批作品的画册及研究著作"。既然如此，再提出这个问题，令人费解。

陈飞鹏先生提出的第二项质疑是："完成这批作品需要的工作量和时间量，恐弘一法师的体能难以承受"。这里的一个"恐"字就说明此项质疑是出于主观推测。

陈飞鹏先生之所以会提出这个疑问，是他认为在弘一大师作画较多的1931—1932年间，大师的身体状况不佳，故其体能难以承受这样的工作量。从目前的资料可以确认，弘一大师的身体状况在这两年中确实不佳。但某几天或某几周身体状况不佳不等于其他时日也不能作画写字，更不会因身体状况不佳而削减弘一大师以各种方式弘扬佛法的意志。

还是以事实来回答这个问题。弘一大师正是在"身体状况不佳"的情况下欲办南山律学院。20世纪20年代末30年代初，弘一大师曾多次往来于上虞白马湖、慈溪的金仙寺、五磊寺和伏龙寺及温州等地。这一时期，他除了研究律学外又开始编撰《清凉歌集》。1930年秋，弘一大师首次到金仙寺的时候，五磊寺主就因为他的名望想在寺中创办南山律学院。农历十月十二日，弘一大师给蔡冠洛的信中说道："……五磊寺主等发起南山律学院。余已允任课三年。（每年七个月，旧历二月十五日至九月十五，余时他往）明春始业。经费等皆已就绪。自今以后预备功课，甚为忙碌……"《弘一大师全集八·杂著卷、书信卷》将此信注为1931年农历十月十二日写于慈溪五磊寺。其实此信应该写于1930年农历十月十二日才对。（关于此信的时间，笔者已在《弘一大师绘画研究》一书中有考证，不赘述。）

1931年初夏，弘一大师到了五磊寺。他这一次来，自然是为了办南山律学院。然而，他的这次尝试没有能够成功。关于此事，文献记载已很多，也可详见笔者《弘一大师绘画研究》，不赘述。客观的事实是，弘一大师创办南山律学院没有成功，这对弘一大师的精神打击甚大。他说："我从出家以来，对于佛教向来没有做过什么事情。这回使我能有弘律的因缘，心头委实很欢喜的。不料第一次便受了这样的打击。一月未睡，精神上受了很大的不安，看经念佛，都是不能。照这情形看来，恐非静养一

二年不可。"（见岫庐：《南山律学院昙花一现记》一文按语，原载 1932
年 4 月 10 日《现代佛教》第 5 卷第 4 期）他又在给胡宅梵的信中说：
"余近二月来，因律学院事牵制逼迫，神经已十分错乱不宁。披阅书籍，
往往不能了解其义。（昔已解者，今亦不解。）几同废人。现拟静养治疗，
未知能复元否。"通过此事，人们足可以体会弘一大师对创办律学院的兴
趣和办学失败后的沮丧之情。且不论办学失败后的情形，我们在研究弘一
大师出家后绘画作品的时候，应更留意弘一大师对创办律学院的执着之
心。一个客观事实是，弘一大师的许多绘画题款就是"南山律院"。这些
画，恰恰作于他筹划办学的前后。他这样题款，有时是为了客观需要，有
时也是为纪念性质，正说明部分绘画作品是与大师筹办南山律学院有关。

　　弘一大师创办南山律学院没有成功，且自述"几同废人"。但恰恰是
在这一时期，弘一大师在镇海伏龙山为刘质平写下了大量堪称精品的书法
作品，这早已是弘一大师研究界公认的事实，没有必要再复述了。这也说
明弘一大师的行持，不是一般人能用一个"恐"字所能推测的。

　　陈飞鹏先生的第三项质疑是："题跋落款时空错乱，初步已发现五
处"。作者所指的五处"错乱"，有四处出现在河北教育出版社 2005 年 8
月版《弘一大师书画集》中所收的书法作品上，一处出现在观音册页上。
对于所谓四处出现在书法作品上的"错乱"，不在本人答疑的范围之内
（笔者目前研究的是弘一大师的绘画作品）。因为笔者没有参与《弘一大
师书画集》的编辑出版，且自始至终力阻该书画集的出版。理由是在没
有认真研究论证其中书法作品前不宜收入这些书法作品（无论真伪）。该
书画集出版后，笔者与弘一大师·丰子恺研究中心的研究人员经过研究，
确定其中的书法作品有一些是赝品。（我们鉴定其为赝品的理由是书法的
风格与摹仿的痕迹，而陈飞鹏先生是根据题款。）但这里需要指出的是，
书画集中的部分书法作品与绘画作品的来源是不同的。对此，《弘一大师
书画集》编者之一的柯文辉先生已在该书画集的前言中说得很清楚："弘
缘居士（指收藏者——笔者按），生于华南，未及聆听一公教诲。七十年
代中期，有幸与一公友人结缘。十载后复从友人处获得一批弘一大师绘画
书法作品，创作时间多在 1928—1933 年之间。（见画跋）稍后复自济南
等地购得多件书法。"可见，该书画集中的作品来源不一，此亦正是笔者
强调需要研究辨析的原因。

　　对于另一处出现在观音册页上的所谓"错乱"，可惜陈飞鹏先生只是

说："另一处错误为观音册页题跋，也是时空错置，兹不列举。"十分遗憾，陈飞鹏先生的一句"兹不列举"，让人难以为之答疑。为此，笔者只能根据自己掌握的情况略加说明。在《弘一大师书画集》中，收有观音图册页两种，其中一种的题跋是："岁次鹑首晋水大华严寺贤首院　沙门胜幢"。陈飞鹏先生在指出四处书法作品题跋落款时空"错乱"时用的理由是作书时间与作者实际所在地域不一致，以为"弘一法师不致出此种笑话"。非常遗憾，陈飞鹏先生犯下了一个常识性的错误，他不了解弘一大师题跋的实际情形。且看刘质平先生《弘一上人史略》（载《南洋佛教》1979 年第 127 期）一文对弘一大师题款的介绍："所写地名、山名、寺名、院名，有曾住者，有未曾住者，有寺名院名意造者，有全部意造者，均与笔名同时决定。"这说明，弘一大师书画作品上的题款，其地名、山名、寺名、院名等只能作为研究者的参考，有的可能是事实，有的则是弘一大师"意造"的。在这样的情况下，硬把落款中的时间与作者实际所处地域作比照，必将犯下大错。

　　陈飞鹏先生的第四项质疑是："经文断句错讹，初步已发现 38 处"。为此，陈飞鹏先生用弘一大师 1931—1932 年书写过的经文与部分画作上的题字作比对，以为一些画作上的题字是其书法作品的"横向模仿位移，无法卒读"。以为弘一大师"怎么会在作画的时候错题？既然题书已不可信，那这批画有可能出自弘一法师之手吗？"这个问题看似尖锐，实际十分简单。讨论此问题需要附图。图一、图二、图三是陈飞鹏先生文中用以说明的图例；图四、图五为笔者用以说明情况的图例。

　　关于图一，陈飞鹏先生已在文中说明了"经文内容的阅读方式为由上而下，由右至左"的常识。为此，他认为图二上的画作题字是"横向模仿位移"，认为"以弘一法师的佛学修养，竟出现如此大量严重的错讹，不可理喻！"按他的意思，这是不懂佛经之人所为。假设制造赝品之人不懂佛经的读法，那么图四、图五又将作如何解释呢？因为图五上的题字，其读法则又与弘一大师书写过的佛经句（图四）读法一致了。难道"赝品制造者"一时会读，一时又不会读了吗？可见，这些句子的题写，是弘一大师有意为之。弘一大师在题写这些句子的时候并不是在抄佛经文句，而是在集佛经句。只要佛理存在，具体如何集句那是弘一大师的方便行事。弘一大师在 1931—1932 年书写过这些佛经句，为画作题字时以为取"横向"的句子便利，又不影响佛理，这又有何不可呢？笔者之所以在这里说是"书写",而不是像陈飞鹏先生文章中所说是"抄写",也是因为弘一大师在书写佛经句时没有完全依照佛经原文。图三即是一例。图三中的句子来自《妙法莲华经观世音菩萨普门品》,从首句"具足神通力……"取自经文的后半部分,一直到"灭除烦恼焰"都是连续的句子,但接下去的"具一切公德……是故应顶礼"则是跳过原经文数句后的结尾句子了。这也是弘一大师在集句,而不是"抄写"。如按陈飞鹏先生的说词,难道书写经句的弘一大师也是不懂佛经之人吗?弘一大师在不违背佛理的情况下为行方便而改动经句的情况是常有的。比如,他在致刘质平的信中就说:"《赞佛偈》,稍有更动增减……"

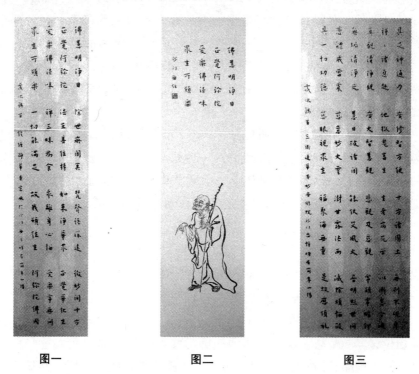

图一　　　　　　　　　图二　　　　　　　　　图三

　另一个客观的事实是,弘一大师恰恰是在这个时期有了《华严集联三百》。这项工作是弘一大师循道侣之请而缀集的。虽然他在《华严集联三百序》里说:"割裂经文,集为联句,本非所宜。"但他还是"战兢悚惕,一言三复。竭其弩力,冀以无大过耳"。弘一大师认为做这样的事,风险很大,需要对佛经的理义有深入的理解方能为之,为此,他说:"寄语后贤,毋再赓续。偶一不慎,便成谤法之重咎矣。"按弘一大师的意思，如果不具备佛学修养而缀集经文容易失误，但像他这样能够驾驭此工作的人，"竭其弩力"之后是可以胜任的。弘一大师的目的是为大众行方便："惟愿后贤见集联者，更复发心，读颂研习华严大典。以兹集联为因，得入毗卢渊府，是尤余所希冀者焉。"而缀集经文成《华严集联三百》的时间正是 1931 年。弘一大师此举，老友经亨颐、马一浮十分赞许并都题了跋。佛学大师马一浮在跋文中说："此为《华严集联》，亦大师欲以文字因缘方便说法之一。"

图四

图五

　　只要明白上述之理，便不会下"横向模仿位移"的结论，弘一大师并不要求读者"卒读"佛经原文，他是在行方便，只要集句不违佛理，又便于题写或有助于图案的整体美观，如何作为，那是弘一大师自己的事。

此外，陈飞鹏先生在文中还举出了弘一大师画作中有许多经句重复的现象。陈飞鹏先生在文中自述"笔者曾亲睹这批作品"。为此笔者向收藏者弘缘居士作了求证。得到的回答是陈飞鹏先生确实见过作品，但只是其中很少一部分。没有见到全部的收藏，所下的结论必然有失误。因为弘一大师的作品丰富多彩，某种样式的作品有的存有数套。以有题字的十八罗汉图立轴为例，弘缘居士收藏的就有四套，其中两套已收入《弘一大师书画集》。在这样的情况下，题字重复就不足为怪了。

研究弘一大师的绘画作品是一项系统工程。确定弘一大师绘画作品的真实性也是通过系统的研究——作者生平、交游史迹、文献记录、综合比较以及作品技术鉴定（包括书、画、印、纸）等多方面切入后所得出的结果。学术研究提倡论争，但论争需要证据。若凭"感觉"来推测，若不经过多年的努力，积累和发现史料，若不具备学术的求实精神，那么，无论质疑还是争辩，必然是苍白而无说服力的。而对于别人早已解决的问题，再重复题出，就更是无意义的了。

真非假，假非真

——关于弘一大师绘画作品的若干事实

　　《文物天地》2010 年第 1 期刊载了"本刊记者"钱冶写的《"所谓弘一大师的朱砂佛画像，都是我画的"——天津画家刘章崐曝出作画经过》一文；2010 年 1 月 6 日《中国文物报》刊载了《假作真来真亦假——关于"弘一大师朱砂佛"真相的采访笔记》一文，署名亦为钱冶，标注"本报记者"。二文内容基本相同，以《文物天地》所载之文略详。记者的目的是说明"弘一大师朱砂佛"的真相，其社会责任感当充分肯定。2010 年 1 月 31 日，《厦门晚报》发表了该报记者的另一篇采访刘章崐的文章《"实在不想背这个黑锅了"——"弘一法师朱砂佛像"作者刘章崑专访》和陈飞鹏先生《真相大白让我欣慰》一文。该报在刊发此二文时有编者的按语，其中写道："本报记者立即联系厦门弘一法师研究会会长陈飞鹏先生，并通过他找到刘章崑先生。对这一事件进行跟踪采访。另外，本版还约请这批绘画作品的最早质疑者陈飞鹏先生撰写感言。"记者作此采访，当然也是为了澄清事情的真相，陈飞鹏先生的感言也是研究者责任心的体现。（按：《厦门晚报》二文中刘章崐的"崐"字均写作"崑"。）然而，事实并非如此简单，本文主要以《文物天地》文为论述依据，并在必要时涉及其他诸文。

　　据《"所谓弘一大师的朱砂佛画像，都是我画的"——天津画家刘章崐曝出作画经过》："2009 年 11 月中的一天，《文物天地》杂志社突然接到一个电话，来电者直问：'愿不愿意就弘一大师的朱砂佛像的真伪问题作报道？'并说他就是画那批画像的人，叫刘章崐，天津的书画界都知道他画的朱砂佛像最好。在了解了原委之后，《文物天地》杂志社领导决定派记者赶赴天津采访。11 月 22 日，笔者如约来到了刘章崐先生的画室，由此，也就揭开了'弘一大师朱砂佛'的真相！"这里所说的"真相"果真可信吗？

一　真非假

关于文中与笔者有关之内容的说明

二文中均有若干文字谈及笔者，故有必要先就这部分内容作一说明。

《"所谓弘一大师的朱砂佛画像，都是我画的"——天津画家刘章崐曝出作画经过》一文中说："早在 2004 年初，有媒体就曝出在云南、四川等地发现了大量从未著录过的有弘一大师题写经文的朱砂佛画像。一时引起了社会各界，特别是收藏界和弘一大师研究协会的关注。随后，有四本书相继出版：《弘一大师罗汉画集》（杭州市师范学院陈星编，西泠印社出版社，2004 年 11 月）、《弘一大师罗汉长卷》（陈星编，西泠印社出版社，2005 年 1 月）、《弘一大师书画集》（柯文辉、李新华主编，河北教育出版社，2005 年 8 月）、《弘一大师绘画研究》（陈星编，北岳文艺出版社，2006 年 1 月）。"

以上所述《弘一大师罗汉画集》、《弘一大师罗汉长卷》确是笔者根据弘缘居士的收藏所编。所谓"杭州市师范学院"有误，应为"杭州师范学院"，即如今的杭州师范大学。《弘一大师绘画研究》系笔者所著（非"编"），为根据史料记载和弘缘居士的收藏及史树青、单国强、张人希、曲石、石开等专家的相关鉴定等而写的关于弘一大师绘画的研究著作。

《"所谓弘一大师的朱砂佛画像，都是我画的"——天津画家刘章崐曝出作画经过》一文根据云南美术出版社 2006 年 4 月版《弘一大师观音画集》的广告文字说："本书由弘一大师艺术弟子张人希先生题辞，李莉娟居士（李叔同孙女）作序，弘一大师·丰子恺研究中心主任陈星先生写前言，绘画原作收藏者弘缘居士作有后记。"确实，该前言系笔者为该画集出版而写的文字。文章又说："据陈星在其书中称，这批弘一大师的部分书画原作曾请史树青、单国强、石开鉴定，均叹为珍品，断为弘一大师真迹。"事实上并不仅是笔者"称"，以上三位均对弘缘居士的收藏作过鉴定，认定为真迹（见鉴定书和相关照片）。

《"所谓弘一大师的朱砂佛画像，都是我画的"——天津画家刘章崐曝出作画经过》一文还引用了笔者在接受媒体采访时所作的表态（即笔者肯定弘缘居士的收藏）。这也没错，类似的表态，笔者在《弘一大师绘画研究》一书中也有强调。该文说："直到 2009 年 3 月，陈星先生还向外界出示了一份'新证据'——弘一大师在 1936 年至 1938 年间的《佛教日报》、《佛化新闻报》和《护生报》等佛教报纸上发表的百余幅罗汉作品。并认为：'这一新发现，不仅印证了弘一大师有大量绘画作品这一事实，而且说明在他健在时就已发表了其中的一部分，体现了大师以艺术来弘扬佛法的行为意识，而弘一大师生平事迹也因此变得丰富多彩。'"十分遗憾，文章作者未就此问题展开讨论，或许该作者还不十分清楚有关此问题的后续情况。关于此问题，有必要本着实事求是的精神再作强调。这个"新发现"，并不是笔者要"出示"，而是在 2008 年 2 月由中国书店出版的"原刊影印"本《稀见民国佛教文献汇编（报纸）》（13 卷）中1936—1938 年的《佛教日报》、《佛化新闻报》和《护生报》上有一百余幅"弘一法师绘罗汉图像"。2009 年 3 月 2 日，《杭州日报》据笔者提供的信息报道了此次"新发现"；3 月 3 日，弘一大师·丰子恺研究中心《通讯》第 80 期上也有报道；天津《今晚报》和天津电视台"都市频道"亦分别于 2009 年 6 月 14 日、15 日根据李叔同后人李莉娟购得的"汇编"报道了此次"新发现"。此外，2009年 4 月 5 日出刊的台北《弘裔》（季刊）上亦有报道。2009 年春，台湾"中国佛教会"邀请笔者于同年 7 月赴台参加民国时期高僧学术会议，并发表关于弘一大师研究的论文。本来，一家正规出版社出版的"原刊影印"文献，不应有不真实的情况发生，更何况该文献汇编的编委会由众多知名人士担任。① 为慎重，笔者还是决定在

---

① 该文献汇编的编辑委员会组成人员是：封面题字：汤一介；顾问：本焕、净慧、惟贤、传印、星云（中国台湾）、净良（中国台湾）、根通、黄心川、汤一介、方立天、杜继文、楼宇烈、杨曾文、李志夫（中国台湾）、蓝吉富（中国台湾）；策划：华典；主编：黄夏年；编委：永信、永寿、惠敏（中国台湾）、昭慧（中国台湾）、怡学、纯一、明海、宗性、道坚、可祥、圣凯、印顺、坚意（中国台湾）、方广锠、李富华、张新鹰、陈兵、孙昌武、葛兆光、洪修平、麻天祥、王雷泉、魏道儒、谭世宝（中国台湾）、黄运喜（中国台湾）、菅野博史（日本）、末木文美士（日本）、班班多杰、邓子美、黄夏年、吴平、吴言生、何建明、温金玉、邢东风、华方田、徐文明、李四龙、李虎群、朴永焕（韩国）、王荣国、龚隽、刘元春、夏金华、阚正宗（中国台湾）、纪华传、何孝荣、吕铁钢、王川、王联章（中国香港）。

赴台与会之前查访这些报纸的原刊。6月下旬，经上海图书馆同人协助，查得这些画并非原报刊登，经与《稀见民国佛教文献汇编（报纸）》编者求证，得知此为责任编辑补入的装饰图片，其原因是原报上的相应位置均为具有很强政治敏感性的文字，不得已而删除，并采用了补图的方法。这一解释是真实的，因为与原刊比照，删除部分确实都是极具政治敏感性的内容。（鉴于有这样的内容，亦不便在此文中公开附上原报图片。有兴趣的读者可以自己去有关图书馆文献部门查访。）"文献汇编"的编者此举虽可理解，但编者本应在出版说明中加以说明，以免读者误解。可惜编者疏忽了这一工作，引起了认识上的混乱。为此，笔者于2009年6月29日第一时间在弘一大师·丰子恺研究中心的《通讯》第82期上对此事发表"重要更正"，全文如下：

> 本中心于今年2月购得《稀见民国佛教文献汇编（报纸）》13卷（中国书店2008年2月影印第1版），在其中《佛教日报》、《佛化新闻报》和《护生报》上发现一百余幅"弘一法师绘罗汉图像"。为此，《杭州日报》于3月2日发表了本次发现的报道，本中心《通讯》第80期（2009年3月3日）亦对此有所报道。现查有关报纸的原版，并与编者求证，证实这些图系《稀见民国佛教文献汇编（报纸）》编者在编辑影印本时的补图，其原因系原版报纸的相关位置有严重的政治敏感性（文字），不得不删去，为补空白，将弘一大师罗汉图补入。因影印之报纸未加说明，使得读者（包括本中心）皆以为是原版报纸的图案，造成误解。现特予声明，所谓此次之"新发现"不存在。

7月5日，笔者又在台北《弘裔》第90期上发表"特别声明"，对同年4月5日该刊上的"新发现"消息予以澄清。此后，笔者将这一事实写入台北会议论文，并于2009年7月19日上午在台北的学术会议上发表了《弘一大师佛教题材绘画作品的发现与研究》一文，对此再作声明。2009年9月，西泠印社出版社出版笔者与人合作的《弘一大师在慈溪》一书，书中又对此作了说明。可知，笔者正是本着对学术负责的态度，及时对《稀见民国佛教文献汇编（报纸）》编者的误导作出了实事求是的反应。①

《"所谓弘一大师的朱砂佛画像，都是我画的"——天津画家刘章崐曝出作画经过》一文说刘章崐先生曾与笔者联系，"结果石沉大海"。笔者不知刘章崐先生是怎么来联系的，但坦率地讲，此人从未与笔者直接联系过，而笔者亦是第一次从《文物天地》杂志上知道有一位叫"刘章崐"的先生，尽管据文章作者钱冶介绍，他自称"天津的书画界都知道他画的朱砂佛像最好"。该文又说：2006年6月的《文物天地》杂志发表了陈飞鹏先生的《对近年发现的弘一法师书画作品的四大质疑》一文。同样很遗憾，作者没有提到笔者早已在2006年第4期《杭州师范学院学报》（人文社会科学版）上发表了《关于弘一大师绘画作品的若干答疑》，对陈飞鹏先生的四项质疑以事实给予了逐项解答。②

关于刘章崐先生和他的"醉墨堂"

在拜读《"所谓弘一大师的朱砂佛画像，都是我画的"——天津画家刘章崐曝出作画经过》一文之前，笔者一向不知天津有一位叫刘章崐的先生是画佛像，同时又是仿真画的高手。要客观了解刘章崐先生，可根据他所

---

① 2009年9月，西泠印社出版社应浙江慈溪伏龙寺的要求重版"弘一大师罗汉长卷"，改书名为《伏龙寺弘一大师罗汉长卷》。伏龙寺要求笔者继续担任主编并写序，笔者以为义不容辞。2009年4月，笔者为此写了序言，亦提到所谓"新发现"。而当查证该"新发现"并不存在时，笔者即要求伏龙寺将此序删去，如需要，可另作序，并表示，重版长卷付印前须经"主编"（即笔者）过目。然而，当笔者于2009年11月看到此书时，序言居然仍未删除，出版前也未经笔者这个"主编"审核，而笔者于同年9月出版的《弘一大师在慈溪》一书（西泠印社出版社）已就此问题作出了说明。为此，笔者于2009年11月见书后即向伏龙寺方面表示，对于此书的"主编"头衔，笔者不予认可。当然，对于该长卷本身，佛教界、学术文化界均给予了高度认可，一诚法师、惟贤长老、季羡林、张人希、文怀沙、冯其庸、朱关田、周慧珺、沈定庵、高式熊等均题词认可。

② 学术争鸣是应该提倡的。故笔者在《关于弘一大师绘画作品的若干答疑》一文的开头就说："作为学术研究，提倡百家争鸣，因而对某些论者提出的质疑亦应持欢迎态度。"然而陈飞鹏先生却在2010年1月31日《厦门晚报》刊发的《真相大白让我欣慰》一文中则称笔者此文是"狡辩"，并说："看了那样的文章，我感到那已经不是学术层面所能解决的问题了，遂不再作任何回应。我是相信因果的。"笔者的答疑是否属于"狡辩"，读者可以明察。

在的"醉墨堂"（中国天津刘章崐绘画研究室）网站（http：//www.tjzuimotang.com）。该网站"定做加工"栏中的原文是："一、创作加工：买家可把要求的作品内容规格尺寸，纸本绢本、工笔还是写意等详细地介绍给我们。根据相互间洽定的价格，予付30%的定金后，我们会保质、保时、保量给您绘制加工。二、名人字画精仿古、近、现名家作品精仿或再创作，需要您提供其画家的作品内容或资料，并说明是否做旧、装裱等要求，我们会使您如愿以偿！"该网站"如何采购"栏中的原文是：

> 本画廊作品一律保真，如藏家购买后不满意，可在收到作品15天内调换。
> 订购作品请注明作者、编号、作品名称，款到寄出作品。
> 开户行：中国工商银行 账号：0
> 中国建设银行 账号：0
> 户名：刘章崐
> 画室地址：天津市河西区大沽南路金海湾32#—1—301
> 销售地址：天津鼓楼商业街
> 联系人：刘章崐
> 电　话：022－28172509
> 我堂为方便买家，提供以下几种发货方式：
> 一、求购者数量居多采用中铁快运，三天内收货，运费由买家承担。
> 二、邮局特快专递，邮费由买家承担。
> 三、邮局平邮，邮费由卖家承担。
> 凡购买3000元以上的买家，托运费或邮寄费由我堂承付。
> （仅限国内）

该网站"收购字画"栏中的原文是："我们长期收购有价值的古玩、字画，价格合理，愿有识之士浏览或献出您的珍藏共同欣赏。"该网站"画家简介"栏中对刘章崐先生的介绍是：

> 刘章昆，号净远居士。51年生于河北雄县（80年代初定居天津市）。"文革"前入天津美术学院学习，"文革"后毕业于河北师范大

学美术系。多年来从事美术教学和个人创作，现为中国美术家协会天津分会会员，高级美术教师。炎黄画院职业画家，其作品曾获全国美展二等奖、优秀奖，有数十件作品（素描、年画、连环画、写意人物画、速写）在全国性大型刊物上发表、出版。

90 年代初被选入两岸名人画家录，其作品风格尤以佛道人物见常（"常"字原文如此——引者注），20 多年来潜心研究佛教艺术、制作工序、材料独特，有上千件作品被海内外爱好者收藏。

90 年代初，建立家族派绘画体系，在自己的画宝（"宝"字原文如此——引者注）中，其子女、弟子皆毕业于国内名牌美术院校；其绘画实力强，功力深厚全面倍受国内外收藏者、商家信赖，订购者络绎不绝。

（按：上述网站中刘章崑的"崑"字均写作"昆"。以上内容于 2010 年 1 月 8 日采自该网站。）

有关刘章崑先生的情况，目前还可以从下述网址上查得若干信息，如：http：//www.21tex.com/company_ 1477551. aspx（销售各种高级仿画个人创作工笔写意山水人物花鸟通精其公司实力不可小看……）

http：//zhengji. artxun. com/product. jsp？id＝4591323

http：//www. zhuokearts. com/artist/art_ display1. asp？keyno＝1033275

http：//114.00071. com/qyml/tianjing/ljggoap/（销售各种高级仿画个人创作 工笔 写意 山水 人物 花鸟 通精）

http：//www. pinkerclub. net/71_ Business/Enterprises_ 941250/（公司简介：销售各种高级仿画个人创作 工笔写意 山水人物花鸟通精……）

以上资料客观引录了刘章崑先生的"醉墨堂"（中国天津刘章昆绘画研究室）网站和其他相关网址。在初步了解了刘章崑先生后，再来评述他的一些"原话"。

关于"新纸"和"老纸"问题

《"所谓弘一大师的朱砂佛画像，都是我画的"——天津画家刘章崑曝出作画经过》一文说刘章崑先生看到西泠印社出版社出版的《弘一大师罗汉画集》后，"这一看不要紧，刘章崑大吃一惊，'这不都是我画的吗！'他一下子就明白了，他被人给耍弄了！因为当时，他正在赶绘一批罗汉和观音像，而手中这批活儿与《弘一大师罗汉画集》中画像正是同一画商定购的！"

　　原来，刘章崐先生曾按一画商的要求画过大批佛像。文章说："当刘章崐先生发现他被利用后，非常懊悔！"所以他才下决心公开说出这些事。

　　文章作者引述刘章崐先生的原话时说第一次给画商画这些画"大概是在 2000 年前后，具体时间记不准了。"他给画商拿来的"特别黄""非常硬"的册页画过，给画商拿来的纸画过。（刘章崐先生的原话是"这个条不是老纸，是他做的旧"——指画商做的旧）"这些画就收录在柯文辉、李新华主编的《弘一大师书画集》（河北教育出版社，2005 年 8 月）中。在书中，柯文辉说这是哪年哪代的纸。他的鉴赏能力很差，其实这个都是新纸。"①并说画时没有落款，一直到 2002 年左右，"他陆陆续续给这位姓刘的画商画了各种尺寸的朱砂佛像几百件，估计有近千件"。可知，刘章崐说他用的是做旧的新纸。

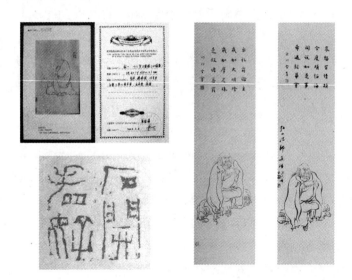

张人希、单国强、石开对收录在《弘一大师书画集》中
作品的鉴定（鉴定书、题字、鉴定印）

　　以上"原话"，有两个关键点，一是这期间的画有用画商做旧的纸，即新纸；二是这些画就收录在河北教育出版社版的《弘一大师书画集》里。

---

　　①　其实柯文辉先生为《弘一大师书画集》写的前言中是转述厦门工艺美术学院刘守信先生的话："……细看纸质确系二十年代产物，由著名纸店清秘阁监制和上海朵云轩出售。"见《弘一大师书画集》，河北教育出版社 2005 年版。

然而，该画集所收之画，不仅经柯文辉先生鉴定过，当时仍健在的弘一大师艺术弟子张人希老先生也鉴定过，故宫博物院宫廷部主任单国强先生也鉴定过，著名职业篆刻书法家、国际中国书画家交流促进会艺术委员会主任石开先生也鉴定过。① 三位都是分别鉴定，且又都是国内书画创作和鉴定界的知名人士，自然有鉴别新纸和旧纸的能力。若说以上三位的鉴定不可信，那么还能信谁？可知，刘章崐先生即便用新纸画过，也与弘缘居士的收藏是两回事。

关于西泠印社出版社出版的《弘一大师罗汉长卷》

《"所谓弘一大师的朱砂佛画像，都是我画的"——天津画家刘章崐曝出作画经过》一文说刘章崐先生称他在 2004 年 5—12 月的 7 个月内又画了第二批朱砂佛像，"多是中堂和长卷"。根据文章引述刘章崐先生的原话："2004 年初，我心脏病很厉害，住院了。2004 年 3 月 18 号我搬了家，一出院我儿子就把我接到新家了。到了 2004 年 4 月中旬，他就又找过来了……"他又说："没过多少日子，大概是 5 月初，他就来了，还给我拿了一个吴彬的五百罗汉图。他说大哥您按这个给弄个一百罗汉……后来他给我买来了纸，还一刀一刀地裁了。我发现他买的纸厚。我后来才明白，他是为了好做旧……画完了以后，他有车，给他开车的人就在我画室等着，等得我心特别烦。""就这样给他画了一套，就是后来西泠出的折

---

① 杭州师范大学弘一大师·丰子恺研究中心于 2006 年 8 月 3 日举办海峡两岸弘一大师绘画作品欣赏交流会，国家文物鉴定委员会委员钟银兰、上海博物馆研究员刘一闻应邀参加了 8 月 3 日上午的鉴赏。因行程安排，二位未及参与 3 日下午的研讨。然而就在 2006 年 12 月上海书画出版社出版的上海市书法家协会编《海派代表书法家系列作品集：弘一》（本卷主编刘一闻）中，居然就收入了一些弘一大师绘画，其中罗汉图三幅。罗汉图与所见弘一大师其他罗汉画风格一致。刘一闻先生还在书中《从翩翩佳少年到一代高僧》一文中写道："弘一法师留与人间的绘画之作，也是数量可观的。本集还收录了大师 1931 年所绘的《罗汉图》和 1942 年所绘的界画加白描的《灵山八景图》等绘画作品，以让人们进一步认识其书画创作的相互关系。弘一法师在绘画上一向有着良好的素养，这可以从他的早期的各类美术作品上得到印证。本集所刊的这几件专题之作，虽不能完整地反映弘一大师的绘画全貌，但他的风格独到的艺术手段，已足以使人们受到感染。若从专题绘画的角度而言，这些作品或可被称作中国佛教美术的经典之作，若从弘一大师坚实的绘画功底和深厚宽广的文化底蕴而言，那么，他在现代中国美术史上的应有地位，更是名至实归和不可动摇。"可见，刘一闻先生对弘一大师所作之罗汉图也持肯定的态度。

叠的一百罗汉（《弘一大师罗汉长卷》）。"

按刘章崐先生的说法，西泠印社出版社出版的《弘一大师罗汉长卷》是他画的，画的时间是 2004 年 5 月以后。然而，弘缘居士提交西泠印社出版社出版的罗汉长卷，早在此前就已有人见过，而在收藏时就已装裱。按刘章崐先生的说法，他不可能在 2004 年 5 月 1 日之前画此长卷。而弘缘居士于 2004 年 2 月 22 日就已持该长卷到北京中国艺术研究院研究员柯文辉先生（原刘海粟秘书）的家中请其鉴赏，在场的还有篆刻家、书法家钟镝先生。当时还留有一影。正是这一长卷，后来交西泠印社出版社出版了。对此，柯文辉、钟镝二先生都是证明人。

左图：2004 年 2 月 22 日弘缘居士（右）与柯文辉先生合影；
右图：2004 年 2 月 22 日弘缘居士（左）与同去柯文辉先生家的
钟镝先生在柯文辉家合影

其实，刘章崐先生还有别的说法。在 http://liuzhangkunjy.blog.sohu.com/ 上有刘章崐先生的罗汉长卷稿和他自书的说明文，如图。①

根据此说明文，刘章崐先生要说的意思，一是该长卷的第一稿作于 2004 年春季（5 月初可算春季），后得知被云南大理一居士收藏；二是该居士是从济南一画商处购得，但已将刘章崐先生的"原名"改作某法师的款印；三是某大师弟子写识、裁款、添经、做旧、名人鉴定、出版"一条龙"；四是刘章崐将此长卷"缩绘以示赏者"。

读了这些文字，不禁令人啼笑皆非。刘章崐先生已向记者说他卖给画商的画没有落他自己的款，这里又说是别人将他的"原名"改成某法师的款印。为了明"真相"，刘章崐先生将后来出版了的罗汉长卷"缩绘以

---

① 这是一个"搜狐博客"，题为"假作真是真亦假""刘章崐绘画作品"。"个人档案"内容中姓名填写着"刘章崐"，性别填写着"男"，年龄和居住地未填写。

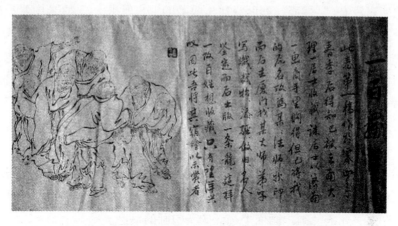

公布在 http://liuzhangkunjy. blog. sohu. com/上的
刘章崐先生的罗汉长卷稿和他自书的说明文。
此图于 2010 年 1 月 29 日采自该网站

示赏者"，然而，他"缩绘"的罗汉长卷与西泠印社出版社出版的《弘一大师罗汉长卷》中的图像根本就不是一样的画（西泠印社出版社出版的《弘一大师罗汉长卷》中并没有小罗汉背大罗汉的画面）。如此不实的说法，让人怎样再去相信他？更何况他所说的被大理一居士收藏、某大师弟子写识、裁款、添经、做旧、名人鉴定、出版"一条龙"呢？

释惟贤题弘一
大师罗汉长卷

季羡林题弘一大师罗汉长卷

关于"三圣"、"五圣"问题

再看刘章崐先生所述画"三圣"、"五圣"的时间。《"所谓弘一大师的朱砂佛画像，都是我画的"——天津画家刘章崐曝出作画经过》中引述刘章崐先生的话说到了 2004 年秋后，"天都很凉了嘛，他就又来了。我说这还不行吗？已经画这么多了。他说再给我画点中堂吧。我说画什么样的中堂？他说什么三圣、五圣，就是三个人、五个人的那种。因为画儿太大，我就站着拿个碳条勾画。大概画了上百张这样的画儿，但我不知道他们出版过没有。"然而，如弘缘居士收藏的 178 厘米 × 75 厘米中堂立轴三圣、五圣图，早在 2003 年 8 月就在北京让石开先生看过，2004 年 6 月就已经请国家文物鉴定委员会副主任委员、中国收藏家协会会长史树青先生及单国强、曲石（北京文博苑收藏品鉴定中心主任）等名家鉴定过了，认定是真迹。见鉴定证书。

根据刘章崐所述，他于 2004 年秋凉后作了这些"三圣"、"五圣"画，而早在 2003 年 8 月石开先生就已见到弘缘居士收藏的这类画，2004 年的 6 月就已有这类画请史树青、单国强、曲石等专家的鉴定，足可以说明弘缘居士的收藏与刘章崐先生所述之画无关。更何况，弘缘居士收藏的"三圣"、"五圣"画，画面上毫无碳条勾画的痕迹。

刘章崐先生所述他的弘一大师罗汉长卷和这些"三圣"、"五圣"画的作画时间均与弘缘居士的收藏不符，而记者钱冶在《中国文物报》上发表的《假作真来真亦假——关于"弘一大师朱砂佛"真相的采访笔记》一文中却说"第三，整个过程从时间上看，全部吻合"。

二　假非真

溥儒名下罗汉图赝品

如今各地确实出现了大量弘一大师名下的假画。既是假画，造假的方式方法会多种多样。刘章崐先生画过大量朱砂佛像应该是事实，这从他所在的"醉墨堂"网站上可以知晓。但是，我们即使相信刘章崐先生画过大量朱砂佛像，也不能说后来被制成弘一大师名下的这些假画，其佛像部分都是刘章崐先生画的。道理很简单，世界上既然有像刘章崐先生那样的高仿家，也必然会有其他的高仿专家。所以，以下论及的假画，画像部分并非专指刘章崐所绘。哪些是他人所画，哪些可能是刘章崐先生所画，笔者不作定论，只是客观罗列事实，相信读者自会判断。

2005 年 6 月 21 日，在杭州举行的海外回流文物艺术品拍卖会的拍品预展上出现了一组溥儒名下的罗汉画。这些罗汉画与笔者所见弘缘居士收藏的弘一大师罗汉图风格一致，笔法、造型相同，每一幅画上都有"溥儒"二字并盖溥儒用印。当时的杭州师范学院（今杭州师范大学）美术学院方爱龙先生拍下了这组画的照片供笔者研究参考。据方爱龙先生言，预展时，几乎所有见者均将此组画定为赝品，以为绝对不符合溥儒的画

上二图为 2004 年 6 月 17 日史树青先生为弘缘居士写"三圣"画
鉴定证书的照片和史树青、单国强、曲石共同签署的"三圣"
画鉴定书；下二图为 2004 年 6 月 17 日单国强、曲石共同签署的
"三圣"、"五圣"画鉴定书

风。笔者曾在《弘一大师绘画研究》一书中附有该组画中的一幅。笔者
在书中以为："笔者对溥儒的绘画艺术研究得很少。不敢妄评。笔者能说
的只是：如果这组画确为溥儒真迹，那么只能说明这是他模仿弘一大师作
品的，或者是参照马骀罗汉画谱的——因为他确实模仿过他人的作品；如
果这组画非溥儒所画，那或许能说明是他人参照了马骀罗汉画谱作了这些
画，又签下了溥儒的名字；抑或是他人仿了弘一大师作品，又无力仿造弘
一大师书法而签下了溥儒的名字——因为人们知道溥儒也画过许多佛
像……也许，溥儒名下的这些罗汉图的出现还有其他原因。"现在看来，
这些其他原因的可能性是存在的，即刘章崐先生画过这种风格的画，正像
他所说的没有落款，款是他人加上去的。这些都无确实证据，还是将这些
图像录存于下，让读者去作各种判断。

在中国台湾发现的弘一大师名下罗汉图赝品

由台湾"中国佛教会"主办的"民国时期高僧学术研究会"于 2009

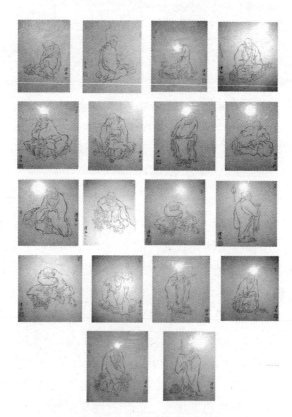

照片上的白光系因隔着镜框拍摄之故

（方爱龙摄于 2005 年 6 月 21 日）

年 7 月 18 日、19 日在台北召开。应大会的邀请，笔者参加了本次会议，并于 7 月 19 日上午在会议上发表了题为《弘一大师佛教题材绘画作品的发现与研究》的学术论文。会议开幕式于 7 月 18 日上午举行。台湾中佛会理事长净良长老主持了开幕仪式。来自海峡两岸的学者、佛教界人士和嘉宾 300 余人参加了开幕仪式。

与会代表合影

净良长老在欢迎餐会前主持弘一大师名下的书画作品的鉴定。
其身后挂着的即为其收藏的弘一大师名下的罗汉图

　　7 月 18 日晚，会议主办方举行招待餐会。在餐会开始前，净良长老破例在餐厅四壁挂满由他收藏的弘一大师名下的书画作品，仅罗汉图就有数十幅，并在事前没有通知的情况下要求笔者当众鉴定真伪。本着求实的学术态度，笔者对这些书画作了认真的鉴定，判定为赝品，并对此作了详细的分析解说，得到了包括净良长老在内的全场人士的充分认同。

除了在餐厅四壁挂着的这些罗汉图外，净良长老还出示了由财团法人弥陀文教基金会主办的《诸佛菩萨罗汉书画展》的图集（展览日期为2009年7月4日—8月2日，展览地点为高雄市鼓山区明华路251号7楼）。原来，笔者在台北期间正是高雄"诸佛菩萨罗汉书画展"的展览时期，净良长老见笔者在台北，特意将部分罗汉画让笔者在台北鉴定。在图集里也收录了由净良长老收藏的十八罗汉册页（18幅）、一百零八罗汉立轴（108幅）及一个罗汉长卷（101个罗汉形象）。这些图，最终亦被笔者鉴定为赝品。笔者将这众多弘一大师名下的罗汉图判定为赝品的理由是：餐厅四壁展示的罗汉图题书和印章的位置随意性强，提书风格与弘一大师书法风格不一致，印章系仿制，印泥新鲜，印章尺寸亦于弘一大师原印不一致；十八罗汉册页画技很好，仿真程度极高，但其中一幅则露了马脚，即除了印章外还有"弘一沐浴敬绘"字样，也显然不是弘一大师的手迹；一百零一罗汉长卷上的用印不符常规，题书也系伪造；一百零八罗汉立轴每幅上的题书和印章系伪造。以下即是上述部分罗汉图的图片。

刊于《诸佛菩萨罗汉书画展》图集内的一百零一罗汉长卷

更值得强调的是，据净良长老告诉笔者，这还只是他收藏的弘一大师名下的绘画作品的一部分，在高雄还收藏着许多。至于来源，其源头是中国大陆，因不方便细问，此大陆的供画人的身份无法知晓。而净良长老则是从台北一文物店中所得。《诸佛菩萨罗汉书画展》书画集里的介绍文字是这么说的："……又在台北陆续收到'三省'文物店送来弘一大师所画的朱砂罗汉像，共有十几套，每套十八张，每幅都有题词，大小不一……"其实，对于这一次的收藏，净良长老也是有怀疑的，比如该书

刊于《诸佛菩萨罗汉书画展》图集内的十八罗汉册页，
大图可见伪造的题字

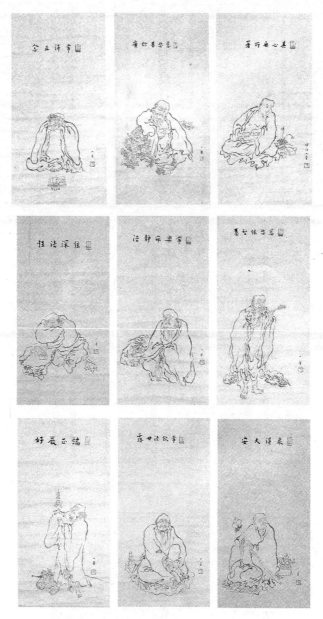

**刊于《诸佛菩萨罗汉书画展》图集内的
部分一百零八罗汉立轴**

画集的介绍文字又曰："这次在高雄佛教道场展出之朱砂罗汉画像，是否
弘一大师所画，一时尚难断定，因为数量颇多，所以从中挑出分为三组：
1. 十八罗汉、2. 一百零一手卷罗汉、3. 一百零八张罗汉画像，以供教界及社会贤达瞻仰……"或许也正是这个原因，净良长老则借笔者在台北期间，进行了这样一次十分特别的现场鉴定。

笔者在《弘一大师绘画研究》一书中已单列"赝品举例"一节，并附赝品图若干，并讲述了确定其为赝品的理由。事实上，目前有大量弘一大师名下的赝品存在，网上有，实物有，书中有。此外，最新见时代文艺出版社2009年10月版《弘一大师永怀录》，书中附有大量各种未作说明的弘一大师名下的绘画，2010年1月，该社还出版了《弘一大师年谱与遗墨》，书中也有弘一大师名下的佛像作品。这些作品的真伪也值得再考证研究。

三　结语

弘一大师名下的绘画赝品的流传状况是非常复杂的。而根据史料，弘一大师出家后的绘画作品是绝对存在的，而且根据林子青先生的记载，弘一大师出家后的佛像作品又是"精丽无伦"的。① 面对如此复杂的情况，要认定哪些是弘一大师出家后绘画作品的真迹，哪些是赝品，在目前的情况下，只有先在史料的基础上从两方面入手。首先是收藏年代。弘缘居士的收藏时间是20世纪80年代。质疑者不信其为事实，但见证者大有人在，杨树昌先生、王双红先生和王彦廷先生都愿意作证，他们在20世纪90年代初期就已见到这些收藏；二是根据国内著名鉴定专家的技术性鉴定。虽然质疑者也不愿意认同这些鉴定，这没有关系，我们提倡百家争鸣，尊重质疑者持有自己的观点。但是笔者愿意相信鉴定专家的技术性鉴定，而不会去相信别的什么"鉴定"。

目前，北京的一位收藏者出示了一本于1989年就收藏到的非常老旧的弘一大师名下的罗汉图册，并愿意在此公诸于众，以作为认清真相的参考。该图册标注的作画时间是癸酉年，即1933年。最值得关注的是这还是印刷品，页面已被虫蛀，尺寸为30.5厘米×18.5厘米，每页均有"普陀养正院"、"民国廿四年制"（1935年）之蓝色印章（见下图）。目前尚须对该图册作版本学意义上的研究和考证，并进一步查寻是否还有同样的版本存世，也须查考浙江普陀山佛教养正院的历史或厦门南普陀佛教养正

① 见笔者《关于弘一大师绘画作品的若干答疑》，《杭州师范学院学报》（人文社会科学版）2006年第4期。

院是否用过简称，亦须对图册中的罗汉画进行细致的研究。如果证明此确为当时所印，那么说明在弘一大师健在时，其罗汉图即已印刷流传。笔者目前不就此印刷图册作定论，只是提醒人们，该图册于1989年就已收藏，不论其真实性如何，类似风格和表现形式的朱砂罗汉画像早已存世。

"普陀养正院本"弘一大师罗汉册页（印刷本）

刘章崐先生此番声明在新出版的四种弘一大师画集上的画是他画的，而对于《弘一大师观音画集》中的画，《假作真来真亦假——关于"弘一大师朱砂佛"真相的采访笔记》中说："第二批是2004年画的，因《弘一大师观音画集》、《弘一大师十八罗汉图》很贵，刘章崐先生手中没有这两本，但从网上介绍的内容看，他认为多半是他2004年画的。"在《厦门晚报》采访文中刘章崐先生说他收到广东的芳草书店发给他5幅画集中的图后，"结果发现，竟然不是我的画，而是找人模仿我画的……我觉得是后来提防我，找了人模仿我画的"。究竟是谁在模仿谁？刘章崐此番"爆料"说明什么？等等，在缺乏证据之前不便妄论。此外，社会上流传众多弘一大师名下的赝品，其来源又是何处，等等，也因情况不明，不便盲目定论。这一切都留给读者自己去研究。

最后，抄录笔者在 2006 年 1 月出版的《弘一大师绘画研究》一书中的一段信息，供研究者参考。该书第 8 页中写道：

> 更有甚者，2005 年 10 月 19 日《钱江晚报》发表了一篇该报记者写的题为《千里追踪假画源头》的文章。记者撰写此文的目的是好的，为的是提醒书画收藏者们提高警惕，增强识别假画的能力。但文章中所列举的其中一例则令人费解。该文的"视点追踪"一节中记录了一段造假画的天津"屋主"带有炫耀色彩的话："另一种情况是出版社看走了眼。天津的那位'屋主'面对我们的挑剔，就曾告诉我们说：'早几年，我带了八幅齐白石的画到上海一家古籍书店，人家很爽快，1.2 万元一幅，价都不要还全要了。还有弘一的五百罗汉图有人从我这买去，被杭州一家出版社出版了。'"（按：此处指的是造假的齐白石、弘一大师名下的画。）

须知，2005 年 10 月 19 日前，没有一家出版社出版过弘一大师的五百罗汉图，至今也未见出版。炫耀自己造假居然还理直气壮、不着边际。请注意，这位"屋主"是直接表白自己假造。不敢说这位天津的"屋主"的真实身份为何人，也留给研究者自己去思考了。

致杨白民信函的补遗、校点与考证

福建人民出版社 1992 年 9 月版《弘一大师全集八·杂著卷、书信卷》收弘一大师致杨白民函 31 通。2007 年春节前夕，笔者在浙江省博物馆查得丰子恺转赠该馆之弘一大师致杨白民信函长卷，发现《弘一大师全集八·杂著卷、书信卷》所收弘一大师致杨白民函有缺。特作补遗，并就相关书信作一校点与考证。

关于弘一大师致杨白民书信长卷

弘一大师致杨白民部分书信由杨白民之女杨雪玖珍藏。杨雪玖生前曾将这些书信装裱成长卷。20 世纪 50 年代，丰子恺曾期望能在杭州建立弘一大师纪念馆，并表示愿意为收集有关弘一大师的文物提供给纪念馆，以供后人瞻仰。在这样的背景下，杨雪玖将该长卷交丰子恺保存，并托其在时机成熟时捐献给有关方面。后设想中的在杭州建弘一大师纪念馆一事，因故未能实现，该书信长卷便暂存于丰子恺家中。20 世纪 80 年代中期，各地弘一大师研究和纪念活动逐渐频繁，丰子恺之女丰一吟女士遂将该长卷捐给浙江省博物馆收藏，实现了丰子恺和杨雪玖生前的夙愿。

2006 年 12 月，笔者出版《城东游艺——杨白民与李叔同交游考论》（北岳文艺出版社 2006 年 12 月版）一书。丰一吟女士知笔者已在从事有关杨白民与弘一大师交游的研究，便敦促笔者就近赴浙江省博物馆查访弘一大师致杨白民书信的长卷，并代为介绍，使得这一次的查访活动十分顺利。

浙江省博物馆收藏的弘一大师致杨白民信函长卷

弘一大师致杨白民信函长卷中的书信
浙江省博物馆藏弘一大师致杨白民信函长卷中有书信（包括明信片）

图一

31 通，另有致杨雪玖函 2 通、致周啸麟函 1 通（共 34 通，见图一）。《弘一大师全集八·杂著卷、书信卷》中收弘一大师致杨白民函亦为 31 通，但二者并不一致。具体情况详述如下。

长卷中有，《弘一大师全集八·杂著卷、书信卷》中无的书信有：

一

即日与弘祥师、德渊师偕往衢州。虎跑已易人管理。今后惠函乞寄衢州莲花村莲花寺。

演音。

见图二。

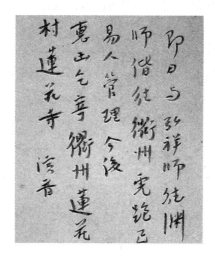

图二

二

贤英遗集四册，顷披览为慰。

三月三日　演音答

图三

根据邮戳，此信写于 1922 年。见图三。

三

承寄经典二册收到。敬谢！

二月五日 演音

根据邮戳，此信当写于 1922 年。见图四。

四

闻微军老和尚近在杭州。因天雨尚未走谒也。

杭州弘一寄

根据邮戳，此信寄于 1918 年 12 月 25 日。见图五。

图四

长卷中的文字与《弘一大师全集八·杂著卷、书信卷》中相应书信文字
有别者：

图五

一

《弘一大师全集八·杂著卷、书信卷》所收弘一大师致杨白民函第 10 通，信中文字"有二子，亦已入学校，随侍念佛"。根据长卷中此信原件，应是"有二子，亦不入学校，随侍念佛"。又，此信请杨白民赴有正书局代购佛书三种。弘一大师在原信中列出三种佛书时，每种书的书名前均有一符号。难以辨别，请参见图六。按：据丰一吟介绍，前辈人，尤其是经商之人对这些符号较易辨认，疑为"打码子"，多指几克、几钱、几分。后陈宰先生据其笔记，以为是表示书价。

图六

二

《弘一大师全集八·杂著卷、书信卷》所收弘一大师致杨白民函第 14 通，书信抬头为"白民居士"。长卷中此信原件并无此抬头，而是在信末有一括号中的"杨"字。该"杨"字当为他人代标。理由是在《弘一大师全集八·杂著卷、书信卷》中所收弘一大师致杨白民书信第 21 通的信尾有"白民居士"字样，而长卷此信原件中仍有括号中的"杨"字。下同。见图七。

三

《弘一大师全集八·杂著卷、书信卷》所收弘一大师致杨白民函第 15 通，书信抬头为"白民居士"。长卷中此信原件并无此抬头，而是在信末有一

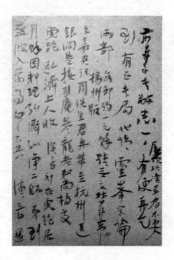

图七

括号中的"杨"字。见图八。

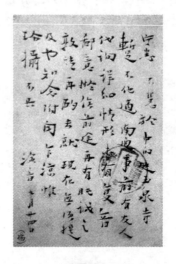

图八

四

《弘一大师全集八·杂著卷、书信卷》所收弘一大师致杨白民函第 16 通，
书信抬头为"白民居士"。长卷中此信原件并无此抬头。信中文字"石板
路"、"音届时可至艮山站奉迎"，根据长卷此信原件应是"石板大路"和
"音届时可至艮山站"（无"奉迎"二字）。见图九。

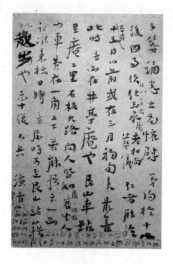

图九

五

《弘一大师全集八·杂著卷、书信卷》所收弘一大师致杨白民函第 17 通，
书信抬头为"白民居士"。长卷中此信原件并无此抬头，而是在信末有一
括号中的"杨"字。又《弘一大师全集八·杂著卷、书信卷》所收此信
中的"息心用功"，在长卷原信中为"息心用工"。见图十。

图十

六

《弘一大师全集八·杂著卷、书信卷》所收弘一大师致杨白民函第 18 通，书信抬头为“白民居士”。长卷中此信原件并无此抬头，而是在信末有一括号中的“杨”字。见图十一。

昨午手書敬悉一一。居此甚安，已於昨日始
方便掩關，養病習靜，凡來訪問者，暫
不接見。發願之行，或俟諸他年耳。
舊友如有詢余近狀者，希以此意答之。
弘傘師住持招賢，整理規畫，極為完
善。西湖諸寺當以是為首屈一指矣。率以
奉達，不具。 四月十八日 演音 （楊）

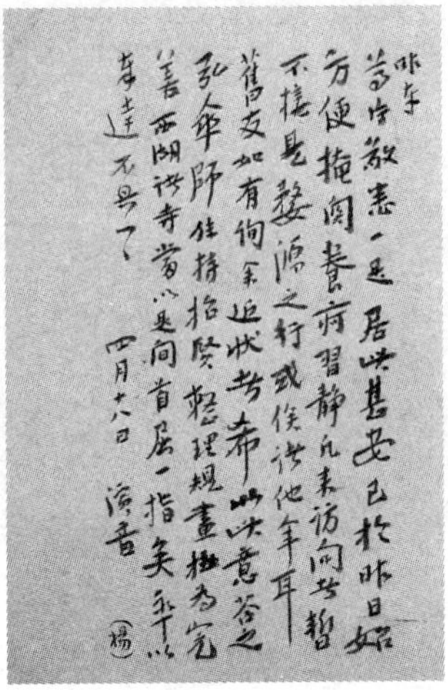

图十一

七

《弘一大师全集八 · 杂著卷、书信卷》所收弘一大师致杨白民函第 19 通，书信抬头为“白民居士”。长卷中此信原件并无此抬头，而是在信末有一括号中的“杨”字。见图十二。

奉誦敬悉，惠書慰。音不久將入新
城山掩關，一心念佛，屢承
仁者及諸舊友竭力維持護道，所需
已可足用。自今以後，若非精進修持，不能
上負佛恩，亦負
君等之厚德。故今後擬謝絕人事，一意
求生西方，當來回入娑婆，示現廣勞方便
利生。不廢俗事，今非其時，願
仁者晤友好時希為善達此意也。 演音 （楊）

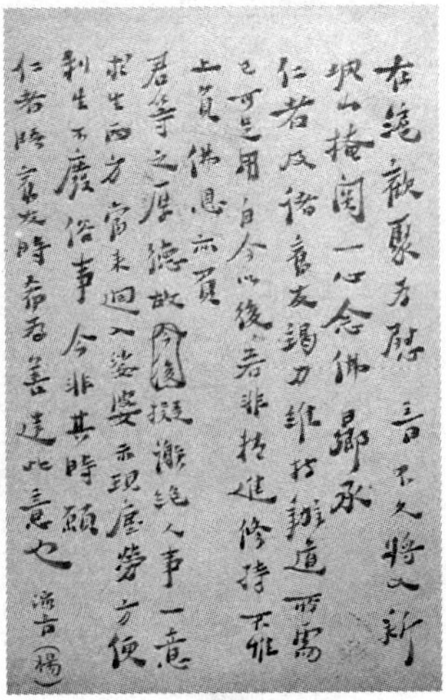

图十二

八

《弘一大师全集八·杂著卷、书信卷》所收弘一大师致杨白民函第 31 通，
书信抬头为"白民居士"。长卷中此信原件并无此抬头，而是在信末有一
括号中的"杨"字。见图十三。

按：在书信长卷中，《弘一大师全集八·杂著卷、书信卷》所收第 2 通、
第 4 通、第 8 通和第 11 通无。

图十三

关于弘一大师致杨白民部分信函的考证

　　《弘一大师全集八·杂著卷、书信卷》中所收的弘一大师书信，部分
时间、写信地点标注有误。为此，笔者已在拙著《弘一大师考论》（浙江
人民出版社 2001 年 7 月版）中有所考证。现结合本文，就《弘一大师全
集八·杂著卷、书信卷》中所收弘一大师致杨白民部分信函的标注失误
再作辨析。

　　《弘一大师全集八·杂著卷、书信卷》和《弘一大师李叔同书信集》
（陕西人民出版社 1991 年 7 月第 1 版，秦启明编注）都收有弘一大师致杨
白民书信。由于弘一大师书信有些只注月日，有些不注月日，但一般不注
明年代和写信地点，所以其书信的编辑者仅凭考证来注释年代、写信地
点。但二书信集所注写信年代和写信地点有较多的讹误，二书的标注也有
较大的差异。

　　一、原文：

　　　　顷诵惠书，欢慰无似。范大师定于旧历正月初旬来杭讲经（日期未
　　定，俟定后再通知，大约在初二、三、四，约勾留　日左右）。仁者能于
　　是时来杭最好，既可闻法，又可与故人晤谈也。如新年无暇，或年前亦

可。演音寓城内银洞桥银洞巷四号接引庵内，是庵旧称虎跑下院，现由了悟大师住持。演音暂寓是间，至明春元宵后，或移居玉泉。近来日课甚忙，每日礼佛、念佛、拜经、阅经、诵经、诵咒等，综计余暇，每日不足一小时。出家人生死事大，未敢放逸安居也。敬祝

　　道福

　　白民居士文席

　　　　　　　　　　　　　　　　　　　　演音合十

　　乞告梦非，油画像如是办法，甚佳。

原信见图十四。

考证：

《弘一大师全集八·杂著卷、书信卷》此信注："1919 年夏，杭州虎跑寺"；《弘一大师李叔同书信集》此信注："此信 1919 年 2 月中旬写于杭州接引庵"。弘一大师写此信时应寓接引庵。这在信中有明确交代。至于写信时间，应定于 1919 年夏秋之时。因为弘一大师信中告诉杨白民：

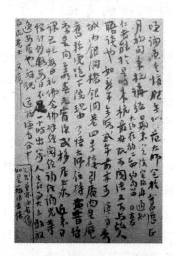

图十四

"范大师定于旧历正月初来杭讲经"，并建议他于此时赴杭州为妥。若此信写于 2 月，范大师早已来过杭州，弘一大师必不会有信中之言（此处若指范大师在第二年的正月来杭，则不近情理。因为第二年正月的事不会在这一年的 2 月就写信建议杨白民来杭州）。信中所言之"范大师"即范古农居士。范古农（范寄东）居士在《述怀》（载《弘一大师永怀录》，大雄书店 1943 年版）一文中说过："时余每年春首暑假，必赴杭佛学会讲经。"弘一大师信中所言正月初旬来杭讲经，当指 1920 年正月。故《全集》所注时间基本确当，而地点不准确；《弘一大师李叔同书信集》所注地点准确，而时间有误。

　　二、原文：

　　　　昨奉尊片，敬悉一是。居此甚安，已于昨日始，方便掩关，养疴

习静。凡来访问者，暂不接见。婺源之行，或俟诸他年耳。旧友如有询余近状者，希以此意答之。弘伞师住持招贤，整理规画，极为完善。西湖诸寺，当以是间首屈一指矣。率以奉达，不具一一。

四月十八日　演音

原信见图十一。

考证：

此信《弘一大师李叔同书信集》无。《弘一大师全集八·杂著卷、书信卷》此信注："1920年旧四月十八日，杭州玉泉寺"。弘一大师在信末注"四月十八日"，但决不会是1920年的四月十八日。信中讲到弘伞法师住持招贤寺。这位弘伞法师是弘一大师的师兄，出家前名叫程中和。范古农居士在《述怀》一文中明确写道：弘一大师"此后尝住玉泉清涟寺，居士程中和常亲近焉。时余每年春首暑假，必赴杭佛学会讲经。八年春，讲《十二门论》毕，与会友游清涟寺，众请师开示念佛。师以撷《普贤行愿品疏钞》相托。余返里撷之于课余，至暑假即赴杭会讲演。翌年，师将赴新登山上闭关，程居士即出家名弘伞，约伴往护关。余与会友往送，摄影而别"。可知，程中和的出家是在1920年弘一大师将赴新登闭关之时，在此之前是以居士身份作为弘一大师之道友。弘一大师赴新登的时间是1920年农历六月下旬，此时程中和才出家，法号弘伞。一位农历六月才出家的僧人何以会在农历四月就成为招贤寺的住持呢？故《弘一大师全集八·杂著卷、书信卷》所注必定有误。杨白民于1924年去世，所以，弘一大师写此信的时间应该是1921—1923年间。根据信中内容，此信应写于杭州，再根据弘一大师行踪，此信最有可能是写于1923年的农历四月十八日。虽然弘一大师于农历三月底曾赴上海太平寺，但并不说明四月十八日不在杭州。比如弘一大师于四月初八就有信给杨白民，曰："在沪诸承推爱护念，感谢无量。比拟养疴招贤寺，暂缓他适。"此信很重要，又因为有"比拟养疴招贤寺，暂缓他适"句，那么弘一大师于四月十八日又给杨白民写信时，也应该是在招贤寺，而不是《弘一大师全集八·杂著卷、书信卷》中所注之玉泉寺。正因为是在招贤寺，弘一大师才在信中有了"弘伞师住持招贤，整理规画，极为完善"之赞词，也正因为弘一大师需要养病，才又在信中有"方便掩关，养疴习静"之语。

三、原文：

　　前日德渊师往沪，曾托彼走访尊右；嗣以事冗，未及访问，至歉！朽人于夏季移居虎跑，恩师及弘祥师皆安隐如常。又本寺住持一席，于六月底请弘伞师兼任（每月来数次），并请恩师为都监，德渊为知众兼知客。其余当家等诸执事，一律更换，较从前整肃多矣。仁者及尊眷如来杭时，希便中过谈。如到寺中，乞询问德渊师或弘祥师，即可由彼等陪至朽人处。请勿专询朽人之名也。率达，不具。

　　　　　　　　　　　　　　　　　　九月初三日　演音

原信见图十三。

考证：

此信《弘一大师李叔同书信集》无。《弘一大师全集八·杂著卷、书信卷》注："1923 年九月初三日，杭州招贤寺"。写信时间无疑义。但根据信中内容，弘一大师于夏季即已移居虎跑，且信写于农历九月初三日，又详细交代来访时之问询办法。故此信显然是在虎跑所写，而非写于招贤寺。

慈溪之行述论与考辨

20 世纪 30 年代初，弘一大师曾多次往来于浙江慈溪的金仙寺、五磊寺和伏龙寺之间。在这期间，他作歌作画、书写佛经、讲律说法的经历一直为人们乐于谈论，然而，有关弘一大师的此段历史尚须作实证性研究考辨，以有益于对弘一大师生平的准确把握。

金仙寺位于慈溪市鸣鹤场镇，依峙山，临白湖。该寺始建于梁大同年间，初名精进庵。宋治平二年赐额金仙寺。

五磊讲寺位于浙江省慈溪市五磊山。这里溪谷幽深，翠盖连绵，风光十分优美。五磊山主峰（史称望海峰）海拔 424 米。据清雍正《慈溪县志》："五磊寺，吴赤乌间有梵僧那罗延结庐修静，唐文德间僧令頵建，名灵山禅院。"这说明，五磊寺始创于三国时代。宋大中祥符初年，敕赐寺额"五磊普济院"。明永乐年间，册定全国寺院名称，五磊普济院改名为五磊禅寺。五磊寺有讲经之传统，故又称五磊讲寺。清顺治二年，姚宗文、冯元飚、沈宸荃等应寺僧如胤、性常及鸣鹤乡绅檀越之请，出面请天童寺住持、临济宗第三十一世道忞禅师任五磊寺住持。顺治三年，道忞禅师率徒达变、拙岩到寺，僧尼善信，闻名云集。每逢讲经弘法，聆者辄千众。五磊寺虽也和其他古老寺院一样，在历史上屡有兴废，但到了民国时代，该寺也还称得上是浙东名刹。

伏龙寺位于慈溪市东之伏龙山。伏龙山原属镇海，今属慈溪，是一座在海边上单独突起的小山丘。伏龙寺创建于唐咸通三年（862 年），寺背山面海，风光颇佳。寺曾毁，目前已在复建之中，其中大雄宝殿已竣工。

弘一大师在慈溪，最先到的是金仙寺，时间当为 1930 年秋。金仙寺主亦幻曾有《弘一大师在白湖》一文载于 1943 年大雄书局出版的《弘一大师永怀录》上。文章一开头就说："弘一大师在白湖前后住过四次……大概第一次是在十九年的孟秋。以后的来去，亦多在春秋佳节。"弘一大师这次是从白马湖到金仙寺的，但早先他在温州的时候就已有心来此。亦幻法师文中有记曰："他因为在永嘉得到我在十八年冬主持慈溪金仙寺的消息，他以为我管领白湖风月了，堪为他的烟雨同伴，叫芝峰法师写一封信通知我到白湖同住。"果然，这回在金仙寺，弘一大师与亦幻法师的住所相邻。亦幻法师回忆说："我那时真有些孩子气，好偷偷地在他的门外听他用天津方言发出诵经的音声，字义分明，铿锵有韵节，能够摇撼我的性灵，觉得这样听比自己亲去念诵还有启示的力量，我每站上半天无疲容。"亦幻法师是一个寺主，却偷偷地躲在一位客人的门外聆听其诵经的声音——这是一个何等的场景！也许，这就是弘一大师的魅力了。

其实弘一大师自己是十分谦虚的。这一年的农历十月十五日，天台静权法师来寺宣讲地藏经和弥陀要解。弘一大师连续两个月未缺一课，而且还在静权法师演绎到孝思在中国伦理学上之重要的时候，弘一居然当着众人之面哽咽泣涕如雨，令全体听众愕然惊惧，就连静权法师也不敢再继续往下讲。据亦幻法师介绍，他后来知道这是弘一大师追思母爱的一种天性流露。静权法师本次讲经一直到农历十一月廿日结束。此后，弘一大师便也离开金仙寺。农历十一月廿六日，弘一大师给性愿法师写过一封信，信上说道："在金仙寺听经月余，近已圆满。拟于明日往温州度岁……"①这一年弘一大师在金仙寺也讲律。所讲内容是三皈与五戒。课本是他自著的《五戒相经笺要》，讲座就设在丈室里。当时正在寺中讲经的静权法师曾恳切地要求参加听讲，却被弘一大师婉言谢绝了。谢绝的原因同样是弘一大师的自谦。

1931 年初夏，弘一大师第二次来到了金仙寺。不久，他就去了五磊寺。农历九月，他又一次到了金仙寺。这段时间，他做了一件对他来讲具有特别意义的事情，即编就《清凉歌集》。

早在 1929 年的时候，夏丏尊和刘质平曾在白马湖叹息当今作歌者难得，一任靡靡之音的俗曲流行，长此下去，一代青少年学子将要振不起精神了。他们以为弘一大师出家太早，要是再晚几年，还可以多作一些学堂

---

① 　本文所引弘一大师书信均见《弘一大师全集八·杂著卷、书信卷》，福建人民出版社 1992 年版。

乐歌。弘一大师明白他俩的意图，出乎意料地表示愿意再为青年学生作歌。夏丏尊和刘质平欣喜万分，遂请求他尽早作歌。这次在金仙寺，弘一大师果然写成了"清凉歌"五首，这便是《清凉》、《山色》、《花香》、《世梦》和《观心》。弘一大师将五首"清凉歌"写成之后，感到歌词文义略显深奥，非一般青年学生所能解。于是他决定请芝峰法师代撰歌词的注释：

芝峰法师慈鉴：

　　音因刘质平居士谆谆劝请，为撰《清凉歌集》第一辑。歌词五首，附录奉上，乞教正。歌词文义深奥，非常人所能了解。须撰浅显之注释，祥解其义。音多病，精神衰颓，万难执笔构思。且白话文字，亦非音之所长，拟奉恳座下慈愍，为音代撰歌词注释，至用感祷……

弘一大师又在信中详细述说了作歌词的意图和注释的要求："此歌为初中二以上乃至专科学生所用。彼等罕有素信佛法者，乞准此程度，用白话文撰极浅显之注释，并令此等学生阅之，可以一目了然。注释中有不得已而用佛学专门名词者，亦乞再以小注解之。注释之法，以拙意悬拟，每首拟先释题目，后释歌词。释题目中，先述题目之大意，后释题目之字义。释歌词中，先述全首歌词之大意，次略为分科，后乃解歌词之字义也。"

不久，芝峰法师回信表示乐意代撰释文。于是，弘一大师把歌词又交与刘质平及其弟子分别作曲。刘质平等人在作曲时也十分认真，反复推敲，每有设想，也都要征得大师的意见后才决定。

刘质平等为歌曲推敲、试奏之时，弘一大师也主动关心谱曲的进度，不断去信询问。此后在出版上又遇到了资金问题，弘一大师又写信提示道："开明、世界（现蔡丏因任编辑事）及佛学书局，皆可印行，不需助印费。仁者仅任编订校对之事，即可成就也。"经过几番周折，《清凉歌集》终于在1936年10月由开明书店出版。

弘一大师又一次到金仙寺是在1932年春。这次他是要发心教人学习南山律。此事因缘，当联系到弘一大师与五磊寺的关系。

1930年秋，弘一大师首次到金仙寺的时候，五磊寺主就因为他的名望想在寺中创办南山律学院。农历十月十二日,弘一大师给蔡冠洛的信中说道:"五磊寺主等发起南山律学院。余已允任课三年。(每年七个月,旧历二月十五日至九月十五,余时他往。)明春始业。经费等皆已就绪。自今以后预备功课,甚为忙碌……"福建人民出版社 1992 年 9 月第一版之《弘一大师全集八·杂著卷、书信卷》将此信注释为"一九三一年十月十二日,慈溪五磊寺"(此指农历)。其实此信应该写于 1930 年农历十月十二日才对。因为后来弘一大师赴五磊寺任课,因故与五磊寺主不欢而散。后五磊寺主又因故请弘一大师复还五磊寺,弘一大师遂与之于 1931 年农历十一月十九日订下契约。弘一大师在此信中说得很清楚:"明春始业"。如果此信写于 1931 年,那么"明春始业"当是 1932 年春始业,后来的变故亦应是此后的事,而签订契约必不会是 1931 年农历十一月十九日了。故此信应写于 1930 年,写信地点应在金仙寺。因为此时他还在听静权法师讲经。根据前述弘一大师于 1930 年农历十一月廿六日致性愿法师信,静权法师讲经"近已圆满",他决定于农历十一月廿七日往温州。而弘一大师致蔡冠洛信中称"半月之后"往温州,当是他在写信之时的预计。目前在一些有关弘一大师的书中,一般未说明弘一大师于此年到过五磊寺,如果以上对弘一大师致蔡冠洛书信的时间鉴定成立,那么他也有可能在这一年就已到过五磊寺,或在金仙寺与五磊寺方面谈妥了讲律事宜。

　　1931 年初夏,弘一大师到了五磊寺。他这一次来,自然是为了办南山律学院。然而,他的这次尝试没有能够成功。关于此事,目前文献记载说法不一。根据亦幻法师在《弘一大师在白湖》中的说法:"在'九一八'那年的秋天,弘师想在距离白湖十五里路的五磊寺创办南山律学院,我应住持桂芳和尚之约,同赴上海寻找安心头陀,到一品香找朱子桥将军筹募开办费,当得壹千元由桂芳和尚携甬。因为这大和尚识见浅,容易利令智昏,树不起坚决的教育信念,使弘师订立章程殊多棘手……故等我回白湖,事情莫名其妙地老早失败了,弘一法师亦已乔迁宁波佛教孤儿院。"可以肯定,弘一大师这次离开五磊寺是与寺方在如何办学方面意见不合,遂一气之下,飘然离去。

　　弘一大师对于此事显然十分气愤,他说:"我从出家以来,对于佛教向来没有做过什么事情。这回使我能有弘律的因缘,心头委实很欢喜的。不料第一次便受了这样的打击。一月未睡,精神上受了很大的不安,看经念佛，都是不能。照这情形看来，恐非静养一二年不可。"①　他又在给胡宅梵的信中说："余近二月来，因律学院事牵制逼迫，神经已十分错乱不宁。披阅书籍，往往不能了解其义。（昔已解者，今亦不解。）几同废人。现拟静养治疗，未知能复元否。"

但是困难并不能使他后退，他又说了："虽然，从今以后，我的一切都可以放下，而对于讲律之事，当复益精进，尽形寿不退。"②

确实，他在五磊寺讲律未成，但仍撰了《南山律苑杂录·征办学律义》③　八则，对近代传戒不如法的情况，以问答体裁，辨明传戒本义。大师的撰述，由以下两则可见诸一斑：

　　问："百丈清规，颇与戒律相似，今学律者，亦宜参阅否？"

　　答："百丈于唐时编纂此书，其后屡经他人增删，至元代改变尤多，本来面目，殆不可见。故莲池、蕅益诸大师之说，今未及检录，唯录蕅益大师之说如下文云：'正法减坏，全由律学不明。百丈清规久失原作本意，并是元朝流俗僧官住持，杜撰增饰，文理不通。今人有奉行者，皆因未谙律学故也。'"

　　问："今世传戒，皆聚集数百人，并以一月为期，是佛制否？"

　　答："佛世，凡受戒者，由剃法和尚为请九僧，即可授之，是一人别受也，此土唐代虽有多人共受戒者，亦止一二十人耳。至于近代，唯欲热闹门庭，遂乃聚集多众。故蕅益大师尝斥之云：'随时皆可入道，何须腊八及四月八？难缘方许三人，岂容多众至百千众也。'至于受戒之时，不足半月即可受了，何须多日。且近代一月聚集多众者，只亦令受戒者，助作水陆经忏及其他佛事等，终日忙迫，罕有余暇。受戒不须多日，所最要者，和尚于受前受后应负教导之责任……"

弘一大师在写了清凉歌后曾接到厦门广洽法师的来信，邀请他到闽南

---

　　①　岫庐：《南山律学院昙花一现记》一文按语，原载《现代佛教》第5卷第4期（1932年4月10日），转引自林子青《弘一法师年谱》，第193页，宗教文化出版社1995年版。

　　②　同上。

　　③　参见林子青《弘一法师年谱》，第185页，宗教文化出版社1995年版。

去。这时候大师也念及在闽的诸位法侣，就决定由上海乘海轮南下。但在
上海的时候，弘一大师的朋友们都觉得目前时局不定，日本人的动作，大
小都是有可能的，于是再三劝阻，建议静观一些时日。弘一大师赴闽不
成，来到宁波白衣寺。这时，五磊寺主又找上门来。岫庐在《南山律学
院昙花一现记》①中说五磊寺方面"见事情弄糟，情急智生，又往宁波白
衣寺恳求法师。果然……欲到厦门去过冬的法师，在上海住了一星期，又
只身回五磊寺来了。他大概是想到：既不能从心办学，不免对不起良心和
素志，徒然拘束，不如……作彻底的解决"。这便有了一分契约的诞生。
这份契约由弘一大师提出口头问话，栖莲和尚根据自己的答复写成，并请
亦幻、永睿两法师作见证人。

　　他们的约定有十项：

　　一、于五磊寺团结僧伽，恭请弘一法师讲毗尼，不立律学院
名目；

　　二、造出僧材之后，任彼等分方说法，建立道场，以弘法为
宗旨；

　　三、暂结律团，在法师讲律期内，无有院长、院董名称；

　　四、大约几年可以造出讲律僧材，随法师自为斟酌；

　　五、倘法师告假出外者，任法师自由；

　　六、一旦造出讲律僧材之后，任法师远往他方，随处自在，并与
律学院一切事务脱离关系，不闻不问；

　　七、凡在学期内一切大小事务，总任法师设法布置，听师指挥，
无不承顺；

　　八、凡在学期内，倘有与法师不如意之处，任法师随时自由辞
职，决不挽留；

　　九、以上所定各条件，完全出于栖莲本意，绝无法师意见；
倘以后于以上条件有一件不能遵守时，任法师自由辞职，决不
挽留；

---

　　① 岫庐：《南山律学院昙花一现记》，原载《现代佛教》第 5 卷第 4 期（1932
年 4 月 10 日），转引自林子青《弘一法师年谱》，第 193 页。

　　十、聘请律师二人，担保以上各条件，各不负约。

民国二十年十一月十九日五磊寺住持栖莲

见证人亦幻、永睿

　　缘已尽，立约又有何用？五磊寺方面要在众人面前保住一点面子，弘一大师成全他们便是。他在五磊寺小住后，即下山而去。

　　大约是为了弥补五磊寺讲律未成的缺憾，弘一大师于 1932 年春从伏龙寺又至白湖。在那里，他发心讲律。亦幻法师欣喜得居然手舞足蹈。他以为机会难得，就召集了寺僧雪亮、良定、华云、惠知、崇德、纪源、显真等人在寺里听讲半月。

　　弘一大师讲律是谈话式的。他把诸法师邀请至房中，大家散坐在椅子上，他自己坐在床沿上。他先讲律学传至中国的盛衰派支状况，再讲他自己学律的经过。然后，大师提出问题来考核大家学律的志愿：谁愿学旧律（南山律）、谁愿学新律（一切有部律）、谁愿学新旧融贯通律？结果有三人愿学旧律，大师认为他们的根性可学南山律，就满意地录取他们为正式学生，其他人则作为旁听。

　　有多少人愿学旧律并不是重要的，重要的是，弘一大师作为现代研究南山律的一代高僧，他的行为、精神已感染了一些同道人。哪怕薪尽，亦能火传。对于这次讲律，亦幻法师说："听说只讲到'四波罗夷、十三僧伽婆尸沙、二不定'就中辍了，时间计共十五日。中辍的原因是什么？和他为什么要自动发心讲律？原因我一点不明白。据我的推测，他是为一时的热情所冲动，在还他的宿愿而已。"后来，弘一大师曾给亦幻法师写过一封长信。此信未被收入《弘一大师全集八·杂著卷、书信卷》，只是亦幻法师在《弘一大师在白湖》中有所透露："弘一法师究竟为什么又来一次退出律学教育呢？不久的后来，他寄给我一封很长的信，大意是要我彻底地来谅解他的过犯，他现在已感到无尽的惭愧和冒失。并且说他在白湖讲律未穿大袖的海青，完全荒谬举动，违反习惯，承炳瑞长老慈悲纠正，甚感戴之。"看来，弘一大师还是一个时时反省自己的人。

　　弘一大师对《南山律》的理解，抑或称大师的"南山律"思想和行持又是怎样的呢？就其思想而论，弘一大师在《南山律在家备览略编》中说："所云《南山律》者，唐道宣律师居终南山，后世称其撰述曰《南山律》。《南山》以《法华》、《涅槃》诸义而释通《四分律》，贯摄两乘，囊包三藏，遗编杂集，攒聚成宗……"①《南山律》融入大乘佛法思想，是一种中国式的律学思想体系。当弘一大师明了此意义之后，即知即行，这又直接导致了他在白马湖畔于佛前发下大誓愿。弘一大师早年是学贯中西的大艺术家大学者，出家后又一心研佛，他自己无论是著述还是行持无不表现着一种高僧的形象。

就弘一大师的总体佛学思想而论，他的佛学体系是以华严为境——体现了他研究佛法、探索佛境的品位，以四分律为行——形成了他佛学思想的特色，导归净土为果——表现出他把握教理的悟性。既以四分律为行，那么他认为正法能否久住，全在于《四分律》能否实践。故大师修持弘扬律学。为了修持弘扬律学，他自然就有了诸多的律学著作，诸如：《四分律比丘戒相表记》、《南山律在家备览》、《含注戒本随讲别录》、《删补随机羯磨疏略科》、《行事钞略科》、《南山律苑杂录》等，这些都成了如今研究大师律学思想和研究律学的重要文献。

弘一大师毕竟是生活在 20 世纪上半叶的中国，客观的环境和当时佛教在中国的状况使得他在严格要求自己的同时也针对客观情形有过具体的见地。这种见地主要表现在所谓的"随分量力受持"上面。对随分受持的理解可以是：虽身处佛门风气陵夷的末世，但佛教仍需要出家人严持戒律才得以复兴。就当下的出家人或在家居士而言，只要有持戒之心，可随分量力受持；出家人或居士受戒，不必贪多，须明了每一戒条的精神实质，能持几戒便受几戒；当下社会，虽难觅真正的比丘，但还是要努力持戒，尽最大的可能维护佛门道统，以自己的庄严行持担负一个佛门之人的责任。至于弘一大师自己，他不但深入研究律学，而且实践躬行。此诚如马一浮所言："高行头陀重，遗风艺术苑思。自知心是佛，常以戒为师……"②

弘一大师在伏龙寺亦留下了诸多的佳话。弘一大师第一次到伏龙寺是在 1931 年底。当时他刚在五磊寺与栖莲和尚签订了那份没有实际意义的契约。由于五磊寺的遭遇，弘一大师的身心都十分疲惫。伏龙寺的

---

①　弘一大师：《南山律在家备览略编》，见《弘一大师全集一·佛学卷（一）》，福建人民出版社 1991 年版。

②　马一浮此诗见《马一浮集》第 3 册，浙江古籍出版社、浙江教育出版社 1996年版。

诚一法师这时请弘一大师到伏龙寺静养。身体稍有复元，即又于次年春赴金仙寺讲律。1932 年初夏，弘一大师第二次来到伏龙寺。他这次在伏龙寺，与学生刘质平共处的时间较长。并写下了他平生最重要的一些书法作品。刘质平曾著文曰："壬申（1932 年），在镇海龙山伏龙寺。先师曾对余言：'每次写对都是被动，应酬作品，似少兴趣。此次写佛说阿弥陀经功德圆满以后，还有余兴，愿自动计划写一批字对送给你与弥陀经一起保存。'命余预作草稿，以便照样书写，共一百副。写毕又言：'为写对而写对，对字常难写好；有兴时而写对，那作者的精神、艺术、品格，自会流露在字里行间。此次写对，不知为何，愈写愈有兴趣，想是与这批对联有缘，故有如此情境。从来艺术家有名的作品，每于兴趣横溢时，在无意中作成。凡文词、诗歌、字画、乐曲、剧本，都是如此。'"① 据刘质平自己说，他在伏龙寺住了二月有余，可知当时弘一大师所写的书法作品实在是很多的。在这些作品中，有一件如刘质平所记述的"佛说阿弥陀经"是弘一大师为亡父一百二十龄诞辰而作，共 16 大幅。如今这幅作品由刘质平的长子刘雪阳先生捐给了浙江省平湖市李叔同纪念馆。弘一大师在伏龙寺作书后，曾赴上虞。到了秋天，他第三次来到了该寺。

弘一大师在慈溪还留下过大量的绘画作品。对此，以往人们由于受了旧说弘一大师出家后"诸艺皆废，唯书法不辍"的影响，没有很好地进行发掘研究，故未能给予留意。关于此，笔者已在《普门学报》2005 年的第 1 期上有专文探讨，此不赘述。

有关弘一大师到慈溪诸寺的次数和时间，研究者有许多不同的表述。亦幻法师《弘一大师在白湖》应该是一篇记述较详的文章，可惜在时间的表述上也有令人疑惑之处。由于长期以来，研究者对此课题的研究不够，以致到目前为止也难有十分确切的定论。仅以弘一大师到金仙寺的时间为例，秦启明在《弘一大师与胡宅梵》② 一文说："弘一大师在三下南

① 见刘质平《弘一大师遗墨的保存及其生活回忆》，载《弘一法师》，文物出版社 1984 年版。此文系《弘一法师》一书编者根据 1946 年福州由印《弘一大师遗墨展览会特刊》上刘氏所作《弘一大师的遗墨》与《弘一大师史略》二文整理而成。标题为编者所拟。

② 秦启明：《弘一大师与胡宅梵》，载《弘一大师有关人物论文集》，（台北）弘一大师纪念学会 1998 年版。

闽前的二年间，曾先后四次移居慈溪鸣鹤场金仙寺，综计历时约一年左右。第一次是 1930 年 11 月，至 1931 年 1 月。此行目的是，大师在金仙寺聆听天台静权法师宣讲《地藏菩萨本愿经》与《弥陀要解》；第二次是 1931 年 6 月，至 1932 年 1 月。此行目的是，大师经金仙寺住持亦幻介绍，转赴慈溪五磊山灵山寺参与筹建'五磊寺南山律学院'；第三次是 1932 年 3 月，至 1932 年 4 月。此行目的是，弘一大师为金仙寺僧众讲授律学；第四次是 1932 年 9 月，至 1932 年 11 月。此行目的是，大师在金仙寺整理书物，托运行李，准备三下南闽。"而福建人民出版社 1993 年 2 月第 1 版《弘一大师全集十·附录卷》中"慈溪金仙寺"说明文所说弘一大师四次到金仙寺的时间则又不同："一九三〇年十月，在寺听天台静权法师讲《地藏经》……一九三一年三月再度莅寺……九月再次莅寺……一九三二年春莅寺……"《弘一大师全集十·附录卷》虽采用农历记年，但记载显然有误。因为弘一大师在《地藏菩萨圣德大观序》中说："后二十一年岁次壬申九月，余居峙山……后二月，云游南闽，住万寿岩……"① 慈溪鸣鹤镇背靠峙山，此当指金仙寺。这说明弘一大师于 1932 年农历九月在金仙寺，二月后离开到福建。那么这又算是第几次到该寺呢？秦启明《弘一大师与胡宅梵》一文中的记载亦令人费解。比如他说弘一大师第二次到金仙寺是在"1931 年 6 月，至 1932 年 1 月。"而实际的情况是，1931 年的秋天，弘一大师正经历着五磊寺里的"风波"。如此混乱的记载为人们了解弘一大师行踪造成了不便。其实，因史料不详的原因，欲十分清切的了解弘一大师在慈溪的行踪是一件较为困难的事。为此，笔者在上文中尽可能以事件为线索，以当事人如亦幻法师、刘质平等人的记述文章来辨析弘一大师在慈溪的行踪，并提出以往史料中记载混淆的实例供今后的研究者作进一步的研究。

---

① 弘一大师：《地藏菩萨圣德大观序》，见《弘一大师全集七·佛学（七）、传记卷、序跋卷文艺卷》，福建人民出版社 1991 年版。

弘一大师与杨雪玖

在杨白民的女儿中，杨雪玖与弘一大师最有因缘。有关杨雪玖的基本情况，目前存有她自己在不同时期写的四份简历。其中一份简历全文如下：

杨雪玖，字静远，女，63岁，上海人。先父教育家杨白民创办城东女学，我等姊妹6人均肄业于城东。玖幼时即性好音乐图画，12岁从王一亭、杨东山老师学图画，15岁已有润格问世。公元1911年（原文为"1911年"，根据杨雪玖后述生平及另一份简历所述，当为"1921年"之误——引者注）举行作品展览会于东京，颇受友邦人民欢迎。又一年适逢江北水灾，先父命我与瑶姊在新世界对客挥毫，所得之款悉充赈济，或有以音乐会筹捐要玖奏琴者，玖辄乐而从之，念我仅一手足之劳而能造福人群者无不竭力为之。城东女校因先父私人倡办，经费奇绌，故先后往北京借中央公园开个展二次，上海三次，所得之款尽充学校经费。18岁毕业于文艺专科，在本校执教兼任南洋女子师范及爱国女校画科。1924年9月先父去世，遗命继任城东校务。29岁结婚，后由瑶姊接办。

玖结婚后曾与爱人余雪杨再渡日本开夫妇画展于东京。当时美术学校校长正木直彦邀请到校对学生挥毫并承日本当代画家桥本关雪、横山大观、小宝翠云、川合玉堂及渡边晨畝等以及日本美术界权威和其他知名人士的赞许。

在上海时曾与何香凝、李秋君、陈小翠、冯文凤等倡立中国女子书画会，亦曾引起上海美术界的重视。（引者按：何香凝参与成立中国女子书画会在《中国女子书画展览会特刊》上无资料显示。）

玖素性好游历各地名胜，所到之地辄写生纪游，北至万里长城、居庸关、泰山、崂山，南至严子陵钓台、万笏朝天香雪海等名胜古迹，都有纪游图留存，藉作雪泥鸿爪，屡拟刊印画集，因限于经济终未如愿。

1949 年突患子宫癌病，虽经治愈，身体从此孱弱，在家长期休养，苦闷不堪。新中国成立后里弄组织成立，仅参加文教组工作，写标语而已。目见祖国各项事业一日千里跃进，人民在三面红旗的照耀下，鼓足干劲为万代子孙造福，我再不能坐守家中。念子女四人，都已大学毕业，母职已尽，也想在建设社会主义事业中贡献一份力量。如蒙推介得能加入有组织的机构（如上海文史馆）得学习的机会，促进思想，重理旧业，以终余年，是所企愿。

主要创作经历

1918 年　北京中央公园个展

1921 年　在日本东京开姊妹画展

1924 年　北京中央公园个展

1930 年　在日本东京开夫妇画展

1934 年　参加柏林中国绘画展览会以及芝加哥、温古华等国际展览会

1935 年　上海宁波同乡会个人画展

1937 年　上海大新公司画厅二友画展

1939 年　沧州书场三楼中国画会二友画展

1955 年　全国美协倡办二次画展，参加创作，均得甲等奖①

按：何香凝参与成立中国女子书画会，值得重视。杨雪玖之丈夫余雪杨，浙江慈溪人，生于 1900 年。毕业于京师大学堂（今北京师范大学前身）化学系，毕业后受聘任教于该校化学系。1925 年赴美，攻读密歇根大学研究生院硕士学位，后获该校化学系硕士学位。长于无机化学和实验化学。回国后任上海天原化工厂总工程师，为万国工业协会会员，曾多次代表中国参加万国工业学术会议。终身从事化学工业工程和科学情报研究。1965 年 12 月逝世。余雪杨爱好金石书画，颇有造诣，在南方画派中颇有名气，与齐白石、王一亭、陈师曾、马相伯、余绍宋、灵山、姚茫

---

① 此份亲笔资料目前存于杨雪玖的孙女余大凤处。

父、陈半丁、朱复堪等有交往。曾在日本、德国以及国内举办个人画展，尤其在日本有一定的影响。

杨雪玖是杨白民的女儿，且为画家，一度实际操持城东女学（据她写于83岁时的简历，她继任城东女学校务的时间有7年），她的老师又是弘一大师的老友王一亭，如此种种使她与弘一大师有了缘分。如今有两封弘一大师致杨雪玖的书信被留存。现就此二信作一解读。一封信写于1924年农历八月十七日：

> 顷奉来书，且谓为尊翁手笔；乃披阅首端，历述家父病状。昔知白民无父已久矣，何缘说此？颇致惊诧。后读阅第二纸，突见署名者为贤女，乃悉尊翁病殁矣。绕屋长吁，悲痛不已。二十年来老友，当以尊翁最为亲厚。今晨览雁荡山图，喜其雄奇举拔，颇拟写其形势，邮奉尊翁，约往同游。不意是夕，竟获哀耗，痛哉！余于七日病湿热并胃疾，几濒于危。中秋后乃渐愈。自明日始，当力疾为尊翁诵经念佛；惟冀老友宿障消灭，往生人道天中，发菩提心，修持净行。当来往生极乐，早证菩提。尊翁故后，校事如何？甚以为念。
>
> 雪玖贤女哀览
>
> 　　　　　　　　　　　演音疏答八月十七日①

这是一封在弘一大师研究中很有价值的信。信中表露了几条十分重要的信息：在弘一大师的老友中，他自认为与杨白民的交谊"最为亲厚"；弘一大师关心着杨白民逝世后的城东女学的情况；弘一大师要为杨白民诵经回向。更重要的一个信息是信中有这么一句："今晨览雁荡山图，喜其雄奇举拔，颇拟写其形势，邮奉尊翁，约往同游。"这句话的重要性在哪里呢？体现在弘一大师出家后绘画的研究方面！

弘一大师出家后的绘画作品，目前所见最早的画作是赠送给夏丏尊的山水长卷，作于1927年。

1927年，弘一大师送给夏丏尊一幅内容特别的横幅："聋人也唱胡笳曲，好恶高低自不闻"。题款是："佛眼远禅师句，岁次大辰十月丏尊居士嘱书，智幢"。而弘一大师为夏丏尊画的山水长卷的题款则是："岁次

---

① 信见《弘一大师全集八·杂著卷、书信卷》，福建人民出版社1992年版。

大辰冬初将行脚他方，写古山水六卷以贻丏尊居士，钱塘华严寺沙门无等"。"大辰"即 1927 年。查万年历，1927 年农历十月十五日为立冬日。由此可知，以上书法和山水长卷几乎是作于同一时段，也可能就是一同所作。弘一大师在山水长卷题款中的"将行脚他方"指的是即将赴温州驻锡。书件与画作题款字迹风格一致。如果弘一大师只是因为夏丏尊索字，单纯写一幅书法作品给他，他何以要自谦"聋人也唱胡筘曲"呢？他的书法水平之高人所共知，完全没有必要说"好恶高低自不闻"。而恰恰是因为弘一大师开始做国画山水了，这才引述了佛眼远禅师之句，表示他那"聋人也唱胡筘曲，好恶高低自不闻"的心意。

　　严格地讲，自从弘一大师愿意"以笔墨接人"后就有作画的可能。从理论上讲，只要弘一大师改变了观念，那么他在出家后的任何时候都有可能创作绘画作品。但由于目前还未发现比 1927 年更早的画作，不能妄评。按：依照李鸿梁的意思，至少在 1921 年的时候，弘一大师还没有作画的可能。李鸿梁在《我的老师弘一法师李叔同》（载《浙江文史资料选辑》第 26 辑）一文中说："1921 年春，法师来上海，我那时在艺术专科任教，有一天，我们要求他写字，他答应了……有一位同学问法师'如现在有人请法师作画，怎样？'师微笑。我说：'倘有人来请画，也可以，日后等他来取时，仍将原素纸还他，教他自己去看，看得出什么就是什么。'师大笑。"在目前的情况下，对弘一大师出家后绘画作品的研究，虽然只能先从赠送给夏丏尊的山水长卷说起，但是弘一大师在致杨雪玖信中的这段话，委实表明了他完全有可能会在 1924 年的时候就作画的。弘一大师看了一幅雁荡山图，激起了绘图的兴味。只可惜当晚就获知杨白民逝世的消息，因此我们就无从知晓大师后来究竟是否作了这幅画。如果此图画了，如今对弘一大师出家后绘画作品的研究，其起始点就是 1924年了。

　　另一封信写于 1924 年农历八月：

　　　　尊翁既逝，贤女宜日诵《地藏菩萨本愿经》（有正书局《功德经》皆有，价三角余）及《阿弥陀经》，并持阿弥陀佛名号，以报深恩。早晚诵发愿文三遍。其文拟定如下：

　　　　以此诵经持名功德，回向亡父杨白民居士。惟愿亡父业障消除，生人天上。觉心普发，净业勤修，往生西方，早成佛道。此文与前文义同，而文稍异，希参观之。

（钤"弘一"章）①

此信应该写于前信之后不久，说明了弘一大师处事的认真和他为亡友诵经的虔诚之心。

目前在杨雪玖孙女余大风处尚留存弘一大师书法作品两件。一为"与人乐乐"，署名"哀公"，尺寸为 23.4 厘米 × 64 厘米；另一件"南无阿弥陀佛"，署名"胜臂"，尺寸为 9 厘米 × 36 厘米。此二件书法作品或为杨白民旧藏，抑或为杨雪玖藏品，不作定论。

据史料，杨雪玖一直十分关心和支持纪念弘一大师的事业。1962 年和 1964 年，由广洽法师集资，在吴梦非、刘质平和钱君匋三位先生的协助下，丰子恺出版了《弘一大师遗墨》和《弘一大师遗墨续集》。前者所收之作品即为刘质平先生藏品和夏丐尊先生之孙夏弘宁先生及杨雪玖的藏品；后者为 1930 年开明书店出版的《李叔同临古法书》的新版。1956 年 6 月，丰子恺倡办的弘一大师纪念馆一度有过眉目。杨雪玖知此消息，即送来了杨白民留下来的弘一大师早年相赠的几件书法作品和书信，以供未来的纪念馆陈列。只可惜纪念馆一度搁置。杨雪玖所捐的弘一大师早期书法和书信也就置之高阁，一直藏在丰子恺的家中。1984 年，杭州市园林文物管理局表示要在杭州虎跑办一个李叔同纪念室，期望得到社会的支持。丰子恺之女丰一吟即取出尘封数十年的弘一大师书法赴杭州。这其中就有杨雪玖捐赠的作品。至于弘一大师的相关书信，本著《致杨白民信函的补遗、校点与考证》一文已有介绍，不赘述。

① 信见《弘一大师全集八·杂著卷、书信卷》，福建人民出版社 1992 年版。

弘伞法师与宽愿法师影像之辨

　　福建人民出版社版《弘一大师全集》是一部影响较大的弘一大师研究文献汇编，该套全集出版后经常被弘一大师研究者引用或作为研究中的依傍资料。鉴于该套全集编辑时的诸多因素制约，全集中的许多注释文字存在讹误。笔者曾在《普门学报》中就全集中的弘一大师书信的写信时间、地点进行过考证（这项工作目前仍在继续），本文再就全集中对弘伞法师和宽愿法师的图片文字注释作一考论。

图一

　　弘伞法师是弘一大师的法侣，长期在杭州招贤寺主事。① 弘伞法师俗名程中和，字毓灵，皖人，曾任高级军职，为"二次革命"健将，勋功

_____

　　① 《湖山便览》记载道："在岭麓玛瑙寺西。唐德宗时，郡人吴元卿为六官使弃职，掺乌窠禅僧，建庵修道。开运三年，钱氏就建为院，原额'招贤'。治平而年，改禅宗。有蒙泉，苏子瞻题。元末毁。国初，因址重建，改名清隐庵。"

图二

图三

卓著。1920 年弘一大师赴浙江新登贝山闭关之前，曾请程中和居士先行
实地考察。程居士上新登贝山察看了灵济寺地形后回杭，将该寺绘成图，
弘一大师据此审定了房屋的修理方案，并由学生楼秋宾之父雇工修理房
屋，仍由程居士亲莅主持。这一年夏，所修房屋焕然一新，程居士亦于此
时赴杭剃度，号弘伞，迎弘一大师上贝山灵济寺闭关。

　　程中和（弘伞法师）出家后，曾长期在招贤寺主事。1926 年春，
弘一大师自温州至杭州，就住在招贤寺里静修。弘一大师显然是很喜
欢招贤寺，其原因除了它的地理位置处于西湖边外，更重要的应该是
他与弘伞法师之间的默契和对弘伞法师的赞赏。弘一大师在一封致老

图四

友杨白民的信中说道："弘伞师住持招贤寺，整理规画，极为完善。西湖诸寺，当以是间首屈一指矣。"① 因为有了招贤寺的缘，有了弘伞法师的缘，故1948年秋刘胜觉居士负责将弘一大师的部分骨灰从福建送至杭州后，其存放的地点就是招贤寺。弘一大师的学生丰子恺也与招贤寺主弘伞法师友善。抗战胜利后，丰子恺曾一度卜居西湖，其寓所也正是在招贤寺旁边的小平屋，丰家将其称为"湖畔小屋"，丰子恺有对联曰："居临葛岭招贤寺，门对孤山放鹤亭"。

招贤寺有下院名曰本来寺（见图一）。本来寺位于灵隐寺后，为近代招贤寺智慧老和尚所创建（实为一简朴的修行之处）。1927年的时候，弘一大师曾与弟子宽愿在该寺住过。七月，李石曾（煜瀛）到本来寺访问了弘一大师。李石曾在弘一大师手书《梵网经》题记中曰："弘一法师，别来十余年。数访于玉泉、招贤两寺不遇。本月九日得弘伞法师陪往见于本来寺畅谈，并得两法师赠以佛学书多种。余不曾学佛，然于其教理则敬羡久矣……今承弘伞上人出此嘱题，敬志数语如此。民国十六年七月十一

① 此信载《弘一大师全集八·杂著卷、书信卷》（福建人民出版社1992年版）一书。该书将此信注释为："一九二〇年旧四月十八日，杭州玉泉寺。"此注释有误。因为信中讲到弘伞法师住持招贤寺，且整理规画，极为完善。弘伞法师的出家是在1920年夏弘一大师赴新登之前一日，法号弘伞。一位刚出家的僧人何以会在四月就成为招贤寺的住持呢？故此信必不可能写于1920年。根据笔者考证，此信应写于1923年农历四月十八日，当时弘一大师正在招贤寺养病习静（请参见笔者《弘一大师考论》一书，浙江人民出版社2002年版）。

图五

日石曾李煜瀛。"①

　　从上文中可知，弘一大师与招贤寺及本来寺之缘，涉及两位法师，即除了弘伞法师外，还有一位宽愿法师。二法师在弘一大师研佛、弘法过程中，经常伴随其身旁，地位十分重要。然而，在《弘一大师全集》的图片中，有此二法师形象的图片，其文字注释则出现了差错，以致以讹传讹，令读者无所适从。

　　在福建人民出版社1992年3月版《弘一大师全集四·佛学卷（四）》中，收录一幅有关1948年刘胜觉、刘质平等人奉送弘一大师灵骨至杭州招贤寺的照片（见本文图二）。其文字注释全文如下："一九四八年奉送大师灵骨上供于杭州招贤寺　前排：刘质平、刘胜觉、普行法师、弘伞法师；后排：吴梦非夫人、吴梦非、李鸿梁、潘锡九、乐欢法师、林子青、

----

　　①　见林子青编《弘一法师年谱》（宗教文化出版社1995年版），第165页。又据《学海无涯——近代中国留学生展》（香港历史博物馆2003年版）："李煜瀛（1881—1973年），字石曾，河北高阳人，1902年赴法，先后在巴斯德学院及巴黎大学学习和从事研究……"

图六　　　　　　　　　　　　　　　图七

巨赞法师、李季谷。"（该注释对后排人物的介绍中亦有误，即吴梦非与李鸿梁次序应对调。此不在本文考论范围，不赘述。）其实，弘伞法师应该是前排左起的第三人，而不是第四人。证据是丰子恺于抗战胜利后曾与招贤寺弘伞法师有一合影（见本文图三），照片后有丰氏家属的文字注释，显示左起第二人即弘伞法师。对照本文图二中的影像，显见其注释中所谓的"普行法师"当是弘伞法师才对。那么图二中的前排左起第四人应该是谁呢？为此可再对照丰子恺与宽愿法师的一张合影（见图四）。这张合影有丰子恺亲笔题字："丁亥元宵与宽愿法师合摄于虎跑泉。子恺题。"既然此法师为宽愿法师，那么图二中的前排左起第四人也应该就是宽愿法师了。①

　　作为引证，这里不妨再举两幅照片为例。一幅为1931年农历九月弘一大师、弘伞法师与安心头陀等人的合影（见本文图五）。该照片上有弘一大师的题字："辛未九月十八日，虎跑定慧寺圆照禅师往生极乐。十九日请安心头陀封龛。说法既竟，与沙门栖莲、弘伞、弘一，居士徐仲荪合摄此影，以志遗念。演音。"照片中站在中间的就是弘伞法师。此影像相距图二，其拍摄时间相去17年，弘伞法师还是中年人，但其形象与图二

---

① 福建人民出版社2010年版《弘一大师全集》第四册佛学卷图版中此幅照片的注释文字仍维持初版时的表述。

中笔者指认过的弘伞法师就是同一个人的面影。再一幅为少年时的宽愿法师与弘一大师的一张合影。在《名僧录》一书中有一篇曹云鹏采访宽愿法师后写成的《弘一法师出家前后轶事》①，并附录刊登了一幅少年时的宽愿法师与弘一大师的合影（见本文图六）。照片的文字注释为："一九二六年七月，弘一法师（左）和弟子宽愿于杭州灵隐寺。"其宽愿法师的影像亦可确认图二中笔者指认过的宽愿法师为同一人。然而，《名僧录》中刊登的这张照片，其文字注释中的时间应有误。因为 1926 年 7 月时的弘一大师并不在杭州，而是在江西庐山参加金光明法会。② 根据前文所述弘一大师于 1927 年 7 月弘一大师在招贤寺下院本来寺住过（宽愿法师为陪侍），此照拍摄时间以 1927 年 7 月为当。

最后再就图二中所谓的"普行法师"作一阐述。福建人民出版社初版和第 2 版《弘一大师全集》的编者主观上的"普行法师"应该就是宽愿法师（尽管注释中的人物次序颠倒）。理由是在初版《弘一大师全集八·杂著卷、书信卷》中就收有本文图六这张照片。其文字注释是："一九二七年夏与普行法师摄于杭州本来寺。"③ 如果《弘一大师全集》的编者有证据说明"普行"即是宽愿的别称，则可以理解，但问题是至今尚无资料证明这一结论。宽愿法师确有过别称，根据曹云鹏《弘一法师出家前后轶事》一文，宽愿法师自己说："师父给我取号'祖贤'，字'宽愿'。"④ 但"普行"一说尚无资料证明。（《名僧录》中的图六将照片拍摄地点注释为"灵隐寺"，初版和第 2 版《弘一大师全集》中的图六将照片的拍摄地点注释为"本来寺"。其实只要对杭州灵隐附近的景致熟悉的人都会知道此地既不是灵隐寺后面的本来寺，也不是灵隐寺，而应该是灵隐寺前的飞来峰石洞前——笔者自幼在此附近长大。）在初版《弘一大师全集三·佛学卷（三）》、第 2 版《弘一大师全集》第三册佛学卷中还收

---

① 曹云鹏：《弘一法师出家前后轶事》，载《名僧录》，全国政协文史资料委员会宗教组编，中国文史出版社 1988 年版。

② 参见丰子恺《法味》一文，载《丰子恺文集》（文学卷一），浙江文艺出版社、浙江教育出版社 1992 年版。

③ 福建人民出版社 2010 年版《弘一大师全集》第七册佛学卷、传记卷、序跋卷图版收有该照片，注释文字仍照旧。

④ 曹云鹏：《弘一法师出家前后轶事》，载《名僧录》，全国政协文史资料委员会宗教组编，中国文史出版社 1988 年版。

录一幅一少年僧人与弘一大师的合影（见图七），其文字注释均是："一九三五年与宽愿法师合影留念。"根据曹云鹏采访宽愿法师的文章《弘一法师出家前后轶事》，宽愿法师自述与弘一大师最后一次见面是1932年。两人分别的地点是浙江上虞白马湖。宽愿法师说："我二十七岁那年，随侍师父在白马湖春晖中学。这年正值母亲有病，来信叫我回家看看……我就赶程回衢州……我再回到白马湖时，竟不见了我的师父。我的心顿时跳动得发慌，急急忙忙去问夏丏尊先生，夏先生告诉我说：'你师父久等你不来，便一个人到福建去了。'""第二天，我像一只失了慈母的孤雁，含着满眶眼泪，离开白马湖春晖中学，回到杭州虎跑寺。从此我就再也没有见师父一面！"可见，自从弘一大师定居闽南后，宽愿法师就没有再与弘一大师见过面，那么1935年全年均在福建弘法的弘一大师怎么还会与宽愿法师合影呢？是《弘一大师全集》编者将照片拍摄的时间注释错了？其实图七中的所谓"宽愿法师"与前文笔者指证过的宽愿法师，二者之形象是有差别的，少年时的宽愿法师，其形象显得清秀。而图七中的所谓"宽愿法师"，其形象则十分憨厚。只要将两张照片并陈，差别是显而易见的。故图七中的少年僧人应是他人。

再论"民国四大高僧"中的弘一大师

在中国现代佛教史上，弘一大师与印光、太虚、虚云三大师并称为"民国四大高僧"。他们之间有何交往，彼此之间的道谊因缘如何，尚须作详尽的探索研究。本文将研究的视角置于弘一大师的行持，就弘一大师与另三位大师间的道谊作一研究。

弘一大师与太虚大师

弘一大师出家后，随着他在律学研究上不断深入，在以书弘法中广播佛种，在佛教界的影响也在不断扩大。他于 1926 年夏与弘伞法师一起去庐山，参加金光明法会，又写经数种，其中《华严经十回向品初回向章》写得含宏敦厚，饶有道气，被太虚大师推为近数十年来僧人写经之冠。① 太虚大师欣赏弘一大师，而弘一大师亦十分推崇太虚大师。也就是在弘一大师从庐山回杭州的几个月后，即 1927 年初，杭州发生了一次锋头不小的"灭佛事件"。时值北伐初成，政局未定，"革命"二字甚是时髦，一些偏激的青年意气用事，高唱灭佛之议，甚至鼓吹毁寺驱僧，勒令还俗。这种议论其实也已在上海、南京一带蔓延开来，印光、圆瑛等高僧也已向当局交

太虚大师像

---

① 蔡丏因：《廓尔亡言的弘一大师》，载《弘一大师永怀录》，大雄书局 1943 年版。

涉，而在杭州，能挺身而出与之抗争的，也只能是弘一大师。他此时正在吴山常寂光寺闭关，面对外界的喧嚣，他主要从两方面着手交涉。一方面，他破例出关，召集部分在杭州鼓吹灭佛论的青年到常寂光寺座谈，晓之以理，动之以情地开导说服；另一方面，他写信给地方党政要员，而这些人中，蔡元培曾是他的老师，经亨颐、马夷初、朱少卿等是旧友。他的信，写得有理有节：

旧师孑民、旧友子渊、彝初、少卿、钟华诸居士同鉴：

昨有友人来，谓仁等已到杭州建设一切，至为欢慰。又闻孑师等在青年会演说，对于出家僧众，有未能满意之处。鄙意以为现代出家僧众，诚属良莠不齐。但仁等于出家人中之情形，恐有隔膜。将来整顿之时，或未能一一允当。鄙意拟请仁等另请僧众二人为委员，专任整顿僧众之事。凡一切规划，皆与仁等商酌而行，似较妥善。此委员二人，据鄙意，愿推荐太虚法师及弘伞法师任之。此二人，皆英年有为，胆识过人，前年曾往日本考察一切，富于新思想，久有改革僧制之弘愿，故任彼二人为委员，最为适当也。至将来如何办法，统乞仁等与彼协商。对于服务社会之一派，应如何尽力提倡（此是新派）；对于山林办道之一派，应如何尽力保护（此是旧派，但此派必不可废）。对于既不能服务社会，又不能办道山林之一流僧众，应如何处置；对应赴一派（即专作经忏者），应如何严加取缔；对于子孙之寺院（即出家剃发之处），应如何处置；对于受戒之时，应如何严加限制。如是等种种问题，皆乞仁者仔细斟酌，妥为办理。俾佛门兴盛，佛法昌明，则幸甚矣。此事先由浙江一省办起，然后遍及全国。弘伞法师现在住里西湖新新旅馆隔壁招贤寺内。太虚法师现住上海（其住址问弘伞法师便知）。谨陈拙见，诸乞垂察。不具。

弘一，三月十七日昨闻友人述及仁者五人现任委员。此外尚有数人，或系旧友，亦未可知。并乞代为致候。①

前述太虚大师曾对弘一大师之写经给予高度评价，而弘一大师亦愿意推荐太虚大师负责整顿佛教环境。这可说明中国现代的这两位高僧，彼此

---

① 《弘一大师全集八·杂著卷、书信卷》，福建人民出版社1992年版。

之间是极为尊重的。在弘一大师的努力下,杭州的灭佛论调终于平息。

弘一大师曾和太虚大师合作过一首《三宝歌》。"三宝"指的是佛宝、法宝和僧宝。这是一首弘扬佛教的歌曲,由弘一大师作曲,太虚大师作词。两位佛门高僧合作写歌,一直被后人传为美谈。

《三宝歌》又称《三皈依歌》,太虚、弘一两位受人景仰的高僧一个作词,一个谱曲,实可谓珠联璧合。

《三宝歌》大约作于 1930 年初。当时,弘一大师到福建南安小雪峰过年,适逢太虚大师也到那里度岁。于是,应诸法师之请,他俩遂开始合作。《三宝歌》的歌词是这样的:

> 人天长夜,宇宙黑甚暗,谁启以光明?三界火宅,众苦煎迫,谁济以安宁?大悲大智,大雄力,南无佛陀耶!昭朗万有,衽席群生,功德莫能名。今乃知,唯此是,真正皈依处。尽形寿,献身命,信受勤奉行!

> 二谛总持,三学增长,恢恢法界身;净德既圆,染患斯寂,荡荡涅槃城!众缘性空唯识现,南无达摩耶!理无不彰,蔽无不解,焕乎其大明。今乃知,唯此是,真正皈依处。尽形寿,献身命,信受勤奉行!

> 依净律仪,成妙和合,灵山遗芳型;修行证果,弘法利世,燄燄佛灯明。三乘圣贤何济济!南无僧伽耶!统理大众,一切无碍,住持正法城。今乃知,唯此是,真正皈依处。尽形寿,献身命,信受勤奉行!

三段歌词,各有归旨,庄严而神圣地再现了佛教徒皈依时的宽宏心境和坚定意志。每段歌词的结尾处再三强调的"今乃知……信受勤奉行!"如同一个人生宣言,它是佛教徒们在宣告:大彻大悟、济世利生的生命开始了。

弘一大师的曲共 24 个小节,音调平和,节奏方整、徐缓,其大调式的旋律可以使人在咏唱之时产生庄严崇敬的心情。歌曲结尾处是在高八度的主音上完成终止的,但音调升高并非意味着感情冲动,而是内心得到感化，从而向往皈依之情更为炽烈。这也是像两位高僧大德对中国佛教的敬业和全身心投入的具体体现。

《三宝歌》一经创作，即成了当时泉州慈儿院儿童早晚礼佛时的赞歌，太虚大师还题赠一偈："圣教照心，佛律严身，内外清净，菩提之因。"后来，此歌又在《海潮音》等佛教刊物上发表，又由法尊法师译成藏文。再经尘空法师为此歌撰写了缘起和广释。如今，《三宝歌》已成了在佛教界内外广泛传唱的弘法歌曲。

弘一大师和太虚大师合作《三宝歌》，其合作的过程如何？是弘一大师先作曲，还是太虚大师先作词？如今论者说法不一。台湾西莲净苑的慧观法师在撰写《弘一大师与〈三宝歌〉》①一文的过程中也专门探索过，她在文中列出了两种说法的例子，可作进一步研究的参考。

弘一大师与太虚大师二位大师在福建见面的机会较多。默如在《七十自述》一文中曾介绍："他如（太虚）大师（一九二九年十二月在闽院）讲《瑜伽真实义品》时，弘一大师逐日无间，亲临听讲，余亦记集成册。"②1930年，太虚大师也有偈句赠与弘一大师，后又为祝弘一大师六十诞辰，刊于1941年2月《觉音》第20、21期合刊："圣教照心，佛律严身。内外清静，菩提之因。十九年在泉州小雪峰度岁，曾拈此偈赠弘一律师，今值六旬诞辰，书以为祝。"弘一恭敬听取太虚大师讲《瑜伽真实义品》，这表现出了他对太虚的尊敬。而太虚对弘一大师的评价亦十分之高。1932年12月2日，弘一大师在南普陀寺参加了太虚大师主持的常惺法师受请住持典礼欢迎会。会上，太虚大师曾致欢迎词："今天是南普陀、闽南佛学院，开会欢迎常惺法师和弘一法师的一天……弘一律师在中国僧伽中可说是持戒第一。其道德与品格为全国无论识者不识者一致钦仰，为现代中国僧伽之模范者，这是我们表示不胜欢迎的。"③太虚大师此评价可谓高矣。

---

① 此文载"弘一大师·丰子恺研究中心学术文丛"《弘一大师艺术论》一书，西泠印社出版社2000年版。

② 见香港《内明》杂志1975年第41期。

③ 见《现代佛教》第5卷第8期，1933年4月。

弘一大师与印光大师

在现代僧人之中，弘一最崇拜的是印光大师。弘一大师这样说过："朽人于当代善知识中，最服膺者，唯印光法师。"他又引述永嘉周孟由语说："'法雨老人，禀善导专修之旨，阐永明料简之微，中正似莲池，善巧如云谷，宪章灵峰（明蕅益大师），步武资福（清彻悟禅师），弘扬净土，密护诸宗。明昌佛法，潜挽世风。折摄皆具慈悲，语默无非教化。三百年来，一人而已（因明代莲池后，法化之广，未有如师者）'诚不刊之论也。"①

印光大师像

早在 1920 年 7 月，弘一大师就与印光大师有了交往。目前能见到的印光大师最早给弘一的一封信就是这个时候写的。从信中可知，弘一最初学佛的时候就已得到了印光大师的指点。信中说："昨接手书并新旧颂本，无讹，勿念。书中所说用心过度之境况，光早已料及，故有止写一本之说。以汝太过细，每有不须认真，犹不肯不认真处，故致受伤也。观汝色力，似宜息心专一念佛，其他教典与现时所传布之书，一概勿看，免致分心，有损无益。"② 弘一大师从内心里讲是希望成为印光大师的弟子的，但当时印光大师则不畜剃度弟子。1922年，弘一大师致书陈情，印光谦词不收；1923 年，弘一大师又于阿弥陀佛诞辰之日在佛像前"臂香"拜师，即在自己的胳膊上用香火烧成戒记，以表示求师心诚，希望借得三宝的慈力征得印光大师的同意。结果印光仍是逊谢。一直到了这一年的年末，弘一第三次竭诚哀恳，这才得到了印光大师的同意，破例收为弟子，以结法缘。随后，印光大师就邀请弘一来其身边小住，这就是 1924 年 5 月弘一大师赴普陀山参礼印光大师之行。

---

① 弘一大师致王心湛信，见《弘一大师全集八·杂著卷、书信卷》，福建人民出版社 1992 年版。

② 林子青编：《弘一法师年谱》，宗教文化出版社 1995 年版。

印光大师晚年像

弘一大师来到普陀，拜师于法雨寺，并在那里住了 7 天。在这 7 天的时间里，弘一大师自晨至夕皆在印光大师身旁，观察他的一言一行，并一直铭记在心里，成了他日后的行为准则。后来，弘一在泉州檀林福林寺作过一次题为《略述印光大师之盛德》① 的讲演，他说道：印光大师"平生不求名誉，他人有作文章赞扬师德者，辄痛斥之。不贪畜财物，他人供养钱财者至多，师以印佛书流通，或救济灾难等。一生不畜剃度弟子，而全国僧众多钦服其教化。一生不任寺中住持监院等职，而全国寺院多蒙其护法。各处寺房或寺产有受人占夺者，师必为尽力设法以保全之。故综观师之一生而言，在师自己绝不求名利恭敬，而于实际上能令一切众生皆受莫大之利益"。为此，弘一又把印光大师言行中能为常人所学之处列举如下：

一、习劳

大师一生最喜自作劳动之事。余于民国十三年到普陀山，其时师年六十四岁。余见师一人独居，事事躬自操作，绝无侍者等为之帮助。至八十岁，每日仍自己扫地，拭几，擦油灯，洗衣服。师即如此习劳，为常人作模范，故见人懒惰懈怠者，多诫劝之。

二、惜福

大师一生于此最为注意。衣食住等皆极简单粗劣，力斥精美……师每晨仅食粥一大碗，无菜，自云：初至普陀时，晨食有咸菜，因为北方人吃不惯，故改为仅食白粥，已三十余年矣。食至碗净为止，复以开水注入碗中，涤荡其余汁咽下，恐轻弃残余之饭粒也……

---

① 弘一大师：《略述印光大师之盛德》，见《弘一大师全集七·佛学卷（七）、传记卷、序跋卷、文艺卷》，福建人民出版社 1991 年版。

三、注意因果

大师一生最注意因果。尝语人曰,因果之法,为救国救民之急务,必令人人皆知,现在有如此因,将来即有如此果。善有善报,恶有恶报。欲挽救世道人心,必须于此入手。大师无论见何等人,皆以此理痛切言之。

四、专心念佛

大师虽精通种种佛法,而自行劝人,则专依念佛法门。师之在家弟子,多有曾受高等教育及留学欧美者,而师决不与彼等高谈佛法之哲理,唯一一劝其专心念佛……

弘一大师对印光大师衷心追随,他自己是把这些常人所能学者不折不扣地学了过来,并在他自己的生活中一一加以实行。

关于弘一大师与印光大师的来往,叶圣陶在《两法师》①一文中有过十分形象的描述,而这些描述也从一些具体的情节中使人们对两位大师的特点有所感悟。叶圣陶在文章中写道:"饭后,他说约定了去见印光法师,谁愿意去可同去。印光法师这名字知道得很久了,并且见过他的文钞,是现代净土宗的大师,自然也想见一见。同去者计七八人。""寺役去通报时,弘一法师从包袱里取出一件大袖的僧衣来(他平时穿的,袖子同我们的长衫袖一样),恭而敬之地穿上身,眉宇间异样地静穆。我是喜欢四处看望的,见寺役走进去的沿街那房间里,有个躯体硕大的和尚刚洗了脸,背部略微佝着,我想这一定就是。果然。弘一法师头一个跨进去时,便对这和尚屈膝拜伏,动作严谨且安详。我心里肃然。有些人以为弘一法师当是和尚里的浪漫派,看这样可知完全不对。""印光法师的皮肤呈褐色,肌理颇粗,表示他是北方人;头顶几乎全秃,发着亮光;脑额很阔;浓眉底下一双眼睛这时虽不戴眼镜,却同戴了眼镜从眼镜上面射出眼光来的样子看人;嘴唇略微皱瘪:大概六十左右了。弘一法师与印光法师并肩而坐,正是绝好的对比,一个是水样的秀美,飘逸,而一个是山样的浑朴,凝重。"叶圣陶文章中还介绍了两位法师间的一些对话,皆体现了弘一大师对印光大师的无比敬重。

---

① 叶圣陶:《两法师》,载《未厌居习作》,开明书店 1935 年版。

　　这也不难理解。倘若弘一对印光大师不是这般敬重的话，他何以会"臂香"拜师呢！

　　印光大师也为弘一手书《佛说梵网经》题过词："诸恶莫作，众善奉行。究竟如是，必圆佛乘。"

弘一大师与虚云大师

　　目前可见的弘一大师与虚云大师交往的资料只有一条。1930 年，弘一大师住锡宁波白衣寺。此时夏丏尊也在宁波办事，住甬江旅社。夏丏尊在旅社里，遇见了当年在浙一师里的同事钱均夫。

虚云大师像

　　钱均夫是吴越钱肃王的后代，浙江杭州人。他早年在日本留学，回国后曾在教育部供职，后又任教于浙江省立第一师范学校。这时的钱均夫，已经皈依了谛闲法师，法名显念，人称显念居士。老友相见，二人都十分高兴。夏丏尊告诉他，弘一大师也在宁波，正住在白衣寺，问他是否要去相见。钱均夫一听弘一大师也在宁波，迫不及待地就要让夏丏尊第二天就带他去见。第二天早晨，夏丏尊带着钱均夫来到了白衣寺。

　　对于多年未见的同事，弘一大师居然一眼就认出了钱均夫。可钱均夫见了大师，倒是十分惊异。十多年不见了，眼前的这位昔日风度翩翩的李叔同，俨然像一位天师，他一身袈裟，光脚穿着草鞋，站在那里宛如鹤立。弘一大师听说钱均夫已皈依三宝，以为这是走上了一条光明之路。弘一大师告诉他现在正好赶上两件事：一是谛闲法师正在观宗寺讲经，应该抽时间去听听；二是"应到天宁寺参谒由滇省来游之虚云老法师。此老法师入定可以到二十一天之久，为目前海内所不易遇见者"。[①] 弘一大师的建议，钱均夫都照办了。而在另一方面，此时白衣寺主安心头陀也以为虚云、弘一两位大师同时在宁波

----

　　① 钱均夫：《悼弘一师》，载《弘一大师永怀录》，大雄书局 1943 年版。

宁波白衣寺欢迎虚云、弘一两位法师合影

（左四为弘一大师，左五为虚云大师）

的机会难得，于是他就在寺中设斋供养，欢迎虚云大师来寺里指导，并安排他和弘一大师合影纪念。参加合影的人除两位大师外，尚有文质、安心头陀、黄寄慈等。照片上的题记曰："宁波白衣寺欢迎虚云老和尚暨弘一法师摄影，以志纪念，时在庚午仲夏。"对于这张珍贵的照片，以往只有文字记载，没有照片刊布，现已发现该照载于 1931 年《海潮音》月刊第12 卷第 12 期。

虚云大师在 1946 年夏写有《弘一律师史略序》。此文载 1947 年 8 月1 日《佛教公论》复刊第 17 期（10 周年纪念专号），为珍贵的文献史料，现录存于下：

弘一律师史略序

虚 云

道本无为，性惟见性，知诸佛菩萨历代祖师之应迹，皆随机指引，俾各关本心，除此更无余蕴。古今诸善知识之言行，或权或实，无非欲合学者就路还家。当下了悟，脱去枷锁，本无实法与人。叹斯世风日下，水鸟法音无为之道，渐成隐晦，多由本义不振，虽出家佛子鲜能于人天师范，作众生楷模。法门衰落，日甚一日，能无悲伤者乎？是以诸佛菩萨，垂大慈悲，乘大誓愿，力挽狂澜，济世拯溺而不休息者也。

弘一律师乘愿来应，观机时宜，志弘南山宗旨，以救时弊，盖鉴于当今学者，木腐虫生戒律弛废，画饼充饥，空谈何益哉？师今以身作则，行持是尚，观其严持不犯，终身无憾者，真令人，闻见生钦佩，众所知之。

今师弟子禅心等，将师略史刊而行之，自利利他，以报师恩，嘱余为记，余曰，余非能文者也。何能记为。请益坚，辞不获。因述其行愿以劝世，若能体律师之心，各律行持，则律师住世，无法可施。如或不然，虽建恒沙宝塔以纪念，于事何补，设使律师再来，恐亦对面不认也。

　　　　　　　　　　丙戌夏幻游比丘虚云序于云门大觉寺

1948 年，虚云大师还应刘绵松之请写过《〈弘一大师全集〉序》。此文已收福建人民出版社《弘一大师全集》，不赘述。

护生与护心

　　弘一大师"护生护心"思想至今仍极具当代意义。讲到弘一大师的"护生护心"思想必然要讲到《护生画集》，而讲到《护生画集》必定要讲到丰子恺。而经过考证研究，丰子恺与佛教有关的行为，几乎都与弘一大师有关。

　　1912 年秋，李叔同应邀任浙江省立两级师范学校（次年改校名为浙江省立第一师范学校）艺术教师，在该校任教六年。1914 年秋，丰子恺考入浙江省立第一师范学校，成为李叔同的学生。1918 年夏，李叔同出家为僧，次年夏，丰子恺毕业离校。

　　李叔同的学生吴梦非、刘质平、丰子恺等创办于 1920 年 4 月的《美育》是中国第一种美育研究刊物。此固然没有问题，但是，就传播学角度言之，李叔同于 1913 年编辑发行的《白阳》实可看作是近代中国学校美育的先声。《白阳》杂志的内容涵括了美术、音乐、文学、教育等诸多方面，对提高学生的文艺素质、普及美育知识起到了重要的作用。《美育》的创办者，实际上也是在传承和光大李叔同的艺术教育事业。作为李叔同的学生，丰子恺在艺术事业上取得了十分辉煌的成就，同时，他亦于 1927 年皈依弘一大师，成为佛门弟子。皈依后，弘一大师与他共同制订了一个弘扬佛法，提倡护生的创作计划：编绘"护生画"。丰子恺的漫画创作，有古诗新画、社会相漫画、儿童相漫画，学生漫画，有组画、连环漫画、漫画小说，还有插图及装帧画等，而"护生画"在丰子恺的绘画作品中具有十分特别的意义。

　　《护生画集》第一册出版于 1929 年 2 月（开明书店），马一浮在《护生画初集·序》中云："……知生则知画矣，知画则知心矣，知护心则知护生矣，吾愿读是画着善护其心。"如果说此言是序作者对读者的特别关照的话，那么弘一大师则说明了作者编绘《护生画集》的意图，即"盖以艺术作方便，人道主义为宗趣"。弘一大师还在 1928 年给丰子恺的信中说："今所编之《护生画集》，专为新派有高等小学以上毕业程度之人阅览为主。"又说："今此画集编辑之宗旨……第一，专为新派智识阶级之人（即高小毕业以上之程度）阅览。至他种人，只能分获其少益。第二，专为不信佛法，不喜阅佛书之人阅览。（现在戒杀放生之书出版者甚多，彼有善根者，久已能阅其书，而奉行惟谨。不必需此画集也。）近来戒杀之书虽多，但适于以上二种人之阅览者，则殊为稀有。故此画集，不得不编印行世。能使阅者爱慕其画法崭新，研玩不释手，自然能于戒杀放生之事，种植善根也。"

《护生画集》阐发的核心思想是不杀生，是护生。历史上，无论中外，许多大智慧都有过关于护生的言论。白居易《子在巢中望母归》中写道："谁道群生性明微，一般骨肉一般皮。劝君莫打枝头鸟，子在巢中望母归。"陆游《戒杀诗》中说："血肉淋漓味足珍，一般痛苦怨难伸。设身处地扪心想，谁肯将刀割自身。"林肯则言："我对人权和动物权益一样重视，这也应是全体人类该有的共识。"托尔斯泰说："一个人如果向往正直的生活，第一步就是要禁绝伤害动物。"达·芬奇曰："我在年轻的时候便开始吃素，我相信有那么一天，所有的人类会以他们现在看待人类互相残杀的心态，来看待谋杀动物的行为。"

其实世界上很早就有许多各种各样的保护动物的组织。早在 14 世纪，英国就有皇家禁止虐待动物会。最早的动物福利法也起源于英国，1596年，英国曼彻斯特郡就制定了一项关于纵狗斗熊的禁令。到了 1822 年，英国议院接受了爱尔兰庄园主理查德·马丁提出的《禁止虐待家畜法案》，即马丁法案，成为动物保护史上的一座里程碑。根据该法案，在全国范围内残酷虐待动物的行为都将被视为犯罪行为而受到惩罚。1824 年，马丁组织了英国皇家禁止虐待动物会而展开保护动物运动。今天，我们仍带着非常崇敬的心情看待西方早期保护动物的观念和理念。

现代中国历史上有一位风云女性叫吕碧城。她是中国现代史上少有的奇慧，她善诗工画，倡导女权，呼唤女性应有独立自主之人格。她周游欧美各国，弘传东方文化，主张"世界之和平，断非国际条约及办法所能维持，必赖人心维持之。而和平之心，须由公道正义仁爱之精神养成之"。故致力于戒杀护生的宣扬与践履。1920 年，谛闲法师在北京讲经，她曾前往谒见。谛闲法师为她讲说因果报应之说，使她对佛教有了初步的接触。她随后至美国哥伦比亚大学学习，1922 年归国。1926 年，她再度出国，漫游英、法、意、瑞士等国。写有大量游记，刊登于北京的《顺天时报》和上海的《半月杂志》上。1930 年，吕碧城正式皈依佛教，法名曼智，并与太虚、常惺法师建立了密切关系。可以说，吕碧城是中国第一位具有世界眼光的佛教女性，自从与以太虚为代表的世界佛化运动建立联系后，她始终不渝地为佛法西传与中外文化交流积极奔走。1933 年，吕碧城从瑞士回国，在上海寓居数年，捐款十万元给红十字会，倡导动物保护。此后，她再次出国，辗转于欧美国家，致力于倡导佛教，希望用佛教慈悲的理念呼吁"护生戒杀"，阻止野蛮的战争。随着欧战爆发，她于1940 年返国，寓居香港，潜心学佛，在此期间，她著成《观音圣感录》等。1943 年 1 月 24 日病逝，享年 61 岁。她将全部财产二十余万港元布施于佛寺，并有遗嘱"遗体火化，把骨灰和面粉为小丸，抛入海中，供鱼吞食。"

吕碧城提倡"戒杀护生"的思想，并以此来促进东西方对佛教慈悲理念的认同。早在 1926 年她出国前，就曾拟创办一份刊物，"以人类不伤人类及人类不伤物类二语为旨"。终未果。赴美后，又准备与日本人合作提倡戒杀，仍未有结果。她在欧洲时，见西方人士崇尚物质文明，不识因果轮回，食必甘肥，残害物命。1928 年她见到伦敦《泰晤士报》载英国皇家禁止虐待动物会函，心灵深受震动。她称其为"天良上一线之明"。于是她当即致函英国皇家禁止虐待动物会，陈述自己有关保护动物的见解并决计谋创中国动物保护会，起草了要谋创中国保护动物会缘起。是年12 月 25 日，她在日内瓦断荤。她说"因食肉而习见流血之惨，养成凶残之性，人类且自相杀害，兵战格斗一触即发，酿成痛苦之生涯"。"故残忍之人，乃战争祸乱之发酵物。"她与欧美各国的"蔬食会"建立了广泛联系，并将资料寄回国内，大力宣传戒杀护生的主张。1929 年，她接受国际保护动物会的邀请，赴维也纳参加该组织的会议，其作为唯一一个应邀与会的中国人，具有历史意义。在欧美考察时，吕碧城发现欧美人士虽然也提倡保护动物，但仅限于禁止虐待动物，而不及于保护动物的生命。碧城以佛家慈悲的精神，宣说于保护动物不受虐待外，还应进一步戒杀，以保护动物的生命。

吕碧城在为护生思想的传播奔走的年代，正是《护生画集》编创的时候。如今虽无证据说明吕氏的言论主张对"护生画"的编创有过直接的影响，但作为当时社会上的一种思潮，其影响或多或少应该是有的。《护生画集》纂集者李圆净在《护生痛言》中说："实行素食，固然于我心有无限的安处，并且于我身也有无限的益处。年来各国素食的风气颇见盛行，考其原因，大概是因为各种科学都进步了，于是对于素食和肉食的利害上，便有了种种确切的证明，和种种惊人的警告。"有意味的是，这篇《护生痛言》与吕碧城介绍西方护生事迹的《欧游通信》居然在《护生画集》第二版中一并附刊在书上。

《护生画集》正是在如此素食主义"大潮"中孕育而生，画集本身，其宗旨亦与当时流行的素食护生思想基本一致，如弘一大师在护生画《农夫与乳母》的配诗中就写道："西方之学者，倡人道主义。不啖老牛肉，淡泊乐蔬食。卓哉此美风，可以昭百世。"

《护生画集》始作于1927年，初集50幅出版于1929年2月（开明书店），弘一大师配文。抗战期间，丰子恺在逃难之中又绘成《续护生画集》60幅，并寄往泉州，请弘一大师配文。大师在给丰氏的信中写曰："朽人七十岁时，请仁者作护生画第三集，共七十幅；八十岁时，作第四集，共八十幅；九十岁时，作第五集，共九十幅；百岁时，作第六集，共百幅。护生画集功德于此圆满。"丰子恺收到此信，私下琢磨：其时寇势凶险，自己流亡在外，命运生死难卜。但大师既有此嘱，又岂敢不从？于是他回信曰："世寿所许，定当遵嘱。"前两集护生画问世后，立即引起佛教界内外的广泛关注，诸如大中书局、大法轮书局、大雄书局、佛学书局等相继印行（《护生画集》鼓励翻印流传）。仅第一集就有十余种版本之多，还有英译本外销。由此可见，《护生画集》是当时十分受重视的一本护生读物。

《护生画集》用一种浅显的方式编绘，这跟弘一大师的持戒精神也有关系。陈慧剑先生在《弘一大师戒律思想溯源》一文中讲到弘一大师宏律、持律的见地与行履时为人们归纳了很好的结论。其中他说："处于佛门风气陵夷的末世，佛教仍待出家人严持戒律才能振兴；出家不仅要严持戒律，持一分算一分……"又说："在佛门戒坛，应回归本位，不要好高骛远，不可滥传戒法；比丘（比丘尼）受戒，或居士们受戒，不必贪多，更要明了每一戒的精神，能持几戒便受几戒；不管是出家戒、在家戒，还是沙弥戒、菩萨戒，都应随分受。"陈慧剑先生在这里论述了弘一大师的宏律持戒见解，我以为完全可以移用来看待大师在编绘《护生画集》时

·

的用心。

弘一大师在《律学要略》中也说："应先自思量：如是诸戒能持否？万不可受而不持！且就杀生而论，未受戒者，犯之本应有罪；若已受不杀生戒者犯之，则罪更加重一倍，可怕不可怕呢？你们试想一想，如果不能受持，勉强敷衍，实是自寻烦恼。"这些话既说明弘一大师要求受戒者遵守戒律，同时也表明了他希望出家、在家信众在持戒问题上的量力持戒的态度。虽然只是不杀生戒，一旦持受则须严格遵守。这是长养慈悲心，也是弘扬佛教的途径之一。之所以如此，弘一大师才在护生问题上一丝不苟、始终如一。

《护生画集》也是受到过一些批评，如柔石、曹聚仁等均针对当时国内矛盾或抗战现实有过对该画集的批评言论。丰子恺以为，这些批评是曲解了《护生画集》，未加深思，拘泥小节，不知大体。《护生画集》的序文中分明说是："'护生'就是'护心'……救护禽兽鱼虫是手段，倡导仁爱和平是目的。"

就当下而言，《护生画集》仍有积极意义。至少可以归纳几条：第一，有助于培养着眼于全球的可持续发展意识。人与植物，人与动物，人与地球，人与环境等各方面，若能做到和谐"相处"的话，有助于全球的可持续发展；第二，有助于长养体恤于人类的慈悲意识；第三，有助于建立众生和睦相处的平等意识；第四，有助于社会的和谐进步。这是笔者认为护生文化在当代最起码的，也是很明显的四个意义。涓涓细流汇大海，我们很难设想，一个不在细微品行上持守的人能够成为大德。同理，弘一大师之所以能在每一个具体的持戒问题上认真严格地对待，持之以恒、一以贯之，他才能成为如今被人们广泛景仰的大师大德。

当然，在宣传护生文化的时候，我们所需要的，是用真正的、科学的佛教理念去普及人心，而不能听信甚至采用愚昧的邪说。郑逸梅在《德国之不食牛肉运动》（载1930年《大云》第33号第99期）上曰："德国生理学博士利嘉氏，欧战时曾参列戎行，一尝硝烟弹雨生活，目击尸体遍野，肝脑涂地之惨，恻然而动仁者之心，乃著非战问题一书，传诵于世，并继续以学理推究人类好战与残杀。苦不得其肯綮，近顷忽恍然有悟，于柏林生理学社演讲，谓人类之好战与残杀，实关系于食牛肉与饮牛乳。西方之人，无不藉牛肉牛乳以为滋养要品。牛善斗，往往同类相残。人类食其肉而饮其乳，则人之性日以离，牛之性日以近，岁积累子孙继承，而不自觉于是弱肉强食，人民死亡，不可数计，其惨酷而不忍言者……"郑逸梅记述的是一则轶事，但此德国生理学博士的"理论"显然是难以为人们认同的，虽然他的本意是善良的。如今也有一些人的做法类似这位德国博士。他们欲宣传佛教精神，这一点非常理解，但他们的方法是不可取的。他们向人们发送电子邮件，内容竟然是说，新西兰、澳大利亚作为牛肉出产大国，现在准备不再养牛了，原因是经过"科学"的论证，牛放一个屁所造成的污染顶得过一辆汽车排放的尾气，新西兰和澳大利亚有这么多的牛，放那么多的屁，造成十分严重的空气污染。他们将澳大利亚和新西兰决定不养牛的"喜讯"广泛宣传，似乎人类环境前景一片光明。这种宣传太浅薄、太愚蠢，也不符合事实，读了让人既好笑又无奈。在我们日常的修为方面是有很多方法的，区分愚和智的临界点一定要找到。

《护生画集》从第 1 册出版到 6 册出齐历经半个世纪，在佛教界、文化界和广大读者中广泛流传，影响深远，是佛教界、文化界诸位先贤绝世合作的结晶。在一个日益技术化的时代，这种直接将文艺工作的终极目标定位在"人"，定位在"护心"，定位在广大的信众的心志，于当代中国佛教文化建设，尤其具有借鉴意义。

湛山寺影踪

　　1937 年初夏，青岛湛山寺梦参法师奉住持倓虚法师之函赶到厦门，表示要请弘一大师前往青岛弘法。弘一大师答应了，但他却有三约：

　　一、不为人师；
　　二、不开欢迎会；
　　三、不登报吹嘘。

　　5 月 14 日，弘一大师带着弟子传贯、开仁、圆拙等乘太原轮出发。据高文显在《送别弘一法师》一文中介绍，弘一大师带的东西很简单，只有一条被单，一顶帐子，几件破了又补的衣服，以及几本重要的律学著作而已。就连他住的舱房，也是会泉老法师怕他路上太辛苦而暗中代订。①

　　以往学者研究弘一大师在湛山寺的情况，依据的资料基本上都是从火头僧的一篇《弘一律师在湛山》② 中来的，而如今所见之大多数弘一大师传记在描述大师的这一段历史时所述内容亦从此文中节取。为此，笔者在这里要特别向读者推荐一本早已在佛教界内部流通，却不被一般研究者注意的书，即《影尘回忆录》。③ 此书由当时的湛山寺寺主倓虚法师口述，大光法师记录。在这本书里，也有一篇《弘一律师在湛山》，透露了一些以往容易被忽略的细节。作为当时在湛山寺亲自接待弘一大师的寺主，倓

---

　　① 高文显：《送别弘一法师》，载《佛教公论》第 9 期（1937 年）。
　　② 火头僧：《弘一律师在湛山》，载《弘一大师永怀录》，大雄书局 1943 年版。
　　③ 倓虚法师：《影尘回忆录》（大光记录，吴云鹏整理），宗教文化出版社 2003年版。

弘一大师离开厦门赴青岛时在轮船上留影

倓虚法师像

虚法师的这篇文章的价值无疑十分重要。笔者之所以这样说，是因为以往的资料，如火头僧的文章，已经把弘一大师到湛山寺的基本情况作了的交代，但倓虚大师的文章则把其中的"细节"问题进一步作了介绍，使后人对弘一大师的这次湛山之行有了更清晰的了解。

首先，倓虚法师说清楚了为何要请弘一大师到湛山寺讲律的原因："二十五年秋末，慈舟老法师去北京后，湛山寺没人讲律，我对戒律很注意，乃派梦参师到漳州——万石岩——把弘老请来。"倓虚法师认为："我的意思，把中国（当然外国来的大德也欢迎）南北方所有大德，都请到这里来，纵然不能久住，也可以住一个短的时期，给大家讲讲开示，以结法缘。因为一位大德有一位大德的境界，禅弟子之中，止不定与那一位大德有缘；或者一说话，一举动，就把人的道心激励起来。这都是不可思议的事！"

有一件事不得不说，以往的资料里说到弘一大师在青岛不参加市长的宴请，并以四句诗作回。在倓虚法师的文章里，这四句诗却有字面上的差异。倓虚法师记录的四句诗是这样的："昨日曾将今日期，短榻危坐静思维，为僧只合居山谷，国土筵中甚不宜。"关于此诗句，以往文字记载的第二句是"出门倚丈又思维"。① 二者有差异。另有一句话引起了笔者的兴趣："差不多半年工夫，弘老在湛山，写成了一部《随机羯磨别录》、《四分律含注戒本别录》，另外还有些散文。"不能断定倓虚法师所指的"散文"是那一类文字，但这是一条研究线索，应该有探索的价值。

弘一大师在湛山寺与众僧合影

此外，在倓虚法师的文章里，笔者意外地发现了一条弘一大师与穆藕初先生的交谊史料。穆藕初曾对弘一大师的行持有过多次重要的帮助，如资助出版《护生画集》，参与发起在白马湖建弘一大师居住之屋，等等。而倓虚法师介绍的情况则是弘一大师所著之《四分律比丘戒相表记》的出版也是由穆藕初先生捐700元现钞委托中华书局缩印的，出版后原稿也保存在穆藕初先生处，并且弘一大师在原稿后有亲笔遗嘱。

在倓虚法师的文章中，附有图片两幅，也都是以往没有见载于其他研究著作或文集的，一幅是《弘一律师在湛山摄影》，另一幅是《欢送弘一律师摄影》，虽不清晰，但也是历史的遗存。

---

① 啸月：《弘一大师永怀录·传三》，大雄书局1943年版。在传贯《随侍音公日记》和火头僧《弘一律师在湛山》两文中，均只提"为僧只合居山中，国士筵中甚不宜"二句。

弘一大师在湛山寺与众僧合影

青岛湛山寺山门

　　然而倓虚法师之文也有史实上的小失误。比如倓虚法师在文章的一开头就说："……我对戒律很注意，乃派梦参师到漳州——万石岩——把弘老请来。"梦参法师持邀请函至万石岩，请弘一大师赴湛山寺。这应该无误。因为传贯法师《随侍音公日记》中有曰："旧历三月廿三日，梦参法师捧倓虚法师函到万石岩，请师往青岛湛山寺结夏安居……"① 万石岩位于厦门东郊狮山。因漫山皆石，故名。可见，倓虚法师所谓派梦参法师持

　　① 传贯：《随侍音公日记》，转引自林子青编《弘一法师年谱》，宗教文化出版社 1995 年版。

函赴漳州，为误记。

弘一大师到湛山寺后不久，即 1937 年 8 月 13 日，日军向上海发动大规模军事进攻，这也是继卢沟桥事变后日本侵华战争的又一次升级。至此，中国也就进入了全面的抗日战争。

战事迫在眉睫，许多友人都劝弘一大师早日离开青岛，可弘一大师镇定自若。对此，蔡冠洛在《廓尔亡言的弘一大师》一文中有具体的描述："廿六年北方战事爆发，他在青岛湛山寺。报上的消息，青岛已成军事上的争点了。形势十分紧急，有钱的人都纷纷南下，轮船至于买不到票子。我就急急写信去请他提早南来，说上海有安静的地方，可以卓锡。但他的来信却说：'惠书诵悉，厚情至为感谢。朽人前已决定中秋节乃他往；今若因难离去，将受极大讥嫌。故虽青岛有大战争，亦不愿退避也。诸乞谅之！'这种坚毅的态度，完全表出他的人格了。"[1]

1937 年弘一大师
在上海留影

目前人们经常见到的一张弘一大师法像（也被称作弘一大师的标准像）的拍摄时间即是本次弘一大师从湛山寺返闽途中在上海拍摄的。那时，上海已在大战之中，只有租界尚能暂时避难。弘一大师此前已给在上海的夏丏尊写了信，表示要在上海停留："若往上海，拟暂寓广东泰安栈。（新北门外，马路旁，面南，其地属法租界之边也。某银楼对门，与新北门旧址斜对门，在其西也。）即以电话通知仁者，当获晤谈也。"[2]

夏丏尊接到信后，心想上海正是炮火连天，炸弹如雨，相比之下，青岛还算平静，于是就写信劝他暂住青岛。然而，弘一大师是说到做到的。当初别人劝他早日离开青岛，他信守诺言要等到中秋节后；如今又有人劝他暂住青岛，他又决心依计划离开。

上海大场陷落的前几天，开明书店接到了弘一大师从新北门旅社打来

① 蔡冠洛：《廓尔亡言的弘一大师》，载《弘一大师永怀录》，大雄书局 1943 年版。

② 弘一大师致夏丏尊函，载《弘一大师全集八·杂著卷、书信卷》，福建人民出版社 1992 年版。

的电话。当时夏丏尊没有在书店里，电话是经理章锡琛先生接的。章锡琛接到电话后，立即去看望弘一大师。夏丏尊赶到的时候已是夜间，由于大师已向章锡琛问过有关他的情况，所以见面时大师并没有问什么。几年不见了，彼此都已觉得老了。大师见丏尊的脸上有愁苦的神情，就笑着对他说：

世间一切，本来都是假的，不可认真。前回我不是替你写过一幅《金刚经》的四偈了吗？"一切有为法，如梦幻泡影，如露亦如电，应作如是观。"你现在正可觉悟这真理了。

弘一大师计划在上海停留三天，然后再回厦门去。第三天，夏丏尊又去看望他。

弘一大师住的旅馆，正靠近外滩，日本人的飞机就在附近狂轰滥炸。一般人住在里面，似乎每隔几分钟就要受惊一次。可弘一大师镇定自若，只是微动着嘴唇端坐念佛。

此等风光，夏丏尊简直是佩服得五体投地。

这天中午，夏丏尊与几位朋友请弘一大师到觉林蔬食馆午餐，然后又要求他到附近的照相馆去拍了一张照片。第二年春天，夏丏尊把这照片寄给丰子恺一张，附信则言："弘一师过沪时，曾留一影，检寄一张，藉资供养（师最近通讯处：泉州承天寺）斯影摄于大场陷落前后，当时上海四郊空爆最亟，师面上犹留笑影，然须发已较前白矣。"①

夏丏尊这里所介绍的这张照片，就是前面提到的"标准像"。拍完照片的次日，弘一大师动身返厦门，并于 10 月 30 日抵达。

弘一大师回到了厦门。所谓"为护法故，不怕跑弹"是他当时的心志，并自题室名为"殉教堂"。②

---

① 此情节见夏丏尊《怀晚晴老人》，载《弘一大师永怀录》，大雄书局 1943 年版。

② 参见僧睿《弘一大师传略》，转引自林子青《弘一法师年谱》，宗教文化出版社 1995 年版。

虎跑舍利塔

关于丰子恺等在杭州虎跑建弘一大师之塔，以往有一些文字介绍，其中丰子恺本人在《中国话剧首创者李叔同先生》一文中说："李先生的骨灰供在杭州西湖虎跑寺，十年不得安葬。前年，1954年，我和叶圣陶、章雪村、钱君匋诸君各舍净财，替他埋葬在虎跑寺后面的山坡上，又在上面建造一个石塔，由黄铭祥君监工，宋云彬君指导，请马一浮老先生题字，借以纪念这位艺僧。并且请沪上画家画了一大幅弘一法师遗像，又请好几位画家合作两巨幅山水风景画，再由我写一副对联，挂在石塔下面的桂花厅上，借以装点湖山美景。（然而不知为什么，遗像早已被谁除去了。）为了造塔，黄鸣祥君向杭州当局奔走申请，费了不少的麻烦，好容易获得了建塔的许可。"[①] 然而，以上所述，只是一个关于建塔的大略的情况。其实，关于此事，当时的《弘化月刊》曾有十分详细的记录。

1954年2月《弘化月刊》第153期中有二埋的《弘一大师杭州虎跑寺灵骨石塔落成》一文，文章中所记述的一些细节为一般人所不知，而作者二埋写此文，目的正是保留这段史实。他在文章一开头就说："在弘一大师剃染处——杭州虎跑寺，建造的大师灵骨石塔，已经落成了，把据我们所知道的经过情况，报告给读者。"根据此文，可归纳以下若干建塔细节：

第一，1953年春，丰子恺游虎跑，虎跑寺方丈宽愿法师告诉他："弘一大师灵骨由泉州送来的部分，已经五六年了，到今尚无碑志。这灵骨原

---

① 丰子恺：《中国话剧首创者李叔同先生》，1956年11月3日上海《文汇报》。此文亦于同年的《弘化月刊》12月号（12月25日出版）上转载。文中"李先生的骨灰供在杭州西湖虎跑寺，十年不得安葬"中的"十年"年系虚指自弘一大师圆寂以来的十年，非指弘一大师灵骨护送至杭州的时间。根据史实，自弘一大师灵骨护送至杭州到建塔安葬，时间为6年。详见下文。

丰子恺（中坐者）等在杭州虎跑"弘一法师
石塔石路奠基纪念"碑前合影

来放在钵中，供在佛前。新中国成立初，寺僧星散，深恐纷失，入城求堵申甫老先生设法埋葬。堵先生在戎马仓皇中去蒋庄求马一浮先生写'弘一法师灵骨瘗处'八字，勒一尺见方的石板，即将灵骨埋葬于寺后半山中，以石板复其上，至今已四年矣。""先师在日谆嘱，不得为身后事募化。因此宽愿无法立碑。"为此，丰子恺决心由他来筹资"自动"独立立碑，不进行募化。后同游者钱君匋亦表示愿意赞助，并表示立碑还不足以纪念弘一大师，应该建塔。

第二，丰子恺回上海后，章锡琛表示愿意出资，后叶圣陶获知讯息，亦表示愿意出资，很快筹得1500余万元（当时之货币），足以建塔。按马一浮之意见，此塔应依照永明延寿禅师塔式建造，杭州黄鸣祥自愿担任工程监理。

第三，1953年秋动工，冬暮建成，共费资1400余万元，余资数十万元，丰子恺拟再添补一些，用于铺地面水泥、造石凳两个。

第四，1954年1月10日举行落成典礼。丰子恺、钱君匋先二日抵杭。参加典礼者有：马一浮、丰子恺、钱君匋、堵申甫、黄鸣祥、宋云彬、蒋苏庵、郑晓沧、张同光、周天初等20余人。典礼程序：绕塔、行礼、照相。礼毕，丰子恺在虎跑寺设素斋二席。丰子恺曾表示："我们希

杭州虎跑弘一大师之塔

1954 年 1 月 10 日，丰子恺等在弘一大师
之塔落成典礼上合影

望，今后遇有机缘，再在塔下造一弘一大师纪念馆，将大师遗物供养馆内，由专定人员负责保管。但此乃一种希望，何时实现，能否实现，殊不可知。因我等资力有限，一时不能再捐，而我等恪守大师遗言，决不向人募化……""我们准备作一篇造塔经过及以后希望，刊印后，放在虎跑寺，让大家索阅。但因收支尚未决定，故须待开春水门汀及石凳完成，收支数目确定后再印。所以现在你们倘要报道，惟请根据上述情况略写一篇可也。"

作者二埋曰，他的此文即根据丰子恺此意而撰。他在此文的最后写下了一段十分有见解的文字："将大师的遗物供养馆内，由专人来负责保管外，还必须集中人才，能把大师的遗物遗著，整理、研究和发扬出去，这个工作是艰巨的，但不等于不可能，希望大师友好弟子乃至全佛教界、文艺界朋友们都注意这个工作和完成这个工作！"

除了上述建塔细节外，事实上丰子恺在建塔之后还与广洽法师保持着联系。1955 年 9 月 11 日他在致广洽法师的信中说："弘一法师石塔已于前年完成，但纪念馆迄今未能建设，因为国内人士大家很忙，没有余暇及余力对付此工作。又虎跑现已成为西湖风景区，僧人极少（有数人留住，皆卖茶为生），所以不宜立纪念馆。此事恐须将来再说。前年造塔，亦不得已而为之。因灵骨自福建请来，埋在寺后半山中，毫无碑记，我恐日久湮没，故约旧友三四人，出资修建。（共费人民币 1800 万元，合港币七八百元耳。）今附奉落成纪念照片一张，请保存留念可也。"① 广洽法师收到此信，竭力敦促丰子恺努力实现纪念馆的建造，因为在此后丰子恺致广洽法师的信中，又谈到建纪念馆的种种进展情况。他在 1956 年 6 月 10 日的信中说："弘一法师纪念馆，政府指定用虎跑钟楼为馆址"、"政府只表示准许办纪念馆，经费须由其生前老友募集"。② 1957 年 6 月 17 日信中说："杭州虎跑弘一法师纪念室，杭州政治协商会已提出，杭州政府听说已表示同意，但如何办理，何时成立，均不可知。"丰子恺在此信中还说了完善纪念塔附近设施问题，应该是希望广洽法师给予资助，他说："惟塔在半山，后面山石泥沙常常被雨水冲下，最近已迫近石塔。需要开山，最好

---

① 丰子恺致广洽法师信，收《丰子恺文集》（文学卷三），浙江文艺出版社、浙江教育出版社 1992 年版，第 208 页。

② 同上书，第 209—210 页。

再造一亭子，设石桌石凳。现在只有一塔，别无点缀也。但国内私人经济均不太富裕，少有人能出资开山护桶。海外倘有信善宏法，诚善。但弘师生前不愿为自己募捐，故此事未可勉强，但俟胜缘耳。"① 果然，广洽法师很快汇款。同年 8 月 17 日的信中说："来示及港币贰千元，先后收到。法师罄钵资为弘一大师修筑塔墓，广大宏愿，至为感佩。先后共收到港币叁千元，合人民币 1227 元。暂存银行，待月底弟赴杭察看，进行修筑。此款及弟所捐 600 元，拟全部用以开山及筑亭。"此信还提及："因纪念馆事暂时搁浅，且待日后政府有明令后开办。"此时丰子恺已获知建纪念馆一事无望，故又说："所以我们所捐之款，可全部用以修筑塔墓也。"②（实际此后仍在努力）此后广洽法师复补寄钱款。1957 年 10 月 23 日丰子恺在信中说："石塔增筑，今已完成。"

按：有关弘一大师部分灵骨迁杭之事，1948 年 11 月 1 日出刊的《学僧天地》第 1 卷第 6 期上有性慈撰写的《弘一大师灵骨过沪供养记》，文中写道："……律师灵骨此次由刘胜觉居士自闽奉杭州虎跑寺供养，途经上海，我闻讯后，便邀同本市各佛教团体发起在本寺举行一个供养会……关于迎请律师灵骨来此情形，请刘胜觉居士向诸位报告。""刘居士受介绍后，继续步出致词：'这次由闽护送弘一律师灵骨去杭州虎跑寺供养，途经上海。承林居士介绍暂时供养在贵院，于心颇感欣慰！弘一律师灵骨依照他的遗嘱，本指定在闽南泉州的开元承天两寺进塔供养。因为杭州弘伞法师和杭州的居士们数次去电泉州向两寺商量，欲将律师灵骨分一部分在杭州虎跑建塔供养，虎跑是律师削发出家的常住，自然很是重要，可是泉州方面因为律师没有遗嘱，不敢答应。今年我从菲律宾回到泉州，听到这件事情，我认为这不比平常的请求，便向开元承天两寺恳求，承他们的允许，各分出一部分来，于是我奉送到杭州来，律师在世的时候，他是不喜欢铺张的，所以这次他的灵骨到了上海，我也遵从他的遗志，不敢惊动各方。今天承诸位法师诸位大居士参加举行供养纪念，在作为一个律师的皈依弟子的我，是应该感谢诸位的。'最后由来宾大醒法师致词：叙述律

---

① 丰子恺致广洽法师信，收《丰子恺文集》（文学卷三），浙江文艺出版社、浙江教育出版社 1992 年版，第 213 页。

② 同上书，第 213—214 页。

师生平道德，堪作后世模范，希望我们同学们能步着弘一律师的后尘前进。"① 据载，与刘胜觉一起护送弘一大师灵骨抵沪的还有刘质平。② 弘一大师灵骨过沪后，刘质平与林子青两位又与刘胜觉一起将灵骨护送至杭州，暂存招贤寺，由弘伞法师代为保管。

---

① 　此处引文，其原文中有若干错字和标点符号不规范之情况，引述时已改正。

② 　参见曹布拉《命运的二重奏——弘一大师与刘质平》，西泠印社出版社 2001年版，第 128 页。

"诸艺皆废"与"诸艺未废"

——范古农《述怀》解读

弘一大师出家后的绘画，内容丰富，形式多样，皆精彩绝伦、堪称国宝。对此，笔者曾著有《弘一大师绘画研究》一书，从理论层面上对这批作品的真实性进行了论证。① 经考证，这批画大多作于弘一大师的壮年时期，即 1927—1932 年间。至于以往所见弘一大师晚年的少量佛像的风格，如系真迹，当从大师晚年画风转变和身体原因来加以理解。

研究界一向有弘一大师出家后"诸艺皆废，惟书法不辍"之说。其实，这只是人云亦云、不加辨析的结果，其中最为直接的原因是长期以来研究界误读某些历史文献，而被误读的文献中，范古农《述怀》一文即是其一。

笔者在 1994 年 10 月出版的《天心月圆——弘一大师》一书中已对此说提出了异议。笔者在书中专列"诸艺未废，随缘耳"一节，其中写道："如今几乎所有关于弘一大师李叔同的传记文字中，都说他出家后'诸艺皆废，惟书法不辍'其实这种说法并不确切。因为除了书法之外，李叔同出家以后，对各种艺术几乎都实践过。"笔者在书中所举的例子是当时能见到的弘一大师出家后所作的几幅佛像、几首歌曲等作品，以及见诸文字记载的莲虎图和梅花图。笔者的结论是："所以，不能说李叔同出家后'诸艺皆废，惟书法不辍'而说'诸艺未废，随缘耳！'或许更准确些。"然而，出于各种原因，一般的研究者仍不愿放弃"诸艺皆废，惟书法不辍"的观念。

"诸艺皆废，惟书法不辍"一说的源头来自于弘一大师于 1918 年的浙江嘉兴之行。大师（当时的李叔同）于 1918 年正月皈依后不久，托杭州友人介绍，结识了嘉兴的范古农居士。范寄东（即范古农）《述怀》②

---

① 陈星：《弘一大师绘画研究》，北岳文艺出版社 2006 年版。
② 范寄东：《述怀》，载《弘一大师永怀录》，大雄书局 1943 年版，第 140 页。

一文对此的说明是这样的：

> 民国七年师将出家，大舍其在俗所有书籍笔砚以及书画、印章、乐器等与友生。道出嘉兴，持杭友介绍书见访，垂询出家后方针。

尚未出家的李叔同与范古农见面后，即返回杭州，并于该年农历七月十三日在虎跑定慧寺出家。农历九月，弘一大师在灵隐寺受戒，次月便就又去了嘉兴。他这次赴嘉兴，显然是与范古农约好的。范古农《述怀》一文中说：

> 余与约，如不习惯住寺，可来此间佛学会住，有藏经可以阅览。故师出家后，即于九十月间来嘉兴佛学会，会中佛书每部为之标签，以便检阅。会在精严寺藏经阁，阁有清藏全部，亦为之检理。住时虽短，会中得益良多。

弘一大师到嘉兴后，许多知情人竞相求其墨宝。大师起初为难，他对范古农说："已弃旧业，宁再作乎？"范古农以为无妨，他说："若能以佛语书写，令人喜见，以种净因，亦佛事也，庸何伤！"弘一大师听后觉得有理，遂请购毛笔、瓦砚、长墨各一，先写一对联赠给精严寺，另凡相求者一概满足他们的要求。按照范古农居士的说法，大师在出家后的"以墨接人者，殆自此始"。

由于范古农在《述怀》一文中介绍了弘一大师以法书接人的事，故此后研究者则以此为弘一大师下了一个"结论"，这便是似乎已成了约定俗成的套话，即大师出家后"诸艺皆废，惟书法不辍"。

然而很遗憾，这对弘一大师而言绝对不是一个符合事实的"结论"。

弘一大师初出家时希望摒弃所有艺事，这应该是事实，因为他说了"已弃旧业，宁再作乎？"这样的话。但是，随着他愿意"以墨接人"，弘一大师很快就在认知上有了转变（当然也得益于范古农的启发），其"接人"的方式也起了变化，只要有缘，并不排除其他的艺术形式，譬如弘一大师作《清凉歌集》、《厦门第一届运动会会歌》，与太虚大师合作《三宝歌》，与丰子恺合作《护生画集》等。

有意思的是，范古农在文章中还有一段话是别人容易忽略的，原文如下：

> 师又尝以文艺为佛法导俗之具，若诗歌，若书画，（辄命弟子作之，）迄今或影印或刊板，流通于学界者，亦复不少，彼爱而宝之者即于佛法生爱敬心，古德有未出家前作谤法轮者，乃出家则大弘佛法以忏悔之，师之以文艺作佛法之宣导，亦犹是也。

这段话既向人们透露了弘一大师尝以文艺为佛法导俗之工具，作诗歌、作书画的信息，同时也成了易被误读的内容。为此，须就此段文字进行辨正。文中括号内有"辄命弟子作之"一语，此语用括号，前文是"若书画"，"若书画"后有逗号。此意即弘一大师除了自己为导俗之便作诗歌、作书画外，还总是敦促弟子也这样做。倘若"若书画"后没有逗号，紧跟着就是括号，那么此处所讲的"若书画"系大师请弟子作的了。明了这一道理后，接下来的文字和范古农的实际行为就顺理成章了。由于弘一大师用文艺（包括作画）来弘法，范古农也就有了"迄今或影印或刊板，流通于学界者，亦复不少，彼爱而宝之者即于佛法生爱敬心，古德有未出家前作谤法轮者，乃出家则大弘佛法以忏悔之，师之以文艺作佛法之宣导，亦犹是也"之语。

弘一大师除了自己作画来弘扬佛法外，确实也经常要求弟子作佛像。关于此，文献资料记载很多，如李鸿梁在《我的老师弘一法师李叔同》一文中就说过："有一次我到招贤寺去……临走时，法师还送了我几个他从山上拾来的野干果和一部日本版《佛像新集》，计两册。并嘱我画千手观音及文殊、普贤像各一幅，预备影印。"又说："一九二九年九月二十日为法师五十寿，我在一星期前，赶把数年前命画的多面千手观音菩萨像画好，于十九日下午赶到白马湖（春晖中学在白马湖，经亨颐任校长）……"[1]

这样的情况也发生在丰子恺的身上。比如，弘一大师于1929年农历八月廿九日（也就是弘一大师赴白马湖晚晴山房居住的第三天）写信给丰子恺：

---

[1] 李鸿梁：《我的老师弘一法师李叔同》，载《浙江文史资料选辑》第26辑，浙江人民出版社1984年版，第98页。

乞画澄照律祖像一幅。别奉样式一纸，乞检阅。此像在《续藏经》中。今依彼原稿，略为缩小。如别纸中，硃笔所画轮廓为限。如以原稿太繁密者，乞仁者依已意稍为简略。但仍以工笔细线画之为宜。画纸乞用拷碑纸，因将刻木板也。此画像，能于旧历九月中旬随夏居士返家之便带下，为感。

弘一大师又于1938年闰七月二十四日写信给丰子恺：

前复函及写件，想已收到。朽人近在此弘法甚忙，亦颇有良好之效果，可庆忭也。仁者暇时，乞绘释迦佛像一纸，约二尺高之直幅，（四尺宣纸一张裁开为四幅）像上，乞写"南无本师释迦牟尼佛"九字。下方纸边，乞写"笑棠居士供养、仁者敬绘"（并盖印）之小字，如常式。至用感谢……

另在附言中说："倘仁者多暇，乞再绘如上式之佛像数叶，但不写上款，一并寄下，尤感。"同年农历十一月十八日，弘一大师又写信给丰子恺："前承寄画像，已分赠诸友人，欢感无尽。"[1]

李鸿梁画的千手观音，目前未见，但他画佛的风格与如今发现的弘一大师佛教题材绘画作品完全不同。而丰子恺奉弘一大师之命而画的佛像有多幅存世。丰子恺的这些佛像，风格与其漫画相近，一派"子恺漫画"的画风，也与弘一大师画风不同。

弘一大师请学生画佛像，一是鼓励弟子画佛像，二来也是在他自己一时所需而又无暇绘作的情况下出现的情况，并不意味我们目前所见之弘一大师绘画作品为学生或友人所画——李鸿梁、丰子恺的佛像题款都是作者自己的名字。

上述弘一大师致丰子恺的三封信在时间上也值得一说。第一封信写于1929年农历八月廿九日。这是弘一大师到白马湖晚晴山房居住的第三天。据笔者在《弘一大师绘画研究》一书中考证，弘一大师在白马湖晚晴山房居住时曾画有佛像，而他刚到晚晴山房时则未必作好画佛像的准备，故

---

① 以上弘一大师致丰子恺的三封信见《弘一大师全集八·杂著卷、书信卷》，福建人民出版社1992年版，第184页。

有需要绘佛像，则请丰子恺为之。第二、第三封信写于 1938 年。此时的弘一大师已不经常画佛像，所谓"朽人近在此弘法甚忙"即为原因。故有需要时，仍请丰子恺描绘。有人说林子青先生的《弘一大师年谱》中未记录弘一大师出家后的绘画之事，似乎弘一大师出家后就不再作画。但是，恰恰是林子青在《马一浮居士与弘一法师的法缘》一文中说过："早年我在上海时，曾于玉佛寺看到蔡丐因居士寄存他所收藏的弘一法师赠他的佛经典籍，多有弘一法师所画的佛塔佛像和马一浮居士的题字，精丽无伦。闻经十年动乱，已荡然无存。"① 注意：林子青在文中用了"精丽无伦"来形容弘一大师绘画作品的精妙。无论是以往所见的几幅弘一大师晚年的佛像作品，还是李鸿梁和丰子恺的佛像作品，均只能说是有特色，并不能称其"精丽无伦"。"精丽无伦"的佛像当然就是如今新发现的画作。类似林子青这样的评价，弘一大师的老友姜丹书也说过：

> 于国画，虽精于赏鉴，初未习之；但晚年画佛像甚佳，余曾亲见一幅于王式园居士处，笔力遒劲，傅色沉着，所作绝少。②

按：姜丹书仅见一幅，故说"所作绝少"。

综上所述，所谓弘一大师出家后"诸艺皆废，惟书法不辍"之说完全不成立。

---

① 林子青：《马一浮居士与弘一法师的法缘》，载《南洋佛教》1987 年第 8 号。

② 姜丹书：《追忆大师》，载《姜丹书艺术教育杂著》，浙江教育出版社 1991 年版，第 271 页。

弘一大师研究学术笔记

温州弘一大师遗墨展览会

1943年，刘质平首次将其保存的弘一大师遗墨在浙江省温州举办展览会。

宁波弘一大师遗墨展览会

1946年10月，刘质平于弘一大师圆寂四周年时在浙江宁波同乡会会馆举办弘一大师遗墨展，并撰《弘一大师的史略》一文刻板油印以配合本次展览活动。

福建弘一大师遗墨展览会

1947年，刘质平在国立福建音乐专科学校举办弘一大师遗墨展。

新加坡举行弘一大师诞生百年纪念会

由新加坡龙山寺住持、弥陀学校监理广洽法师发起的弘一大师诞生百年纪念会于1980年11月10日在新加坡弥陀学校大礼堂举行。会上展出了广洽法师收藏的弘一大师书法真迹及遗物。礼堂正中悬挂徐悲鸿为弘一大师所作的油画像真迹。纪念会由弥陀学校学生乐队演奏弘一大师谱曲的《三宝歌》开始，广洽法师献花致辞，并简介弘一大师生平（高文显博士以华语、英语译述）。新加坡文化、艺术、教育、佛教等各界人士参加了活动。此次活动受到海内外各界人士的广泛关注。

纪念弘一大师诞辰 100 周年书画金石音乐展

为纪念弘一大师诞辰 100 周年，中国佛教图书文物馆受中国佛教协会委托，于 1980 年 12 月 7 日在北京法源寺举办"纪念弘一大师诞辰 100 周年书画金石音乐展"。展览期为一个月。陈列和定时播放李叔同歌曲录音资料，计有《幽居》、《落花》、《三宝歌》、《清凉歌集》、《厦门第一届运动会》、《送别》、《月》、《春游》、《忆儿时》、《梦》等作品。录音歌曲演唱者为上海乐团蔡连贞，钢琴伴奏金立平。赵朴初、叶圣陶、林子青、朱光潜、俞平伯、吴作人、启功、梁漱溟、张学铭等出席中国佛教协会第四届全国代表大会的代表，以及大专院校师生等参观了展览。参观展览的还有外交部副部长韩念龙、亚洲司司长肖向前，日本驻华大使吉田建三和夫人及各国友好人士。本次展览在征集展品的过程中得到了北京、上海以及泉州、厦门等地有关部门和收藏者的热心支持，共收到展品 500 余件，就当时而言，其为历史上规模最大的一次弘一大师艺术作品展。文物出版社于 1984 年 10 月出版了本次展览的纪念册《弘一法师》（此书封面注明由中国佛教协会编，版权页注明由中国佛教图书文物馆编）。

郑逸梅记录的若干史料

郑逸梅先生《艺林散叶》（中华书局 1982 年 12 月版）和《艺林散叶续编》（中华书局 1987 年 4 月版）中有关于弘一大师的记录。郑逸梅录存史料当为凭借记忆或读书笔记或听他人传闻，并非完全属实。兹录如下，凡有明显失误者，以按语标注，供研究参考。

《艺林散叶》

第 12 页：

弘一法师颇镇静，晚上邮来快函，置不启封，云：即有任何紧急事，亦须明日办理，何必急急自扰，致妨睡眠。

第 37 页：

弘一法师凡友人来往信札，作覆而后，每交其弟子李芳远保存，十年动乱散佚殆尽。

第 38 页：
李叔同居上海，与袁希濂、蔡小香、张小楼、许幻园，同组城南文社，号称天涯五友。

第 44 页：
李叔同同时备布履四双，人或疑之，则曰：一礼佛着，一闲时着，一外出着，一如厕着。

第 50 页：
弘一法师有奇楠香念珠一串，赠松江费龙丁。奇楠香可治胃病，龙丁曾磋去部分为粉末，作为药剂服之，致其中有数颗稍欠匀整。龙丁死，物归朱孔阳，孔阳以赠彭长卿，长卿又转送厦门李芳远。芳远，弘一法师之弟子也。

第 55 页：
李芳远为弘一大师弟子，藏弘一大师戒牒，三十年来，随身南北，来回万里，保存不失。

第 58 页：
李叔同能治印，曾与陆丹林书谈及其印云：昨午雨霁，与同学数人，泛舟湖上，山色如娥，花光如颊，温风如酒，波纹如绫，才一举首，不觉目醺神醉，山容水意，何异当年袁石公游湖风味，惜从者栖迟岭海，未能共把圣湖清芬为怅耳。薄暮归寓，乘兴奏刀，连治七印，古朴浑厚，自审尚有是处。从者属作两纽，寄请法政，或可在红树室中与端州旧砚、曼生泥壶，结为清供良伴乎！著述之余，盼覆数行，藉慰退思。春寒惟为道自爱，不宣。按红树室，乃陆之斋名。

第 61 页：
李芳远纪弘一在厦门轶事，曰《厦门幽光录》。

第 67 页：

释弘伞，俗姓名为吴建东，与弘一同师。

按：弘伞法师之俗名为程中和。吴建东为弘一大师在杭州玉泉住锡时结识的另一人士。

第 68 页：

李叔同仁慈戒杀，谓布葛可代绮罗，冬日畏寒，宜衣驼绒以代丝绵。

第 71 页：

民十六年，当局主张拆毁寺院，弘一法师语其弟子宣中华曰：和尚这条路还当留着。宣乃国民党干部，遂停止毁寺。

第 80 页：

李叔同早年蓄须，以演茶花女，饰玛格丽特女角，乃剃去之。

第 112 页：

丰子恺曾为其师弘一大师画像。

第 117 页：

李叔同有一印三十称翁。叔同卒，姚鹓雏挽诗，因有"海角京初见，堂堂三十翁"之句。

第 123 页：

郁达夫旅闽时，曾访弘一法师，弘一赠以著作数种。及别，弘一谓郁云：你与佛无缘，还是做你愿做的事吧！

第 156 页：

李叔同丧母，改名李哀，号哀公。

第 164 页：

李叔同知医理，病则自己觅旧存之药服之，且断食一日，减食数日，病自就痊。

癸丑五月十四日，为夏丏尊二十八岁生日，李叔同摹汉长寿钩文以祝寿。

第 166 页：
李叔同在杭州第一师范教音乐与图画，朋侪往往索彼书件，彼磨墨挥毫，无不立应。有时砚有余墨，乃向诸生曰：有宣纸者可持来！直至墨尽始止。

第 259 页：
李叔同掌教浙江第一师范学校，常介绍学生请益于马一浮，马亦乐于接纳，每见辄扣学生读何书？并提出若干问题问之，学生往往瞠目不知所对。从此学生不敢往，恐受窘也。

第 286 页：
李芳远为弘一大师弟子，弘一逝世，撰《弘一大师本行记》若干万言。既成，邮马一浮批阅，不料马遽病，不及加墨，未几作古。《本行记》稿本，幸由马之岳家汤氏保存，始得归还芳远。

按：此时所记不完全真实。请读者参阅《马一浮集》中有关文字的记载。（浙江古籍出版社、浙江教育出版社 1996 年 10 月版）

第 290 页：
李叔同曾入大慈山断食十七日，摄一照片，复以是照制成明信片，分贻方内外。

第 294 页：
弘一法师作书，得力于《清颂碑》。出家后，所有碑帖，悉以赠人，独留《清颂碑》。

第 315 页：

李芳远听弘一法师讲经，撰《佛教之简易修持法》一书，印行问世。

第 317 页：

李叔同作书刻印，从天津唐静岩，静岩曾为叔同写钟鼎篆隶各种范本，叔同为刊《唐静岩真迹》一册。

《艺林散叶续编》

第 86 页：

弘一大师《圆觉经起章》手稿，为玉扣纸自订本，双页十六张，乃摘引《华严经》章句加以讲解阐发。现藏刘仙舫处。

第 122 页：

费师洪耽禅悦，与弘一法师通音问，弘一以所作雪窦诗卷贻之，"一二八"之役失去，甚为嗟惜，弘一乃重行写寄。既而失去者复得，师洪乃合装成册。

第 128 页：

李叔同之出家，实受彭逊之之影响，夏丏尊有一文纪之云："弘一法师自虎跑寺断食回来，曾去访过马一浮先生，说虎跑寺如何清静，僧人招待如何殷勤。阴历新年，马先生有一朋友彭先生，求马先生介绍一个幽静的寓处，马先生忆起虎跑寺，就把这位彭先生陪送到虎跑寺来住。恰好弘一法师正在那里，经马先生之介绍，就认识了彭先生。同住了不多天，到正月初八日，彭先生忽发心出家了，由虎跑寺当家为他剃度，弘一法师目击当时的一切，大大感动。"所谓彭先生，即指彭逊之而言。逊之，溧阳人，名俞，号竹泉生，一号亚东破佛，出家后法名安仁，著有《虎跑寺志》。皈依不久，其子味辛迎之归，遂回俗。味辛与我相稔，数年前辞世。敝箧有逊之手札及遗像，味辛所贻也。

弘一法师五十七岁，偶诵前人诗"一事无成人渐老"，及"一钱不值何消说"，认为两个一字，颇有道理，遂取别号为二一老人。

南社社员，颇多爱好戏剧曲艺者……至于登场表演，如李叔同、陆子美演新剧……

第 134 页：
李叔同多门下士，著名者，如丰子恺、李芳远、曹聚仁、刘质平、金咨甫、李鸿梁、李增庸、黄寄慈等。

第 137 页：
李叔同掌浙江第一师范，时主持校政者为经子渊（亨颐）。叔同有事请假，往往电致校工，罕与校长及教导主任接话。

第 199 页：
潘天寿为经亨颐、李叔同弟子……

第 229 页：
弘一法师六十岁，柳亚子寿之以诗："君礼释迦佛，我拜马克思。大雄大无畏，救世心无歧。闭关谢尘网，我意嫌消极。愿持铁禅杖，打杀卖国贼。"弘一报以红菊花诗："亭亭菊一枝，高标矗劲节。云何色殷红，殉教应流血。"

杭州虎跑李叔同纪念馆

1984 年 9 月 10 日，杭州虎跑"李叔同纪念馆"落成揭幕。

净峰寺弘一大师纪念室

1983 年农历九月初九日，福建惠安净峰寺"弘一大师纪念室"开幕。纪念室展出弘一大师各时期的照片、书法复制品及纪念书籍。弘一大师曾多次来到净峰，留下多首诗作。最有代表性的一首是：

乙亥首夏来净峰，植菊盈畦，秋晚将归去，犹复含蕊未吐，口占
一绝，藉以志别。

我到为种植，我行花未开；
启无佳色在，留待后人来。

净峰寺弘一大师纪念室将此诗依原迹放大勒碑竖于花圃中。

天津市大悲院弘一大师纪念堂

1985 年，在天津市著名书法家、天津市佛教协会常务理事龚望居士
的倡议下，天津市大悲院内"弘一大师纪念堂"恢复开放。纪念堂横匾
由龚望居士用鸡毫题写。纪念堂两侧分别有弘一大师生平简介、《华严经
偈》影印件、不同时期的照片及书法篆刻作品的影印件。纪念堂内设展
柜四个，陈列弘一大师手书佛经、著述、书信集等，另有今人所作弘一大
师年谱、传记、纪念文章等书件。

《音乐佛事——梵呗佛教歌曲集》

1987 年，为纪念弘一大师圆寂 45 周年，浙江省台州国清寺印行《音
乐佛事——梵呗佛教歌曲集》（闻妙编辑，黄智隆鉴定）。集中收录弘一
大师出家前后编创的歌曲 14 首，另有"护生歌曲"一组（主要以弘一大
师生前为《护生画集》所作或所选的"护生诗"为歌词，配以既成曲
调）。

《华枝春满·天心月圆》音乐会

1989 年 11 月，弘一大师冥诞纪念音乐会《华枝春满·天心月圆》在
台北举办。该音乐会由财团法人益生文教基金会主办，采风乐坊协办及演
出，张杏月、林文俊演唱，李蝶菲主持。

上虞弘一大师研究会

1990 年 9 月 9 日，浙江省上虞"弘一大师研究会"成立。金兆年任会长，下设理事机构，由该研究会筹划并修复了白马湖畔"晚晴山房"。此后未见有重要的学术活动。

天津举行纪念李叔同——弘一大师诞辰 110 周年纪念展

1990 年 10 月 20 日，天津市政协文史资料委员会、天津市艺术博物馆、天津市戏剧博物馆联合举行"纪念李叔同——弘一大师诞辰 110 周年"纪念展，展址设在天津戏剧博物馆内。展品有六十多件，主要有李叔同青年时期参加演出话剧、戏剧的剧照，以及出家前后不同时期的照片，另有书法作品、信札书籍等。

此外，1990 年 10 月 23 日下午，天津市举行"李叔同——弘一大师诞辰 110 周年座谈会"，市人大常委会副主任石坚、市委宣传部部长谢国祥、河北区委书记李载道及该市文化、佛教、历史等各界人士五十余人参加座谈。

天津市李叔同书法碑林

1990 年 10 月 23 日为纪念弘一大师诞辰 110 周年，"天津市李叔同书法碑林"揭幕，这座碑林是精巧的传统园林式建筑，坐落在天津市河北区宙纬路，占地 625 平方米，展线 93 米，选用李叔同出家前后各个时期的书法作品 74 件，在碑林的正中矗立着高 1.5 米的弘一大师僧装铜坐像，塑像的背后大理石上嵌刻着文化部部长贺敬之书写的李叔同青年时代所作"满江红"中的词句，中国佛教协会会长赵朴初为碑林写了匾额，碑林中还镶刻了楚图南、启功、沈鹏、孙其峰、王学仲、范曾、龚望等著名书画家咏怀弘一大师的书法作品。

纪念弘一大师诞辰 110 周年音乐会

1990 年 11 月 2 日，上海佛教协会、上海音乐学院联合举办的"弘一大师诞辰110周年活动"在上海龙华古寺举行。全国各地四百余位艺术界、宗教界人士参加了"李叔同——弘一法师艺术研讨会、真迹书画展,歌曲演唱会",同时还举行了《李叔同——弘一法师歌曲全集》(9月由上海音乐出版社出版)录音带的出版发行仪式。上海佛教协会会长真禅法师到会并讲话,称赞这次活动"挖掘弘扬了佛教传统文化艺术,进一步体现了党的宗教政策的落实"。

大悲院举行弘一大师诞辰110周年纪念
暨弘一大师铜像开光典礼

1990年11月5日,天津大悲院举行"弘一大师诞辰110周年纪念暨弘一大师铜像开光典礼"并将铜像供养(奉)在大悲院"弘一大师纪念堂"内。此像由新加坡广洽法师捐资,天津泥人张工作室塑造,为铜质僧装像。

天津成立李叔同研究会

1992年5月25日,天津市李叔同研究会成立,时任天津市河北区区委书记李载道任研究会会长,天津日报社总编辑朱其华任副会长,天津市河北区文化局局长付学军任秘书长,研究会设理事18人,办公地点设在河北区文化局内。(1994年经理事会会议决定,研究会更名为"李叔同——弘一大师研究会")

《弘一大师歌曲全集》录音带

1992年7月,台湾音乐中国出版社出版发行《弘一大师歌曲全集》录音带一套两盒(北京爱乐女声合唱团演唱,北京中央交响乐团伴奏)。共收歌曲27首。其中《秋柳》、《米丽蓉》非李叔同所作。

天津举办纪念弘一大师圆寂50周年活动

1992年9月26日至28日,天津市李叔同研究会举办海峡两岸纪念李叔同——弘一大师圆寂 50 周年活动。活动在天津宾馆举行，历时 3 天，主要内容有：纪念大会、座谈会、文化名人李叔同圆寂 50 周年纪念展览和"李叔同音乐作品欣赏会"等。此次活动纳入第二届"友好艺术节"活动系列。同时天津邮票公司发行纪念封一枚，以资纪念。纪念展览在天津市美术学院展出，展品有从全国各地征集弘一大师不同时期的书法手迹、书法、印章、照片等。音乐会在天津音乐厅举行，歌唱家于淑珍，石惟正、赵振岭等参加演唱。

《春游》被列为"20 世纪华人音乐经典"

1993 年 6 月 5 日，弘一大师谱写的歌曲《春游》由中华民族文化促进会评为"二十世纪华人音乐经典"。是日在北京人民大会堂颁发"荣誉证书"。

天津的弘一大师腊像

1995 年 4 月 29 日，由天津市人民政府投资建立"天津近代人物塑像馆"落成。天津美术学院腊像雕塑家尔宝瑞塑造弘一大师晚年僧装腊像一尊。

天津举办纪念弘一大师诞辰 116 周年座谈会

1996 年 10 月 30 日，天津佛教协会举行"纪念弘一大师诞辰 116 周年座谈会"。天津佛教协会会长、大悲院方丈宝菡大和尚、副会长兼秘书长王剑非、原文化局局长张新生及天津市各界研究李叔同——弘一大师的专家、学者二十余人参加会议。会后与会者参观了大悲院内"弘一大师纪念堂"。

弘一大师·丰子恺研究中心成立始末

最早提出成立弘一大师·丰子恺研究中心建议的是评论家李庆西。大约是在 1994 年，李庆西对笔者言："你完全可以成立一个有关弘一大师或丰子恺的研究机构!"并说如果确能实现,那一定会在海内外引起大的反响。当时笔者正主持着杭州师范学院(今杭州师范大学)①的学报编辑部工作,若要成立这样的研究机构,必舍弃学报工作不可。1997年春,笔者接到台北弘一大师纪念学会的邀请函,邀请参加于这一年夏天在台北举行的第二届弘一大师德学会议。自从准备参加这次会议起,成立弘一大师或丰子恺的研究机构的念头又被激活。要成立这样的机构,必具备这样几个条件:第一,必须获得学校的大力支持;第二,需要筹集足够的资金;第三,需要获得海内外研究同行的理解和配合。临行前,笔者先就此事向当时的院长作了陈述,获得了支持,一致认为学校成立有关弘一大师或丰子恺的研究机构在学术上处于有利的地位,同时,弘一大师、丰子恺二人在文学、教育、艺术理论、音乐、美术和哲学等领域均有很高的成就,而杭州师范学院在这些方面都有相关的系科专业,成立研究机构可以对这些系科专业的教学和科研有所助益。更重要的是,李叔同和丰子恺都是大教育家、文化伟人,他们的人格修养、美育理想对大学生会有潜移默化的影响。

1997年8月,笔者首次踏上了宝岛台湾。开会之前,笔者约请了台湾学者张堂锜、陈信元、沈谦等在台北阳明山上的唐翼明教授家中进行可行性评估。评估的结果是我们取得了一致的意见,认为这一定会是一个十分有特色的研究机构,前途光明。笔者又征求了同赴台北的大陆学者的意见,居然也得到了支持。于是,笔者在第二届弘一大师德学会议上,下定了成立弘一大师·丰子恺研究中心的决心,并在论文宣读后公布了这一决定。我的决定果然得到与会学者的积极鼓励和大力支持。有许多人当场表态要在资金上给予必要资助。

回到杭州以后,笔者立即将台北所闻所见向校领导作了汇报,后又召开院长办公会议,作出了成立该中心的决定,并同意在学校的空地上建设一座中国园林建筑,以此作为研究中心的办公地点。不出半月,即1997年10月30日,学校下达文件,任命笔者为研究中心主任。

在学校领导的支持下,笔者即着手创建研究中心。先是在不足5平方米的临时办公室里做着各项准备工作。就在这时,一场波及全亚洲的金融危机爆发了。那场危机给创建中心带来了巨大的困境:台北会议上站出来表示资

---

① 杭州师范学院于2007年4月8日改校名为"杭州师范大学"。

助的人再也没有回音，原先联系的其他资助也取消了，已经落实的资金大幅度贬值了，新提出的筹款计划也无法实施了。正当研究中心建筑按计划兴建而急需资金的时候，中国台湾的续慧法师、陈慧剑先生、侯秋东先生、慧观法师、慧明法师、江朝阳先生、高春女士、蔡芬芬女士、廖丽玉女士，中国香港的严宽祜先生，新加坡的李木源先生，中国大陆的丰一吟女士、李莉娟女士、一心法师、蒋彤先生、石促平先生、杨敏生先生、江吟先生等带头出资或举行艺术品义卖，又发动同人向研究中心捐款。他们中的许多人在此后仍继续资助研究中心的事业。（研究中心揭牌仪式后，中国香港的曾志伟先生，中国台湾的沈谦先生、张堂锜先生，加拿大的钱学钧先生，中国大陆的刘雪阳先生、叶瑜荪先生、宋渊博先生、曾芳莹女士、莫小不先生等亦先后以不同的形式给予资助，给予资助的仁者大德众多，如有漏记，请谅解！）其他专家、艺术家也向研究中心捐赠了艺术品和书籍，恕不一一记述。

在社会各界的鼎力帮助下，研究中心于1998年10月举行了规模盛大的揭牌仪式。随着揭牌仪式的举行，研究中心正式运作。

1998年9月，中心名称由赵朴初先生题写。这也是赵朴初先生晚年最后的题字之一了。请赵朴初先生提字，是因为赵老与弘一大师、丰子恺有缘，且德高望重。当时我们几乎没有考虑第二位人选，一致认为应由赵朴初先生为中心题写名称。在北京贾秀娟女士的努力下，在赵老的秘书陈先生的帮助下，1998年9月初，笔者终于收到了赵朴初先生寄自北京家中的题字。赵朴初先生为研究中心题写了两幅字，一为横书，一为直书。考虑到匾牌的样式，我们选择了一幅横书的题字，并立即托杭州的朱德源先生制作匾牌。终于，我们在1998年10月研究中心揭牌仪式前，在中心的正门上挂上了这块匾牌。

值得介绍的是，据赵朴初先生的秘书陈先生来电告知，赵朴初先生为他人题字，从来不收取一分钱费用。所以陈秘书再三告诉我们切勿汇寄钱物。此事很为人感动。为了表示我们的感激之情，我们也只能给赵朴初先生发了一封感谢信。

赵朴初先生逝世后，笔者曾代表研究中心给赵朴初先生的亲属发过唁函。唁函全文如下：

尊敬的赵朴初先生亲属：

痛悉尊敬的赵朴初先生于5月21日不幸逝世，谨向你们表示沉痛的哀悼！

　　赵朴初先生是我国文化艺术界、学术界、宗教界中的大师级人物，并在各个学术文化领域中贡献卓著。赵朴初先生生前关心本中心的工作，并于 1998 年 9 月为本中心题名。本中心将铭记他老人家的厚爱，努力做好研究工作。

杭州师范学院弘一大师·丰子恺研究中心

2000 年 5 月 22 日

　　1998 年 10 月 28 日上午，中心举行揭牌仪式；下午，中心举行纪念丰子恺诞辰 100 周年学术座谈会，晚上举行首届李叔同艺术教育奖、丰子恺艺术奖颁奖音乐会。上午，揭牌仪式在新落成的弘一大师·丰子恺研究中心临水平台举行。中心顾问丰一吟、李莉娟、刘雪阳、陈慧剑、戴嘉枋及特约研究员白杰明、刘晓路、叶瑜荪、胡利红、陈军、方爱龙、朱晓江、沈继生等出席了揭牌仪式。参加揭牌仪式的来宾有浙江省教育委员会副主任、艺术教育委员会主任李志强，杭州市政协副主席董燮清，杭州师范学院党委书记饶曙光，杭州师范学院院长、本中心名誉主任林正范，副院长于秀源、张鸿森、彭少健，杭州师范学院首任党委书记程融巨，浙江省台办宣传处副处长张战物，桐乡市文化局局长邱一鸣，丰子恺的学生潘文彦，上海一心法师，台北慧观法师及慧明法师，丰陈宝，丰宁欣，丰子恺故居缘缘堂负责人李力，漫画家庸非，书法家李文宽，中国美术学院教授任道斌，浙江萧山文联印刷厂厂长杨敏生，浙江松阳师范学校副校长江吟等 70 余人。到场的新闻单位有新华通讯社、浙江电视台、浙江有线电视台、西湖明珠电视台、《钱江晚报》、《杭州日报》、西湖之声广播电台、经济之声广播电台、《联谊报》、《浙江教育报》等。

　　揭牌仪式由笔者主持。研究中心名誉主任林正范代表学校，浙江省教育委员会副主任、艺术教育委员会主任李志强代表浙江省教育委员会，戴嘉枋代表中心顾问，白杰明代表中心特约研究员先后致词。随后，丰一吟、李莉娟、李志强、林正范共同为赵朴初先生题写的中心匾牌揭幕。

　　在揭牌仪式上，陈慧剑顾问个人向中心捐赠了一幅弘一大师绘画作品、代表台北弘一大师纪念学会向中心捐赠了一幅弘一大师书法作品，并发表了热情洋溢的讲话；李莉娟顾问代表天津市佛教协会向中心捐赠了中国书法家协会副主席刘炳宽先生为中心而作的书法作品一件；丰一吟顾问代表丰子恺先生的学生胡治均先生赠与中心绘画作品一幅。在揭牌仪式上，丰一吟顾问向中心捐赠 94000 元人民币，丰陈宝代表原丰子恺研究会向中心捐赠 40000 元人民币，潘文彦代表李木源顾问向中心捐款 80000 元人民币，一心法师个人向中心捐款 6000 元人民币，并代表蒋彤先生向中心捐款 8000 元人民币及石促平先生向中心捐款 1000 元人民币，陈慧剑顾问代表台北侯秋东先生向本中心捐赠 300 美元（晚上，慧观、慧明法师也向中心捐款 100 美元）。杭州师范学院院长、中心名誉主任林正范和中心副主任赵长春代表中心接受了捐赠。

因揭牌仪式之缘，纪念丰子恺先生诞辰 100 周年学术座谈会于 28 日下午在中心接待室举行。杭州师范学院副院长彭少健及参加上午揭牌仪式的中心顾问、特约研究员和其他研究者、来宾参加了座谈会。在座谈会上，与会代表就丰子恺研究的现状及当前迫切需要解决的问题、弘一大师·丰子恺研究中心的发展方向及 2000 年国际弘一大师学术研讨会的议题等问题广泛的交流了意见。座谈会自始至终在热烈、轻松的气氛中进行。晚上，参加座谈会的代表、首届李叔同艺术教育奖和丰子恺艺术奖评委代表及其他各界来宾（其中包括正在杭州参加会议的数十位国家自然科学专家）与杭州师范学院师生共同在杭州师范学院音乐系演出厅参加了首届李叔同艺术教育奖、丰子恺艺术奖颁奖音乐会。在颁奖音乐会上，杭州师范学院音乐系的师生演出了精彩的音乐节目，其中由学生合唱团演唱的李叔同歌曲尤其受到欢迎。演出过程中，杭州师范学院的领导向获得首届李叔同艺术教育奖、丰子恺艺术奖的教师颁发了奖牌和奖金。

研究中心的这次活动在社会上获得了热烈的反响。各新闻媒体纷纷作了不同形式的报道。许多弘一大师、丰子恺先生的景仰者陆续前来参观、交流。其中学校的退休教师朱侃先生向中心赠送了丰子恺先生给他的亲笔信原件。

在丰子恺先生诞辰 100 周年之际，继弘一大师·丰子恺研究中心揭牌仪式暨纪念丰子恺先生诞辰 100 周年学术座谈会及首届李叔同艺术教育奖、丰子恺艺术奖颁奖音乐会后，丰子恺先生的故乡桐乡市于 11 月 9 日举行纪念丰子恺先生诞辰 100 周年座谈会和丰子恺漫画馆、丰子恺雕像的揭幕仪式；浙江省博物馆于 11 月 12 日下午举行纪念丰子恺先生诞辰 100 周年座谈会和丰子恺漫画展；上海中国画院于 11 月 18 日举行丰子恺画展及纪念丰子恺先生诞辰 100 周年座谈会。与此同时，由桐乡电视台和杭州电视台合作摄制的专题片开始播出，笔者参与撰稿的 VCD 光盘《漫画大师丰子恺》由浙江文艺音像出版社正式发行。

研究中心除了研究工作外，每年举办 10 次"弘一大师·丰子时恺研究中心学术文化讲座"（该系列讲座的资金由福慧慈善基金会董事会主席严宽祜先生资助）；接收国内外研究生。此外，中心颁发以李叔同、丰子恺冠名的各种艺术奖项，还协助学校颁发海外奖学金等。中心成立以后，许多报刊已陆续报道了本中心成立的消息，如《人民日报》海外版、《中国书画报》、《钱江晚报》、《深圳特区报》、《杭州日报》、《浙江教育报》、《桐乡报》、《浙江日报》、《联谊报》等都先后刊文介绍。

杭州高级中学解散学生管乐队

杭州高级中学与杭州师范大学一样，其前身即浙江省立第一师范学校。浙一师时期，该校在李叔同等中国近代艺术先驱者的倡导下，大力弘扬艺术教育，一度使校园内的艺术空气十分浓厚。丰子恺曾回忆道：学校设有开天窗的专用图画教室，有四面临空、单独坐落在校园花丛中、拥有两架钢琴、五六十架风琴的音乐教室。学校里的图画、音乐课在课表上虽然按规定教时进行，然而课外图画、音乐学习时间却比任何科目都多。每天下午四时以后，满校琴声悠扬，图画教室里也总有许多学生在练习绘画。其情景，宛如一所艺术专科学校。丰子恺、刘质平、潘天寿、沈本千、李鸿梁等为该校学生中的杰出代表。

此后，这所学校的艺术传统不断得到发扬光大。如今可以从该的校史资料上看到不少有关学校乐队、剧团的照片和回忆文章。《百年杭高》上就有一幅 1944 年秋联高军乐队为路过的盟军吹奏迎宾曲的照片，乐队颇具规模。在该校 75 周年纪念册上，也有张政先生的《杭高剧团演出〈再生〉的经过》的文章，回忆了该剧团的活动和演出情况。杭州高级中学一向是杭州乃至浙江省的著名学校，其升学率一直排在杭州市的前列，同时，该学校的毕业生中，中科院院士、工程院士和各界杰出人士为数甚众。这所学校的教学质量高，同时重视素质教育，其中艺术教育成绩尤其突出。该校历史上已有军乐队。1988 年，这所学校又成立了一个学生管乐队。管乐队的成员都是初中学生，课余进行排练和演出。为了鼓励学生从事音乐艺术活动，该校在招收初中学生时有一项对音乐人才的优待政策，即凡具有一定演奏水平的小学毕业生，可以优先被录取。杭州高级中学是杭州市的重点中学，学生入学的竞争十分激烈，对有音乐天赋的学生实行优先，可以提高小学生从事课外音乐学习的积极性，同时也给了学校管乐队在人员上的保证。

2000 年 10 月，杭州师范学院弘一大师·丰子恺研究中心举行纪念弘一大师诞辰 120 周年国际学术研讨会（首届弘一大师研究国际学术会议）。开幕式当晚，有纪念弘一大师的音乐会。音乐会上有杭州市的四所与当年浙江省立第一师范学校有渊源关系的学校的学生前来演出。演出的曲目均为弘一大师李叔同创作、改编的歌曲或乐曲。杭州高级中学学生管乐队即其中的一支表演队伍。其他学校学生均表演合唱或小组唱，唯独杭州高级中学学生管乐队的表演是管乐合奏，给听众留下了难忘而又特别的印象。

然而，这个当时杭州市独有的学生管乐队，却在 2002 年解散了。解散的原因是该学校成了专门进行高中教学的学校，最后的一届初中生也于该年全部毕业。解散的主要理由有三：高中生已临近高考，功课紧张、升学压力大，能够分出时间从事艺术训练的人为数寥寥；这所学校是重点高中，能考入该校的学生，常规学科的成绩均须十分突出，而在这些学生中，具有艺术专长的人难能见到；学校即便维持管乐队，学生的家长也不愿意自己的孩子把一部分精力用于乐队的排练和演出。也许还有更多的原因，但一个客观事实是这个乐队确实是解散了。

弘一大师被评为"中国二十世纪十大杰出书家"

据 1999 年 12 月 29 日《书法导报》消息，"中国二十世纪十大杰出书家"专家评选活动已揭晓。39 位评委在 50 位候选人中经投票评出了 10 位书法大家，即 20 世纪中国十大杰出书家。这 10 位杰出书家是：吴昌硕（35 票）、林散之（35 票）、康有为（35 票）、于佑任（35 票）、毛泽东（26 票）、沈尹默（26 票）、沙孟海（25 票）、谢无量（22 票）、齐白石（19 票）、李叔同（15 票）。

另据悉，在本次评选活动中落选的书法家有：沈曾植、张謇、曾熙、黄宾虹、罗振玉、赵熙、李瑞清、王世镗、梁启超、赵叔儒、徐生翁、萧退庵、鲁迅、张宗祥、叶恭绰、马一浮、吕凤子、胡小石、乔大壮、郭沫若、刘孟伉、傅濡、徐悲鸿、王蘧常、谢稚柳、邓散木、潘天寿、方介堪、潘伯鹰、萧娴、陆维钊、张大千、朱复戡、高二适、来楚生、费新我、白蕉、陆严少、陶博吾和台静农。

《中国书法》1999 年 12 月号亦报道了该评选揭晓消息。该期杂志上的"近代书坛"专栏内发表了杜忠诰先生《弘一大师书艺管窥》长文，并刊有部分弘一大师书法作品。

钱学钧和他收藏的弘一大师书法

2000 年春，笔者收到原杭州旅行社经理叶芷芬女士的信，说他在加拿大的舅舅钱学钧先生知道弘一大师·丰子恺研究中心，希望能与笔者取得联系。不久，笔者就收到钱学钧先生的来信。在信中，钱先生自我介绍他是科学家钱学森先生的堂兄，说是藏有不少弘一大师的书法，并问了其中几件书法上所署之名的人物考证问题。

钱学森先生的父亲就是钱均夫，是弘一大师李叔同当年在浙江省立第一师范学校任教时的同事，彼此之间的交往颇多，友谊亦颇深，其中一件事就是 1930 年弘一大师与钱均夫在宁波的见面。这一年的农历五月十四日是夏丏尊 45 岁生日。作为纪念，夏丏尊在白马湖邀请经亨颐、弘一大师吃素餐。纪念了夏丏尊的生日，弘一大师要到宁波白衣寺去。正好夏丏尊也要到宁波办事，他们便相约在宁波再相会。弘一大师曾多次到过白衣寺。白衣寺因供奉白衣观音而得名。位于宁波广仁街白衣巷。该寺始建于唐长兴元年（930 年），初名净居报仁院。传北宋时，节度使钱亿在明州官署发现白光纹梁上有观音显影，遂取下梁木雕成观音像，并供奉于寺院中，故得名为白衣观音院。北宋治平元年（1064 年），钦赐寺额"白衣广仁"。目前白衣寺大殿仍存，但早已成为一家扑克牌厂的仓库。这次在宁波，弘一大师住在白衣寺，夏丏尊住甬江旅社。夏丏尊在旅社里，遇见了当年在浙江省立第一师范学校里的同事钱均夫。

钱均夫是吴越钱肃王的后代，浙江杭州人。他早年在日本留学，回国后曾在教育部供职，后又任教于浙江省立第一师范学校。这时的钱均夫，已经皈依了谛闲法师，法名显念，人称显念居士。老友相见，二人都十分高兴。夏丏尊告诉他，弘一大师也在宁波，正住在白衣寺，问他是否要去相见。钱均夫知道弘一大师也在宁波，迫不及待地就要让夏丏尊第二天就带他去见。第二天早晨，夏丏尊带着钱均夫来到了白衣寺。

弘一大师一眼就认出了钱均夫。可钱均夫见了弘一大师，倒是十分惊异。十多年不见了，眼前的这位昔日风度翩翩的李叔同，俨然像一位天师，他一身袈裟，光脚穿着草鞋，站在那里宛如鹤立。钱均夫后有《悼弘一师》一文，文中记录了弘一大师当时跟他说的话："闻君已皈依三宝，走入光明之路，很好很好。今在甬埠，有两事必须做到：（一）谛闲法师适在观宗寺讲经，应抽暇至少须往参听一座，以结善缘。（二）应到天宁寺参谒由滇省来游之虚云老法师。此老法师入定可到二十一日之久，为目前海内所不易遇见者。"①

如此说来，钱家收藏弘一大师书法就是一件十分正常的事情。笔者当时就给钱学钧先生回了信，并就本人所知，对他所提问题尽可能地作了回答。同时笔者在回信中告诉他，弘一大师·丰子恺研究中心将在2000年10月举行纪念弘一大师诞辰120周年国际学术研讨会，如果他愿意，我们十分欢迎他作为嘉宾与会。不久，钱学钧先生就又来信，表示乐意与会，并就他所藏弘一大师书法问题再作交流。

这一年的10月23日，纪念弘一大师诞辰120周年国际学术研讨会如期在杭州举行。80多岁的钱学钧先生如约前来，并在开幕式上即兴向会议捐赠5000元人民币，以表示对会议的支持。在研讨会上，他向与会者介绍他收藏弘一大师书法的情况。记得他对那次发言十分重视，事先关照我们将他收藏的弘一书法影印件一一展示，供与会者参观。会议后，他将所有这些书法的图片留给了笔者，说是提供给笔者作研究时的参考资料。

如今有学者收集李叔同在俗时的手迹，确也收集了许多，欲整理出版"全集"。笔者对这种长期关注、竭力收集的举动十分佩服。但是，这一工作恐怕不是短时期内能够完成的。在那个没有电脑的时代，文人手迹，其量巨大。欲做此事，不必求全，有新的发现，当及时公布，以作研究之用。倘若一定要收集"全"了再出版，我敢说几代人都无法完成。钱学钧先生留给笔者的弘一大师书法（其中许多是出家前的手迹），其量之大，足以说明这个问题。

---

① 显念居士：《悼弘一师》，载《弘一大师永怀录》，大雄书局1943年版。

平湖举行弘一大师书法展

由刘雪阳先生提供展品的纪念李叔同诞辰 120 周年《李叔同（弘一法师）书法展》于 2000 年 10 月 2 日在平湖陆维钊书画院举行。平湖市市长等平湖市主要领导参加了开幕式。笔者应邀出席了开幕式。

平湖举行弘一大师纪念馆奠基和弘一大师书法捐赠仪式

浙江省平湖市政府于 2000 年 12 月 30 日举行弘一大师纪念馆奠基仪式和刘雪阳先生向平湖市政府捐赠弘一大师书法的捐赠仪式。平湖市市长万亚伟等平湖市各级领导参加了仪式。笔者应邀参加了仪式。该馆将以刘雪阳先生捐赠的弘一大师书法为镇馆之宝。纪念馆由平湖市政府投资，目标是建成一座国家级的名人纪念馆。

玉佛寺"弘一图书馆"开馆

上海玉佛寺"弘一图书馆"开馆仪式于 2000 年 6 月 30 日在上海玉佛寺举行。笔者应邀参加了开馆仪式，并向玉佛寺赠送了有关弘一大师、丰子恺研究的书籍。玉佛寺"弘一图书馆"主要收藏佛学图书。

陈慧剑顾问逝世

台北弘一大师纪念学会创办人、前理事长，弘一大师·丰子恺研究中心顾问陈慧剑先生不幸因病于 2001 年 4 月 12 日在台北逝世。噩耗传来，同人悲痛。笔者所在的弘一大师·丰子恺研究中心于 4 月 13 日向台北弘一大师纪念学会和陈慧剑顾问家属发去唁电、唁函，对陈慧剑顾问的逝世表示最沉痛的哀悼。陈慧剑是弘学界的元老耆宿。陈慧剑顾问生前曾给予弘一大师·丰子恺研究中心以巨大的支持和帮助。

2001 年 4 月 12 日晚 6 时许，台北续慧法师来电话，告知陈慧剑贤长病重入院。当即致电台北弘一大师纪念学会秘书长廖丽玉女士询问情况。廖秘书长已去医院，其家人答应代为转达笔者对慧老的问候。哪里会料到，当晚9时续慧法师再次来电话，竟然是慧老逝世的噩耗！续慧法师得道已久，她的言语十分平静，并说慧老往生时面带微笑，安详而终。可笔者毕竟只是凡俗之人：震惊不已、欲哭无泪、仰望长天、痛心疾首——是夜无眠。

次日中午，台北西莲净苑慧观法师、廖秘书长相继来电通报慧老往生的讯息，同样也告诉笔者慧老往生之时是安详的，要笔者为之念佛，勿可过分悲伤，慧老去了他要去的地方……

发过唁电，慧老的面影和德业反复无断地在笔者心中浮现。

笔者认识慧老的时间不长，慕其大名却已近20年。大约是在20世纪80年代初，笔者在丰一吟家中见到台湾三民书局出版的《弘一大师传》，作者正是陈慧剑先生。当时两岸尚未开放民间交流，大陆民众对台湾的认识亦相当模糊，见到台湾版的书，自然是一件新奇的事情。《弘一大师传》写得传神动人自是不争之事实，而笔者倒也对这位作者格外关注起来。记得那书上有陈慧剑先生的照片：清朗而深沉的面容，花色衬衫领翻出在西装领的外面，一副俊杰之相。不久，该书的修订版以东大图书公司名义再版，澳大利亚朋友白杰明兄善解人意，特地从台湾购得一本寄赠——当时大陆读者手中的台湾版图书十分鲜见，而我所得到的第一本台湾版图书居然正是慧老的这部《弘一大师传》。

笔者研究弘一大师主要出于两方面的原因，一是因为笔者研究丰子恺，自然要涉及他的老师李叔同。这二来就是慧老《弘一大师传》对笔者的影响。笔者相信慧老曾对笔者说过的情况，即台湾有些人正是在读了他的《弘一大师传》后才出家的。笔者虽缺乏悟性，未能起心出家，但慧老的书则把笔者领入了弘一大师的世界。这世界绚烂多彩、神圣庄严，这世界无上清凉、慈爱温暖。

由于跟慧老从事的研究方向一致，笔者渐渐发现我们俩似乎有了互相关注的情结。虽然仍旧没有相识。本来，笔者是可以在1987年两岸开放民间交流后不久即可与慧老相识的。因为在那之后不久，慧老参加了在福建泉州举行的纪念弘一大师会议。当时笔者也收到了邀请，可惜因故未能前往，错过了与慧老相识的机会。1997年初，一个巧合把我与慧老联系在了一起，用佛家的话说即是一个"缘"。

大约是在1994年，朋友李庆西兄竭力鼓动笔者在学院成立大陆高等学校中唯一的弘一大师、丰子恺研究机构——弘一大师·丰子恺研究中心。对于这个建议，笔者犹豫了近 3 年。1997 年初，忽接丰一吟老师函，说陈慧剑先生邀请她参加台北第二届弘一大师德学会议，并撰写会议论文《弘一大师与丰子恺》。一吟师当时因故不能与会，便向慧老介绍我撰文并赴会。恰巧就在一吟师发信的同时，慧老又致函一吟师，说如果一吟师不能与会，是否可转邀笔者赴会。不久，笔者收到台北弘一大师纪念学会寄来的会议邀请信，因有成立弘一大师·丰子恺研究中心之前议，亦或许是慧老的魅力，笔者欣然承应。

笔者到台湾的时候，虽说两岸开放民间交流已逾 10 年，但是由于客观上的原因，笔者与慧老才是第一次见面。来台北之前，笔者在台湾已出版了数本关于弘一大师的书，也在台湾的报纸上经常发表一些关于弘一大师的文章，相信慧老都是看到的。

记得我曾在自己的一本书上写道：世上关于弘一大师的传记已有不少，但希望能有一部"弘一大师论"出版，这样才能拓宽大师研究的领域。而就在与慧老的首次见面时，慧老居然就拿了一本他的新著《弘一大师论》相赠。不用说，笔者当时对他只有敬畏之情了。在第二届弘一大师德学会议上，笔者斗胆下了成立弘一大师·丰子恺研究中心的决心，并在论文宣读后公布了这一决定。也许，这正是慧老希望看到的情况。这在此后他对笔者的鼎力支持和无私帮助中得到证实。

回到杭州以后，笔者即着手创建研究中心。也许是这个世界有意要让我知道创业的艰难——一场波及全亚洲的金融危机爆发了。笔者不会忘记那场危机给我创建中心所带来的困境：原先联系的资助取消了、本可以如愿获得的资金大幅度贬值了、新提出的筹款计划也无法实施了。正当研究中心建筑如计划与兴建而急需资金的时候，慧老等带头出资，又发动纪念学会同人向研究中心捐款。笔者初步作了统计，慧老个人曾先后五次向研究中心捐款，金额约 6 万元人民币，而经他筹集向研究中心提供的资金就更多了。笔者每次收到慧老的汇款，必是无言良久。原因是笔者深知慧老和纪念学会同人均非富商，为了弘一大师的研究事业，他们自己生活俭朴，多次慨捐资助。笔者曾无数次暗下决心，一定要把研究中心的事业做好，因为只有这样，才是报答慧老和所有关心爱护研究中心人士的最好办法。

在社会各界的鼎力帮助下，研究中心于 1998 年 10 月举行了规模盛大的揭牌仪式。慧老亲自前来祝贺，并代表纪念学会和他本人向中心捐赠弘一大师书法、画作各一幅——如今这仍是研究中心仅有的两幅弘一大师的真迹。慧老除了在经费方面积极资助，更在学术研究方面对研究中心倍加关心。研究中心成立后的每次学术活动，慧老都积极参与。他为研究中心编辑的《弘一大师新论》和《弘一大师艺术论》提供过两篇高质量的学术论文；他邀请笔者于 1999 年 10 月再次赴台参加第三届弘一大师德学会议；他参加并参与主持了 2000 年 10 月在杭州召开的"纪念弘一大师诞辰 120 周年国际学术研讨会"。他曾表示有意和笔者在台湾、大陆两地轮流举办弘一大师的纪念、研究活动。正因为此，在参加了杭州的会议后，慧老立即决定于 2001 年在台北召开第四届弘一大师德学会议，而笔者亦与他相约，2002 年再在杭州相会。然而，正当这次台北的会议积极筹备之时，慧老却先走了。

这几年慧老的身体一直不好。2000 年，慧老得知其夫人杨筱孟女士的老师仍健在，并且就住在杭州。慧老在杭州参加纪念弘公 120 周年国际学术研讨会时，要笔者陪他一同去拜访。因为路不远，我们是走着去的。可我发现，慧老的体质十分虚弱，返回宾馆时，笔者还是叫了计程车。12 月，笔者赴泉州参加那里的弘一大师纪念会。慧老也去了——这是笔者和慧老的最后一次见面。慧老回台湾后给笔者写信曰："近来连续低烧，全身无力，但仍有必须完成的写作工作。写作之余不常走动，唯念佛不辍。"当时笔者十分担心，因为笔者知道，连续低烧对老年人而言不是好兆。笔者希望念佛能为慧老添加精神支柱，也许精神好了，身体也会好起来。

2001 年初，笔者收到纪念学会寄来邀请笔者参加第四届弘一大师德学会议的意向书和论文题。这回，慧老给笔者的论文题是《弘一大师与堵申甫的友谊和道谊》。这是 1997 年笔者与慧老首次见面时他让我留意的课题。如今他仍惦记着。事实的情况是，世上有关堵申甫先生的资料正如同他的姓氏一样十分罕见，要写此文实在不是一件容易的事情。然而，不知是什么在暗示或催促，笔者居然利用一个寒假（包括春节在内）的时间多方采访、埋头钻研而写出来了。按纪念学会的规定，论文须在会议召开前两个月寄达台北，可又不知是什么在暗示，我居然在 3 月份就将论文寄出，而且是直接航空挂号寄给了慧老，相信他一定是收到的。虽然没有再收到他给笔者的来信，也不知他对此文是否满意，但笔者仍为能在慧老离去之前寄达此文而感到一丝安慰——笔者向慧老报告了，笔者完成了他给笔者的任务。笔者想，这一定也是一个缘。

在学术品德上，笔者以为陈慧剑先生是学人的楷模。他从不以学术观点上的争议而自设亲疏关系。相反，他乐意团结观点不一致的学者，共同将弘一大师研究事业推向深入。就笔者本人所知，金梅先生曾对慧老的《弘一大师传》有过点评，说他的那本传记在写到传主与日籍夫人的婚恋时，"亦不能免俗，采用了假设幻想的笔法"。金梅先生的评语当然不甚公允。因为慧老的《弘一大师传》所采用的是小说体。所谓小说体，就是采用了文学的笔法来写弘一大师。如果说小说体的人物传记也要求各细节的真实的话，那么中国的文学作品中，凡用文学体撰写的有关历史人物的作品恐怕都不能允许存在了。这显然是将文学与学术研究混为一谈。再比如，崔锦先生曾写过有关于李叔同金石印章方面的论文，其中有些论断不能为慧老接受。但是，一个客观事实是，慧老仍热情邀请以上两位学者赴台参加弘一大师的学术研讨，表现出了一个真正学人的胸怀。其实，笔者在学术上也与慧老发生过冲突。有一年，笔者在台北发表了一篇文章，阐明弘一大师与日本书商内山完造的首次见面时间不是在 1927 年，而是在 1931 年的观点。慧老不同意笔者观点，也写了一篇文章寄给报社的编者。后由于编者最终仍认同笔者的观点，没有将慧老的文章发表出来。慧老这篇文章的复印件后由编者寄给笔者作参考，笔者才知道曾有这样一件事。虽然如此，慧老对我的研究事业却从未有过任何冷漠的反应，就像本文所述，他对笔者的帮助可谓无微不至。

慧老一直称笔者"陈老弟"，而慧观法师等均以为他待笔者如子。"子"是要继承"父"业的。

刘晓路教授逝世

弘一大师·丰子恺研究中心特约研究员，中国艺术研究院外国美术研究室主任、博士生导师刘晓路教授因病不幸于 2001 年 8 月 6 日在北京逝世，终年 48 岁。

刘晓路教授为我国成绩显著的中青年美术史研究专家，《中国大百科全书·美术卷》的责任编辑，在弘一大师李叔同研究方面亦具有很高的水平，尤其是他首先将李叔同彩色版自画像提交《杭州师范学院学报》（1998 年第 1 期）发表，此为李叔同研究史上具有重要意义的事件。刘晓路《李叔同在东京美术学校——兼谈李叔同研究中的几个误区》一文也在该期学报发表。由于客观原因，笔者直至 2002 年 3 月 13 日才获悉刘晓路教授逝世的噩耗，并与刘晓路教授的夫人龚莉女士取得了联系，向她表示了沉痛的哀悼。

刘晓路，1953 年 12 月 2 日生，1984 年毕业于中国艺术研究院研究生部美术系，获文学硕士学位。他曾是《中国大百科全书·美术》一卷的责任编辑，后任中国艺术研究院研究员、外国美术研究室主任。他曾多次应邀赴东京大学、东京艺术大学、哈佛大学、加利福尼亚大学做访问学者。刘晓路著述甚丰，出版过 20 多部各类著作，代表作有《日本美术史》、《20 世纪日本美术》、《中国帛画与楚汉文化》、《春秋战国艺术史》、《五代两宋美术》、《秦汉绘画》等，可谓不可多得的中青年学术人才。

大约是 1997 年上半年，刘晓路从北京给笔者写了一封信，大意是知道笔者在从事弘一大师研究，又主编着当时的《杭州师范学院学报》，表示愿意将他从日本带回的李叔同彩色版自画像交我们的学报在国内首次公开发表，并为之专门配一篇相关论文。收到他的这封信后，笔者当即给他回信，表示十分感谢他的支持。1998 年，《杭州师范学院学报》在第 1 期的封二上发表了李叔同的这幅彩色版油画自画像，也刊出了刘晓路的一篇题为《李叔同与东京美术学校——兼谈李叔同研究中心的几个误区》的论文，一时社会反响热烈，人们对他的学术贡献表示敬意。

1997 年 10 月，笔者在学校里成立了弘一大师·丰子恺研究中心。中心成立后，鉴于刘晓路在李叔同研究上的造诣，特意聘请他为中心的特约研究员。从那以后，我们的联系就多起来了。1998 年 10 月，弘一大师·丰子恺研究中心举行揭牌仪式，刘晓路专门从北京赶来参加，以示祝贺。这算是我俩的第一次见面。

1999 年 8 月，笔者赴北京参加全国优秀社科学报的评选活动，住中国工运学院。此地距离他家不算太远，便给他去了电话。一天傍晚，晓路盛情邀请笔者去他家里晚饭，并专门开着车子来接笔者。那天在他的家中，见到了他的夫人龚莉。他和夫人都是湖南人，热情好客，人也朴实。他俩有一个十分可爱的长着一对大眼睛的女儿，记得那年正读小学。看得出来，晓路很爱这孩子，墙上挂着一张他亲自画的女儿的肖像。

2000 年 10 月，弘一大师·丰子恺研究中心举行纪念弘一大师诞辰120 周年国际学术研讨会。晓路写来了论文并将东京艺术大学美术资料编纂部的吉田千鹤子教授介绍给研究中心，而他自己却因故未能与会。此后我们音讯渐疏，很少再有关于他的消息。笔者知道他很忙，而且经常赴国外访学，总以为他一切如常。2002 年初，为了筹备第二届弘一大师研究国际学术研讨会，笔者想应该请晓路再写一篇论文，这就给他去电话。这电话是打到他单位的，接电话的是他的同事，听说笔者要找刘晓路，似乎愣了片刻。笔者清楚地记得，电话中的声音很迟缓，也很谨慎。他问笔者是谁，笔者说是晓路在杭州的朋友，他这才以沉重的语调对笔者说："晓路已去世了！"笔者不禁在电话中惊呼一声："啊！"太突然了！笔者问他这是怎么回事？他说是病故的，去世的时间是去年的笔者；"去年秋天"，这应该是 2001 年的秋天。笔者一时不忍多问，只能放下电话。这一突如其来的噩耗，让笔者震惊，令笔者百思不得其解。当天晚上，笔者给晓路的夫人去电话，她不在家，接电话的是一位帮助照料她女儿的朋友。笔者说明身份。她才告诉笔者详情。原来晓路得的是骨癌，开始感觉疼时误以为是旧病关节炎复发。后来越来越严重，入院检查，方知是得了骨癌。她说晓路知道自己的病情后，并不悲观，在医院接受治疗时也能配合医生。然而，无情的病魔还是于 2001 年 8 月 6 日夺去了他年轻的生命。又过了一天，笔者与晓路夫人龚莉通上电话，知道她目前生活尚安定，女儿也懂事了，现在已是一个中学生，只是她们都十分怀念晓路，每念及此，不免就感到孤独。笔者对她说了一些安慰话，她知道笔者的善意。然而也只能如此了，人已去了，直面未来是大家的现实问题。

这些年，笔者几乎每年都要赴殡仪馆去送一些英年早逝的同事或朋友。这回不一样，晓路走了半年多，笔者才知道他已告别人世。无言的悲哀，长时间地萦绕于心。

林子青捐献弘一大师研究文献

2002 年 1 月，林子青先生将收藏多年的弘一大师十八九岁时入天津县学所作的"课艺"原稿十余篇捐献给天津艺术博物馆和天津大悲院，此稿来源于 1956 年，林子青先生在增订弘一大师年谱时，弘一大师俗侄李圣章（麟玉）将此与 17 通信札真迹、工楷书写的《晚晴剩语》一同送予林子青先生。此事在林子青著《弘一大师新谱》自序有记。

《弘一大师圆寂六十周年缅怀录》

　　为纪念弘一大师圆寂 60 周年，由弘一大师·丰子恺研究中心编辑的《弘一大师圆寂六十周年缅怀录》于 2002 年 10 月印行。作为对弘一大师的纪念，弘一大师·丰子恺研究中心已将该刊寄赠各有关学术文化机构和部分图书馆及相关研究人员。该刊由上海枣子树净素餐厅资助 10000 元印行。

　　该纪念册所收的文章是：

　　　　前言（杭州师范学院院长林正范）

　　　　精神永存（严宽祜）

　　　　学习弘一大师的惜福精神（［新加坡］李木源）

　　　　已到山花烂漫时（丰一吟）

　　　　做弘祖精神的传人（李莉娟）

　　　　弘学理论体系建构之思考（传发）

　　　　惜物惜福的弘一大师（黄楸萍）

　　　　李叔同的家事（王慰曾）

　　　　读弘一大师《西湖夜游记》（张堂锜）

　　　　清风浩月诵寒笳（叶瑜荪）

　　　　宛如千秋在，俾众具尔瞻（杨光宇）

　　　　净峰寺弘一法师纪念室（陈炎兴）

　　　　看"雨夜楼"藏画，忆沧桑往事（孙晓泉）

　　　　马一浮先生题写弘一大师文献小记（方爱龙）

　　　　我写《弘一大师考论》（陈星）

　　　　李叔同——中日友好的基石（［日］吉田千鹤子）

　　　　李叔同水彩画所用带有日本商业标记的纸张（［日］西槙伟）

　　　　关于李叔同早期画作的发现（李柏霖）

　　　　永恒的追思和缅怀（金兆年）

　　　　缅怀大师宜精进修持（侯秋东）

　　　　缅怀弘一大师随想（孙继南）

　　　　教育者的后光（朱晓江）

不能忘却的纪念（史航）

月点波心一颗珠（刘继汉）

从接近到进入（曹布拉）

玩（［美］叶明媚）

我欲颂尧天（赵大民）

以大师的精神研究大师（金梅）

学弘一大师断食（武华）

弘一大师对律学之贡献（慧明）

仰止晚晴老人（慧观）

送别无别（李璧苑）

想弘一，避"文过"（［美］黄锦江）

弘一大师研究纪事略编（陈星等）

又：为纪念弘一大师圆寂 60 周年，台北弘一大师纪念学会于 2002 年 10 月 10 日晚在台北举行"弘一大师圆寂六十周年纪念音乐会"；台湾益生文教基金会等单位于 10 月 27 日在台北举行"天心月圆纪念音乐会"、10 月 20 日至 11 月 3 日在台北举行"书画邀请展"（10 月 26 日举行纪念座谈会）；天津市李叔同——弘一大师研究会于 10 月 12—13 日在天津举行"弘一大师学术研讨会"并举行缅怀弘一大师书画展、李叔同创作歌曲音乐茶话会等活动。温州市各界人士二百余人于 10 月 12 日在温州市图书馆举行纪念会。温州市市长钱兴中出席会议并讲话，副市长陈莲莲出席会议，秘书长何包根主持会议。

弘一大师书法创中国近现代书法作品拍卖价纪录

据 2002 年 8 月 3 日《美术报》报道，在 2002 年朵云轩春季拍卖会上，弘一大师书法《楷书普贤行愿品赞》以 143 万元人民币成交，创当时中国近现代书法作品拍卖最高纪录。

林子青先生逝世

弘一大师研究前辈学者林子青先生因病于 2002 年 9 月 30 日晚 8 时 14

分在北京逝世，终年 94 岁。林子青先生是中国弘一大师研究的先驱者，1943 年就编写了弘一大师的年谱。他的代表作主要有《弘一法师年谱》、《弘一大师新谱》、《弘一法师书信》等，并作为主编，编辑出版了 10 卷本《弘一大师全集》。林子青先生遗体告别仪式于 10 月 9 日上午 10 时在北京八宝山举行，中国佛教协会副会长净慧法师、圣辉法师和秘书长学诚法师等参加了告别仪式。根据林子青先生家属的意愿，林子青先生的丧事从简，不开追悼会。

　　笔者与林子青先生有过一面之缘。那是在 1985 年 9 月。当时新加坡的广洽法师到杭州祭扫弘一大师纪念塔。在虎跑的休息厅里，丰一吟老师、漫画家毕克官先生等把笔者介绍给广洽法师，当时林子青先生也在场。那时候，林子青先生虽然已是 70 多岁的老人了，但从外表看上去，行动却还十分利索。笔者与林子青先生并没有什么交往，作为弘一大师的研究者，笔者和他也属于两代人。长期以来，笔者一度把林子青先生的著作作为研究中的重要参考书，几乎把他的著作看成是经典。然而，到了1997 年的时候，笔者的观点开始发生变化。我发现，林先生的著作，在史料的准确性方面存在着较严重的问题，同时深深地感到，由于长期以来许多弘一大师研究者所依傍的材料有许多就是从林子青先生的著作中来的，从而导致了以讹传讹的情况。比如弘一大师书信研究。由于弘一大师书信数量浩繁，受信人物众多，且大师本人生平事迹又丰富多彩，这就决定了其书信注释工作的难度。从这层意义上说，以往林子青先生在对弘一大师书信的注释中出现部分注释失误是可以理解的。然而，这项注释工作的影响十分之大，不仅左右着书信阅读者阅读书信的准确程度，而且直接影响着弘一大师研究的真实性。笔者本人就写过《弘一大师考论》，对林子青先生的失误做过正误工作。

　　林子青先生著作中较严重的史料失误是客观存在的。但人们不能因此而否定他在弘一大师研究事业上的特殊贡献。这种特殊贡献就是他在弘一大师圆寂后不久就开始了资料的抢救工作。如果没有他的贡献，我相信今天的弘一大师研究必不会是现在这个样子。所以，尽管林子青先生有研究上的失误，但他仍是令人尊敬的一位弘一大师研究先驱者。笔者的这一观点曾经在大陆、台湾的许多会议上说过。笔者之所以要反复这样说，主要想强调两层意思：其一，笔者目前虽然做了大量的考证工作，纠正了林子青先生的不少陈说，但这是学术研究，不代表笔者对他人品上的否定，相反，笔者对他的人品是十分尊重的；其二，目前在弘一大师研究界，确实有个别人对林子青先生采取了全盘否定的态度，包括他的学术，也包括他的人品，我以为这是一种不负责任的评说，应该予以纠正。

吉田千鹤子与弘一大师研究

近20年来，弘一研究一直是中国学人比较热门的学术课题，其相应的研究成果亦十分丰厚。然而，由于研究视野还不够宽广，资料收集的范围相对狭窄，许多领域的研究因种种客观条件而不能及时进行。这种情况导致的直接后果是弘一研究缺乏系统性，许多史实因未能及时发掘又造成了以讹传讹的现象。在2000年10月举行的杭州师范学院纪念弘一大师诞辰120周年国际学术研讨会上，外籍学者令人注目。加拿大的钱学钧先生，美国加州大学的欧阳瑞教授，日本的西槙伟博士，美国艺术家叶明媚博士等都在拓宽弘一研究领域方面作出了努力，而东京艺术大学的吉田千鹤子教授是其中贡献卓著的人物。

吉田千鹤子教授是东京艺术大学美术资料编纂部的研究员。该校的前身即李叔同当年留学的东京美术学校。由于工作的性质关系，吉田千鹤子教授得以掌握许多李叔同留日时的第一手资料。遗憾是的，就是这样一位重要的研究人物，居然长期未被中国的学者重视。杭州师院弘一大师·丰子恺研究中心是中国高校中唯一的弘一大师研究机构，中心成立伊始，即引起了国外高等学府的重视，国外许多从事弘一研究的学者或加入，或前来开展学术交流。中国艺术研究院的刘晓路教授最早将吉田千鹤子女士介绍给研究中心。刘教授曾受益于吉田千鹤子的帮助，在东京艺术大学查得李叔同的油画自画像，并于1998年初在当时的杭州师院学报上首次刊出介绍文章，同时发表了这幅彩色版油画自画像。应中心的邀请，吉田千鹤子教授参加了本次国际学术研讨会，并在会上发表了题为《上野的面影——李叔同在东京美术学校史料综述》的论文，全面细致地介绍了李叔同在该校留学时的情况。令人惊喜的是，在这篇论文中，她又发表了李叔同的毕业照。此等罕见而又珍贵的文字和图片，为与会者一致赞赏。其实，有关李叔同和其他中国留学生的研究，吉田千鹤子教授还有更重要的研究成果。她赠送给研究中心的日文著作就是其代表作，目前已有中文本面世。

　　2002 年是弘一大师圆寂 60 周年，弘一大师·丰子恺研究中心决定出版《弘一大师圆寂 60 周年缅怀录》。吉田千鹤子送来了她的纪念文章《李叔同——中日友好的基石》。在这篇文章中，她介绍了自己从事中国留学生在东京美术学校的研究情况，她说："我以一篇论述中国宋代画家梁楷的论文完成了在东京艺术大学研究生院的学习。从那以后，就一直在研究以东京美术学校为中心的近代美术史。根据大学的指示，1981 年以来，我参与了校史的编写工作，到如今已经出版发行了《东京艺术大学百年史》东京美术学校篇第一、二、三卷。在为编写校史而查阅资料的过程中，我发现了一个迄今未被别人关注到的新领域——外国留学生的情况。我决定将其作为我研究的主题之一。"此后，她在《东京艺术大学美术系纪要》上发表了《东京美术学校的外国留学生》，得到了同行的高度评价，认为她找到日本近代美术史研究的新视点。就李叔同而言，吉田千鹤子认为："李叔同的伟大在中国广为人知，但在日本几乎不被了解。最近，在东京艺术大学的大学美术馆举办了 1944 年毕业于东京美术学校的韩国画家金兴洙和平山郁夫的联合展，我想如果对中日友好的幕后使者李叔同，也能举办这样的活动或者出版日文版的人物介绍等等就好了。"吉田千鹤子教授此言是就最近在杭州发现的"雨夜楼"藏画中的李叔同画作而言的。"雨夜楼"藏画中的李叔同画作，有几张的用纸盖有"东洋棉花株式会社名古屋支店"及"东棉洋行名古屋捺染柄见本"字样。笔者曾就此问题写信向吉田千鹤子教授请教。2002 年 4 月 14 日，她给笔者回了信。鉴于此信对李叔同画作研究十分重要，特将有关内容录存如下：

　　陈星先生：

　　　　来信收到。去年秋天以来因为公私两方面都非常忙碌，所以一直没有回信，请见谅。我对发现了很多李叔同绘画作品一事，感到非常吃惊。您问我有关"东洋棉花名古屋支店"的情况，我找过资料，但还没弄清楚。"东洋棉花"股份有限公司是现在的大商社"东棉"的前身，它于一九二〇年由三井物产棉花部独立而来，是有名古屋支店。不过明治时代好像还有与我刚才提到的并不相同的其他的"东洋棉花"。所以我打算抽空再查一下……

　　十分希望吉田千鹤子教授能早日将此问题考证清楚。因为这关系到对

"雨夜楼"藏画中的李叔同画作的解释。弘一大师·丰子恺研究中心致力于弘一研究的国际化进程。从目前的情形看，此种努力十分必要且非常及时。

2005年9月，吉田千鹤子又对弘一大师出家后的绘画作品的参照资料寄来了一封信，提供了一些辅助性的研究资料。信如下：

陈星先生
　　炎热的夏天过去，稍微渐有秋意。您过得怎样呢？
　　为了调查您上次提到过的内容花了很多时间，因此我现在才会给您答复了。我在下边报告调查结果。其中堂的总店是在名古屋，但是第二战时已烧光了。其中堂的京都店现在还不关张，但是也已没有早期的记录了。
　　我认为，如果李叔同令从日本送来关于佛教的书籍参考，这就是很值得注目的事情。

　　一、《十八物图》——收于如下1：
　　1. 敬光：《大乘比丘十八物图》，安永二年（1773），《大正新集大藏经　图像编　第9卷》。佛书刊行会发行。
　　收藏地点：东京文化财研究所。
　　这是圆城寺的僧侣敬光所写的经典。他考证关于中国僧侣的随身物品。
　　……
　　二、山田意斋著·葛饰北斋画：《释迦御一代记图会》第1—6卷，弘化二年（1845）。
　　收藏地点：织田文库。
　　这是葛饰北斋根据各种各样的书籍来创作的佛传图画集。
　　三、土佐秀信：《佛像图汇　全5卷》，天明三年（1783）。
　　收藏地点：东京文化财研究所。
　　佛教有关的人们以及研究佛教美术史的研究者广泛参考这些书。
　　四、《佛像图鉴》——收于如下1和2：
　　1. 国译秘密仪轨编纂局编：《新纂佛像图鉴　全5卷》，佛教珍籍刊行发行，1930—1932年。

2. 国译秘密仪轨编纂局编：《新纂佛像图鉴　上·下》，第一书房发行，1972 年。

收藏地点：东京文化财研究所。

佛教有关的人们以及研究佛教美术史的研究者广泛参考这些书。

五、权田雷斧·大村西崖共著：初版《佛像新集乾·坤》丙午出版社发行，大正八年（1919）。

吉田手里有第五版。

权田雷斧和他的弟子·大村西崖共著，广泛使用。

大村西崖是东京美术学校东洋美术史教授。

六、大正一切经刊行会编：《法宝留影》，大雄阁发行，1925 年。

收藏地点：国立国会图书馆。

摄影佛教经典的原本所编辑的图版集。这不是图像之类的书籍。

七、《莲座》三本，该书不详。

2005 年 9 月　吉田千鹤子

拙编《我看弘一大师》

目前在弘一大师——李叔同研究界经常可以听到这样一句话："写不尽的弘一大师。"对于这句话，我个人的理解是，首先，在弘一大师——李叔同研究领域，似乎有太多的研究课题有待于专家学者去探索、去研究。当然，这是由弘一大师——李叔同丰富多彩的身世所决定的；其次，自有人开始关注弘一大师——李叔同起，几十年来不断有追述、评说弘一大师——李叔同的文章出现。事实上，这些文章本身也给后人留下了值得评说的对象，为人们研究弘一大师——李叔同提供了可资参考的文献，于是又不断产生新的论述文字。

眼下出版界学术界开始注意到文化人与其同时代人研究这一课题。这或许是学科多元发展和学术研究不断细化的结果。就此而论，与弘一大师——李叔同同时代人对弘一的记述、缅怀等文章也自然成了人们关注的内容。应该讲，这类文章的数量十分之多，本书择其要者汇集成册，可为人们了解弘一大师——李叔同增加一些感性方面的认识，虽然这里所说的"感性"不是直接的。为了让读者获得这样的"感性"，本书文章的选择标准是每篇文章的作者均与弘一大师——李叔同有过交往，虽然这种交往的深浅程度不一，但皆有若干缘分，故值得一读。

同样也是为了帮助读者获取更多的感性认识，本书还适量收入了一些能对弘一大师——李叔同生平事迹有更准确了解的研究论文、弘一大师——李叔同自己的若干有代表性的文章和与所收文章有关的图片，以期全方位地展示弘一大师——李叔同丰满的形象。

需要特别说明的是，本书所收文章的内容，多为作者在弘一大师圆寂后的追述文字，诸如对时间、事件等某些具体表述或许不十分精确。但为了尊重作者，也为了给读者留下一些思考和进一步探究的线索，这里一概照录，一般不作学术性的修改。

（笔者编：《我看弘一大师》，浙江古籍出版社 2003 年 9 月初版。）

纪念弘一大师诞辰一百二十五周年专题特色邮票发行

2005 年是弘一大师诞辰 125 周年，经国家邮政总局同意，弘一大师·丰子恺研究中心策划印制了专题特色纪念邮票"芳草碧连天"，并于 2006 年 1 月 1 日正式发行。本套邮票的印制，得到了新加坡佛教居士林、中国台北弘一大师纪念学会、慧观法师和弘缘居士的鼎力资助。该套邮票共 16 枚，内容有李叔同——弘一大师各时期的照片、书画作品等。

纪念弘一大师诞辰 125 周年，
笔者在马来西亚巡回演讲

应马来西亚"自在音乐舞台工作室"和《星洲日报》的邀请，笔者于 2005 年 10 月 19 日至 29 日在马来西亚全国各地巡回演讲弘一大师艺术成就、展示弘一大师绘画作品，并观摩了由"自在音乐舞台工作室"编排演出的、反映弘一大师生平的舞台音乐剧《天心月圆》。本次演讲共分 6 场，足迹踏遍马来西亚全国。演讲主题为弘一大师的艺术成就。笔者每至一地，均受到热烈欢迎。第一场演讲在著名旅游胜地槟城，听众 150 人。此后，随着当地媒体的报道，消息传出后，引起马来西亚华人社会的轰动。第二场在芙蓉市，听众 200 人；第三场在吉隆坡，听众 300 人；第四场在麻坡市，听众 500 人；第五场在居銮市，听众创纪录地达到了

1000 人；第六场虽然在华人人口仅占四分之一的吉兰丹市，听众仍达 400 人。

第三场的演讲日，正值弘一大师诞辰 125 周年纪念日。演讲前，会场上举行了纪念仪式。其中内容之一是《天心月圆》音乐剧弘一大师的扮演者杨伟汉先生朗诵了台北李璧苑创作的《送别无别》一诗。10 月 28 日晚，笔者在亚洲最大的娱乐胜地云顶的国际歌剧院观摩了反映弘一大师生平事迹的大型舞台音乐剧《天心月圆》的演出。演出水平之高，超出想象，被誉为马来西亚华人艺术的骄傲。

马来西亚《星洲日报》对笔者本次马来西亚之行以及弘一大师绘画作品的展示进行了连续报道。《星洲日报》10 月 23 日刊出《星洲日报读者有缘目睹弘一大师绘画作品》，10 月 25 日刊出《陈星引述丰子恺"三层楼"解惑，弘一大师出家追求灵魂生活》，10 月 26 日刊出《出席〈天心月圆〉座谈会，500 人分享弘一传奇一生》，等等。访问期间，笔者还与"自在音乐舞台工作室"达成了《天心月圆》音乐剧赴中国杭州演出的意向。2007 年 9 月 25—27 日，杭州师范大学弘一大师·丰子恺研究中心与平湖市人民政府联合举办第二届弘一大师研究国际学术会议，会议在杭州、平湖两地举行。9 月 25 日晚和 26 日晚，该剧的选场分别在杭州师范大学和平湖市叔同实验小学演出。

附：李璧苑作《送别无别》①

小时候，爸爸就教我和妹妹唱《送别》，

长亭外，古道边，芳草碧连天，
晚风拂柳笛声残，夕阳山外山。

我是清晨出生的，却一直无法有早起的习惯，
然总爱在夕阳西下的时候，俯首书堆。

----

① 此诗首刊《弘一大师圆寂六十周年缅怀录》，弘一大师·丰子恺研究中心编，2002 年 10 月。

中学时，老师教夏丏尊《生活的艺术家》一课，
说您吃稀饭配菜芙，咸有咸的味道；
破得不堪的毛巾，也用得像新的一样；
问您什么，都说"很好！很好！"

这样的人，何等的风光！
夜晚睡前，我就一口气把课文念诵了七遍。

我当然没见过您，却在梦中巧遇两回：

第一回，越过极乐国的八功德水，
见您静默的身影，正整理着经藏，
俄顷，递我一纸每行皆有"无"音的诗。

第二回，见您轻松从远方走来，手中还拿着一卷白纸，
您笑着说下次再给你，就将白纸给了身旁的一个少年。

四岁的您，眉宇间透露着骨气；
晚年时的眼眸，像是柔和的晚霞。
断食后的您，感《老子》"专气致柔，能婴儿乎"之意，取名
"李婴"。
丰仁喜欢儿童，依止您皈依时，法名"婴行"，就是菩萨的五行
之一。

您出家后，有如善财童子徧履十方；
但以恬静为华严，挥毫端，涌舍利。

我喜欢叶圣陶说您的字像"蚕宝宝"，
圆圆滚滚的笔画，像在轻轻地说话。

您以身命写经，堆高如塔，雄力无畏，

都一起发出了慈悲喜舍的梵音，旋绕法界。

佛在世时我沉沦，您灭度后我出生；
长亭外，古道边，幸好佛法碧连天。

一划纳须弥，字字耀慧光，
返照娑婆，度零落知交，
或龙门、或佛门、或无门，
收摄十方，同现三千个天心月圆。

哈！

送别无别，只是如如。

关于《弘一大师今论》

由弘一大师·丰子恺研究中心编辑，新加坡佛教居士林资助的"弘一大师·丰子恺研究中心学术文丛"第 2 辑之二《弘一大师今论》于 2004 年 11 月由（香港）天马出版有限公司出版。《弘一大师今论》收弘一大师研究学术论文 13 篇，均为弘一大师研究的最新成果。

该书由笔者作前言，介绍了出版的缘起。前言文字如下：

本中心原计划于 2003 年秋举办第二届弘一大师研究国际学术研讨会，就在会议的筹备工作按计划进行之际，一场主要出现在部分亚洲国家和地区的 SARS 危机突然爆发，其中尤以中国大陆为甚。为了与会者的安全，作为主办者，我们只能作出取消会议的决定，遗憾之至，复又无奈之极。在另一方面，为了参加这次国际会议，不少学者已完成了会议论文，故本中心决定编辑出版这部《弘一大师今论》。

为了原计划举办的第二届弘一大师研究国际学术研讨会，本中心顾问李木源居士曾代表新加坡佛教居士林向本中心捐助了 93000 元人民币，后因会议被取消，经本中心与李木源顾问商量，决定将这笔善款用与本中心编辑的"弘一大师·丰子恺研究中心学术文丛"第 2 辑 5 种图书的出版费用。目前这辑文丛已陆续出版,《弘一大师今论》即为其中之一。在这部论文集出版之际,我们特别要向李木源顾问和新加坡佛教居士林表达衷心感激之意。

　　本书由弘一大师·丰子恺研究中心同人集体组稿、编辑,其中曹布拉教授在具体的编辑工作中用心颇多,而所有的撰稿者亦给予了充分的协作,作为研究中心的负责人,此时此刻,感慨良多。至于本书所收的各篇论文,编者本着学术争鸣的方针,除了在文字上稍作润色,一般均原文刊载。希望同人们的辛勤劳动能化作推动弘一大师研究的一种动力,同时也相信,通过大家的共同努力,弘一大师研究的前景定会无限光明。

陈　星

2004 年 9 月 17 日

于杭州师范学院弘一大师·丰子恺研究中心

该书目录如下:

访邱玲女士

2006 年初，笔者开始正式撰写考证弘一大师与杨白民关系的《城东游艺——杨白民与李叔同交游考论》。为了写这部书，先后走访了不少杨白民家族中的人士，其中十分重要的一位便是邱玲女士。拜访邱女士的时间是 2006 年 5 月 14 日下午，地点是上海某养老院。

邱玲女士为杨白民的外甥女，当年 95 岁。杨白民逝世时，邱玲女士13 岁。邱玲女士与杨白民的关系较为特殊。杨白民之女杨雪琼嫁与戴志刚先生。雪琼早逝。邱玲女士便在雪琼去世后嫁与戴志刚先生。故与杨家关系微妙。关于杨白民与李叔同的关系，据邱玲女士回忆，在李叔同出家后，杨白民平时经常身穿袈裟。此虽杨白民生活细节之一，却十分重要，说明李叔同出家对杨白民的影响及杨白民与李叔同之间的感情十分深厚。

蔡丐因之子蔡大可

蔡大可是蔡冠洛（丐因）先生的儿子。要说蔡大可，须先说说蔡冠洛。

蔡冠洛是与弘一大师因缘较深的人物，仅就目前所能见到的弘一大师致蔡冠洛的书信就有一百余封。在以往研究者论述弘一大师的时候，似乎也有人提到过蔡冠洛的；在传记作者叙写弘一大师生平之时，也或多或少涉及他。但以往的这些文字，资料来源一般也只是从弘一大师写给蔡冠洛的书信中所得，或是从蔡冠洛本人写的一些有关文章中摘引。一个基本的事实是，至今人们很难见到有关于蔡冠洛与弘一大师因缘交谊的文章（新加坡广洽法师在 1949 年后写给丰子恺的信中也曾问及蔡冠洛的去向，可见后来人们对蔡冠洛的情况知之甚少）。为此，笔者通过丰子恺先生之女丰一吟居士辗转了解到了蔡冠洛先生之子蔡大可先生的下落，并于1997 年 5 月 25 日专程赴浙江省桐乡市濮院镇作了采访。有关本次采访的成果，笔者已写成论文《关于弘一大师与蔡丐因史料的若干补充》（载笔者著《弘一大师考论》，浙江人民出版社 2002 年 7 月版）。

西泠印社早期社员社史研究学术研讨会

西泠印社早期社员社史研究学术研讨会暨西泠印社百年社史图片展于2006年10月14—15日在浙江省桐乡市举行。本次研讨会由西泠印社、桐乡市人民政府主办，西泠印社印学理论与社史研究室、桐乡市文化体育局、桐乡市文联承办，浙江金鑫皮革有限公司协办。笔者应邀出席了会议，并发表了论文。

10月13日下午会议报到，宿梧桐大酒店。开幕式于14日上午8时30分在君匋艺术院草坪举行。参加开幕式的有西泠印社负责人陈振濂、包正彦、童衍方，会议论文作者和中共桐乡市委常委、宣传部长王蕾、桐乡市人大常委会副主任沈德兴、桐乡市人民政府副市长邢海华、桐乡市政协副主席徐宜芬。开幕式后，在梧桐大酒店三楼会议室开始论文研讨。黄镇中主持。14日下午继续研讨，孙慰祖主持。14日晚，诸艺术家欣赏了桐乡文艺界人士表演的民族音乐节目，并现场作书画赠送桐乡市有关方面。15日上午继续研讨，并举行了闭幕式。闭幕式由桐乡市文化体育局局长杨惠良主持，陈振濂发表总结讲话。

本次会议入选论文35篇，参加会议的作者28人，他们是：王佩智、林乾良、诸涵、张永敏、丁利年、葛贤镔、朱妙根、周建国、张炜羽、张钰霖、沈慧兴、余正、孙洵、金煜、简英智、黄华源、陈星、孙向群、侯立新、陈行健、林如、陈红梅、胡志平、薛帅杰、盛欣夫、孙慰祖。另有嘉宾袁道厚、傅其伦、杨鲁安、潘德熙、沈岩松、张斌海、石剑波、张宏等参加会议。中央电视台十频道记者和当地媒体记者前来采访。

笔者在研讨会上发表的论文题目为《李叔同——弘一大师与西泠印社》。另有侯立新《"废""立"之间的彻悟——论弘一法师的篆刻与书法观》一文在会议上发表。

李叔同书法"与人乐乐"

2006年5月3日，杨白民先生的外甥余也鲁（杨雪玖之子）携女余大风、婿戚其文和外甥戚兆龙访弘一大师·丰子恺研究中心。来访时，带来弘一大师书法两件。其一为"与人乐乐"，署名"哀公"，有"李"字印，当为李叔同出家前的作品；其两为"南无阿弥陀佛"，署名"胜臂"，有佛像印和"臂"印。从字风看，应该是李叔同出家后的作品。此两件书法，均为首次见到。2006年10月29日，笔者赴上海访杨白民女婿堀江俊宏先生。堀江俊宏先生时年90岁。据堀江俊宏先生告诉笔者，当年挂在日本家里的李叔同书法"与人乐乐"是杨雪玖赠送给杨雪子的。日本《读卖新闻》1978年8月9日曾刊长文介绍杨白民之女杨雪子与日本籍丈夫堀江俊宏的家庭生活。家庭照片中挂于墙上镜框内的书法即为李叔同所书之"与人乐乐"。

余大风收藏李叔同书法"与人乐乐"

杭州师范大学确定校歌

在杭州师范大学历史即将进入100周年之际，经征集、评选，杭州师范大学于2007年4月确定由夏丏尊作词、李叔同作曲的原浙江省立第一师范学校校歌为杭州师范大学校歌。4月16日晚，该校合唱团在学校下沙校区艺术中心为师生演唱了这首感人肺腑的歌曲。演唱时，全场响应，气氛热烈。

2006年下半年至2007年初，杭州师范大学为迎接教育部本科教学水平评估进行着各项细致的准备工作。笔者参与了一台"人文学堂，艺术校园"主题晚会的筹备工作。在2007年初的一次筹备会议上，学校提出晚会需要有新意和亮点。笔者当时提出了两个意见：一是将晚会以颁发李叔同艺术成就奖和丰子恺文艺奖的形式串联起来；二是在晚会上宣布学校校歌的诞生。两个奖项的评选和颁发，自然须由弘一大师·丰子恺研究中心承担，而校歌的选择或创作则是一个"系统工程"。一方面，学校宣传部在校内外征集校歌，另一方面，笔者提出应该采用夏丏尊作词、李叔同作曲的原《浙江省立第一师范学校校歌》为目前学校的校歌。2007年4

月，经过学校党委的研究，决定采用这首歌曲为杭州师范大学的校歌。

由夏丏尊作词、李叔同作曲的这首校歌集中体现了杭州师范大学的"人文素养与科学精神和谐结合"的内涵：

> 人人人，代谢靡尽，先后觉新民。可能可能，陶冶精神，道德润心身。吾侪同学，负斯重任，相勉又相亲。五载光阴，学与俱进，磐固吾根本。叶蓁蓁，木欣欣，碧梧万枝新。之江西，西湖滨，桃李一堂春。

这种"陶冶精神"，健全人格、修养身心及"学与俱进"，夯实基础、开拓创新的育人理念给了杭师大历届办学人以极大的启示，并在近百年的办学过程中得到了体现和充实。

《温州日报》披露弘一大师致杨雨农信

《温州日报》2006年6月6日刊出杨瑞津文，披露新发现的弘一大师致杨雨农信。此信提及弘一大师送出佛像。据分析，信中提及之佛像可能为弘一大师倡印的印刷件。

现摘录该文，供参考。

> 我市金某藏有一件弘一法师墨宝，据说是原庆福寺老寺主宿山和尚在1960年间送给他父亲的，是一封弘一法师寄给我祖父杨雨农先生的信。该信札高21厘米，宽15厘米。法师用朱笔圈点，信尾盖有白文"无畏"印章一方，印泥精美鲜艳……这封信未见于海内外已出版的弘一法师各种书信集、文集和全集。现公诸同好及有关学者，为研究弘一法师在温州的活动情况提供一点细微的史实。全信抄录如下：
>
> 雨农居士：礼席，惠书诵悉，往生赞撰奉，数日后再邮。挂号奉一包，内计：李正元居士属写横披一张。仁者寄来之余纸写小幅三张，乞随意赠人。地藏菩萨像及小联共十六份，仁者、因弘师、李正元居士、郑伯洛居士（谢池巷三号）各四份。《地藏菩萨圣德大观》二册，仁者、李正元居士各一册。授三归依大意一份，赠与仁者。再

迟一月左右又有《寒笳集》八册寄上，仁者、因弘师、李正元居士、郑伯洛居士各二册。以上各书皆音所编辑也。谨复，不宣。演音疏。闰五月一日。

据分析，"郑伯洛"应是郑伯琅的笔误。这"闰五月一日"该是哪年呢？据信中提及内容，查阅几个不同版本的《弘一法师年谱》，再根据《杨氏徐岙墓表》（刘景晨先生民国二十七年撰书），可以推断这"闰五月一日"应该是癸酉年的闰五月初一日（即1933年6月23日）。据杨氏墓表记载，癸酉年五月初四日（即1933年5月27日），祖父同父异母的弟弟杨雨苏的生母周氏亡故。所以祖父致书并寄上宣纸请弘一法师为其撰写"往生赞"，法师回信欣然答应，即"往生赞撰奉，数日后再邮"，而先挂号寄上墨宝等一包。

……

"中国百年水彩画展"在北京举办

由文化部艺术司、中国美术家协会、中国美术馆联合举办的"中国百年水彩画展"于2006年10月14—27日在北京中国美术馆展出。该展览是对中国水彩画百年历程的回顾与总结。展览包含了百年来中国水彩画各个时期有代表性的画家的重要作品300余件。李叔同水彩画《沼津风景》作为天津作者入选。同时，此画佐证了中国水彩画的百年历史。天津师范大学艺术学院副院长石增琇教授经过考证，李叔同为中国水彩画第一人。

按：李叔同是否为中国水彩画第一人？作为学术问题提请研究者留意研究。

李叔同学生王绍炎之子出示艺术品遗存

2006年11月28日，李叔同在浙江省立第一师范学校任教时的学生王绍炎之子王蔚长先生访问杭州师范大学弘一大师·丰子恺研究中心，并出示了李叔同1918年出家后送给学生王绍炎的一件国画作品《泰山巅之秦松》（1917年作。作品落款："丁巳仲冬既望 韦平女士"，并阳文印章

"韦平")。① 这幅作品的原作者为胡韦平女士。此画由李叔同收藏，并在出家时连同许多艺术书籍一同赠予学生王绍炎。李叔同在画上有题字："戊午仲夏贻绍炎居士 演音"。

王蔚长先生同时赠送杭州师范大学弘一大师·丰子恺研究中心由他本人于 2003 年 10 月述作的《沧桑记》自印本一册。《沧桑记》详细记载了王绍炎的一生。现择其要者引述如下：

父亲绍炎公，号兆年，别号雪园（又作笔名），族名自奋，生于 1898 年 8 月 18 日（清光绪二十四年农历七月初二），正值戊戌变法，他从小在祖父身边受启蒙教育，1905 年（光绪三十一年）清廷宣布废科举办新学，父亲进入萧山县立高等小学堂，学制五年，1915 年毕业，期间发生了辛亥革命，业时已是民国共和时期，这年袁世凯称帝后倒台。由于家庭清贫，父亲考上了经济负担较轻的浙江第一师范，享受公费待遇……

父亲就读一师五年，为他今后事业铺垫了基础，这不仅因为一师在省会杭州，主要是当时校长经亨颐是知名教育家，教师多为学者名流，如音乐教师李叔同，美术教师姜丹书，语文教师夏丏尊等等。学校搞的是素质教育，而不是应试教学，不死记硬背，更注重教学生做人。

父亲和叔同夫子的关系非同一般，他对夫子十分尊重，父亲喜好的曼特林（西洋弹拨乐器，和吉他有点相似）是夫子传授的，我们在孩提时听惯了父亲吟唱的《送别歌》，上世纪 80 年代在电影《城南旧事》中重新唱起这首歌，我是倍感亲切，情思无限。

叔同夫子出家前，将所藏书籍全部赠给学生，父亲得到近十册精装的西洋乐谱（全系日本版）和一幅落款李息（夫子的原名）的横条。夫子出家后，父亲和部分同学去虎跑寺看望老师，弘一法师赠父亲一帧 6 英寸近照，法师身披袈裟，剃度削发，眉清目秀，神态自若。又送给父亲一幅水墨条幅《秦山巅之秦松》，作者是胡韦平女士，左下角有弘一法师的亲笔题签"戊午仲夏贻绍炎居士 沙门演

① 此画首刊于《杭州师范大学弘一大师·丰子恺研究中心通讯》第 60 期，2006 年 12 月 8 日。

音"，质朴的魏碑体，这幅画由三兄保存幸免外，其余均毁于"文革"。

　　叔同夫子的人格力量对父亲感化极深，父亲在一师学习时，刻苦认真。他擅长于图案和工艺美术，他的创作有一本图案集，是准备出版的，纸编、贴纸、绳结等习作保存完整，常使我们爱不释手，全部毁于"文革"……

　　……

　　1920 年父亲从一师毕业走上社会……父亲最初从教于嵊县崇仁镇小学，几年后任萧山县立第二高等小学（在河上镇）……1928 年父亲去南京参加晓庄师范的短期培训……后父亲任萧山县立第三小学校长（在坎山镇）……

根据《沧桑记》，王绍炎于 1949 年后先后在浙江省航运局、萧山中学等处供职，1957 年被打成右派，并于次年被判刑 8 年，后又加刑 7 年。1965 年获保就医，1966 年 9 月 12 日逝世。

弘一大师赠送给王绍炎的这幅国画的作者是胡韦平女士。据王蔚长先生介绍，胡韦平是何香凝的朋友，后同为"寒之友社"成员。关于胡韦平，目前可见的资料较少，其生平尚须进一步查证。据郑逸梅《南社丛谈》①，李叔同的好友胡朴安之女叫胡沩平；据《南讯》第 16 期载汪欣《〈南香画语〉与〈南香诗钞〉——记南社女画家胡沩平》一文，②知胡朴安之女确为女画家。由此推测，李叔同收藏并转赠王绍炎的这幅《泰山巅之秦松》可能正是其好友胡朴安之女的作品。当然，这只是推测。关于李叔同与胡朴安的交往，笔者在《李叔同身边的文化名人》③ 一书中已有详细描述，不赘述。

关于李叔同赠唐肯的一幅画

2006 年 10 月，天津人民美术出版社出版了章用秀等编《一代宗师李

---

① 郑逸梅：《南社丛谈》，中华书局 2006 年版，第 265 页。

② 见《南讯》第 16 期，第 67 页。

③ 陈星：《李叔同身边的文化名人》，中华书局 2005 年版，第 30 页。

叔同》一书。书中有一图，图下注释为："李叔同在日本留学期间所作山水画钤印'李息'，上题'企林先生一笑 弟哀 时同留学日本东京。"由于此图被用作该书的装饰，编辑擅自截去题款和印章。据天津人士介绍，题书字迹与李叔同当年的字迹相符。目前原件已在上海被拍卖。在拍卖前已由天津市的鉴定专家鉴定为 20 世纪初的作品。

因未见原件，暂不对真伪作评价，现可提供两则资料供研究参考：第一，企林（1876—1950 年），原名唐肯，号沧潲，江苏武进人。光绪年间在日本中央大学法律系毕业，工书擅画，能文善诗，精鉴别，富收藏。（企林的生平，与李叔同名下画作题款相符）；第二，李叔同留日时工西画，但他仍推崇中国画。他在日留学期间写过《艺术谈（一）》，刊于1910 年 4 月第 1 期《女学生》（城东女学校刊），其中一节为"中西画法之比较"。李叔同说："西人之画，以照相片为蓝本，专求形似。中国画以作字为先河，但取神似，而兼言笔法。尝见宋画真迹，无不精妙绝伦。置之西人美术馆，亦应居上乘之列……使中国大家而改习西画，吾决其不三五年，必可比踪彼国之名手。西国名手倘改习中画，吾决其必不能遽臻绝诣。盖凡学中画而能佳者，皆善书之人……职此之故，中国画亦分远近。惟当其作画之点，必删除目前一段境界，专写远景耳；西画则不同，但将目之所见者，无论远近，一齐画出，聊代一幅风景照片而已。故无作长卷者。余尝戏谓，看手卷画，犹之走马看山。此种画法，为吾国所独具之长，不得以不合画理斥之。"由此可知，李叔同虽攻西画，但不影响他对中国画的爱好，而他在那时就创作中国画也就顺理成章。

天津人民艺术剧院推出话剧《芳草碧连天》

由天津人民艺术剧院赵大民、李郁文夫妇编剧，赵大民导演的话剧《芳草碧连天》于 2006 年 6 月 22 日开始在天津人民艺术剧院"实验小剧场"连续上演。该话剧将切入点放在李叔同在俗时的不同人生阶段，力求生动再现他在那个时期的心路历程，风格质朴，情感朴实自然。结合中国话剧诞生 100 周年纪念活动，2007 年 5 月 23 日晚，该剧还在杭州少年儿童艺术剧院进行了一场演出。在杭州的演出，剧名改为《李叔同》。

关于李叔同《断食日志》中的几句话

李叔同在《断食日志》中的几句话值得一说：

……

二日……摹大同造像一幅，原拓本自和尚假来，尚有三幅……

……

三日……摹普泰造像、天监造像二页……

四日……摹大明造像一页……

……

七日……晨览《释迦如来应化事迹图》……

……

　　李叔同出家前在杭州虎跑实行断食的时间是 1916 年 12 月 25 日至 1917 年 1 月 11 日，前后 18 天（如加上他入山和返校的两天，共 20 天）。《断食日志》是李叔同在断食期间写的日记，史料价值甚高。以上摘登的系《断食日志》中关于李叔同在断食期间临摹古代佛像和欣赏佛画的记录。这些文字至少说明了这样几方面的问题：（1）李叔同在出家前即已开始临摹古代佛像。这与他出家后的绘画多摹前人或同时代人画作的情况吻合（佛像、山水皆如此）；（2）弘一大师李叔同只要有了摹本，一天画两张甚至多张画的可能完全存在；（3）李叔同在出家前就已对古代佛像甚感兴趣；（4）日后如发现李叔同出家前画的佛像，理论依据已经存在。李叔同出家前将《断食日志》赠送给同事堵申甫。李叔同在日记中记录的这些画是否也赠送给堵氏？有待进一步的考证。堵氏曾藏有弘一大师李叔同的作品一事有案可查，丰子恺先生在《李叔同先生的爱国精神》一文中有记。笔者曾在 2001 年 9 月第四届弘一大师德学会议（台北）上发表《弘一大师与堵申甫的交谊与道谊》一文。写作过程中曾访问过与堵氏有关的人物并对弘一大师与堵氏的交往有详细考证。堵氏在浙东余姚两度担任县长的时间是 1927 年 5—10 月及 1931 年 5 月—1933 年 2 月。堵氏为弘一大师在浙江的护法，而弘一大师出家后的绘画活动亦在该时期、该地域进行（余姚跟白马湖、慈溪均相邻）。目前，堵氏后人已找到，有关研究工作将继续进行，其主要的研究内容可先定位在李叔同出家前的绘画作品是否赠与堵氏；堵氏担任余姚县县长是否与其弘一大师护法的身份有一定的关系；弘一大师出家后绘画活动是否也应与堵氏有一定的关系；等等。也有人以为李叔同的这几句话说的可能是书法。这自然也有一定的道理。问题是，同样是在《断食日志》里，李叔同在谈到书法时用的是"写字"一词。故所谓摹造像，同样也有可能是指绘画。

纪念中国话剧诞生 100 周年邮票发行

为纪念中国话剧诞生 100 周年，中国国家邮政局于 2007 年 4 月 6 日发行《1907—2007 中国话剧诞生一百周年》纪念邮票一枚。该票底图为《黑奴吁天录》的演出海报。邮票设计者为吴勇，面值人民币 1.20 元。

纪念弘一大师圆寂 65 周年音乐晚会

2007 年 10 月 13 日是弘一大师圆寂 65 周年纪念日，继杭州师范大学弘一大师·丰子恺研究中心与平湖市人民政府联合主办了第二届弘一大师研究国际学术会议后，杭州再掀纪念热潮。10 月 13 日晚，由杭州市民族宗教事务局、杭州市佛教协会主办，杭州佛学院、杭州灵隐寺承办的纪念弘一大师圆寂 65 周年盛大音乐晚会在灵隐寺大雄宝殿前隆重举行。在音乐会上，杭州佛学院、上海音乐学院打击乐团、浙江歌舞剧院合唱团、爱乐天使合唱团演唱了弘一大师李叔同的歌曲《早秋》、《梦》、《清凉》、《归燕》、《三宝歌》、《送别》等以及其他佛教音乐作品；著名艺术家濮存昕朗诵了李叔同的诗《晚钟》；著名小提琴演奏家吕思清演奏了小提琴曲。音乐会庄严热烈，场面宏大，观众千余人。

李叔同的童生考卷

在李叔同——弘一大师圆寂 65 周年之际，大悲禅院举行纪念活动，并首次展示李叔同 10 岁时参加天津县童生试的两份科举试卷。两试卷均宽 0.3 米，折页打开后，长达 1.5 米。试卷署名李文涛。初覆和二覆的文章题目分别为《能者在职国家闲暇及是时》和《管仲晏子合论》。其中，二覆试卷后附评语，并有"第37名"字样。

弘一大师、丰子恺铜像安置工程完成

2008年2月28日，位于杭州师范大学文一路校区大门边的弘一大师、丰子恺铜像安置工程完成。（绿化加工尚在进行中）该工程系杭州市结合城市道路改造、整理全市历史文化景观而设计的。杭州师范大学是李叔同、丰子恺曾经任教或求学之地，文一路校区又是弘一大师·丰子恺研究中心所在地。为此，杭州市人民政府委托西湖区建设局实施这一工程，并要求在铜像背景墙上镶嵌弘一大师和丰子恺的生平、作品图案，尤其突出介绍研究中心的情况。至此，弘一大师·丰子恺研究中心已成为杭州市正式的历史文化人文景观之一。受社会关注，继而被公认是一份难得的无形资产。该景观设计：杭州市雕塑院；铜像创作者：中国美术学院潘锡柔教授。

在2010年7月启动的第二届浙江省城市雕塑奖评选活动获奖作品于2010年12月揭晓，弘一大师·丰子恺研究中心景观墙中的弘一大师与丰子恺雕像获得金奖（全省共评出5件金奖作品）。本次评奖活动由浙江省文化厅、浙江省住房和城乡建设厅及浙江日报社共同主办。此为继2006年第一届评奖活动后的又一次评选，共收到全省11个市送来的参评作品198件，初选入围的108件雕塑作品图片于2010年11月在浙江在线网站公示接受群众评选，同时，作品图片在杭州、宁波、嘉兴、湖州、台州、丽水、衢州、江山、龙游等11个市县巡展近一个月。

由马时雍主编的《杭州的城市雕塑》（杭州出版社2008年10月版）第161页也介绍了弘一大师与丰子恺雕塑和弘一大师·丰子恺研究中心。介绍文字写道：

> 杭州师范大学弘一大师·丰子恺研究中心成立于1997年10月30日，着眼于两位大师的人格精神和艺术精神的研究，从美育入手营造良好的文化氛围，探讨高校人格培养的新途径。
>
> 2008年文一路道路整治过程中，在杭州师范大学门前设立了弘一大师与丰子恺铜像，雕塑背后用铜腐蚀画的形式记录了相关文字与图片资料……

台北弘一大师纪念学会举行纪念弘一大师音乐会

2007 年 10 月 30 日晚，由台北弘一大师纪念学会主办的"弘一大师圆寂六十五周年纪念音乐会——夕阳山外山"在台北艺术教育馆演艺厅举行。音乐会演唱、演奏了弘一大师的音乐作品及相关曲目。音乐会由西莲净苑协办，生命电视台赞助拍摄。

张人希先生逝世

弘一大师的艺术弟子，原厦门画院副院长、著名画家张人希先生因病于 2008 年 7 月 27 日逝世，享年 90 岁。至此，曾师从弘一大师学艺的弟子已无人健在。张人希先生生前为中国美术家协会会员、中国书法家协会会员，历任厦门画院副院长，厦门市美协副主席、顾问，美国中华艺术学会永久会员，厦门市政协常委。主要作品有《玉骨冰魂》、《红莲双鸭》等。出版有《张人希花鸟画》。

张人希先生是福建的老画家，与丰子恺、黄永玉、叶圣陶、俞平伯等名流过从甚密，且在早年与弘一大师还有过一段可诵的因缘。

张人希先生年轻时曾与弘一大师交往。他们之间的往还，缘于一方印章。1937 年弘一大师驻锡泉州百源村铜佛寺时，无意中在住持觉圆法师处见到一方刀法颇有功力的圆章，便打听治印者为何人？原来此印竟是一位青年所刻，他的名字叫张人希。弘一大师爱才，即向觉圆法师表示：以后有机会时请介绍与他认识。

其时张人希才 20 岁出头，对弘一大师的人品、艺品却早已闻知，一直都想见见大师的庐山真面目。不料如今大师主动提出会面，真可谓求之不得。不久，张人希就应觉圆法师之请，第一次拜访了弘一大师。在他们的交谈中，弘一大师给了张人希一个"胜是"的号，据说这缘于《金刚经》的头四个字"如是我闻"。当时弘一大师还赠他一部亲自书写的《金刚经》。临别时，弘一大师送张人希一幅字，写的是唐韩偓的七绝：

炊烟缕缕鹭鹚栖，藕叶枯香插野泥。

有个高僧入图画，把经吟立水塘西！

从此，张人希就与弘一大师有了来往，感情也日益深厚。叶圣陶先生就曾这样对张人希表示过："弘一前期与我交厚而后期与你情深。"叶圣陶此话并不夸张。因为此后弘一大师经常有诗赠与张人希。第二年，弘一大师本欲将一封信寄给擅长金石篆刻的马冬涵先生，后因故无法投寄，于是就把信寄给张人希留念。试想，若是一般交谊，弘一大师是不会这样做的。这是一封谈金石书画的信，其中也谈了他对自己书法的评价。此信的艺术价值和历史价值均很高，信中谈道："冬涵居士道席：承示印稿，至佳。刀尾扁尖而平齐，若锥状者，为朽人自意所创。锥形之刀，仅能刻白文，如以铁笔写字也。扁尖形之刀，可刻朱文，终不免雕琢之痕，不若以锥刻白文能得自然之天趣也。此为朽人之创论，未审有当否耶……朽人于写字时，皆依西洋画图案之原则，竭力配置调和全纸面之形状，于常人所注意之字画、笔法、笔力、结构、神韵，乃至某帖之派，皆一致摒除，决不用心揣摩。故朽人所写之字，应作一张图案画观之，斯可矣。不唯写字，刻印亦然。仁者若能于图案法研究明了，所刻之印必大有进步，因印文之章法布置，能十分合宜也。又无论写字刻印等亦然，皆是以表示作者之性格（此乃自然流露，非是故意表示）。朽人之字所示者，平淡、恬静、冲逸之致也……"另一封则是丰子恺先生写给弘一大师的亲笔信，弘一大师也交给张人希保管。1948 年，丰子恺与张人希在厦门见面时还特意为此信写了一则跋语让他留念。此跋曰：

> 此十一年前避寇广西时上弘一大师书，大师阅后以贻人希，胜利后三年余游闽南，大师已往极乐，人希先生来晤，以示此书，余阅后冥想前尘，欣慨交心，遂为加题，藉留遗念。

张人希最后一次得到弘一大师的墨宝是在 1942 年弘一大师圆寂前不久。此乃一条幅：

> 书画风度每随时代而彰易是为清季人作循规蹈矩优存先正典型可实也

弘一大师圆寂后，张人希与其友人吴紫虹联名写了一对挽联，曰：

瞻玉相，赠金经，一瓣心香常塌地；

为文人，成佛子，万缘念净永生天。

笔者与张人希先生相识当是由于弘一大师的研究。记得他给笔者写过一些信，还寄来一本他本人的画册。对于这些信和那本画册，如今还都保存着。

季羡林、惟贤大师等为弘一大师罗汉长卷题词

2008 年为纪念弘一大师，弘扬佛教文化艺术，浙江省慈溪市伏龙寺决定印行《伏龙寺弘一大师罗汉长卷》。众多名流如季羡林、惟贤大师等为该长卷题词。

弘一大师曾于 20 世纪 30 年代初驻锡慈溪伏龙寺，并在那里创作了大量的书画作品。

传记体文献剧《弘一法师》在上海演出

熊源伟导演、上海戏剧学院青年艺术剧院演出的传记体文献剧《弘一法师》于 2008 年 9 月 8—14 日在上海戏剧学院剧院演出。该剧由曹路生编剧，宋怀强主演。该剧在策划、排练过程中，弘一大师·丰子恺研究中心曾给予其在资料和剧本修改方面的支持。

天津市李叔同(故居)纪念馆落成

2008 年 12 月 26 日，天津市举行李叔同（故居）纪念馆落成仪式。该（故居）纪念馆复建工程历经一年，它的落成丰富了天津这座历史文化名城的人文内涵，弘扬了民族优秀传统文化，也为海内外各界敬仰纪念李叔同——弘一大师、传播李叔同——弘一大师文化学术思想提供了新的纪念场所。天津市人大常委会、天津市委宣传部、天津市政府的有关领导出席了落成仪式。落成后的李叔同（故居）纪念馆将免费对外开放。

弘一大师作品拍出天价

据 2009 年 11 月 25 日《人民政协报》消息，弘一大师书法"书巢"二字（仅 2.5 平方尺）在 11 月 20 日华辰 09 秋季拍卖会中以 170 万元的天价成交。另一副对联"圆满法界月，清凉功德池"也以 110 万元成交。这是迄今为止弘一大师书法作品以每平尺计的最高价。

天津李叔同故居纪念馆举行陈列方案专家论证会

2010 年 3 月 24 日，天津李叔同故居纪念馆举行陈列方案专家论证会，笔者应邀参加了会议。论证会就该馆室内陈列大纲及调整方案、室内复原形式设计效果图等进行了论证。

杭州师范大学创办《美育学刊》

经国家新闻出版总署批准，杭州师范大学于 2010 年 6 月创办《美育学刊》（双月刊，刊号为 CN33 – 1367/G4）。2010 年 6 月 4 日，浙江省新闻出版局根据新闻出版总署的批复，下发了办刊文件。《美育学刊》是目前我国唯一的美育研究学术刊物，创办该刊，既是对李叔同、姜丹书、吴梦非、刘质平、丰子恺等杭州师范大学美育前辈事业的继承和光大，也是当今社会实施美育及发扬人文精神的现实需要，同时，也为杭州师范大学搭建了一个全新的学术平台，意义重大。杭州师范大学决定，《美育学刊》杂志社设于弘一大师·丰子恺研究中心，中心名誉主任、原校长林正范教授任主编，笔者任常务副主编、社长。同年 11 月，《美育学刊》创刊号出版，2011 年 1 月起逢单月出版。该刊的办刊理念是：高起点，高标准，追求卓越。力争做到刊物装帧形式优雅、编校水平和文章质量优良。《美育学刊》将发表有关美育理论研究、美育史论、美育实践（实验）研究、艺术教育研究、审美文化等方面的学术论文。

2010 年 11 月 30 日上午，杭州师范大学举行《美育学刊》创刊座谈会。浙江省出版集团副总裁骆丹，浙江教育报刊总社《浙江教育报》副主编周维强，浙江教育厅体卫艺处副处长潘学东，杭州市教育局高师处副处长孙青峰，原杭州师范大学校长、《美育学刊》主编林正范，杭州师范大学副校长王利琳、何俊，副校级巡视员丁东澜，刊物顾问徐岱、编辑委员会副主任田耀农、周小瓯、夏一鹏、曹布拉，校有关学院和部门负责人陈丹宇、余龙进、王同，以及作者代表等参加了会议。会议由笔者主持，主编林正范对杭州师范大学创办《美育学刊》的历史传承和文化渊源作了较为详细的介绍，并阐述了创办刊物的主旨。与会者充分肯定了《美育学刊》的成功创办，并就如何进一步办好《美育学刊》提出了许多宝贵的意见。周维强认为，选择美育作为提高杭师大学术水平的突破点，具有长远的眼光。杭师大先贤在中国美育领域作出了巨大的成就，厘清他们的文脉与历史传承，打造杭师大独特的文化品牌，并以此逐步形成中国美育研究的重镇具有重要的意义；骆丹对创刊号的出版质量给予了充分的肯定。她认为，杭师大创办学刊，除了历史传承的意义外还能够还肩负着新时期育人的重大责任。潘学东、孙青峰也分别对刊物的创刊表示祝贺，并一致认为，美育是学校教育的重要方面，《美育学刊》的创办填补了我国美育研究专业期刊的空白，具有重要意义。座谈会上，副校级巡视员丁东澜，刊物顾问、浙江大学人文学部主任徐岱教授，作者代表浙江大学沈语冰教授、杭师大音乐学院特聘教授杜亚雄以及各职能部门的领导和来宾也作了发言。最后，副校长王利琳、何俊分别发言，他们表示，学校将全力支持刊物的文化品牌建设，并就如何办好刊物、提高办刊质量，以及刊物如何为促进杭州师范大学的艺术教育等工作提出了希望和要求。

《美育学刊》创刊号有杭州师范大学校长叶高翔的发刊辞，发刊辞全文如下：

> 1919 年 11 月，我校之前身浙江省立第一师范学校（1908 年创办）毕业生吴梦非、刘质平、丰子恺、李鸿梁等联合其他美育界同仁在上海成立了中国第一个美育团体"中华美育会"，艺术教师姜丹书亦曾任驻会干事。1920 年 4 月 20 日，中华美育会创刊出版了中国第一本美育学术杂志《美育》，旨在联合全国艺术工作者和大中小学校教师，共同推进艺术教育，并提出开展以"艺术教育"和"社会教育"为基础的"艺术教育的运动"。他们呼唤"美的思想"，以期用艺术教育来建立新人生观，培养国民健全的人格。围绕这一理念，

《美育》杂志既重视美育的一般理论原理与规律的研究和宣传，又注重美育实践的交流。

当年创办《美育》杂志的主将，大多出自于浙江省立第一师范学校，显非偶然，此与曾执教我校的鲁迅、李叔同、姜丹书等名师对美育的积极倡导和践行直接相关，而《美育》杂志创刊号的刊名，即由当时已出家的弘一大师（李叔同）亲笔书写。

自王国维、梁启超、蔡元培等相继引入并提出"美育"至今，已历一个多世纪的时光。百余年来，不同时代的人们，对美育的性质有不同的探索和阐析，对美育的地位和功能的研究视角也不尽一致。而随着时势的变化和演进，在国家教育政策制定的层面，美育地位是有升有降，美育实践的开展也忽兴忽衰。进入改革开放的新时期后，美育重新成为国家教育方针中"不可替代"的重要成分；上世纪90年代以来，国家确立了构建社会主义和谐社会的目标，提倡以培养创新精神和创新能力为核心的素质教育，更为提高美育的地位、推动美育学科建设及美育事业发展，注入了强大动力。我校如今接续先贤们的理想，编辑出版《美育学刊》，缘于对应试教育泛滥、工具理性膨胀、人文精神缺失、拜金主义盛行而心生怵惕，立意以科学发展观为指针，以贯彻党和国家的教育方针、出版方针为己任，以创办高水平、有特色的学术期刊为目标，关注美育及相关理论的前沿，探索创新，繁荣学术，传播社会主义核心价值观，服务教学、科研和社会实践，推进学校美育和社会美育，为提高国民素质贡献绵薄之力。

本刊既以"美育学刊"名之，则无论是有关"美之育"，还是与"美"、与"育"相关的学术文章，都在我们热诚欢迎之列。本刊还希望：各位专家学者惠赐本刊的稿件，尤为注重于"美"与其他学科的交融，同时也期盼有在美学理论指导下的高质量美育实践、实验研究成果，既能给读者予深刻的思想启迪和诗性滋养，也能为普及美育探索多元化的实践路径。此外，我校作为浙江省高校人文社会科学重点研究基地（艺术教育），本刊的创办亦必将为学校的艺术教育研究事业提供坚实的学术支撑平台。

本刊刊名中的"美育"二字仍沿用弘一大师（李叔同）当年的题签，以纪念这位曾在我校执教六年的中国新文化运动的先行者。

杭州师范大学校长 叶高翔

2010 年 11 月 20 日

弘一大师《如来造像》1200 万元落槌

新浪收藏讯：2011 年 12 月 2 日，北京匡时（微博）秋拍夜场《与佛有因——近现代名家佛教题材书画专场》在北京国际饭店开拍。弘一大师的《如来造像》以 800 万元起拍，现场藏家轮番出价，竞争激烈，最后以 1200 万元的价格落槌。（另有介绍为 1463.4 万元，见 2013 年 4 月《西泠印社》总第 37 辑朱浩云《弘一大师的艺术及其作品的市场走向》一文）

6095 万元，弘一大师书法再创中国 近现代书法拍卖最高价

在 2011 年上海天衡大型秋拍上，弘一大师书法名作《华严集联三百》以 6095 万元成交，一举刷新中国近现代书法拍卖纪录。

北京举行李叔同油画展

"芳草长亭：李叔同油画珍品研究展"于 2013 年 3 月 1 日起在北京中央美术学院美术馆展出。展出前举行新闻发布会，李叔同俗家嫡孙女李莉娟女士等出席发布会。本次展览展出李叔同油画自画像、半裸女像及相关文献资料等。本次展览将持续至 4 月 25 日。

慈正清凉的李木源先生

李木源先生是新加坡佛教居士林的林长，也是弘一大师·丰子恺研究中心的顾问。2000 年底，笔者与他在福建泉州见过一面，此前则是通信联系。

还是在新加坡佛教总会会长广洽法师在世时，笔者就知道了李木源先生。李木源先生是一位虔诚的佛教徒，担任新加坡佛教居士林司理多年，后被推为林长。他长期从事佛教文化事业和社会公益事业，为人纯朴、心地善良。按照他本人的愿望，他希望能够尽早按照佛教的戒律生活。但他有家庭，况且信仰佛教并非一定要出家，在家居士照样可以对佛教作出特殊的贡献。为了能够在客观环境与主观愿望之间找到一个平衡点，他很早就对家人说：50岁之前，做一个在家居士，而50岁之后，自己将离开家庭，独自住进佛教居士林，虽不出家，但一切按出家人的生活而生活，一心念佛，专心为新加坡的佛教事业奉献心力。由于有了这样的安排，家庭对他的心愿也能理解，支持他的这一决定。如今，李木源先生已在佛教居士林里生活了许多年。这也算是实现了他自己的诺言。

李木源先生长期支持中国的佛教文化事业和学术事业。他与当年的广洽法师一样，经常把筹集的净资捐献给中国的佛教事业和文化事业。就弘一大师·丰子恺研究中心的建设而言，李木源先生代表新加坡佛教居士林先后提供了20余万元的资金帮助我们召开国际学术会议、印制学术文化书刊、参与纪念弘一大师个性化邮票的印制等。2000年底，笔者去福建泉州参加纪念弘一大师活动。那次的活动，李木源先生也从新加坡赶来了。也就是在这一次，笔者第一次见到了他。我们曾在一起详细谈了关于弘一大师·丰子恺研究中心的建设和发展问题。在我的印象中，他说话很轻缓，却表现出十二万分的认真。他的身材较魁梧，面部表情庄严而又慈祥。在那次的活动中，他成了记者们追逐的对象，每到一处，总有记者围着他要求采访。在参观开元寺弘一大师纪念馆时，我与他同行。由于语言和用词的关系，记者找他采访，有时我就充当"翻译"。其实李木源先生的普通话说得很好，之所以需要"翻译"，是因为某些词汇和术语，在那些涉世不深的年轻记者那里需要解释罢了。就是那次在泉州，李木源先生决定资助弘一大师·丰子恺研究中心于2003年召开第二届弘一大师研究国际学术会议（后因"非典"疫情推迟到2007年9月召开。他代表新加坡佛教居士林所捐赠的款项便用作出版弘一大师、丰子恺研究的著作）。

2007年初，李木源先生邀请笔者赴新加坡参加广洽法师纪念馆的落成仪式。因为当时学校正在迎接教育部本科教学水平评估和申请更名大学，工作繁忙，无法脱身，只得以一封贺信聊表心意。笔者经常这样想：我其实是很幸运的。希望能成立弘一大师·丰子恺研究中心，以此填补国内学术界的一块空白，就得到了学校和社会各界人士的大力支持；希望我们研究中心的顾问能是既顾又问的大德，而所有顾问居然真的都是名副其实的顾问——他们为研究中心提供了精神支持和物质保障。

弘一大师《人物册页》拍出 9775 万元

据朱浩云（艺术和收藏市场分析人士）《弘一大师的艺术及其作品的市场走向》（载《西泠印社》总第 37 辑，2013 年 4 月）一文，2010 年北京九歌拍卖会上，弘一大师《人物册页》以 9775 万元拍出。

杭 州 行 迹

引 言

　　弘一大师（李叔同）研究的成果已有很多。这其中既有史传考证，也有论说评述。无论哪一类别，都从某一个侧面或角度对弘一大师多彩的人生和杰出的文化成就作出了不同层面的研究和探索。在这些研究成果中，有一类是从地域角度展开的，即根据弘一大师活动的区域来探讨他的文化行持，由点及面，由部分及全体，可谓别具特色。这种研究方式是一种专题性质的研究，也是由弘一大师研究的丰富性所决定的。由于弘一大师一生留下来的艺术作品和文字资料十分丰富，几十年来人们对他的评说亦众说纷纭。这往往就造成了研究者的研究时处于"难以下手"的局面。诚然，人们总是希望能早日看到一项令人信服的、从宏观上全面评说弘一大师的研究成果。因为面对一位文化伟人，仿佛总要有与之成就相适应的研究成果才过瘾。然而，且不说研究者是否真会具有与弘一大师及其成就相适应的才情和学养，仅这项研究规模的宏大丰富就决定其不是能在短时期内能完成得了的。于是，从地域角度出发，先在某一方面对弘一大师作出尽可能详尽客观的评说、归纳和小结的研究方式就出现了。这种研究从实际操作上而言相对较为方便，同时它又可以突显研究的地方性和地域特色。如果能将这项工作做得尽可能完善，那么距离全面论说弘一大师的日子也就不远了。

　　弘一大师驻世 62 年，却有 20 年是在浙江度过的，几乎占了他人生的三分之一。而在这 20 年中，又有三分之一以上的时间是在杭州度过的。更重要的是，杭州是他人生转折和艺术教育事业取得辉煌成就之地。故此，研究梳理弘一大师在杭州的行迹就成了一项必要的研究课题。本文即以此为研究对象，尝试就弘一大师与杭州的因缘始末作一考论。

西湖初面

　　弘一大师在《我在西湖出家的经过》中说:"我第一次到杭州是光绪二十八年,在杭州约莫住了一个月光景,但是并没有到寺院里去过。只记得有一次到涌金门外去吃过一次茶,同时也就把西湖的风景稍为看了一下子。"① 光绪二十八年即 1902 年,他,当时的李叔同到杭州是来参加乡试的,当然只能将西湖的风景"稍为看了一下子"。不过,这倒算是李叔同与西湖的初面,其意义不可小视。

　　李叔同当时仍在上海就读于南洋公学特班。是年,清政府下令各省补行庚子年乡试,同时为庆祝慈禧太后和光绪皇帝于元月七日(农历仍为辛丑年)从西安返驾北京,又另加一次辛丑"恩科",所以壬寅年乡试的名称为"补行庚子辛丑恩正并科"。② 这一次乡试,李叔同是以浙江嘉兴府平湖县监生的资格参加的。他来杭州的时间是农历七月。根据当年乡试的时间安排,农历八月八日为第一场,十二日为第二场,十八日为第三场。地点即杭州贡院(今杭州高级中学址)。李叔同曾在天津捐有监生资格,但是否参加过当地的乡试目前无史料证实。从他就读选拔特殊人才的南洋公学和参加浙江乡试的举动看,李叔同当时对功名还是相当热

李叔同参加浙江乡试时的
第三场考试证书

衷的。但他的这一次乡试并不顺利,而最终亦以失败而告终,仍然回到了南洋公学。有学者认为,李叔同曾在第二场考罢就离开了,没有参加第三

---

　　① 弘一大师:《我在西湖出家的经过》(弘一大师口述,高文显笔录),载 1937年《越风》增刊《西湖》专号。

　　② 清代乡试每三年一次,逢子、卯、午、酉年为正科,遇庆典加科为恩科。庚子年(1900 年)正科因国内局势不宁而停止,故于壬寅年合并庚子正科和辛丑年恩科一同补行。

场，并揭示了本次乡试过程中的"闹闱"事件。① 1902 年 11 月 18 日《笑林报》有如下一则文字："今岁浙闱乡试二场，遂以二三十人结成一小团体，或谓即南洋公学之学生，鼓百折不回之气，要挟闱官，掉三寸不烂之舌，争回号戳，卒使九千考生不能不乱号，而国家功令无如之何。盖团体之说，固已小用之而大张矣。"这段文字特别提到了南洋公学的学生。有关"闹闱"事件，揭载的资料不多，1902 年 9 月 14 日、19 日和 10 月 7 日的《申报》有若干文字对此作了侧面的报道。有研究者对此作出了归纳，大意是在客观上有许多考生身体不佳，甚至有毙命于考场的情况发生。又由于一些考生接受了新思想的影响，对考卷内容表示出了不敬不满的情况，以致有些人被帖出卷。为此，在乡试过程中，有要求换卷的，有与考官发生冲突的，进而也就出现了退考的考生。研究者认为，李叔同属于对本次乡试不满而退考的考生之一，不过就他本人的性情而言，即便他真的是退考之人，但不会是领头的人物。②

　　无论是出于何样的原因，这一年在杭州的乡试，李叔同没有取得成功。在他乡试未酬的情况下，他回到上海，继续他在南洋公学的学业。

一代名师

　　1905 年，李叔同赴日留学。在日本，他创办了中国第一份音乐杂志《音乐小杂志》，考入东京美术学校后又与同学曾孝谷等共同创办了中国第一个话剧团体春柳社，成了一个被日本文化界和媒体重视的中国留学生。1911 年 3 月，李叔同从东京美术学校毕业后回国。1912 年春，他在上海主编《太平洋报》副刊，同年秋，《太平洋报》停刊。应浙江省立两级师范学校校长经亨颐之聘，李叔同抵杭州到该校任教。

　　李叔同到日本学习艺术，显然是有意做一个艺术家。他从事艺术，本不是为了做一名艺术教师。他的学生吴梦非在《一代名师》中回忆了李叔同对他说的一句话："我在日本研究艺术时，自己万万没有料到回国后

---

① 参见郭长海《李叔同和 1902 年浙江乡试——林子青〈弘一大师新谱〉拾补之一》，载弘一大师·丰子恺研究中心学术文丛《弘一大师新论》，西泠印社出版社 2000 年版。

② 同上。

会当一名艺术教员的……"① 但他确实还是做了教师。也许就在这个时候，他在现实生活中已意识到在艺术教师这一职务里同样可以为中国的艺术事业大显一番身手。回国以后，李叔同先是在天津执教图画。到上海后，他在杨白民主持的城东女校任教文学、音乐。《太平洋报》创刊后，他有了几个月的办报经历（这段经历可以看成是他以另一种形式在普及推广艺术）。他到杭州从教，在浙江省立两级师范学校（1913 年改名为浙江省立第一师范学校）从事了 6 年左右的艺术教师工作（包括在南京高等师范学校的兼职），直至出家。

李叔同到杭州任教，客观上乃《太平洋报》停刊，也恰逢国内缺乏艺术教师。他的同事姜丹书在《弘一大师永怀录·传一》中说过："方清之季，国内艺术师资甚稀，多延日本学者任教。余先民国一年受聘入是校，而省内外各校缺乏艺师也如故；于是校长经子渊氏，特开高师图画手工专修科，延聘上人主授是科图画及全校音乐。上人言教之余，益以身教，莘莘学子，翕然从风。"② 李叔同的到来，给当时的艺术教育界注入了活力。商务印书馆于 1914 年曾出版过《黄炎培考察教育日记》，其中在谈到浙一师时曰："其专修科的成绩殆视前两江师范专修科为高。主其事者为吾友美术专家李君叔同（哀）也。"如今回顾李叔同在浙一师 6 年的艺术教育实践，至少有以下四个方面的成就值得人们记取。

其一，李叔同在浙一师期间做出了几项开创性的艺术教育业绩。主要表现在：1913 年，浙一师校友会发行《白阳》杂志，其创刊号封面由他设计，全部文字也由他用毛笔书写石印。他把自己所作的《春游》三部合唱曲、《今世欧洲文学之概观》、《西洋乐器种类概说》等一并发表在刊物上。这种广泛介绍西洋艺术的做法，在当时国内艺术教育界是一个创举；李叔同是近代中国较早创作并倡导现代木刻的人。吴梦非在《"五四"运动前后的美术教育回忆片断》一文中作了这样的证明："我们的课外组织有'漫画会'、'乐石社'（研究金石雕刻）等，并出版《木板画集》，这是自画、自刻、自己印刷的作品，其中有李叔同、夏丏尊等的木

---

① 吴梦非：《一代名师》，见《漫忆李叔同》，浙江文艺出版社 1998 年版。

② 姜丹书：《弘一大师永怀录·传一》，收《弘一大师永怀录》，大雄书局 1943 年版。

李叔同出家前夕在杭州
与弟子刘质平（左）、
丰子恺（右）留影

刻。"① 吴梦非的回忆告诉人们，在李叔同作为艺术指导的艺术团体里就已有木刻创作了，并且还出版了《木板画集》。这就证明李叔同是现代中国木刻艺术倡导者和作者之一。所谓"漫画会"、"乐石社"是李叔同发起或组织的艺术团体。"乐石社"是一个研究书法篆刻的艺术团体，出版过作品集，大部分现存于日本的东京美术学校。吴梦非在文中还披露了一条信息：李叔同在浙一师时还写过一本《西洋美术史》。吴梦非本人曾在老师出家后提出出版建议，未获同意，以致原稿散失。如果李叔同同意出版，或许又是中国第一部西洋美术史著了。李叔同是中国最早提倡人体美术教学，最早使用人体模特儿进行美术教学的教师。1914 年，他在浙一师用真人体进行了美术课学。其二，李叔同在浙一师任教时期创作了一批堪称中国学堂乐歌典范的校园艺术歌曲。李叔同任教时期是他的学堂乐歌创作的黄金时期。无论从创作数量和歌曲的艺术水平上看，他在这一时期的歌曲作品，皆是他歌曲创作中的精品。在创作手法上，他擅长借景抒情；在配曲方面，他又喜欢采用欧美流行曲调，同时也进行创作，如《春游》、《留别》、《早秋》等。但他显然对作歌词更感兴趣。他在这一时期的歌曲作品中，无疑以《送别》影响最大，被视为 20 世纪中国艺术歌曲的代表作之一。其三，在浙一师时期，李叔同将人格教育与艺术教育紧密结合，体现了一个真正艺术教育家的风范。学生们常说李叔同的教育是"父亲式的教育"。这样的说法虽是相对于夏丏尊先生"母亲式的教育"而言的，但其中所蕴含的意义远非如此。才情加人品构成了李叔同的人格力量。他的才情自然使众多学生折服。其四，为中国培养出了一批优秀艺术家和艺术教育人才。所谓桃李满天下，这是李叔同自己直言不讳的。为师者，解惑授业也！这方面他做到了，而且做得十分出色。李叔同出家后在书信中说过："任杭

---

① 吴梦非：《"五四"运动前后的美术教育回忆片断》，载中央美术学院学报《美术研究》1959 年第 3 期。

教职六年，兼任南京高师顾问者二年，及门数千，遍及江浙。英才蔚出，足以承绍家业者，指不胜屈，私心大慰。"① 我们今天无须进一步考证李叔同当年的学生中究竟有多少人成才。仅就艺术人才方面而论，我们列举出丰子恺、刘质平、吴梦非、潘天寿、李鸿梁、曹聚仁等几个名字就足够说明问题了。

西泠风韵

弘一大师在《我在西湖出家的经过》中说到自己当年选择断食的地点时是与叶品三先生商量的。后来，又由叶品三先生的推荐，请了虎跑寺的大护法、西泠印社同人丁辅之介绍，李叔同终于在虎跑实行断食。

叶品三即西泠印社的创社元老叶为铭，号叶舟。由于李叔同选择断食地点是经叶舟推荐的，所以李叔同后来的出家，多少与叶舟有一份特殊的因缘，李叔同在后来的信中也多次表示了感激之情。此外，或许是李叔同在西泠印社同人中与叶舟的交往密切，性情颇合，又或许是因为叶舟为社中元老，这才由他为李叔同的印藏题了碑文。李叔同是西泠印社的社员。他有一份入社时写的小传："哀公传：当湖王布衣，旧姓李，入世三十四年，凡易其名字四十余，其最著者曰叔同，曰息霜，曰圹庐老人，富于雅趣，工书嗜篆刻。少为纨绔子，中年丧母，病狂，居恒郁郁有所思，生谥哀公。"② 小传中有"入世三十四年"之说。李叔同生于 1880 年，"三十四年"应该是 1914 年。此处或是虚指，但至少说明李叔同在任教浙一师后不

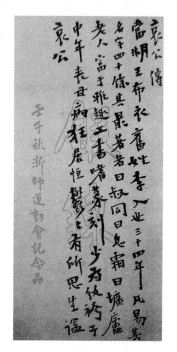

李叔同在杭州为加入西泠
印社而撰写的小传

① 弘一大师致李圣章函，收《弘一大师全集八·杂著卷、书信卷》，福建人民出版社 1992 年版。

② 此小传为弘一大师致叶舟信之附件，见《收藏家》杂志 1998 年第 3 期（总第 29 期）洪丽娅《弘一法师致叶为铭信札》一文附图。

久即加入了西泠印社。

李叔同出家后曾为西泠印社写《阿弥陀经》。此亦缘于叶舟之请。后由西泠印社于 1923 年建弥陀经石幢。在《西泠印社三十周年纪念刊》（民国二十二年，浙江图书馆古籍部藏）中，叶舟为该石幢图片的注文中写曰："阿弥陀经石幢于孤山西泠印社。请大慈山弘一大师音师写经勒石以此功德回向亡父石潜居士，亡母王氏往生净土，早证菩提并愿法界众生同圆种智。"如今，此石幢仍存于西泠印社。弘一大师还为西泠华严塔写经题过偈："十大愿王，导归极乐。华严一经，是为关阖。大士写经，良工刻石。起窀堵坡，教法光辟。深心随喜，功德难思。回共众生，归命阿弥。"

李叔同与西泠印社社长吴昌硕的交往亦较多。他俩或许在 1912 年就已相识了。据 1912 年 5 月 17 日《太平洋报》，李叔同等在上海发起成立文美会后"李梅庵、吴昌硕亦以客员资格，来襄盛举"。作为西泠印社的社员，李叔同在浙一师任教的同时还经常参加西泠印社艺文活动，他与吴昌硕应该有不少交往。费龙丁在《缶老人手记》序中写曰："昔年与息霜同客西泠，同人有延入印社者，遂得接社长缶老人风采。于是挑灯释琢，待月扣诗，符钵杂陈，烟霞供养，甚得古欢，未几俱作海上寓公，往来益密。"[1] 但很可惜，我们如今所能见到的有关他与吴昌硕的交游史料，为数很少。有人评价李、吴二位金石大家在艺术风格方面的特色，认为"吴李二位在篆刻用刀方面，却各具一格，缶公（按：指吴昌硕）所用钝刀，对之印石，重压硬入，因而得获汉字线条苍老古朴，泛称'吴刀'，而叔同公则喜用锥刀，笔迹流润自然。尤善白文。如以铁笔，见石书字。二公治印章法刀锋虽有不同，但均丰神跌宕，巧奏秦汉之功，是殊途而同归也"。[2] 此评价不可谓不高。

李叔同是否也写过小说？从他的性情看，他若写小说，也是正常的事情。只是在人们真的要为此而下结论的时候，倒是不得不慎重了。《读书》杂志 1992 年第 4 期上有郑炳纯《李叔同的出家与〈函髻记〉》一文。

---

① 费龙丁：《缶老人手记》，参见任秉鉴《篆刻家李叔同》，载《天津文史》第 22 期（1999 年 10 月）。

② 竹君：《李叔同在西泠印社轶事》，载《天津文史》第 22 期（1999 年 10 月）。

作者认为新发现的小说《函髻记》为李叔同所作。郑炳纯的理由是："《函髻记》是用文言写的仿唐传奇小说，以木活字排版，罗纹纸精印，活字仿欧阳率更劲秀之致。卷端署名'盟鸥榭著'；封面正书'函髻记'三大字，左下署'盟鸥榭杂著'，在杂著二字之间钤一朱印，文曰'李息私印'（白文无边方形）。李息为大师未出家以前常用名之一（茹素后则改用李婴），照常例只有作者自家才能在这样地位加盖图章，因此可以断定'盟鸥榭'就是李息的斋名（代替笔名）。书上没有标明写作和印行年月，根据西泠印社在 1916 年前后所印书也用过这种活字，则此《函髻记》当是委托西泠印社代印的非卖品。由于流传稀少，尚未有人提及此书。"郑炳纯的理由并不很充分，是基于推断而非具有确凿证据。但此推断亦不能说一点道理也没有。作为一个问题，值得进一步研究。

作为南社社员，李叔同于 1915 年 5 月参加过该社在西湖的临时雅集。这次雅集的地点就在西泠印社。如今留下的一张雅集留影，可见李叔同的座位是在中间，身着长袍，手执一扇，正在回头。这一情景，此后被局部放大，由丰子恺题写了"弘一法师在俗时留影"。1917 年 4 月 8 日，李叔同还参加过一次南社在杭州的临时雅集，地点是葛阴小庄。当时李叔同已在虎跑实行了断食，这应该被看成是李叔同与南社的最后一次联系。

南社 1915 年 5 月杭州临时雅集期间，正值上海新剧演员冯春航在杭州演出《冯小青》。剧本写的是关于明末扬州人冯小青的故事。冯小青能诗善画，16 岁时嫁与杭州士人冯谋为妾，后遭冯氏大妇嫉妒，被软禁于西湖孤山。由于小青精神受挫，郁闷而死，年仅十八。冯小青死后被葬于孤山北麓。昔人有诗云："生向林逋分隙地，死依苏小作邻家。"冯春航主演这出戏，有感于这段悲艳的故事，又泛舟至孤山小青墓地。他很想为小青立碑。欣赏冯春航演技的柳亚子成了碑文的撰写者，而李叔同则成了书写者。故小青之事、亚子之文，叔同之书就被后人传为"三绝"。

欣欣断食

杭州自古就具有佛教色彩。许多历史上的名贤，诸如苏东坡、白居易、林和靖、苏曼殊等都在这块佛地与佛教有着很密切的关系。李叔同怎样呢？且看他自己在《我在西湖出家的经过》中的表白：

　　杭州这地方，实堪称为佛地，因为那边寺庙之多约有两千余所，可以想见杭州佛法之盛了……当民国二年夏天的时候，我曾在西湖广化寺里面住了几天，但是住的地方却不是出家人的范围之内，那是在该寺的旁边，有一所叫作痘神祠的楼上。痘神祠是广化寺专门为着给那些在家的客人住的。当时我住在里面的时候，有时也曾到出家人的地方去看看，心里却感觉得有意思呢！

李叔同《断食日志》封面

李叔同对出家人的生活感兴趣，可他身为教师，虽然内心与西湖的空山灵雨颇能契合，但几年来，他还是全身心地投入在教学之中，生活也相对的稳定。然而，这种相对的稳定终于还是在1916年夏日的一天给动摇了，其客观原因是夏丏尊在一本日本杂志上看到一篇题为《断食的修养方法》的文章。文章说断食是身心"更新"的修养方法，自古宗教上的杰出人物，如释迦、耶稣等都曾实行断食修炼。还说断食可以改去恶德，生出伟大的精神力量，并且又列出了实行断食过程中的种种注意事项和方法，继而介绍了一本专讲断食的参考书。夏丏尊把文章介绍给李叔同。李叔同是一个凡事都认真的人，既然这篇文章中说断食有许多好处，为何不去试试呢？他在《我在西湖出家的经过》中表白："我于日本杂志中，看到有说关于断食的方法的，谓断食可治疗各种疾病。当时我就起了一种好奇心，想来断食一下，因为我那个时候患有神经衰弱症，若实行断食后，或者可以痊愈，亦未可知。"

　　李叔同实行断食的地点是虎跑。虎跑有大慈定慧寺，俗称虎跑寺。李叔同的原意只是来试试断食后的感觉，并无其他更多的期望。可他这回亲临寺院，对僧人的生活更加亲近起来。他经常看见有一位出家人从他的窗前轻轻地走过，每至此时，他都会羡慕其与世无争的气象。有时他会向僧人借来佛经看，企图在经书中探觅另一种人生。

　　李叔同在断食期间有《断食日志》，日记详细地记录下了他在断食期

杭州虎跑寺旧影

间的生活细节。李叔同出家前将《断食日志》交给同事堵申甫保存。1947 年，陈鹤卿居士将其誊清并发表于《觉有情》杂志第 7 卷第 11、12 期。该日记中的几处时间值得一录："丙辰嘉平一日始。断食后，易名欣，字俶同，黄昏老人，李息。十一月廿二日，决定断食。祷诸大神之前，神诏断食，故决定之。""卅日晨，命闻玉携蚊帐，米，纸，糊，用具到虎跑……午后四时半入山……因明日始即预备断食，强止之。""十二日一日，晴，微风，五十度。断食前期第一日。""十八日，阴，微雨，四十九度。断食后期最后一日。"日记最后写道："十九日，阴，微雨，四时半起床。午后一时出山归校。"这样，便可得出李叔同断食的全部经过，即 1916 年农历十一月廿二日（公历 1916 年 12 月 16 日）李叔同决定断食；农历十一月卅日（公历 1916 年 12 月 24 日）入虎跑；丙辰嘉平一日（公历 1916 年 12 月 25 日）起断食。丙辰嘉平十八日（公历 1917 年 1 月 11 日）为断食最后一天；丙辰年嘉平十九日（1917 年 1 月 12 日）李叔同返校。故他的断食时间，准确地说是公历 1916 年 12 月 25 日—1917 年 1 月 11 日，前后共 18 天。如果加上他入山和返校的两天，共 20 天。

对于这次断食，李叔同在《我在西湖出家的经过》中是这样评价的："我虽然在那边只住了半个多月，但心头十分愉快，而且对于他们吃的菜蔬，更喜欢吃……这一次我到虎跑断食，可以说是我出家的近因了。"

李叔同在断食期间，经常写书法。自以为笔力非但未减，反而更顺畅了。心境要比平时灵敏，颇有文思。他自己说过：断食以后，"心地非常清，感觉非常灵，能听人所不能听，悟人所不能悟。"① 断食结束后，李叔同摄有一影，侍者闻玉有题字："息翁先生断食后之像，丙辰新嘉平十九日，侍子闻玉敬题。"李叔同也写过一幅"灵化"，题记是："丙辰新嘉平，入大慈山，断食十七日，身心灵化，欢乐康强。书此奉酥典仁弟，以为纪念。欣欣道人李欣叔同。"李叔同自称断食十七日，此为虚指。

良师益友

李叔同出家之前，经常去拜访国学大师马一浮。李叔同年长马一浮3岁，但在佛学方面，他一直把马一浮视作良师。这种情况跟苏曼殊颇为相似。苏曼殊在1916年12月25日复刘半农的信中说过："此间有马处士一浮，其人无书不读，不慧曾两次相见，谈论娓娓，令人忘机也。"② 李叔同也对他的学生丰子恺说过："马先生是生而知之的。假定有一个人，生出来就读书；而且每天读两本（他用食指和拇指略示书之厚薄），而且读了就会背诵，读到马先生的年纪，所读的还不及马先生之多。"③

李叔同与马一浮的交谈也并不是全谈佛学的。他俩都是书法家，彼此也有关于书艺的交流，甚至还都爱好古琴。马一浮后来的女弟子袁卓尔在《一代儒宗，高山仰止》④ 一文中提到了有关这方面的情况。相比较而言，李叔同与马一浮之间的交往，更多的还在于佛学方面。他从马一浮那里借了不少经书回去阅读，并从1917年下半年起发心食素，又在他自己的房间里供起佛像来，屋内终日青烟袅袅。李叔同对虎跑已经有了感情，年终放年假的时候他又不回上海，再次赴虎跑过年。他住在方丈楼的楼下。

马一浮有一位名叫彭逊之的朋友。彭逊之请马一浮介绍一处清静的寓所。因听李叔同说起过，他就陪彭逊之到了虎跑。经介绍，彭逊之就跟李

---

① 姜丹书：《弘一大师永怀录·传一》，收《弘一大师永怀录》，大雄书局1943年版。

② 见《苏曼殊文集》（下），花城出版社1991年版。

③ 丰子恺：《陋巷》，载《丰子恺文集》文学卷一，浙江文艺出版社、浙江教育出版社1992年版。

④ 袁卓尔：《一代儒宗，高山仰止》，载夏宗禹编《马一浮遗墨》，华夏出版社1991年版。

叔同住到了一起。未过几日，彭逊之忽然起心，当即出家。此情此景，使李叔同深受感动。他没想到这世界上还有像彭逊之这样即修即悟的人在。然而，李叔同当时并不知道这位彭逊之所谓的"即修即悟"并不是因为信仰佛教所致，而是他当时迷信命理，经推算，他认为必须出家方能免于忧患。对于彭逊之出家的情况，李叔同在后来应该是知道的，可当时却被彭氏的"即修即悟"所刺激。彭氏出家后，李叔同也向虎跑寺的弘详法师提出拜师要求。弘详法师知道李叔同是一个很有名望的艺术家，一时不敢贸然答应。鉴于李叔同皈依心切，弘详法师就请杭州松木场护国寺的师父了悟法师回虎跑寺来接应李叔同。于是李叔同就在 1918 年正月十五日这天拜了悟法师行了皈依礼。取法名演音，号弘一，并于这一年夏天正式出家为僧。

马一浮对彭逊之的出家不屑一顾，而对李叔同的出家则是理解的。因为李叔同的出家是建立在信仰的基础之上，而彭逊之的出家是由于迷信所致。所以，当他得知李叔同要在灵隐寺受戒的消息后，亲自到灵隐寺看望。弘一大师在《四分律比丘戒相表记》自序里写道："余于戊午七月出家落发，其年九月受比丘戒。马一浮居士贻以《灵峰毗尼事义集要》并《宝华传戒正范》，披玩周环，悲欣交集，因发学戒之愿焉。"① 从客观上讲，马一浮为弘一大师的学佛研佛起到了"指路人"的作用。

对于这样的一位"指路人"，弘一大师是不会放过任何一个学习的机会的。这从他以及他的道友的一些书信文章中都能透露出若干信息。比如，范古农居士在《述怀》一文中写道："1918 年，师出家后，九、十月间来嘉兴佛学会，居会约两月，杭州海潮寺请一雨禅师主七，马一浮先生招之往，遂行。"② 弘一大师回杭后，在给旧友许幻园的信中提道："在禾晤谈为慰。马一浮大师于是间讲《起信论》，演音亦侍末席，暂不他适。"③

儒、佛、道三教圆融是马一浮理学思想的一个特色。跟以往的理学不同，马一浮不排斥佛老，主张三教圆融。弘一大师对马一浮的学识十分敬

---

① 见弘一：《四分津比丘戒相表记自叙》，收《弘一大师全集七·佛学卷（七）、传记卷、序跋卷、文艺卷》，福建人民出版社 1991 年版。

② 范古农：《述怀》，载《弘一大师永怀录》，大雄书局 1943 年版。

③ 见《弘一大师全集八·杂著卷、书信卷》，福建人民出版社 1992 年版。

佩。目前留存下来的马一浮致弘一大师的信件有四通。其中三封信是谈论佛教的。

虎跑出家

李叔同于1918年正月十五日皈依了佛教，并为正式出家积极做着准备。他的生活，正如他的学生丰子恺说："日渐收敛起来"了。① 他的同事夏丏尊在《弘一法师之出家》一文中痛悔自己当初的作为：

> 在这七年中，他想离开杭州一师有三四次之多，有时是因为对于学校当局有不快，有时是因为别处来请他，他几次要走，都是经我苦劝而作罢的，甚至于有一个时期，南京高师苦苦求他任课，他已接受了聘书了，因我恳留他，他不忍拂我之意，于是杭州南京两处跑，一个月中要坐夜车奔波好几次。他的爱我，可谓已经超出寻常友谊之外，眼看这样的好友因信仰的变化要离我而去，而且信仰的事不比寻常名利关系可以迁就。料想这次恐已无法留得他住，深悔从前不该留他。他若早离开杭州，也许不会遇到这样复杂的因缘的。②

1918年农历七月十三日，李叔同告别了任教6年的浙一师，正式出家为僧。他将平日所用物品和书籍作品等分赠友人、学生等。出家前一天的晚上，他写了《姜母强太夫人墓志铭》碑文，末有"大慈演音书"的落款。此事须追溯到1917年春。当时姜丹书之母患胃癌逝世。姜丹书即请李叔同为其母书一墓志铭。李叔同虽答应书写，但迟迟没有动笔。一直到一年多后，他在出家前的一天晚上，方才恭敬地点燃一支红烛，写下了他在俗时的最后一件书法作品。写完后，他当即将毛笔折成两截。翌晨，李叔同即出家为僧，姜丹书闻讯赶到李叔同房中时，早已是人去楼空，唯见残烛一支，断笔两截，再有的就是端放在书桌上的《姜母强太夫人墓

---

① 丰子恺：《为青年说弘一法师》，载《丰子恺文集》文学卷二，浙江文艺出版社、浙江教育出版社1992年版。

② 夏丏尊：《弘一法师之出家》，载《夏丏尊文集·平屋之辑》，浙江人民出版社1983年版。

志铭》。

李叔同出家之前，并没有忘记把出家的决定告诉母校——东京美术学校。《东京美术学校校友会月报》第 17 卷第 1 号（1918 年 7 月 7 日）刊载了一封李叔同寄自杭州的信：

> 拜启：
>
> 　　仲夏绿荫，惟校友诸君动静安豫为颂。不慧近有所感，定于七月一日入杭州大慈山定慧寺（俗称虎跑寺）为沙弥。寺为临济宗，但不慧所修者，净土。以末法众生障重，非专一念佛，恐难有成就也。寺在深山之中，邮便不通。今系通信处在杭州第一师范学校内李增荣方。
>
> 　　草草。
>
> 　　　　　　　　　　　　六月廿五日　李岸　法名演音　号弘一
> 校友会诸君博鉴

此信用中文书写，只是在整体上表现出日本书信的格式。如果没有新的发现，这应该是李叔同给日本母校的最后一封信了。

灵隐受戒

弘一大师在灵隐寺住的时间不长，但该寺对弘一大师来讲无疑具有十分重要意义。他在《我在西湖出家的经过》一文中对自己去灵隐寺受戒的情况作了详细而又极具感情色彩的介绍：

> 　　紧接落发后的一课，便须受戒。经林同庄君介绍，而到灵隐寺去受戒了。灵隐寺是杭州最大规模的寺院，我一向对它是很喜欢的。我出家以后，曾到各地的大寺院去看过，但总没有灵隐寺那么的好。八月底我就到灵隐寺去。寺中的方丈和尚却很客气，叫我住在客堂后面芸香阁的楼上。

在灵隐寺，弘一大师对大师父慧明法师印象深刻。慧明法师，名圆照，福建汀州人。早岁出家，曾先后历参金山、宝华、九华、天童诸山宗匠，精研教理。中年曾置寮于回龙真寂寺，屡应请外出讲经及任戒期教授。晚年，他主持灵隐寺，贡献良多。慧明法师是一个很有威仪的和尚。他的衣着不甚讲究，并不像是一个大寺院里的大和尚。但他待人一律平等，凡出家、在家的各式人等对他皆心悦诚服。他对"马溜子"的教化也很有成效。当时杭州的马溜子特别多。他们三五成群地待在凉亭里，一旦知晓哪个寺院在打斋，便立即蜂拥而去吃白食。他们自暴自弃，无所不为。但就是这样的一帮人，却经常去看望慧明法师。因为慧明法师并不嫌弃他们，而是尽力给予帮助，并时时感化他们积极面对人生。

初出家时的弘一大师

弘一大师在《我在西湖出家的经过》一文中说：有一天，他在寺内的客堂遇见慧明法师。慧明法师见弘一大师滞留于客堂，就严肃地说："既是来受戒的，为什么不进戒堂呢？虽然你在家的时候是读书人，但是读书人就能这样随便吗？就是在家是一个皇帝，我也是一样看待的。"在对佛事的敬业方面，慧明法师此言对弘一大师产生了很大的影响。同时，也是这番话，弘一大师对慧明法师由衷的表示敬佩："其实我虽不能和慧明法师经常见面，但是看到他忠厚笃实的容色，却是令我佩服不已的。"1923 年夏，弘一大师回到杭州。那时慧明法师正在灵隐寺讲《华严经》。开讲的那一天，弘一大师专门去听法。好几年不见，只觉得慧明法师苍老了不少：头发已斑白，牙齿也已大半脱落。不知是感慨人生还是爱怜自己的大师父，弘一大师在拜他的时候，不由落泪不止。

弘一大师受戒后不久去了嘉兴精严寺。1919 年的秋天，弘一大师又在灵隐寺挂搭。当时南社旧友、《太平洋报》的同事胡朴安来访问他。胡朴安有国学大师之称，著有《易经学》、《易序挂说》、《诗经学》、《中国训诂学史》等著作 60 余种。胡朴安在《我与弘一大师》中说："民国元年与大师同事于《太平洋报》……朝夕共处，常觉其言论有飘飘出尘之致。后在杭州出家。薙发于虎跑，受戒于灵隐，寄寓于玉泉。朴安每到杭，必谒大师，大师非佛书不书，非佛语不语。"①当时胡朴安谒大师于灵隐寺，并赠诗一首，其中曰："弘一精佛理，禅房欣良觌；岂知菩提身，本是文章伯；静中忽然悟，逃世入幽僻；为我说禅宗，天花落几席；坐久松风寒，楼外山沉碧。"

胡朴安不是佛门中人，却描绘了弘一大师的僧侣生活。弘一大师赠给胡朴安一幅"慈悲喜舍"法书，但他对此诗的部分句子不以为然。他对胡朴安说："学佛不仅精佛理而已，又我非禅宗，并未为君说禅宗，君诗不应诳语。"胡朴安为此只好承认自己囿于文人习惯，却不知犯了佛教诳语之戒。从此事中，人们足见弘一大师学佛之精严。胡朴安也说："文人学子学佛者，多学禅宗，或学相宗，近世多学密宗，大师独精严戒律，此所以德高而行严也。"

弘一大师托杭州友人介绍，曾结识了嘉兴的范古农居士。范古农《述怀》一文对此的说明是这样的："民国七年师将出家，大舍其在俗所有书籍笔砚以及书画、印章、乐器等于友生。道出嘉兴，持杭友介绍书见访，垂询出家后方针。"

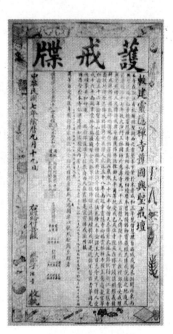

弘一大师在杭州灵隐寺
受戒后的护戒牒

李叔同与范古农见面后，即返回杭州，并于该年农历七月十三日在虎跑寺出家。农历九月，弘一大师在灵隐寺受戒，次月便就又去了嘉兴。他这次赴嘉兴，显然是与范古农约好的。范古农《述怀》一文中说："余与约，如不习惯住寺，可来此间佛学会住，有藏经可以阅览。故师出家后，即于九十月间来嘉兴佛学会，会中佛书每部为之标签，以便检阅。会在精严寺藏经阁，阁有清藏全部，亦为之检理。住时虽短，会中得益良多。"佛学会既在精严寺藏经阁，所以实际上弘一大师仍是住在寺院范围内。

弘一大师住精严寺的时间虽然只约两个月，但是有必要说明的问题倒还是有的。首先，从弘一大师当时写给旧友许幻园的一封信中可知马一浮

---

① 胡朴安：《我与弘一大师》，载《弘一大师永怀录》，大雄书局 1943 年版。

曾在这里讲过《大乘起信论》。弘一大师离开精严寺，其实也是马一浮的关系。范古农在《述怀》一文说："居会约两月，杭州海潮寺请一雨禅师打禅七，马一浮先生招之往，遂行。"

玉泉寄庐

　　据目前资料显示，弘一大师出家后首次到杭州的玉泉清莲寺是在1918 年年底。也许是因为那时弘一大师出家不久，许多老友出于对他的关心，前往探望的人不少。目前可以见到弘一大师在玉泉与来访的旧友陶秉珍、朱章卿的一张合影。1919 年春天的时候，另一位旧友袁希濂也来看望他了。关于这次访问，袁希濂在《余与大师之关系》一文中说："民国七年戊午，余再调杭州，而师已出家。余因公务大繁，不克寻访。翌年己未，余调任武昌，知师在玉泉寺，乃往走别，师谓余前生亦系和尚，劝令朝夕念佛；并谓有《安士全书》，必须阅读，不可忘却等语，郑重而别。"① 袁希濂后来拜印光大师皈依了佛教。他把自己学佛的因缘归之于弘一大师的启迪。

　　弘一大师与玉泉寺是有缘分的。在他尚未出家前，就到这里来过。丰子恺在《为青年说弘一法师》一文中说："出家前数日，他同我到西湖玉泉去看一位程中和先生。这程先生原来是当军人的，现在退伍，住在玉泉，正想出家为僧。李先生同他谈得很久。"② 程中和于 1920 年出家，即弘伞法师，长期与弘一大师互为道友。弘一大师初出家时的两年里，程中和还是一位在家居士。1919 年冬，他俩在玉泉寺结期修业，且共燃臂香，依天亲菩萨《菩提心论》发十大正愿。1920 年农历六月，弘一大师准备到新登贝山闭关，程中和遂在接引庵剃发出家，法名演义，字弘伞，随往护关。弘一大师在玉泉寺，与一位名叫吴建东的"玉泉居士"也有缘。弘一大师后来写过一篇《玉泉居士墓志铭》。③ 玉泉清涟寺（俗称玉泉寺）即如今之玉泉观鱼处所在地。南齐建元中僧昙超开山筑庵说法于此。

---

　　①　袁希濂：《余与大师之关系》，载《弘一大师永怀录》，1943 年大雄书局版。

　　②　丰子恺《为青年说弘一法师》，载《丰子恺文集》文学卷二。

　　③　弘一：《玉泉居士墓志铭》，见《弘一大师全集七·佛学卷（七）、传记卷、序跋卷、文艺卷》，福建人民出版社 1991 年版。

寺内有珍珠泉，晶莹明净，故寺以泉而名之。寺内又养鱼供人观赏，故"玉泉观鱼"曾是西湖三十六景之一。该寺于后晋天福三年（938年）改建，名净空。南宋绍定年间，赐名玉泉净空院。清康熙三十八年（1699年）改名为清涟寺。咸丰辛酉，寺毁，光绪元年，僧精觉朝山经此，结茅重兴。清涟寺今已不存。弘一大师于1921年农历三月还到过玉泉。不过由于玉泉寺位于观鱼游览之地，寺院环境相对比较嘈杂。弘一大师对此曾有过评说。李鸿梁在《我的老师弘一法师李叔同》中写道："1919年，我到玉泉去看法师，房子很好，可惜闹一点，走廊如同街道，游客络绎不绝，但法师的房门开着，静坐着在看书，我站在他的桌旁约有五分钟之久，他才抬起头来。法师说，这地方很不好，常常有人来找他，所以不久仍想回虎跑去。"① 除了游人多外，如上所述，弘一大师在玉泉时，前往探望的旧友确实不少。朋友是好意，但客观上却影响他的静修。也许，这正是弘一大师未在玉泉久住的一个原因。

湖畔招贤

　　杭州北山路上的招贤寺亦算得上是一所古老的寺院了。《湖山便览》记载道："在岭麓玛瑙寺西。唐德宗时，郡人吴元卿为六官使弃职，掺鸟窠禅僧，建庵修道。开运三年，钱氏就建为院，原额'招贤'。治平二年，改禅宗。有蒙泉，苏子瞻题。元末毁。国初，因址重建，改名清隐庵。"程中和（弘伞法师）出家后，曾长期在招贤寺主事。1926年春，弘一大师自温州至杭州，就住在招贤寺里静修。

　　弘一大师刚到招贤寺时，虽也很专心的修行，但还是约见了一些旧友。但到了立夏以后，一般情况下他就不见客了。比如他在给蔡冠洛的信中就说："初六日来杭，寓招贤寺。数日以来，与诸师友时有晤谈。自廿五日（立夏日）始，方便掩室，不见宾客。疏钞二十九册、印一方，乞收入。"② 再比如他在给汪梦空的明信片中也说："书悉。在招贤见客事，甚不愿破例。拟于后天即初九日午前九点钟，在西泠印社（潜泉附近）

　　① 李鸿梁：《我的老师弘一法师李叔同》，载《浙江文史资料选辑》第26辑，浙江人民出版社1984年版。

　　② 见《弘一大师全集八·杂著卷、书信卷》，福建人民出版社1992年版。

晤谈。如初九日临时大雨，乞改初十日（亦九点钟，若小雨不改）。此次晤谈事，乞勿告他人至要。"① 弘一大师显然是很喜欢招贤寺的。除了它的地理位置外，更重要的是他与弘伞法师之间的默契和对弘伞法师的赞赏。弘一大师在一封致杨白民的信中说："弘伞师住持招贤寺，整理规画，极为完善。西湖诸寺，当以是间首屈一指矣。"② 因为有了招贤寺的缘，有了弘伞法师的缘，故1948年秋刘胜觉居士负责将弘一大师的部分骨灰从福建送至杭州后，其存放地就是招贤寺。丰子恺也与招贤寺主弘伞法师友善。抗战胜利后，丰子恺曾卜居西湖，其寓所即是招贤寺旁的小平屋，丰家将其称为"湖畔小屋"。丰子恺有对联曰："居临葛岭招贤寺，门对孤山放鹤亭"。

招贤寺有下院本来寺。本来寺位于灵隐寺后，为近代招贤寺智慧老和尚所创建。1927年的时候，弘一大师曾与弟子宽愿在该寺住过。7月，李石曾（煜瀛）到本来寺访问了弘一大师。李石曾在弘一大师手书《梵网经》题记中曰："弘一法师，别来十余年。数访于玉泉、招贤两寺不遇。本月九日得弘伞法师陪往见于本来寺畅谈，并得两法师赠以佛学书多种。余不曾学佛，然于其教理则敬羡久矣……今承弘伞上人出此嘱题，敬志数语如此。民国十六年七月十一日石曾李煜瀛。"③

云居山下

弘一大师随缘弘法，而在佛教界内部，他的影响力也已逐渐扩大。他发愿振兴南山律宗，身体力行，成果初见。他于1926年夏与弘伞法师一起去庐山，参加金光明法会，又写经数种，其中《华严经十回向品初回向章》写得含宏敦厚，饶有道气，被太虚大师推为近数十年来僧人写经之冠。其实，他自己在此时也被人以大师来称呼了。人们已称他为弘一大师。

弘一大师从庐山回杭州的几个月后，即1927年初，杭州发生了一次锋头不小的"灭佛事件"。时值北伐初成，政局未定，"革命"二字甚是

---

① 见《弘一大师全集八·杂著卷、书信卷》，福建人民出版社1992年版。

② 同上。

③ 见林子青编《弘一法师年谱》，宗教文化出版社1995年版。

时髦，一些偏激的青年意气用事，高喊灭佛之议，甚至鼓吹毁庙驱僧，勒令还俗。这种议论其实也已在上海、南京一带蔓延开来，印光、圆瑛等高僧也已向当局交涉，而在杭州，能挺身而出与之抗争的，也只能数弘一大师了。他此时正在吴山常寂光寺闭关，面对外界的喧嚣，他破例出关。一方面，他写信给地方政要，而这些人中，蔡元培曾是他的老师，经亨颐、马夷初、朱少卿等是旧友。另一方面，他又着手准备召集一些热血青年座谈对话。对于这一批人，须采取另一种感化的对策。他事先写了许多劝诫书法，准备分赠到青年会。座谈会地点就在常寂光寺。这些青年人，平时大多是知道弘一大师的，有的还是他当年的学生。与会者陆续到来后，弘一大师委托堵申甫居士将写好的书法分赠每一个人。弘一大师的书法，是这些青年人连做梦也不敢想的，今天刚一到场，就得到一幅，纵有再多的"毁佛"冲动，此刻心里早已熄灭了大半，而剩下的"星星残火"即刻又被弘一大师的一番认真开导给彻底熄灭了。弘一大师所言，皆动之以情，晓之以理。他从佛教在中国历史上的贡献，讲到众生的平等，从信教自由的法律，讲到人和之于政通的意义。当然他也讲到个别所谓的伪出家人，认为在看待佛教的问题上要善于辨别真伪是非，切不可意气用事。

此时的天气，还是乍暖还寒的早春，可年轻人听了这一番话，居然都感觉到背脊上都是热汗。本来今天是要来座谈的，可事实则变成了在听弘一大师讲课，更确切地说，是在补课。这些人当中，许多原来就是他的学生，今天再度聆取教诲，也都觉得言谈微中，情绪上，甚至是思想上多少都有了程度不同的转变，从此不再妄谈"灭佛"之论。

弘一大师在常寂光寺期间，陈嘉庚之胞弟陈敬贤夫妇曾前来拜访；俗侄李圣章（麟玉）自法国归来，亦来看望，并与弘一大师一起游西泠印社，摄影留念。

杭州常寂光寺位于杭州市云居山四宜亭下。由禅宗大德微军和尚于民国初年开创，为净土道场。今已不存。

弘一大师在杭州曾到过的寺院还有松木场弥陀寺。但随后便离去。文物出版社 1984 年 10 月第一版之《弘一法师》中有刘质平《弘一大师遗墨的保存及其生活回忆》一文。文中说："某次，由甫同行至杭州松木场弥陀寺，不竟日即移住虎跑定慧寺。余问故，答以'无缘'，师之见机如此。""缘"对弘一大师而言十分重要。另有两则资料记载弘一大师在杭州还住过玉佛寺和井亭庵。1943 年大雄书局版《弘一大师永怀录》中傅彬然《忆李叔同先生》一文说："先生出家以后，笔者曾与同学丰子恺兄专程到杭州西湖玉佛寺去访谒过。"如果傅彬然的回忆没有错的话，看来弘一大师亦住过玉佛寺。至于井亭庵，可参见天津古籍出版社 1988 年 4 月第一版之《李叔同——弘一法师》一书中所收朱经畬《李叔同（弘一法师）年谱》"1919 年"条目："春，小住杭州艮山门外井亭庵，不久移居玉泉清涟寺……"

结　语

自从弘一大师在受戒时获马一浮赠送的《灵峰毗尼事义集要》、《宝华传戒正范》后，他就在悲喜交集之中发愿学戒。在嘉兴精严寺，他在寺中藏经阁里检理佛书；此后，他在杭州艮山门外井亭庵和玉泉清涟寺又专治《根本说一切有部律》；在虎跑寺，他从华德禅师学唱赞呗，并手录赞呗颂，撰《赞诵辑要弁言》。

起初，弘一大师学的是"新律"，即唐代义净三藏所译的"有部律"。后来，他听取了天津徐蔚如居士的意见改研"南山律"。这南山律宗，以唐代道宣律师为祖。"南山律"依《四分律》而成，又稍有变化，最能适合中国僧众的根器。所以，他发愿要振兴南山律宗。1920 年农历六月，弘一大师登轮船沿江而上赴新城（今新登）贝山闭关。此后他云游浙闽，间或亦回杭州小住。不过自那以后，杭州已不是他活动的主要场所。

白马湖作家群作家记述弘一大师的散文

白马湖作家群中的作家有许多同题或同主题的散文。比如他们中的许多作家都有描述白马湖的散文；有朱自清、丰子恺的同题散文《儿女》；有朱自清、俞平伯的同题散文《桨声灯影里的秦淮河》；有夏丏尊、丰子恺、郑振铎的"猫文"（写猫的散文）；有夏丏尊、丰子恺、匡互生、朱自清、叶圣陶的同题散文《白采》；有朱自清、朱光潜、叶圣陶、刘薰宇悼念匡互生的散文；有夏丏尊、丰子恺、叶圣陶、朱光潜记述弘一大师的散文。

这类散文体现了白马湖作家群作家之间的友谊，也透露出其作为一个特殊文学群体作家间交往的风貌。这类散文的存在，显示了该群体的集体性，同时也为白马湖作家可以在"白马湖作家群"名下讨论提供支持。

弘一大师李叔同在白马湖作家群作家们的心目中有着特殊的地位。他虽不能算作白马湖作家群中的成员，但他的人格却影响着每一位白马湖作家群作家的思想和行为。对于像弘一大师这样一个人物，白马湖作家群作家对他的记述，无一不体现出"敬畏"二字。

1908 年，夏丏尊到杭州浙江官立两级师范学堂任该学堂的通译助教。不久，他在先后还任舍监、司训育，并兼授国文、日文。辛亥革命后，浙江省官立两级师范学堂改名为浙江省立两级师范学校。1912 年秋，李叔同来校执教，成了夏丏尊最亲近的同事。李叔同的断食修炼、佛教信仰乃至出家都与夏丏尊有关，故此，在夏丏尊记述弘一大师李叔同的散文中，大多都是关于这方面的内容。夏丏尊写弘一大师李叔同的散文有《〈子恺漫画〉序》、《我的畏友弘一和尚》、《弘一法师之出家》、《弘一大师的遗书》、《怀晚晴老人》及《〈李息翁临古法书〉跋》、《〈清凉歌集〉序》、《〈弘一大师永怀录〉序》和《〈晚晴山房书简〉序》等。

夏丏尊承认："弘一和尚是我的畏友。他出家前和我相交者近十年，他的一言一行，随时都给我以启诱。出家后对我督教期望尤殷，屡次来信都劝我勿自放逸，归心向善。"① 他折服于李叔同的"神力"，以为"李先生教图画、音乐，学生对于图画、音乐，看得比国文、数学还重。这是有人格做背景的缘故。因为他教图画、音乐，而他所懂得的不仅是图画、音乐；他的诗文比国文先生的更好，他的书法比习字先生的更好，他的英文比英文先生的更好……这好比一尊佛像，有后光，故能令人敬仰。"②

杭州自古就是一块佛土。许多历史上的名贤，诸如苏东坡、白居易、林和靖等都在这块佛地与佛教有着很密切的关系。近代的苏曼殊也是如此，每当他在生活中遇到挫折，他都会到杭州来润泽一下自己的心灵。李叔同怎样呢？且看他自己的表白：

> 杭州这地方，实堪称为佛地，因为那边寺庙之多约有两千余所，可以想见杭州佛法之盛了……当民国二年夏天的时候，我曾在西湖广化寺里面住了几天，但是住的地方却不是出家人的范围之内，那是在该寺的旁边，有一所叫作痘神祠的楼上。痘神祠是广化寺专门为着给那些在家的客人住的。当时我住在里面的时候，有时也曾到出家人的地方去看看，心里却感觉得有意思呢！③

李叔同对出家人的生活感兴趣，可他身为教师，虽然内心与西湖的空山灵雨颇能契合，但几年来，他倒还是全身心地投入在实际的教学之中，生活也就相对的稳定。然而，这种相对的稳定终于还是在 1916 年夏日的一天给动摇了，其客观原因，当又与夏丏尊有着直接的关系。

这一天，夏丏尊在一本日本杂志上看到一篇题为《断食的修养方法》的文章。文章说断食是身心"更新"的修养方法，自古宗教上的杰出人物，如释迦、耶稣等都曾实行断食修炼。还说断食可以改去恶德，生出伟大的精神力量，并且又列出了实行断食过程中的种种注意事项和方法，继而介绍了一本专讲断食的参考书。

---

① 夏丏尊：《我的畏友弘一和尚》，载 1936 年 3 月 3 日《越风》第 9 期。

② 丰子恺转述夏丏尊语，见丰子恺《悼丏师》，见《丰子恺文集》文学卷二，浙江文艺出版社、浙江教育出版社 1992 年版，第 155 页。

③ 弘一大师：《我在西湖出家的经过》，载 1937 年《越风》"西湖增刊"。

　　夏丏尊读了此文后，觉得很有趣，一时兴奋，就把它介绍给李叔同。李叔同是一个凡事都认真的人，虽然无意去做释迦、耶稣那样的圣人，但既然这篇文章中说断食有许多好处，他便决定去试试。李叔同实行断食的地点是在杭州的虎跑。他的断食实行得很顺利。他的原意只是来试试断食后的感觉，并无其他更多的期望。可他这回亲临寺院，对僧人的生活更加亲近起来。他经常看见有一位出家人从他的窗前轻轻地走过，每至此时，他都会羡慕其与世无争的超凡气象。有时他会向僧人借来佛经看，企图在经书中探觅另一种人生。终于，李叔同于 1918 年正月十五日这天皈依了佛教，并为正式出家积极做着准备。

　　看到这种情景，夏丏尊不胜寂寥，他对自己介绍李叔同读那篇断食的文章后悔不已，甚至悔不该在当初苦留李叔同在浙一师从教。关于此，夏丏尊在《弘一法师之出家》一文中痛悔自己当初的作为：

　　　　在这七年中，他想离开杭州一师有三四次之多，有时是因为对于学校当局有不快，有时是因为别处来请他，他几次要走，都是经我苦劝而作罢的，甚至于有一个时期，南京高师苦苦求他任课，他已接受了聘书了，因我恳留他，他不忍拂我之意，于是杭州南京两处跑，一个月中要坐夜车奔波好几次。他的爱我，可谓已经超出寻常友谊之外，眼看这样的好友因信仰的变化要离我而去，而且信仰的事不比寻常名利关系可以迁就。料想这次恐已无法留得他住，深悔从前不该留他。他若早离开杭州，也许不会遇到这样复杂的因缘的。①

　　看到李叔同如此"世味日淡"的模样，有一次夏丏尊急了，他在《弘一法师之出家》一文中叙述了下面的情节：

　　　　他虽常用佛法好言安慰我，我总熬不住苦闷。有一次，我对他说过这样的一番狂言：
　　　　"这样做居士究竟不彻底。索性做了和尚，倒爽快！"
　　　　我这话原是愤激之谈，因为心里难过得熬不住了，不觉脱口而

---

　　① 夏丏尊：《弘一法师之出家》，见《夏丏尊文集·平屋之辑》，浙江人民出版社 1983 年版，第 244 页。

出。说出以后，自己也就后悔。他却是仍是笑颜对我，毫不介意。

……暑假后，我就想去看他，忽然我父亲病了，到半个月以后才到虎跑寺去。相见时我吃了一惊，他已剃去短须，头皮光光，著起海青，赫然是个和尚了！他笑说：

"昨天受剃度的。日子很好，恰巧是大势至菩萨生日。"

"不是说暂时做居士，在这里住住修行，不出家的吗？"我问。

"这也是你的意思，你说索性做了和尚……"

我无话可说，心中真是感慨万分……临别时我和他作约，尽力护法，吃素一年。他含笑点头，念一句"阿弥陀佛"。

从客观上讲，夏丏尊始终都有一种"弘一大师情结"。这种情结的产生，当然是由于他对弘一大师的崇拜。李叔同的教育精神自然影响到夏丏尊。他后来作为白马湖作家的领袖人物，夏丏尊的精神也无疑影响着他周围的人。

夏丏尊《〈子恺漫画〉序》里生动记述了弘一大师简朴的生活细节：1925 年的一天，弘一大师云游至宁波七塔寺。此时夏丏尊恰好也在宁波。他得知消息后，迫不及待地就前往拜望。夏丏尊在云水堂里看到四五十个游方僧住着，似乎皆睡统铺，而弘一就住在下层。老友重逢，他俩便坐在廊下的板凳上交谈起来：

"到宁波三日了，前两日是住在小旅馆里的。"

"那旅馆不十分清爽吧？"

"很好！臭虫也不多，不过两三只。主人待我非常客气呢！"

他俩谈了一会儿后，夏丏尊就邀请弘一到上虞白马湖住几天。由于夏丏尊的坚请，弘一也就答应下来。

到了白马湖，夏丏尊将弘一安顿在春社住下。只见弘一亲自把铺盖打开。这是十分简单，且用破席子裹着的铺盖。只见他将破席子珍重地铺在床上，又摊开了被子，把衣服卷了几件就充作了枕头。然后，他取出一块又黑又破的毛巾从容地走到湖边去洗脸。

夏丏尊实在忍不住了，就说：

"这手巾太破了，替你换一条好吗？"

"哪里！还好用的，和新的差不多。"

弘一一边说，一边就把毛巾展开来让夏丏尊看，好像是表明它并不十分破旧似的。

弘一到白马湖时，已过了中午。由于他严格按照戒律行事，过午即不进食。第二天，夏丏尊在没有到中午之前就早早地送去了饭菜。弘一吃饭时，夏丏尊就在一旁看着。这菜不过是些白菜萝卜之类的家常素菜，可弘一吃起来却是那样的喜悦。尤其是当他用筷子郑重地夹起一块萝卜时的那种惜福的神情，夏丏尊见了感动地要流下泪来。

这天，有另一位朋友送来了四样素菜，其中一碗菜非常咸。夏丏尊带着责备的口吻说："这太咸了！"岂知弘一说道："好的！咸的也有咸的滋味，也好的！"

此后，弘一表示不必再专门为他送菜来，说他自己可以走着去吃饭。

"那么逢天雨仍替你送去吧。"

"不要紧！天雨，我有木屐哩！"他把"木屐"二字说得很郑重，俨然是一种了不得的法宝一般。他又补充曰："每日走些路，也是一种很好的运动。"

在弘一看来，这世界上竟没有一样东西是不好的。小旅馆是好的，尽管有几只臭虫、统铺是好的、破席子是好的、破毛巾是好的、咸苦的素菜是好的、走路也是好的……夏丏尊算是彻底地折服了："这是何等的风光啊！宗教上的话且不说，琐屑的日常生活到此境界，不是所谓生活的艺术化了吗？人家说他在受苦，我却说他是享乐。我常见他吃萝卜白菜时那种喜悦的光景，我想：萝卜白菜的全滋味，真滋味，怕要算他才能如实尝到了。对于一切事物，不为因袭的成见所缚，都还他一个本来面目，如实观领略，这才是真解脱，真享受。"[①]

1928 年 11 月，夏丏尊与刘质平、经亨颐、周承德、穆藕初、朱酥典、丰子恺等七人还联合发出了《为弘一法师筑居募款启》，拟在浙江上虞白马湖畔为大师筑一长住居舍。

这启文是这样写道：

> 弘一法师，以世家门弟，绝世才华，发心出家，已十余年。披剃以来，刻意苦修，不就安养；云水行脚，迄无定居；卓志净行，缁素叹仰。同仁等与师素有师友之雅，常已俗眼，愍其辛劳。屡思共集资

① 这段情节见夏丏尊《〈子恺漫画〉序》，开明书店 1926 年版。

财，筑室迎养，终以未得师之允诺而止。师今年五十矣，近以因缘，
乐应前请。爰拟遵循师意，就浙江上虞白马湖觅地数弓，结庐三椽，
为师栖息净修之所，并供养其终生。事关福缘，法应广施。裒赖腋
集，端资众擎。世不乏善男信女，及与师有缘之人，如蒙喜舍净财，
共成斯善，功德无量。①

1929 年初夏，此宅在白马湖边竣工。此屋地处小山东麓，平房三间，
缘数十级石阶而上。弘一大师以李商隐"天意怜幽草，人间重晚晴"句
意，题名为"晚晴山房"。

李叔同出家后，屡屡劝导夏丏尊归心向佛。而夏丏尊自己的感触则
是："佛学于我向有兴味，可是信仰的根基迄今远没有建筑成就。平日对
于说理的经典，有时感到融会贯通之乐，至于实行修持，未能一一遵行。
例如说，我也相信唯心净土，可是对于西方的种种客观的庄严尚未能深
信。我也相信因果报应是有的，但对于修道者所宣传的隔世的奇异的果
报，还认为近于迷信。"②

弘一大师住进"晚晴山房"后，夏丏尊从上海来看望他。由于夏丏
尊自己有感于身体状况不好，推己及人，他倒担心起弘一大师的健康了。
有一日，夏丏尊忧心忡忡地问弘一大师：万一有不讳，该如何办理？弘一
笑曰："我已写好了一封遗书在这里，到必要时会交给你。如果你在别
地，我会嘱你家里发电报叫你回来。你看了遗书，一切照办就是了。"③
当然，那个时候的弘一大师未必给夏丏尊写下遗书。至于弘一大师在
1942 年临终前所写的遗嘱，这是目前许多人都熟知的。那时，弘一大师
感到直奔西天之时已近，分别给夏丏尊、刘质平写下了同样的两份遗书。
遗书的内容是这样的：

> 朽人已于九月初四日迁化。曾赋二偈，附录于后：
> 君子之交，其淡如水。执象而求，咫尺千里。

---

①　夏丏尊等：《为弘一法师筑居募款启》，见林子青编《弘一法师年谱》，宗教
文化出版社 1995 年版，第 172 页。

②　夏丏尊：《我的畏友弘一和尚》，载 1936 年 3 月 3 日《越风》第 9 期。

③　夏丏尊：《弘一大师的遗书》，见《夏丏尊文集·平屋之辑》，浙江人民出版
社 1983 年版，第 250 页。

问余何适，廓尔亡言。华枝春满，天心月圆。

谨达，不宣。

前所记月日，系依农历。又白。①

1942 年 10 月 31 日这一天上午，夏丏尊依例要到开明书店去办事。才坐定，有人就送来了一封信，当他抽出信纸来读时，一时吃惊："朽人已于……"夏丏尊怎么也想不通，"迁化"的消息如何会由"迁化"人自己来报道呢？再仔细一看，遗书上的"九"、"初四"三字是用红笔写的，似乎不是弘一的亲笔，像是别人填上去的。就在这时，有人又从信封里抽出了附件，一件是泉州大开元寺性常法师的信，说弘一大师已于九月初四日下午八时生西，遗书是由他代寄的。另一件是剪下的泉州当地报纸，其中关于弘一大师临终经过有详细的记载。夏丏尊这时才不得不相信，这平生的挚友——弘一大师确实是圆寂了。

弘一大师圆寂后，夏丏尊顾不上自己体弱多病，为纪念弘一大师做了许许多多的工作。他先后撰写了纪念文章。1943 年 3 月，他又为《晚晴老人讲演集》作了题记；1943 年初冬，上海大雄书局出版了《弘一大师永怀录》，书中皆为文化界、佛教界人士回忆大师的文章和诗词。夏丏尊德高望重，为之作了序言；1944 年秋，开明书店出版了《晚晴山房书简》（第一辑），由夏丏尊、李芳远集稿，其中弘一致夏丏尊函就有 95 通之多。

夏丏尊在《弘一大师永怀录》的序言中的一席话道出他对这位挚友的发自内心的评价：

……综师一生，为翩翩之佳公子，为激昂之志士，为多才之艺人，为严肃之教育者，为戒律精严之头陀，而卒以倾心西极，吉祥善逝。其行迹如真而幻，不可捉摸，殆所谓游戏人间，为一大事因缘而出世者。现种种身，以种种方便而作佛事，生平不畜徒众，而摄受之范围甚广。②

---

① 夏丏尊：《弘一大师的遗书》，见《夏丏尊文集·平屋之辑》，浙江人民出版社 1983 年版，第 250 页。

② 夏丏尊：《〈弘一大师永怀录〉序》，大雄书局 1943 年版。

　　丰子恺记述弘一大师李叔同的散文有《法味》、《缘》、《为青年说弘
一法师》、《我与弘一法师》、《中国话剧首创者李叔同先生》、《先器识而
后文艺》、《李叔同先生的爱国精神》、《李叔同先生的教育精神》及
《〈弘一大师全集〉序》、《〈前尘影事集〉序》、《拜观弘一法师摄影集后
记》、《〈弘一大师纪念册〉序言》、《〈弘一大师遗墨〉序言》、《〈弘一大
师遗墨续集〉跋》等。以弘一大师李叔同为记述对象，这在丰子恺的记
人散文中数量是最多的。丰子恺是李叔同的学生。1914 年初秋，丰子恺
以第三名的成绩考入了杭州的浙江省立第一师范学校。在当时的浙江省立
第一师范学校里，有像校长经亨颐和李叔同、夏丏尊、姜丹书等这样的一
批具有进步思想和改革精神的教师。他们一心一意地办学，使该校学风纯
正，民主气息浓厚；又由于李叔同的大力提倡，学校里的师生对艺术教育
都十分重视。据丰子恺在《李叔同先生的教育精神》一文中介绍，当时
学校就有开天窗的专用图画教室；有单独坐落在校园花丛中，拥有两架钢
琴、五六十架风琴的音乐教室。对于一所中等学校而言，这样的艺术教学
配置不要说在当时，就是在现在也是极为可观的了。丰子恺在同一篇文章
里还说："在这所学校里课程表里的图画、音乐钟点虽然照当时规定，并
不增多，然课外图画、音乐学习的时间比任何功课都勤。下午四时以后，
满校都是琴声，图画教室里不断的有人在那里练习石膏模型木炭画，光景
宛如一艺术专科学校"。①就是在这样一所学校里，丰子恺开始从师于李叔
同，接受正规的音乐和美术教育。

　　对于老师李叔同的最初印象，丰子恺在《为青年说弘一法师》一文
中是这样描述的：

　　　　我们走向音乐教室（这教室四面临空，独立在花园里，好比一
　　个温室）。推进门去，先吃一惊：李先生早已端坐在讲台上。以为先
　　生还没有到而嘴里随便唱着、喊着、或笑着、骂着而推进门去的同
　　学，吃惊更是不小。他们的唱声、喊声、笑声、骂声以门槛为界而忽
　　然消灭。接着是低着头，红着脸，去端坐在自己的位子里。端坐在自
　　己的位子里偷偷地仰起头来看看，看见李先生的高高的瘦削的上半身

①　丰子恺：《李叔同先生的教育精神》，见《丰子恺文集》文学卷二，浙江文
艺出版社、浙江教育出版社 1992 年版，第 541 页。

穿着整洁的黑布马褂，露出在讲桌上，宽广得可以走马的前额，细长的凤眼，隆正的鼻梁，形成威严的表情。这副相貌，用"稳而厉"三个字来描写，大概差不多了。①

诚然，丰子恺在认识李叔同之初，其心中的敬畏之情尚处在一种表层的直觉阶段。但这种直觉很快就被因更深入的了解、频繁的接触所产生的内在价值评判替代了。这种价值评判一旦在丰子恺的心中确立，就决心跟着李叔同专攻艺术了。丰子恺在他自己的《旧话》一文中就承认，他原想使自己跟从一位"我所钦佩的博学国文先生研究古文，或进理科大学研究理化，或入教会学校研究外国文"。② 然而，当他跟从李叔同学起了绘画后，他体会到了艺术与英、数、理、化的不同滋味。此后，他渐渐疏远其他功课，而埋头于美术，居然成了学校里绘画成绩的佼佼者。当然，丰子恺这样做也是付出代价的。他在《为青年说弘一法师》中透露："以前学期考试连列第一，此后一落千丈，有时竟考末名，幸有前两年的好成绩，平均起来，毕业成绩犹得第二十名。"③ 由于对音乐、美术课的偏爱，丰子恺在学校里不仅能弹钢琴、画画、治篆刻，他还被推为学校"桐阴画会"的负责人。从四年级开始，他经常借故请假到西湖写生，几乎没有学过有关教育方面的课程，甚至连到附属小学实习都没有参加。

丰子恺在美术上的每一个进步，李叔同都及时地看在眼里。丰子恺同样在《为青年说弘一法师》里说：有一天晚上，他到李叔同的房里去汇报学习情况（他当时任年级的级长），当汇报完毕正要退出时，李叔同叫住了他，并用很轻但极严肃的声音和气地对他说："你的画进步很快！我在南京和杭州两处教课，没有见过像你这样进步快速的人。你以后可以……"④ 聪明的丰子恺明白了老师的意图，他在《旧话》一文中认为："李先生当时兼授南京高等师范及我们第一师范两校的图画，他又是我们最敬佩的先生之一。我听到他这两句话，犹如暮春的柳絮受了一阵强烈的

---

① 丰子恺：《为青年说弘一法师》，见《丰子恺文集》文学卷二，浙江文艺出版社、浙江教育出版社1992年版，第142页。

② 丰子恺：《旧话》，见《丰子恺文集》文学卷一，浙江文艺出版社、浙江教育出版社1992年版，第179页。

③ 丰子恺：《为青年说弘一法师》，见《丰子恺文集》文学卷二，第142页。

④ 同上。

东风，要大变方向而突进了。"果然，丰子恺大变方向了。关于此，他
《为青年说弘一法师》一文中有一段神秘而又自我庆幸的谈话：

> 当晚这几句话，便确定了我的一生。可惜我不记得年月日，又不
> 相信算命。如果记得，而又迷信算命先生的话，算起命来，这一晚一
> 定是我一生中一个重要关口，因为从这晚起，我打定主意专门学画，
> 把一生奉献给艺术，直到现在没有变志。①

丰子恺后来曾将《为青年说弘一法师》一文作过修改以《怀念李叔
同先生》② 之题重新发表时却删去了这段话，个中原因，可能是他后来觉
得这样说未免过于唐突。因为确立一生的志向总离不开日积月累的艺术实
践和生活积累，只靠那一晚李叔同的一席话未必就能成为人生的"关
口"。其实，与其说这是一个"关口"，还不如说这是一个缘。另一方面，
即便李叔同能用一席话打动丰子恺的心，这里还由于李叔同个人的品格、
魅力在起作用。我们不妨看看丰子恺在《我与弘一法师》一文中所表述
的他心目中的李叔同先生：

> 他从来不骂人，从来不责备人，态度谦恭，同出家后完全一样；
> 然而个个学生真心的怕他，真心的学习他，真心的崇拜他。我便是其
> 中之一人。因为就人格讲，他的当教师不为名利，为当教师而当教
> 师，用全副精力去当教师。就学问讲，他博学多能，其国文比国文先
> 生更高，其英文比英文先生更高，其历史比历史先生更高，其常识比
> 博物先生更富，又是书法金石的专家，中国话剧的鼻祖。他不是只能
> 教图画音乐，他是拿许多别的学问为背景而教他的图画音乐。夏丏尊
> 先生曾经说："李先生的教师，是有后光的。"像佛菩萨那样有后光，
> 怎不教人崇敬呢？而我的崇敬他，更甚于他人。③

---

① 丰子恺：《为青年说弘一法师》，见《丰子恺文集》文学卷二，第142页。
② 《为青年说弘一法师》一文在人民文学出版社1957年版《缘缘堂随笔》里改
名为《怀念李叔同先生》。
③ 丰子恺：《我与弘一法师》，见《丰子恺文集》文学卷二，第398页。

　　丰子恺心目中的李叔同是如此一个伟大的形象。李叔同表扬他、开导他、鼓励他，他自然欣喜万分，也自然要倾心追随了。

　　李叔同可谓是一位艺术全才。尽管如此，据丰子恺在《先器识而后文艺——李叔同先生的文艺观》中说：他的案头却总放着一册明代刘宗周著关于古来贤人嘉言懿行的《人谱》，并且还在封面上写着"身体力行"四个字，每个字旁又加上一个红圈。李叔同常对丰子恺说一些书中有关做人与艺术的准则。他把其中"士先器识而后文艺"的意思讲给丰子恺听，要求他首重人格修养，次重文艺技术，要做一个好的文艺家，必先做一个好人。他认为一个文艺家若没有"器识"，无论技艺何等精通熟练，亦不足道。所以他告诫丰子恺："应使文艺以人传，不可人以文艺传。"这种告诫对丰子恺来说非常及时，这正像丰子恺自己说的那样："我那时正热中于油画和钢琴技术，这一天听了他这番话，心里好比开了一个明窗，真是胜读十年书。从此我对李先生更加崇敬了。"李叔同后来在出家时把《人谱》送给了丰子恺。丰子恺也将此书视作珍宝收藏，后由于抗战炮火，此书毁于一炬。但他在逃难期间，偶尔在成都的旧书摊上见到了一册《人谱》，立即将其买下，一直保存在身边。可见，李叔同的这一教导是在丰子恺的内心里扎下根了的。这也正像丰子恺在《新艺术》一文里所讲的："因为有'艺术的心'而没有技术的人，虽然未尝描画吟诗，但其人必有芬芳悱恻之怀、光明磊落之心，而为可敬可爱之人。若反之，有技术而没有艺术的心，则其人不啻一架无情的机械了。"[1]

　　丰子恺是在李叔同的启迪下走上艺术之路的；他那颗受过老师熏染的艺术心始终主导着他的创作。跟老师一样，丰子恺以博爱、深广的心灵去看天地间一切有情无情的物事；他相信艺术家所见的世界是一视同仁、平等的世界；艺术家的心，对于世间万物都应给予热诚的同情。

　　丰子恺于 1921 年春赴日游学 10 个月，同年冬回国。回国后，他先后在上海专科师范学校、浙江省上虞春晖中学、上海立达学园任教。1926年春，弘一大师自温州至杭州，居西湖招贤寺。他给在上海的丰子恺寄去了一张邮片："近从温州来杭，承招贤老人殷勤相留，年内或不复他适。"于是他就与夏丏尊一起去杭州拜望弘一大师。丰子恺这回与弘一大师重逢，显然是受到了很大的触动。他在《法味》一文里说自己的生活"犹

---

　　① 丰子恺：《新艺术》，载 1932 年 9 月 11 日《艺术旬刊》第 1 卷第 2 期。

如常在驱一群无拘束的羊，才把东边的拉拢，西边的又跑开去。拉东牵西，瞻前顾后，困顿之极。不但不由自己拣一条路而前进，连体认自己的状况的余暇也没有。这次来杭，我在弘一师的明镜里约略照见了十年来的自己的影子了。我觉得这次好像是连续不断的乱梦中一个欠伸，使我得暂离梦境；拭目一想，又好像是浮生路上的一个车站，使我得到数分钟的静观"。① 不久，弘一大师至上海，丰子恺曾在他自己的家里请弘一大师午餐，又陪大师就近参观了立达学园，第二天又与大师一起访问世界佛教居士林。佛教居士林对丰子恺的影响很大，最大收获是他对居士作用有了进一步的认识。他在《法味》一文中说："和尚是对内的，居士是对外的。居士实在就是深入世俗社会里去现身说法的和尚。我初看这居士林建筑设备的奢华，窃怪与和尚的刻苦修行相去何远。现在看了尤居士，方才想到这大概是对世俗的方便罢了。"②

丰子恺一向喜欢替自己的居舍取名。比如 1922—1924 年他在白马湖时的居舍叫"小杨柳屋"；后来，他在抗战期间在内地又有过"星汉楼"、"沙坪小屋"；1949 年后在上海又有"日月楼"等。丰子恺替居舍取名，一般与居舍的环境、特点有关，唯独"缘缘堂"特别，它不仅有一股馨香的佛教气息，而且与弘一大师 1926 年秋后寓居丰宅有直接的关系。当时丰子恺请弘一大师替他自己的居舍取名，不料，大师为他指点了一个使他始料未及的办法：让丰子恺在许多小纸片上分别写上自己喜欢而又可以互相搭配的文字，然后把每张纸片都揉成小纸团，撒在释迦牟尼像的供桌上，让丰子恺自己去抓阄。结果，丰子恺连续两次都抓到了"缘"字。于是就取堂名为"缘缘堂"，丰子恺还请弘一大师写了一个横额。丰子恺把这上海的居舍看成是"缘缘堂""灵"的存在，而真正给它赋形则是此后他在故乡石门湾的自建寓所。

1927 年秋后，弘一大师又一次来到上海。这回，他在丰子恺的家里一住就是一个月。在这对丰子恺来讲极为难得的一个月中，弘一大师与丰子恺朝夕相处，其情形，犹如丰子恺在《缘》一文中所描述的那样：

---

① 丰子恺：《法味》，见《丰子恺文集》文学卷一，浙江文艺出版社、浙江教育出版社 1992 年版，第 21 页。

② 同上。

每天晚快天色将暮的时候我规定到楼上来同他谈话。他是过午不食的，我的夜饭吃得很迟。我们谈话的时间，正是别人的晚餐的时间。他晚上睡得很早，差不多同太阳的光一同睡着，一向不用电灯。所以我同他的谈话，总在苍茫的暮色中。他坐在靠窗的藤床上，我坐在里面椅子上，一直谈到窗外的灰色的天空衬出他的全黑的胸像的时候，我方才告辞，他也就歇息。这样的生活，继续了一个月。现在已变成丰富的回想的源泉了。①

由于这一两年来接连不断的佛教因缘，再说丰子恺原本就是弘一大师的得意门生，他为人处世的行为准则早已受到弘一大师的人格熏染。如今他俩又晨夕一堂，弘一大师的言行、思想与品格以至信仰便又一次影响了他。终于，丰子恺发愿要拜弘一大师为师皈依佛教了。皈依的地点就在江湾"缘缘堂"里的钢琴边上。时间是1927年农历九月廿六日丰子恺生日的这一天。大师为丰子恺取的法名是"婴行"。

在1927年秋的这一个月里，丰子恺与弘一大师的交游实在非同寻常。除了前述的种种因缘之外，他俩还酝酿了一个弘扬佛法、鼓吹仁爱、劝人从善戒杀的大计划，这就是编绘《护生画集》。

第一次世界大战后，欧洲曾出现过声势不小的提倡素食主义的呼声，各种保护生灵的团体也活动频繁。文学界的萧伯纳也是一位极具护生思想的人。有一次，一位朋友把话问到了极端的程度："假如我不得已而必须吃动物，怎么办呢？"萧伯纳答道："那么，你杀得快，不要使动物多受苦痛。"当时中国的情况其实也一样。声称"为东亚提倡保护动物，宣传素食主义之专利"的《护生报》居然还有蒋介石题写的报头；中国保护动物会的《护生警语》的第一条便是："保护动物，是20世纪人类祈求和平应有的认识和觉悟。"

《护生画集》是否是在如此素食主义大潮中孕育而生的，弘一大师和丰子恺没有正面提及，但二者间有着或多或少的联系则是肯定的。比如，弘一大师为《护生画集》中"农夫与乳母"一图配诗即曰："西方之学

---

① 丰子恺：《缘》，见《丰子恺文集》文学卷一，浙江文艺出版社、浙江教育出版社1992年版，第154页。

者，倡人道主义。不啗老牛肉，淡泊乐蔬食。卓哉此美风，可以昭百世。"① 所以，就《护生画集》本身而论。其宗旨与东西方一时兴起的素食护生思潮基本一致，而作为 1927 年刚拜弘一大师为师皈依佛教的丰子恺，他委实是在与大师一起把《护生画集》当成一项事业去实践的。《护生画集》初集出版于 1929 年 2 月（开明书店），丰子恺作图 50 幅，弘一大师配诗文，马一浮作序。

1939 年，丰子恺为纪念大师六十寿辰，开始着手绘制护生画的续集。他将 60 幅画绘作完毕，由宜山寄往泉州，请大师配上文字。弘一大师见续集已绘出，非常欣喜，他给丰子恺写信说："朽人 70 岁时，请仁者作护生画第 3 集，共 70 幅；80 岁时，作第 4 集，共 80 幅；90 岁时，作第 5 集。共 90 幅；百岁时，作第 6 集，共百幅。护生画集功德于此圆满。"丰子恺收到此信后就想，其时寇势凶恶，自己流亡在外，命运生死难卜。但大师既已有此嘱，又岂敢不从呢？因此他在回信中表示："世寿所许，定当遵嘱。"②

弘一大师于 1942 年 10 月 13 日在泉州圆寂。为了纪念老师，丰子恺发愿替弘一大师画像 100 幅。他画弘一大师像，自认是心最诚而情最切的。他在《为青年说弘一法师》中说：这些画，"为欲勒石，用线条描写，不许有浓淡光影。所以不容易描得像。幸而法师的线条画像，看的人都说'像'。大概是他的相貌不凡，特点容易捉住之故。但是还有一个原因：他在我心目中印象太深之故。我自己觉得，为他画像的时候，我的心最虔诚，我的情最热烈，远在惊惶恸哭及发起追悼会、出版纪念刊物之上"。③

对于弘一大师的西逝，丰子恺始终是很理智的。他没有立即写文悼念，也没有为之发起、主持过任何形式的追悼大会。只是在 1943 年 3 月写了那篇《为青年说弘一法师》。在这篇文章中，丰子恺对自己的所作所为作了这样的解释："弘一法师是我的老师，而且是我生平最崇拜的人。如此说来，我岂不太冷淡了么？但我自以为不是。我敬爱弘一法师，希望

① 见《护生画集》，开明书店 1929 年版。
② 有关《护生画集》各集的出版始末，见陈星著《功德圆满——护生画集创作史话》一书，（台北）业强出版社 1994 年版。
③ 丰子恺：《为青年说弘一法师》，见《丰子恺文集》文学卷二，第 142 页。

他在这世间久住，但我确定弘一法师必有死的一日，因为他是'人'，不过死的时日迟早不得而知。我时时刻刻防他死，同时时刻刻防我自己死一样。他的死是我意料中事，并不出于意料之外，所以我接到他死的电告，并不惊惶，并不恸哭。老实说，我的惊惶与恸哭，在确定他必死的一日之前早已在心中默默地做过了。"①

又过了4年，在这期间，丰子恺仍然没有就弘一大师再写过什么文字。一直到1947年，福建的刘绵松居士编辑《弘一大师全集》时，丰子恺才因其词意非常诚恳而写了不足千字的短序。按理，为弘一大师的全集写序，总该详细谈他与弘一大师的因缘了，但是丰子恺仍然不愿详谈。他踟蹰了很久，方才动笔，勉强来赞一词：

我崇敬弘一法师，为了他是"十分像人的一个人"。凡做人，当初，其本心未始不想做一个十分像"人"的人；但到后来，为环境，习惯，物欲，妄念等所阻碍，往往不能做得十分像"人"。其中九分像"人"，八分像"人"的，在这世间已很伟大；七分像"人"，六分像"人"的，也已值得赞誉；就是五分像"人"的，在最近的社会里也已经是难得的"上流人"了。像弘一法师那样十分像"人"的人，古往今来，实在少有。所以使我十分崇仰。至于怎样十分像"人"，有这全集表明，不须我再多费词了。我自己，也是一个心想做到十分，而实际上做得没有几分像"人"的人，所以对于弘一法师这样崇高伟大的人格，实在不敢赞一词……②

丰子恺这番话看似抽象笼统，然而细细想来，确实也至情至理。文中所体现出来的正是丰子恺对这位最崇敬的弘一大师一种无以言喻的崇拜。丰子恺所谓十分像"人"的人，是一种具有不趋炎附势的，对理想、事业始终如一且具有一种清高至洁、温柔敦厚的品性的人。在这方面，弘一大师是最好的典范，或许还有更多无可形容的超人品格与脱俗超凡之处。这种品格，简直令丰子恺这样一位行文遣词的文章高手也难以明言。这才使他干脆免去一切多余的解释，已一个最像"人"的人来涵括一切了。

---

① 丰子恺：《为青年说弘一法师》，见《丰子恺文集》文学卷二，第142页。
② 丰子恺：《〈弘一大师全集〉序》，见《丰子恺文集》文学卷二，第240页。

然而，丰子恺与弘一大师的因缘实在是太深了，他无论如何也无法回避他对弘一大师的评价。于是，1948 年 11 月他在厦门的时候，他曾应邀为厦门佛学会作过一次题为《我与弘一法师》的演讲，在这次演讲中，他便提出了所谓的"三层楼喻"：

> 他是怎么由艺术升华到宗教呢？当时人都诧异，以为李先生受了什么刺激，忽然"遁入空门"了。我却能理解他的心，我认为他的出家是当然。我以为人的生活，可以分作三层：一是物质生活，二是精神生活，三是灵魂生活……弘一法师的"人生欲"非常之强！他的做人，一定要做得彻底。他早年对母尽孝对妻尽爱，安住在第一层中。中年专心研究艺术，发挥多方面的天才，便是迁居在二层楼了。强大的"人生欲"不能使他满足于第二层楼，于是爬上三层楼去，做和尚、修净土、研戒律，这是当然的事，毫不足怪的……①

自从丰子恺提出"三层楼喻"后，他笔下关于弘一大师的文字就多起来了。许多文章为后人研究弘一大师提供了第一手资料。

叶圣陶写弘一大师的散文是《两法师》。早在李叔同于《太平洋报》办副刊时，叶圣陶就对李叔同的书画艺术留有深刻的印象。至于叶圣陶与李叔同的相识，还是在李叔同出家以后得益于丰子恺的介绍。李叔同出家后，叶圣陶曾不断通过各种途径了解弘一大师的情况。他在《两法师》一文中是这么说的："十分感兴趣之余，自然来了见一见的愿望，就向子恺先生说了。'好的，待有机缘，我同你去见他。'子恺先生的声音永远是这样朴素而真挚的。以后遇见子恺先生，他常常告诉我弘一法师的近况：记得有一次给我看弘一法师的来信，中间有'叶居士'云云，我看了很觉得惭愧，虽然'居士'不是什么特别的尊称。"②

叶圣陶在《两法师》一文中写到了他见到弘一大师时的情景。

> 走上功德林的扶梯，被侍者引进房间时，近十位刚到的恬静地起立相迎，靠窗的左角，正是光线最亮的地方，站着那位弘一法师，带

---

① 丰子恺：《我与弘一法师》，见《丰子恺文集》文学卷二，第 398 页。
② 叶圣陶：《两法师》，见《弘一大师永怀录》，大雄书局 1943 年版。

笑的容颜，细小的眼眸子放出晶莹的光。丏尊先生给我介绍之后，叫我坐在弘一法师的侧边。弘一法师坐下来之后，就悠然数着手里的念珠。我想一颗念珠一声"阿弥陀佛"吧。本来没有什么话要向他谈，见这样更沉入近乎催眠状态的凝思，言语是全不需要了。

叶圣陶感悟到：这"晴秋的午前的时光在恬然的静默中经过，觉得有难言的美"。

午饭后，叶圣陶等又跟着弘一大师去见印光大师。于是在叶圣陶的笔下就又有了两位大师的对比文字："弘一法师与印光法师并肩而坐，正是绝好的对比，一个是水样的秀美，飘逸，一个是山样的浑朴，凝重。"

叶圣陶与弘一法师直接交往并不多，不过他是夏丏尊的亲家，所以他也就有很多机会在夏丏尊那里接触弘一大师的书法，并且在后来就弘一大师的书法，他有过不少评论。叶圣陶在《弘一法师的书法》中说："弘一法师对于书法是用过苦功的。在夏丏尊先生那里，见到他许多习字的成绩。各体的碑刻他都临摹，写什么像什么。"他的书法，"就全幅看，许多字是互相亲和的，好比一堂谦恭温良的君子人，不亢不卑，和颜悦色，在那里从容论道。就一个字看，疏处不嫌其疏，密处不嫌其密，只觉得每一画都落在最适当的位置，移动一丝一毫不得。再就一笔一画看，无不教人起充实之感，立体之感。"① 他又在《全面调和》一文中说："全面调和，盖法师始终信持之美术观点。"②

对于纪念弘一大师，叶圣陶并非只是写文作诗而已。他还与许多文化人一起协助丰子恺完成为弘一大师在杭州虎跑建纪念塔的计划，并于1953年合资修建，次年1月落成，成了如今人们缅怀弘一大师的重要场所。此外，笔者注意到，叶圣陶在《刘海粟论艺术》的序言里曾有这样的文字："我国人对人体模特儿写生，大概是李叔同先生最早。他在日本的时候画过一幅极大的裸女油画，后来他出家了，赠与夏丏尊先生。中华人民共和国建国之初，夏先生的家属问我这幅油画该保存在那儿，我就代

---

① 叶圣陶：《弘一法师的书法》，见《弘一法师》，文物出版社1984年版，第256页。

② 叶圣陶：《全面调合》，见《弘一法师》，文物出版社1984年版，第3页。

他们送交中央美术学院。可惜后来几次询问，都回答说这画找不到了。"①
此段文字的第一层意思不甚准确。因为李叔同并不一定是中国第一个做人
体写生的画家（第一个用人体模特儿在中国进行美术教学的是李叔同）。②
因为在他之前留学国外学习美术的还有人在。这些学西洋美术的中国学子
应该会早于他做人体写生的。所以叶圣陶本人也只是用"大概"来表述。
但第二层意思则无疑十分重要。因为李叔同的一幅"极大"的裸女油画
是叶圣陶代夏家送中央美术学院保存的。

　　关于叶圣陶《两法师》一文，笔者在此附带谈一谈弘一大师与内山
完造首次见面的问题。

　　弘一大师与日本书商内山完造的交往，促成了一件中日佛教文化交流
的善事。

　　1929 年弘一大师到白马湖之前曾从厦门取道泉州赴温州。在他途经
福州时，在鼓山涌泉寺藏经楼意外发现清初道霈禅师所著《华严经疏论
纂要》刻本，叹为近代所稀见。由于此刻本十分珍贵，弘一大师发愿倡
印 25 部，以作流传。弘一大师把印行《华严经疏论纂要》的事委托给了
苏慧纯居士办理。白马湖晚晴山房落成后，弘一大师去了白马湖。他始终
惦记着将来印出后该刻本的流通事宜。他最终决定要把这部典籍的一部分
送到日本去。弘一大师将此收藏意向对夏丏尊说了，于是夏丏尊想到了内
山完造先生。

　　在中国现代史上，内山完造先生称得上是中日文化交流的桥梁。弘一
大师通过内山完造往日本寄送佛经，为的也是文化交流。一天，夏丏尊找
到内山完造，对他说："想介绍一个人和你相见，如果我有电话来，就请
来一下。"③

　　当时内山完造并不知道要见的人就是弘一大师，但既然是夏丏尊介绍
的，料想总该见一见的吧。果然，不出数日，夏丏尊的电话来了，见面的
地点是上海北京路上的功德林素菜馆。

　　内山完造到达的时候，发现里面已经有十来个人围坐在一张长方形的

---

　　①　叶圣陶：《〈刘海粟论艺术〉序》，见《海粟艺术集评》，福建人民出版社
1984 年版，第 3 页。

　　②　有关李叔同在中国首先使用人体模特儿进行美术教学的情况，参见陈星《说
不尽的李叔同》一书，中华书局 2005 年版，第 36 页。

　　③　内山完造：《弘一律师》，见《弘一大师永怀录》，大雄书局 1943 年版。

桌子两边，除了夏丏尊外，其余的也大多是在他书店时常出入的文化界人物。夏丏尊将弘一大师和内山完造彼此作了介绍，这时内山先生才知道眼前的这位清癯如鹤、语音如银铃的和尚就是弘一大师。

内山完造知道，这位大师在俗时曾留学日本，学西洋画于东京美术学校，又在音乐学校里学钢琴。在留学时，他的生活像是一个真正的日本人：早浴、和服、长火钵，诸如此类的江户趣味也曾地道的尝过。他还听说过，大师曾是中国戏剧革命先驱春柳社的主干，在东京公演过《茶花女遗事》等剧目。他的油画水平是一流的，直到今天，其造诣也尚无出他之右者。留学回国后，他在杭州教书，后悟道出家，多年来行云流水，一直是众望所归的人物。

内山完造用日本话跟弘一大师说话，弘一大师显然一一都懂，只是他自己却像是把它们都忘了似的。素餐以后，他们彼此谈了很多话。这时，夏丏尊拿出一本弘一大师所著的善本《四分律比丘戒相表记》，对内山完造说："还有一种叫《华严经疏论纂要》的书，正在印刷之中。这书只印二十五部，想把其中十二部送给日本方面，将来出书以后，也送到尊处，拜托你。"①

内山完造又答应下来，他自己知道对于佛教是门外汉，但是听到只印25部，便知这是相当巨大的书籍，而且25部中有半数要送给日本，那么送到哪里去呢？他向弘一大师请教，而弘一大师则是以一句"一切拜托你！"答之。又说："在中国恐不能长久保存，不如送到日本去。"内山完造后来又了解到，这确是现存的经典中很珍贵的版本，就连日本的《大正藏》里也没有收进去。

几天以后，夏丏尊送来了35部《四分律比丘戒相表记》，比原来说的多了5部。内山完造分别把它们寄赠到了东西京两大学以及大谷、龙谷、大正、东洋、高野山等各大学的图书馆。不久，西京大学图书馆里的一个僧籍司书写信来，称此书是贵重的文献，希望能得到一部，于是内山完造又寄去一部。此后各方面求书之函不断发来，内山完造先后寄出了170余部。

两年以后的一天，内山完造的日本朋友高岩勘次郎领着一位日本画家到书店里来看他。这位画家叫武井猗兰子，在日本的一家俱乐部里创有画

①　内山完造：《弘一律师》，见《弘一大师永怀录》，大雄书局1943年版。

社，是一个由西洋画转向日本画的人。交谈中，内山完造就自然谈起了也曾经是画家的弘一大师。奇缘就这么发生了！不料这位武井先生恰是弘一大师在东京美术学校时的同学。

"啊！记得的，记得的！那时有一个中国留学生和我邻席，大家描着同一个模特儿，您说的弘一大师一定就是他了！"①

内山完造因了此缘，就把已经送到的十二部《华严经疏论纂要》的分赠一事与他商量。武井回到东京后，就与田中文求堂主人及宽永寺管长共同协议，替内山完造决定了赠送范围。他开来的名录有：

> 东京帝国大学、京都帝国大学、大正大学、东洋大学、大谷大学、龙谷大学、京都东福寺、黄檗山万福寺、比睿山延历寺、高野大学、大和法隆寺、上野宽永寺、京都妙心寺……②

内山完造从名录中选取了 12 处，就把书用箱子装妥后乘友人往大阪之便，托带至神户，然后再由火车分别运走。此后，京都东福寺又托内山完造的朋友来请。内山手头无书可供，只得写信给弘一大师请经。弘一大师也乐意，于是又托人从厦门南普陀寺送来了一部。不料，京都的妙释寺也托人来请，内山再次写信给弘一大师。这时，弘一大师自己也只有手头圈点的一部了。但是，内山还是收到了天津的一位居士寄来的一部，说是弘一大师委托代寄的。不久，内山又收到弘一大师亲自寄来的一部，信中说，此经实在是很珍贵的，留在手头恐不能永久保存，不如找一个适当的地方存放。内山完造收到书后，打开一看，里面有弘一大师仔细地用朱笔所作的圈点，知道这是大师自己的一部了。这可谓是一部难得的纪念品，因为一时无人再来请，内山就暂时留了下来。

九一八事变后，内山完造暂时关闭了书店回到日本。西京郊外的小仓村是一个产茶的地方。有一天，内山散步到了黄檗山万福寺。在挂有大木鱼的接待处，他与一个值日师闲谈。交谈中，他无意讲到了《华严经疏

---

① 内山完造：《弘一律师》，见《弘一大师永怀录》，大雄书局 1943 年版。

② 弘一大师·丰子恺研究中心特约研究员，日本滋贺大学国际中心杨晓文助教授于 2007 年 8 月 10 日在杭州与笔者会面。据杨晓文口述，他曾前往其中几所大学，查得了弘一大师转送的经书。

论纂要》。这和尚喜出望外，知道眼前的这个人正是代弘一大师赠书的内山完造先生，希望能得到此部书。内山也不把手头最后的一部经书视为私有，表示回上海后愿意把那部经弘一大师亲自圈点过的经书送给寺里。内山回上海后，所幸店中无恙。他就依约把书寄给了万福寺。不久寺中有感谢信来，内山遂把所有感谢信集在一起转寄给弘一大师。这段公案也算是有了一个了结。

就弘一大师与内山完造先生的交往而言，在以往几乎所有有关弘一大师的传记中，皆说弘一大师与日本书商内山完造的首次见面时间是1927年秋。此说缘于叶圣陶《两法师》一文。文中记述了弘一大师与一群旧友、学生在上海"功德林"菜馆吃饭时的情景。其中有如下四句话：

"这碟子是酱油吧？"

以为他要酱油，某君想把酱油碟子移到他面前。

"不，是这位日本的居士要。"

果然，这位日本人道了谢，弘一法师于无形中体会到他的愿欲。

以上引文中，提到了一位日本人。由于一起吃饭的人中还有夏丏尊、丰子恺等常到内山书店去的几位，所以此后研究者们均把此人说成是内山完造。又由于叶圣陶此文写的是发生在1927年秋的事，于是人们就把弘一大师与内山完造的首次见面时间确定在这个时候了。

现在看来，此说是有疑问的。叶圣陶其实也是经常到内山书店去的人，他与内山先生亦不陌生。叶圣陶文中提到了许多熟人的名字，照理，如果此日本人是内山完造的话，他也会说到他的名字。当然，这个理由不够充分，这便要再用内山完造《弘一律师》一文来说明了。

《弘一律师》一文所述作者与弘一大师见面的地点也在"功德林"菜馆，文中说："一张长方形的桌子，两边并坐着十来个人，右首有一个和尚和夏先生相向坐着，其他列席的大半是在我书店中常进出的熟人，可谓是一个无拘束的集合。夏先生将这位和尚向我介绍，我才知道他是弘一律师。"可知，这是内山完造先生首次与弘一大师见面。那么这是什么时间呢？文章中没有直接提到，但是从下文中所记之事件，可确定是在1929年。理由之一是内山完造在文章中说这次交谈中，大师说："还有一种叫《华严经疏论纂要》的书，正在印刷中。这书只印25部，想把12部送给日本方面，将来出书以后，也送到尊处，拜托你。"《华严经疏论纂要》刻本是弘一大师于 1929 年春在福州鼓山涌泉寺发现，并倡印 25 部。内山完造在文中也说："据说，律师曾在福州鼓山发现这古刻的板子。"可见，此事肯定发生在大师发现并倡印《华严经疏论纂要》之后。其次，内山完造文中又说，两年以后，他陆续将弘一大师赠给日本的《华严经疏论纂要》寄出，并且不久即发生九一八事变。九一八事变发生在 1931 年，那么两年以前，则是 1929 年了。

再则，内山完造在《弘一律师》一文中又写道："我谈到傍晚才回去。次日，弘一律师与夏先生及另外二三个朋友同到我店中来，内人也见到他，于他去后曾说：'听到他的话声，见到那峥嵘的额角，就知道是一位高僧。'"这一段文字说明内山完造与弘一大师首次见面时，谈话谈到了傍晚。而叶圣陶《两法师》一文中很清楚地表明，叶圣陶所说的那次有日本人参加的午餐后，弘一大师并未与那日本人继续谈话，而是去拜访印光大师。叶圣陶在文章中是这么说的："饭后，他说约定了去见印光法师，谁愿意去可同去……同去者计七八人。"我们将内山完造《弘一律师》和叶圣陶《两法师》二文一对照，就可知内山完造所说的首次与弘一大师见面显然不是《两法师》一文中所说的那次有一个日本人参加聚会的那一次。

也许有人愿意拿弘一大师的一封信来用作论据，坚持认为弘一大师与内山完造的首次见面是在 1927 年。比如在《弘一大师全集八·杂著卷、书信卷》① 中，有一封弘一大师写给夏丏尊的信。编者将此信定为 1930 年十二月二日所写。此信的附言说："三年前，往内山居士处，见其屋隅（即陈列佛书之处）有黄皮厚册之《华严……》（忘其名，为《华严概论》之类），现朽人甚思得此书。"此信写于 1930 年，那么信中所谓的"三年前，往内山居士处"即是指 1927 年的事了。然而须知弘一大师写信大多用的是农历，此信写于 1930 年十二月二日就是如此。也就是说，弘一大师写此信时，已是公历 1931 年了。故弘一大师所说"三年前"应是连同 1931 年在内的"三年"，即 1929 年。再说，弘一大师就在同一封信中又写道："此书版，旧藏福州鼓山，久无人知。朽人前年无意中见之。"弘一大师是于 1929 年春在福州鼓山发现佛书的，所以弘一大师在信

① 《弘一大师全集八·杂著卷、书信卷》，福建人民出版社 1992 年版。

中说了"前年"二字，这里说明弘一大师写信时是以 1931 年为基准的。故弘一大师信中所说的"三年前，往内山居士处"定是连同 1931 年在内的虚指 3 年，即 1929 年、1930 年、1931 年。

当然，也有人不同意笔者的意见，比如《天津老年时报》就有《李叔同何时结识内山完造》① 一文，以为笔者的意见证据不够充分。其实学术问题尽可以探讨，何时具有充分论据了，完全可以把此事论证透彻的。

此外，弘一大师还跟内山完造通过几次信，赠给他不少书法。关于此，内山完造在《弘一律师》一文中也说到了："此后由夏先生居间，弘一律师和我通过好几次信，赠过我好几张法书，可是现在我连明信片都没有一张，因为全被朋友讨去了，他送给我的字幅也被内地的人拿走了。"有意味的是，鲁迅也是这些讨字人之一。因为其中一幅就是被鲁迅从内山那里"乞"走。鲁迅在 1931 年 3 月 1 日的日记中记曰："星期。晴。上午赠长尾景和君《彷徨》一本，午后往内山书店……从内山君乞得弘一上人书一纸。"鲁迅居然也成了"乞"弘一大师书法的人了。值得注意的是，鲁迅在此不用别的说法，而用了一个"乞"字，这起码包含了两层意义。其一，鲁迅颇爱弘一大师的书法，否则用不着去"乞"；其二，鲁迅很尊敬弘一大师。因为像鲁迅这样爱憎分明的人，若非所爱之人，其书法大可不必去"乞"的。

朱光潜曾在《丰子恺先生的人品与画品——为嘉定子恺画展作》一文中承认："当时一般朋友中有一个不常现身而人人都感到他的影响的——弘一法师。"② 他晚年在《以出世的精神，做入世的事业——纪念弘一法师》一文中又说："在当时那样的环境里，我们都很苦闷，想找条出路……我见过弘一法师，很敬佩他的人品。"③ 朱光潜对弘一大师的理解在白马湖作家群作家中很有代表性。他在《以出世的精神，做入世的事业》一文中写道：

　　　我自己在少年时代曾提出"以出世精神做入世事业"作为自己

---

① 《天津老年时报》文见 blog http：//blog. people. com. cn/u/1190146. html.

② 朱光潜：《丰子恺先生的人品与画品——为嘉定子恺画展作》，载 1943 年 8 月《中学生》复刊后第 66 期。

③ 朱光潜语，见毕克官《访朱光潜先生》，载毕克官《漫画的话与画》，中国文史出版社 2002 年版，第 196 页。

的人生理想，这个理想的形成当然不止一个原因，弘一法师替我写的《华严经》偈对我也是一种启发。佛终生说法，都是为救济众生，他正是以出世精神做入世事业的。入世事业在分工制下可以有多种，弘一法师从文化思想这个根本上着眼。他持律那样谨严，一生清风亮节会永远严顽立懦，为民族精神文化树立了丰碑。①

故此，从文化站位的角度上说，出家后的李叔同——弘一大师正如夏丏尊所说"好比一尊佛像，有后光"② 一样，弘一大师似乎真成了"白马湖作家群"的精神"后光"。

---

① 朱光潜：《以出世的精神，做入世的事业——纪念弘一法师》，见中国佛教协会编《弘一法师》，文物出版社1984年版，第4页。

② 丰子恺转述夏丏尊语，见丰子恺《悼丏师》，见《丰子恺文集》文学卷二，第155页。

丸尾常喜教授纠错

2006 年 4 月的一天，笔者收到日本学者丸尾常喜教授的来信。10 年前，即 1996 年，丸尾常喜教授在李庆西、吴俊的陪同下与笔者在杭州曾有过一次见面，还曾一同赴桐乡石门丰子恺故居缘缘堂参观。此后，我们并无实质性的来往，所以在 10 年之后收到他的来信，实属意外。原来，丸尾常喜教授是为了纠正一个弘一大师研究上的失误。他的信全文如下：

尊敬的陈星教授：

您好！

好久没联系。我是于 1996 年跟吴俊先生等一起拜见过您的。那时我是在东京大学任教。第二年退休，然后在私立大东文化大学工作了八年，现在在东洋文库做研究员，专心于研究工作。今年 2 月份我访问石门镇的丰子恺故居，买到了大作《说不尽的李叔同》，阅读此书，我知道了李叔同和日本犬童球溪的关系。说起来惭愧，前次您送给我的大作《天心月圆——弘一大师》之中，你已经说及此事，但到最近我一直非常忙碌，没有注意过。

我生于熊本县人吉市，犬童球溪是老家的名人，在少年时期也常常听和唱他的《旅愁》、《故乡的废宅》和其他校歌等作品。我最近才注意这个题目，看《早春二月》、《城南旧事》等电影和其原作，作了一些准备，开始了写一篇题作《犬童球溪和中国》的小文，想让老家人知道此事。但碰到了一个问题，希望您指教。

问题：大作的第 203 页和第 206 页上您引用《旅愁》和《故乡的废宅》的歌词。这两篇歌词译得很好，非常适合于曲谱。但您都没写它的出典。所以不免有疑问：这是李叔同作的，还是您或者别人作的？

　　老家人非常尊敬犬童球溪，每年举行纪念祭，在纪念碑前献花唱歌。我很想知道上面问题的实际情况。所以不顾唐突失礼，给您写信问问。如能蒙受指教，幸甚！

　　我的 E－mail address 是 maruotj@ wg7. so－net. ne. jp

　　又：大作写的犬童球溪的生殁年有错误。把种元胜弘著《犬童球溪传》（フォルテ出版，1986）中的年谱复印同封在此。

　　敬礼！

丸尾常喜拜上

2006 年 4 月 23 日

　　按：来信附有丸尾常喜教授的名片，身份是："东洋文库研究员、日本中国学会理事长"。

　　丸尾常喜教授所问的问题，笔者已当即回复说明。即译文引自钱仁康《李叔同——弘一法师歌曲考》一文。（载企释培安编、企释考释：《李叔同——弘一法师歌曲全集》，上海音乐出版社 1990 年版）至于是钱仁康先生翻译，还是另有来源，原文未予说明。

　　应该感谢丸尾常喜教授在信中纠正的一个错误。笔者曾在自己的著作中对犬童球溪生卒年的表述是"1884—1905"。此说也是来自钱仁康先生《李叔同——弘一法师歌曲考》一文。如今看来失误严重，当以丸尾常喜教授提供的种元胜弘著《犬童球溪传》的年谱资料为准，即犬童球溪的出生时间应为"1879 年 3 月 20 日"，卒于"1943 年 10 月 19 日"。其实钱仁康先生后来也已注意到了这样的一个失误，只是他后来在几部书中的表述仍不清晰。